교육공학 용어해설

Rita C. Richey 편

이현우 · 임규연 · 정재삼 · 허희옥 공역

학지사

Encyclopedia of Terminology
for Educational Communications and Technology
by Rita C. Richey

AECT 용어정의위원회, 2009 ~ 2012 | AECT Definition and Terminology Committee, 2009 ~ 2012

Amy Adcock
Associate Professor, Instructional Design and Technology
Old Dominion University

Tom Atkinson
Assistant Professor, Department of Educational and Human Sciences
University of Central Florida

David D. Carbonara
Assistant Professor, Director, Program in Instructional Technology
Duquesne University

Jan Elen
Professor, Department of Educational Sciences
Katholieke Universiteit Leuven

Joann Flick
Training and Development Specialist
Montana State Library

Nancy B. Hastings
Assistant Professor, Instructional and Performance Technology
University of West Florida

Denis Hlynka
Professor, Department of Curriculum, Teaching and Learning
University of Manitoba

Ileana Gutierrez
Media Specialist
Miami-Dade County Public Schools

D. Michele Jacobsen
Associate Professor, Faculty of Education, Chair, Educational Studies in Technology
University of Calgary

Wendell Johnson
Library Faculty, Social Science and Humanities
Northern Illinois University

Kathryn Ley
Associate Professor, Instructional Technology
University of Houston—Clear Lake

Rita C. Richey
Professor Emeritus, Instructional Technology
Wayne State University

Rhonda Robinson
Professor, Educational Technology, Research and Assessment
Northern Illinois University

Xinmin Sang
Professor of Instructional Technology
Institute of Educational Research, Nanjing University

Mary Shoffner
Associate Professor, Department of Middle-Secondary Education and Instructional Technology
Georgia State University

Jason Underwood
Senior Instructional Designer, Digital Convergence Lab
Northern Illinois University

Xudong Zheng
Assistant Professor of Instructional Technology, Department of Information Technology
Central China Normal University

저자 서문 | Preface

말! 말! 말! 나는 말들에 아주 질려 버렸어요!

〈My Fair Lady〉 중
Eliza Doolittle

이 대사는 Eliza Doolittle뿐만 아니라 교육공학 분야의 많은 학자, 실무자 및 대학원생의 외침이다. 우리 분야를 설명하는 단어는 다양한 전문 분야와 이론적 관점을 포괄할 뿐만 아니라 어휘가 자주 변경되어 이 상황을 더욱 복잡하게 만들고 있다. 용어의 뉘앙스, 기술의 발전, 혹은 특정 용어에 대한 폭넓은 해석을 반영하기 위해 새로운 단어가 등장하고 기존 단어의 정의가 달라진다. 이 책은 미국교육공학회(AECT)의 용어정의위원회가 이 문제를 해결하기 위한 노력의 일환이다.

이 책은 용어집이 아니라 교육공학 분야의 중심이 되는 전문용어 사전이다. 우리는 단순히 정의를 내리기보다는 설명하고자 하였다. 이 설명은 해당 개념의 범위, 용어에 대한 다른 견해와 해석 그리고 때로는 미래 경향을 서술할 뿐만 아니라 우리 분야의 학술적 문헌에 뿌리를 두고 있다.

배경

50년 전, 1963년에 서던 캘리포니아 대학교의 James Finn 교수가 이끄는 교육학회의 기술 개발 프로젝트의 일환으로 시·청각통신 분야의 첫 번째 정의가 마련되었다. 용어정의위원회는 시러큐스 대학교의 Donald Ely 교수가 맡았다. 1963년에 정의된 용어는 AECT를 설립하는데 하나의 자극이 되었다. 그 이후로 AECT는 이 분야를 정식으로 정의하고 재정의하여 4개의 공식적으로 승인된 정의(1972, 1977, 1994, 2008)를 만들어 내었다. 이러한 정의는 학문적 영역의 범위를 수립하는 데 있어 하나의 방향을 제시해 주었는데, 용어에 대한 강조점은 각 정의마다 다르게 나타났다.

1963년의 정의에 관한 글은 그 당시에 존재했던 이 분야와 관련된 용어집을 포함하였다[Ely, D. P. (Ed.). 교육에서 시·청각 프로세스의 변화하는 역할: 관련 용어의 정의 및 용어집. TDP Monograph No. 1. *AV Communication Review 11*(1), iv-148]. 이 용어집은 시·청각통신뿐만 아니라 다른 분야의 용어도 함께 다루었다. 이 책의 목적은 참고문헌으로서의 역할뿐만 아니라 '이 분야에서 일반적으로 공인된 변인을 설정'하는 것이었다(p. 31). 이 정의는 35편의 선행연구를 바탕으로 하고 있는데, 해당 선행연구의 상당수는 용어집이었다. 각 용어와 해당 정의는 알파벳순으로 정렬된 후, 다시 내용 영역별로 분류되어 두 번 인쇄되었다. 내용 영역은 커뮤니케이션과 학습, 오디오 개발, 방송(라디오, 텔레비전, 교육용 텔레비전 및 교수용 텔레비전 포함), 통신 및 정보 이론, 수업 맥락에서의 컴퓨터, 전자학습 연구소, 사진 및 영화 촬영, 프로그램 수업 및 티칭머신, 기술적 발전 및 시각 매체 등이었다.

1977년에 『definition book』 확장판이 출판되었는데, 이 책은 1963년에 발간된 용어 목록의 범위와는 다른 용어집을 포함하고 있다. 1994년 정의의 용어집은 그 정의에 대한 기술 및 설명에 직접적으로 관련이 있는 내용만 수록하였다. 결과적으로 용어집은 훨씬 짧아졌고, 용어 자체가 위원회의 주요 강조점으로 간주되지는 않았다. 2008년의 정의에 관한 책은 용어집을 포함하지 않았다. 따라서 사실상 이 책을 통해 위원회의 과제를 마무리하였다.

2009~2012년도 AECT 용어정의위원회는 우리가 누구인지, 중요한 것은 무엇인지, 우리가 이 분야를 어떻게 바라보는지를 정의하기 위한 방법의 일환으로 우리 분야에서 중요하게 다루는 용어에 전적으로 집중하였다. 우리는 용어집을 넘어서 사전 형식으로 전환하였다. 이 책은 테크놀로지 발전에서부터 교수설계, 도서관 과학, 수행향상에 이르기까지 이 분야의 모든 측면과 복잡성을 다루려고 한다. 이 분야에 입문하는 학생들은 물론 경험이 많은 학자에게도 도움이 되기를 바란다. 이 책의 목적은

1963년의 첫 용어 연구의 목적과 어느 정도 일치한다. 즉, 참고용으로 그리고 이 분야의 범위를 식별하기 위한 방법으로 모두 사용될 수 있다.

과정

개요

AECT 용어정의위원회는 이 분야의 많은 관심 분야와 전문성을 대표하는 사람들로 구성되어 있다. 예를 들어, 도서관 사서, 교수설계자, 성과 향상 전문가, 박물관 및 비주얼 리터러시 전문가, 테크놀로지 및 학습자료 제작에 숙련된 전문가가 참여하였다. 또한 이 위원회는 다양한 현장 부문(예: 고등교육, 초·중등교육, 직업능력 개발)을 대표하는 사람들을 포함하고 있다. 이러한 폭넓은 전문지식은 현장에서 중요한 용어를 식별하고 선택하는 데 필수적인 기반을 제공해 주었다.

용어의 선택 과정은 다음과 같은 단계로 진행되었다.

1. 위원회는 이 분야의 주요 영역에 대한 일반적인 틀에 합의한다.
2. 영역의 전문가들은 해당 영역의 주요 개념 목록을 도출하기 위해 브레인스토밍한다.
3. 필요한 경우, 용어를 유사한 범주로 묶는다.
4. 위원회는 각 용어가 우리 분야에 있어서 얼마나 중요한지를 평가하기 위해 설문을 실시하고 분석한다.
5. 위원회는 설문 조사 결과 및 추가적인 전문가의 노력을 통해 용어를 선정한다.
6. 선정된 용어는 다시 적절한 범주로 분류한다.
7. 위원회는 몇몇 용어에 대한 작성 예시 및 작성 지침을 준비하고 합의한다.
8. 각 용어에 대한 정의를 작성하고, 편집 및 승인한다.

용어의 규명

용어 규명 과정의 첫 번째 단계는 이 분야의 범위를 기술하는 것이었다. 여기서 위원회가 직면한 과제는 현장의 실무자와 학자가 다루는 많은 주제(topic)를 규명하는 것이었다. 그다음으로 이러한 많은 주제와 관련된 용어를 식별해 내었다.

내용에 대한 6개의 일반적인 범주, 즉 기반(foundation), 교수설계, 테크놀로지와 매체, 분석 및 평가, 관리 및 조직 개발, 연구 및 이론*이 도출되었다. 이후 이러한 6개의 범주에 대한 32개의 하위 범주에 합의하였다. 이 프레임워크는 용어를 규명하기 위한 브레인스토밍의 발판으로 활용되었다.

처음에는 수백 가지의 용어가 전문 분야별로 주제를 다루는 위원회의 위원들에 의해 확인되었다. '학습목표', '인지학습이론', '원격교육' 및 '멀티미디어'와 같은 명백한 용어는 물론 '언어학', '근접 감지' 및 '감각양식'과 같은 난해한 용어도 제안되었다.

다음 과제는 이 분야의 현장 전문가와 학자에게 있어 가장 중요한 용어를 선택하여 목록을 줄이는 것이었다. 이를 위해 몇 가지 용어를 좀 더 일반적인 그룹으로 묶었다. 예를 들어, '개념', '통합적 목적' 및 '사실'이라는 용어는 '학습유형'이라는 범주로 그룹화하였다.

많은 테크놀로지 용어가 그룹화되었는데, 예를 들어 '포크소노미(folksomonies)', '매시업(mashups)' 및 '비디오 블로그(video blogs)'를 포함하는 새로운 용어인 '소셜 컴퓨팅(social computing)'이 만들어졌다.

용어의 선정

용어 선택 과정의 첫 번째 단계는 위원회의 위원들이 중요도 측면에서 각 용어를 평가하는 것이었다. 어떤 전문 분야에는 중요한 용어가 다른 영역의 전문가에게는 완

---

* 이 범주와 테크놀로지에 대한 강조를 보다 많이 한 1963년 책에서 사용한 내용 범주를 비교해 보는 것도 흥미롭다. 세월이 흐르면서 이 분야도 크게 확장되었다.

전히 생소할 수도 있다는 점을 감안하면 이는 단순한 작업이 아니었다. 해당 용어에 익숙하지 않은 사람들의 평가를 제외한 각 용어의 평균 점수를 확인하여 가장 높은 평점을 받은 용어는 바로 선정하였으며, 당연히 가장 낮은 평점을 받은 용어는 제외하였다. 예상대로 평점이 평균 근처로 나타나는 용어에 대한 결정이 가장 어려웠다.

전체적인 컷오프 점수가 결정되었으나 이보다 낮은 점수를 받은 용어 가운데 일부는 전문가에 의해 중요하게 판단되기도 하였다. 이러한 용어들은 "to do" 목록에 남겨졌다. 개별 용어들을 기술하는 과정에서 자원한 전문가들을 손쉽게 끌어들일 수 있는 보다 중요한 용어를 강조하는 경향이 있었다. 하지만 기술 과정 전반에 걸쳐 위원회의 직접적인 대면 회의 및 정기적인 유선 회의에서 용어의 선정 결정이 내려졌다. 경우에 따라서 문구의 결정은 특정 분야의 전문가인 저자들과의 협력을 통해 바로 이루어졌다.

이슈

이 책을 개념화하고 쓰는 과정에서 다음과 같은 다양한 이슈가 등장하였다.

- 이 분야에서 핵심적이고 가장 중요한 용어는 무엇이며, 단지 관련이 있을 뿐인 용어는 무엇인가?
- 오래된 용어들을 포함해야 하는가?
- 용어들을 범주화해야 하는가? 만약 그렇다면 어떤 범주여야 하는가?
- 용어들을 어떻게 조직화해야 하는가?

중심성(centrality)과 중요성(criticality)에 대한 문제

교육공학 분야는 홀로 존재하는 섬이 아니다. 이 분야는 교육과정 및 교수, 교육심리, 커뮤니케이션 및 조직 개발을 포함해서 테크놀로지에 관심을 두는 여러 다양한 분야에 뿌리를 두고 있다. 중심성 문제는 경계를 설정하는 것 중 하나이다. 또한 이 분야의 전문성을 구축하는 데 있어 가장 중요한 용어를 결정하는 문제이기도 하다. 중심성 문제를 검토하는 데는 다양한 결정이 필요했다.

첫째, 위원회는 본질적으로 우리 분야에 고유한 것으로 보이는 용어를 규명했다. 예를 들어, '학습조건(conditions of learning)'은 교수설계에서 독특한 역할과 의미가 있을 뿐만 아니라, 이 분야를 전체적으로 이해하는 데 핵심이 되기 때문에 포함하였다. 다른 분야의 사람들도 이 개념에 관심이 있을지도 모르지만, 그들의 분야에서 필수 요소는 아닐 것이다.

둘째, 위원회는 우리 분야에서 중요한 용어라면 다른 분야에서 유래한 것이더라도 포함하고자 하였다. 예를 들어, 행동주의와 인지학습이론 같은 학습이론은 심리학 분야에서 유래했지만, 이러한 개념을 명확히 이해하지 않으면 이 분야를 이해하는 것은 불가능할 것이다. 그래서 결과적으로 두 용어는 포함되었다. 하지만 또 다른 학습이론인 연결주의는 제외되었다. 이 용어는 이 분야의 이론과 관련이 있지만, 행동주의와 같이 이 분야를 전체적으로 이해하는 데 핵심적이라고 간주하지는 않았다.

셋째, 위원회는 이 분야의 전문 영역과 관련이 있고 어떤 특정 분야에 있어서 중요할지라도 우리 분야에서 전체적으로 핵심적이지 않은 용어들은 제외하였다. 일부 테크놀로지와 관련된 용어는 이 단계에서 특별한 딜레마를 초래하였다. 예를 들어, '스크립팅 언어(scripting language)'라는 용어는 우리 분야의 일부 저작물과 관련이 있지만, 우리 분야의 많은 부분에 걸쳐 중요한가? 우리는 아니라고 판단했다. 반면에, 클라우드 컴퓨팅은 점점 더 중요한 테크놀로지의 일부가 되고 있으며 테크놀로지 전문가가 아닐지라도 우리 분야의 모든 사람이 이해해야 하기 때문에 이 책에 포함하였다.

시대에 대한 문제

이런 유형의 책은 당연히 시대적 관심과 해당 분야의 문화를 반영하게 된다. 그러나 위원회가 용어의 현재성 문제에 직면했을 때 몇 가지 딜레마가 발생하였다. 이 용어 사전이 미래지향적이어야 한다는 것에는 분명한 합의가 있었다. 가까운 미래에 중요할 수 있는 용어를 포함해야 하는 것은 당연하지만 과거의 용어는 어떻게 해야 하는가? 어떤 용어가 우리 분야의 고전으로 기초를 제공하는지, 어떤 용어가 그저 지나간 과거의 생각인지를 어떻게 구분하는가? 오버헤드 프로젝터나 카세트테이프와 같이 더 이상 사용되지 않는 시·청각 보조 장치를 설명하는 용어는 전혀 고민의 대상이 아니었다. 그러나 '목표' 또는 '프로그램 수업'과 같은 용어는 포함되어야 하는가? 이들 또한 매우 오래된 용어이다. 위원회는 문헌에 의거하기로 결정했다. 오래된 주제를 다루는 현행(즉, 지난 5년 이내) 문헌이 있는 경우는 이 용어사전에 여전히 적절하고 관련이 있다고 간주하였다. 결과적으로 '교육목표'와 '프로그램 수업'은 이 책에 포함하였다.

용어의 정리에 대한 문제

위원회는 우리가 이 프로젝트에 할애할 수 있는 시간을 고려했을 때 충분히 감당할 수 있었던 것보다 훨씬 더 많은 용어를 산출할 수 있었다(그리고 하였다). 용어의 수를 줄이는 논리적인 방법은 비슷한 아이디어를 좀 더 일반적인 용어로 묶는 것이었고, 이는 이전에 논의된 바와 같다. 그러나 범주화 과정은 다른 문제를 야기하였다. 독자를 이 사전의 올바른 항목으로 안내해야 할 필요가 있었는데, 이는 '참조' 표시를 사용하여 쉽게 처리할 수 있었다.

더 심각한 문제는 용어를 범주화하는 그 행위가 실제로는 용어들의 우선순위를 정하게 되었다는 점이다. 예를 들어, 범주화를 하고 나면 '차이 분석(gap analysis)'이라는 용어는 좀 더 일반적인 용어인 '분석(analysis)'의 보조적인 역할로 비춰질 수도 있다. 또는 '비주얼 기억(visual memory)'에 대한 설명의 뉘앙스가 보다 일반적인 용어인 '시각 활용 학습(visual learning)'에 대한 큰 논의에서는 손실될 수 있다. 이러한 근본적인 문제는 여전히 완벽하게 해결되지는 않았다. 저자들은 분량의 제약을 감안하여 최대한 각 하위 용어를 강조하기 위해 최선을 다했다. 그러나 범주화를 하려면 할 수도 있었던 몇몇 용어들은 우선순위와 관련된 문제로 인해 범주화를 하지 않았다. 예를 들어, '요구사정(needs assessment)'은 좀 더 일반적인 용어인 '교수설계 모형(instructional design models)'으로 묶일 수도 있었겠지만, 이 분야에서 중요한 역할을 하기 때문에 별도의 용어로 유지하였다.

용어 구성에 대한 문제

이 책에 제시된 용어들은 다양한 방법으로 조직화될 수 있었는데, 우리는 가장 간단한 방법인 알파벳 순서를 사용했다. 그러나 이것이 가능한 유일한 방법은 아니다. 용어는, 예를 들어 테크놀로지와 매체, 분석 및 평가, 또는 관리 및 조직 개발 등 주요 내용 영역과 관련하여 나열할 수도 있다. 1963년의 단행본에 수록된 용어와 정의는 사전 순서대로 그리고 내용 영역으로 두 번 열거된 것을 생각해 보길 바란다. 우리도 역시 다소 여지를 남겨 두었다. 용어(관련 논의 없이)는 용어사전에 대한 개요를 제공하기 위해 내용 영역에 따라 먼저 소개되지만, 본문의 핵심에는 알파벳순으로 정렬되어 있다.

이 사전을 사용하는 방법

다음 절에 제시한 내용 영역별 용어 목록은 특정 영역에 관심이 있는 사람들이 해당 내용에 대한 개요를 얻는 데 도움이 될 수 있다. 그렇지만 이 책은 어디까지나 참고문헌이기 때문에 대부분의 독자는 비선형적인 방식으로 이런저런 용어로 넘어 다닐 것이다. 이와 관련하여 두 가지 어려움을 예상할 수 있다.

첫째는 우리 분야의 특이함을 고려할 때, 독자는 위원회와 저자가 사용한 용어와 다른 버전의 용어를 사용할 수도 있다. 예를 들어, 독자가 '사례 기반 교수'를 찾으면, 이 책에는 그 주제에 대한 항목이 없다는 것을 알게 될 것이다. 하지만 독자는 대신에 그 주제와 관련된 '행함으로써 배움(Learning by Doing)'으로 찾아가야 한다. 이러한 유형의 안내는 '참조'에 제시되어 있다.

둘째는 찾고자 하는 용어를 찾은 독자가 그 주제와 관련해서 그들에게 더 많은 것을 줄 수 있는 다른 관련 항목을 인지하지 못할 수도 있다는 점이다. 예를 들어, '개별화 수업'에는 많은 항목이 있는데, 독자는 '참조'를 통해 다섯 개의 다른 관련 항목(학습자 중심 수업, 완전학습, 공개교육, 프로그램 수업, 자기주도학습)으로 안내된다. '참조'에서 바로 관련 항목들을 확인할 수 있고, 이를 통해 독자가 이 사전을 탐색하는 것을 도울 것이다.

셋째 일부 저자들은 해당 주제에 관심이 있는 독자를 위해 추가 자료 목록을 제공하고 있다. 특정 항목에 대해 추가 자료 목록이 있는 경우, 참고문헌 목록 뒤에 '추가 참고문헌' 절로 독자를 안내하는 메모가 있다. 428페이지에서 시작하는 추가 참고문헌에 있다.

결론

다른 많은 용어정의위원회의 노력과 마찬가지로, 이번 노력의 결실도 언젠가는 시대에 뒤떨어지게 될 것이다. 게다가 많은 사람(위원회에 속한 우리를 포함해서)이 어떤 용어가 포함되지 않은 이유에 대해 의문을 가질 수도 있다. 우리는 이 사전이 인쇄된 책으로 만들어질 것으로 예상하지만, 전자책 버전에 대한 수정은 언제든지 이루어질 수 있다. 따라서 이 책에 대한 많은 의문점이 해결될 수 있도록 테크놀로지를 통해 이 사전이 지속적으로 발전할 수 있도록 해야 한다.

어찌 됐든 이 책은 현재 시점에서 교육공학에 대한 하나의 해설로 사용할 수 있고, 현재의 학식과 사고를 반영한다. 어떤 경우에는 미래의 트렌드를 보여 주기도 한다. 1963년의 정의 및 용어 단행본의 서문에서 James Finn은 "오늘날 미디어와 다양한 이론들이 증가했을 뿐만 아니라, 이 분야의 경계와 구조가 폭발하는 우주의 일부인 것 같다."고 지적했다(1963년 AVCR 논문의 p. vi 참조). 이 말은 현재 시점에서도 여전히 유효하다. Finn은 1963년의 작업이 그 당시 일어나고 있던 많은 변화로 인해 야기된 혼란으로부터 어떤 질서를 이끌어낼 수 있을 것이라고 제안하였다. 아마도 우리의 실제 기대치는 높지는 않지만, 이 위원회도 비슷한 희망을 가지고 있다.

Rita C. Richey, Chair

AECT 용어정의위원회 위원장, 2009~2012

내용 영역별 용어 정리 | Terminology by Content Domains

여기서는 이 책에서 다룬 186개의 용어를 6개의 주요 내용 영역과 19개의 하위 범주로 나누어 제시하였다. 이 절은 책의 요약본 역할을 하며, 관련 용어에 대한 관점을 제공한다.

기반

연구와 실천의 기본 영역

Audiovisual Instruction 시청각 교수법

Communication 커뮤니케이션

Curriculum 교육과정

Development 개발

Educational Media 교육매체

Educational Technology 교육공학

Information and Communications Technology 정보통신공학

Instruction 교수

Instructional Design 교수설계

Learning 학습

Pedagogy 교육학

Project Management 프로젝트 관리

Semiotics 기호학

Technology 테크놀로지

정책, 표준 및 법규

Accessibility 접근성

Children's Internet Protection Act 아동의 인터넷 보호법

Children's Online Privacy Protection Act 아동의 온라인 개인정보 보호법

Competency 역량

Ethics 윤리

Intellectual Property 지적 재산

Open Educational Resources 공개교육자료

Professional Standards 전문직 표준

Universal Design for Learning 보편적 학습설계

교수설계

설계 과정 및 절차

Competency Modeling and Development 역량 모델링과 개발

Cone of Experience 경험의 원추

Culture-Neutral Design 문화 중립적 설계

Culture-Specific Design 문화 특수적 설계

Elaboration Sequencing 정교화 계열

Instructional Design Models 교수설계 모형

Instructional Objectives 교수목표

Learning Hierarchy 학습위계

Message Design 메시지 설계

Rapid Prototyping 래피드 프로토타이핑

Sequencing 계열화

Systems Approach 체제적 접근

Visual Message Design 시각적 메시지 설계

교수 내용 및 맥락

Context 맥락

Learning Types 학습유형

Problem 문제

거시적 교수전략

Collaborative Learning 협력학습

Constructivist Approach 구성주의적 접근

Differentiated Instruction 수준별 수업

Discovery-Expository Learning Continuum 발견식–설명식 학습연속성

Discovery Learning 발견학습

Individualized Instruction 개별화 수업

Inquiry-Based Learning 탐구 기반 학습

Just-in-Time Learning 적시학습

Learner-Centered Instruction 학습자 중심 수업

Learning by Doing 행함으로써 배움

Mastery Learning 완전학습

Mental Model Progression 정신모형 진전

Open Education 공개교육

Problem-Based Learning 문제 기반 학습

Programmed Instruction 프로그램 수업

Project-Based Learning 프로젝트 기반 학습
Self-Directed Learning 자기주도학습
Simplifying Conditions Methods 단순화 조건법

미시적 교수전략

Advance Organizer 선행조직자
Analogy 비유
Anchored Instruction 앵커드 교수법
Authentic Activity 실제적 활동
Chunking 청킹
Cognitive Apprenticeship 인지적 도제
Comparison and Contrast 비교와 대조
Elaboration Strategies 정교화 전략
Elaboration, Types of 정교화 유형
Examples and Non-examples 사례와 비사례
Feedback 피드백
Generality 일반성
Generative and Supplantive Instructional Strategies 생성적–주입식 교수전략
Interaction 상호작용
Mnemonic 기억술
Practice 연습
Prompting 암시
Reinforcement 강화
Repetition 반복
Situated Cognition 상황인지

학습자 특성

Digital Divide 정보격차

Digital Natives and Immigrants 디지털 원주민과 이민자

Expertise 전문성

Learner Characteristics and Traits 학습자 특성 및 성향

Literacy 리터러시

Motivation 동기

Prerequisite Skills 선수 기능

Self-Efficacy 자기효능감

Self-Regulation 자기조절

Visual Competency 시각 역량

테크놀로지와 매체

개발 절차 및 기법

Agent 에이전트

Animation 애니메이션

Avatar 아바타

Digital Mapping 디지털 매핑

Digital Storytelling 디지털 스토리텔링

Graphics 그래픽

Learning Object 학습객체

Production 제작

User-Generated Content 사용자 제작 콘텐츠

이러닝

Blended Learning 블렌디드 러닝

Distance Education and Learning 원격교육 및 학습

Mobile Devices and Functions 모바일 기기와 기능

Mobile Learning 모바일 학습

Online Behavior 온라인 행동

시뮬레이션과 게임

Digital Game-Based Learning 디지털 게임 기반 학습

Game Design 게임 설계

Simulation 시뮬레이션

Virtual Worlds 가상세계

테크놀로지 기반 커뮤니케이션

Blog 블로그

Communication Mapping 커뮤니케이션 매핑

Multimedia Representations of Research, Teaching and Learning 연구, 교수, 학습의 멀티미디어 표상

Social Computing 소셜 컴퓨팅

Social Media 소셜 미디어

Technological Communication 테크놀로지 활용 커뮤니케이션

테크놀로지 기반 학습

Cognitive Tools 인지도구

Computer-Based Training 컴퓨터 기반 훈련

e-Portfolio e-포트폴리오

Information-Rich Environments 정보가 풍부한 환경

Media Utilization 매체 활용

Multi-Channel Instruction 다중채널 교수

Multimedia Learning 멀티미디어 학습

Technological Pedagogical Content Knowledge 테크놀로지 활용 교수내용지식

Technology-Enabled Learning 테크놀로지 활용 학습

Technology-Enhanced Learning Environment 테크놀로지 기반 학습 환경

Usability 사용성

테크놀로지의 유형

Cloud Computing 클라우드 컴퓨팅

Expert System 전문가 시스템

Integrated Technologies 통합공학

Media 매체

Really Simple Syndication RSS 피드

Rich Media 리치 미디어

Web 2.0 웹 2.0

분석 및 평가

Analysis 분석

Assessment 사정

Criterion-Referenced Measurement 준거 참조 측정

Evaluation 평가

Evaluation Models 평가 모형

Need 요구

Needs Assessment 요구사정

관리 및 조직 개발

변화 관리

Change 변화

Change Models 변화 모형

Innovation 혁신

Knowledge Management 지식경영

Learning Organization 학습조직

Organizational Change 조직 변화

수행 향상 절차

Electronic Performance Support System 전자수행지원 시스템

Job Aid 직무보조

Management Systems 관리 시스템

Performance Improvement 수행 향상

자원 및 전달 체제 관리

Information Access 정보 접근

Information Classification 정보 분류

Information Gatekeeper 정보 게이트키퍼

Information Resources 정보자원

Information Retrieval 정보 검색

Information Storage 정보 저장

Integrated Learning Systems 통합학습체제

연구와 이론

이론적 지향

Attribution Theory 귀인이론

Behaviorism 행동주의

Cognitive Dissonance Theory 인지부조화이론

Cognitive Learning Theory 인지주의 학습이론

Communication Theory and Models 커뮤니케이션 이론과 모형

Constructivism 구성주의

Cultural Historical Activity Theory 문화역사적 활동이론

Dual Coding Theory 이중부호화이론

Information Theory 정보이론

Information Processing Theory 정보처리이론

Mathematical Model of Communication 수학적 커뮤니케이션 모형

Schema Theory 스키마이론

Taxonomy 분류체계

연구 지향

Design and Development Research 설계 개발 연구

Design-Based Research 설계 기반 연구

Designer Decision-Making Research 설계자 의사결정 연구

학습 과정

Cognitive Load 인지부하

Cognitive Processes 인지과정

Cognitive Strategies 인지전략

Community of Practice 실천공동체

Complex Learning 복잡한 학습

Conditions of Learning 학습의 조건

Distributed Cognition 분산인지

Field Dependence and Independence 장의존과 장독립

Learning Path 학습경로

Learning with Information 정보를 활용한 학습

Memory 기억

Metacognition 메타인지

Perceptual Modality 지각 양식

Problem Solving Strategies 문제해결전략

Scaffolding 스캐폴딩

Transfer 전이

Visual and Pictorial Learning 시각 및 이미지 활용 학습

교육공학 용어해설

Encyclopedia of Terminology for Educational Communications and Technology

A~Z

교육공학 용어해설

Encyclopedia of Terminology for Educational Communications and Technology

Accessibility: 접근성

(UNIVERSAL DESIGN FOR LEARNING: 보편적 학습설계 참조)

접근성이란 "서비스나 제품이 학습자에게 제공하는 기능, 서비스 혹은 자료에 접근할 수 있는 정도"를 말한다(Lewthwaite, 2011, p. 85). 접근성을 갖춘 건물을 추구하는 건축에서의 보편적 설계와 유사하게(Mace, Hardie, & Place, 1996) 학습을 위한 보편적 설계(UDL)는 접근이 제한적이거나 불가능한 커리큘럼에 관한 이슈를 다루기 위해 응용특수심리학센터(The Centre for Applied Special Psychology)에서 개념화한 이론적 접근이다(Pisha & Coyne, 2001; Rose & Meyer, 2002). UDL은 학습에 대한 필요성을 막론하고 학생이라면 누구나 커리큘럼에 접근이 가능해야 한다는 것을 강조한다(CAST, 2011; Hehir, 2005; Rose & Meyer, 2002). UDL에서 접근성이란 서비스와 자료에 접근하는 데 발생하는 장애를 줄이는 데 초점을 두는 것으로, 교과 목표 성취에 대한 도전을 경감시키는 것은 아니다(Hitchcock, Meyer, Rose, & Jackson, 2002; Rose & Meyer, 2002). "교육자들은 커리큘럼에 대한 접근성을 확대시킴으로써 모든 학습자에게 기대감을 갖게 할 수 있고 나아가 결과를 향상시킬 수 있을 것이다(Jackson, Harper, & Jackson, 2005, p. 125)." 관련 연구를 살펴보면 접근성은 다양한 학생들에게 교실 수업에 내재되어 있는 접근의 어려움과 사용의 불편함을 극복할 수 있게 하여 참여와 성취를 위한 기회를 제공하는 것으로 나타났다(Edyburn, 2006; Hehir, 2005; Jackson et al., 2005; Rose & Meyer, 2002). 접근성을 향상시켜 수행에 불필요한 장애물을 제거하려는 계획적인 시도를 통해 변화가 이루어진다면 모든 학습자가 혜택을 받을 수 있을 것이다. 접근성을 이끌어 내기 위해서는 개발 단계에서부터 보편적 설계를 통해 장애물을 제거해야만 하며, 개발이 완료된 후에는 이를 추진할 수가 없다(CAST, 2011; Rose & Meyer, 2002).

대부분의 교육 환경에서 전형적으로 활용되는 전통적 형태의 교과서는 대다수 학습자에게는 적절한 반면에, 신체적으로나 감각적으로 학습에서 혹은 인지적으로 어려움을 겪는 학생들에게 있어서는 명백한 장애물이다(Jackson et al., 2005; Meyer & Rose, 2005; Rose & Dalton, 2009). 빠르게 발전하고 있는 테크놀로지는 멀티미디어와 보조공학(assistive technology)에 의해 전통적 형태의 교과서에 내재되어 있는 장벽을 축소시킴으로써, 보다 효과적이고 효율적으로 커리큘럼에 접근할 수 있게 하여 보다 많은 기회를 제공하고 있다. 테크놀로지를 사용하지 않고, 인쇄물로부터 가능하지 않은 디지털 자료나 멀티미디어의 도움이 필요한 학습자들을 위해 접근성을 꾀한다는 것은 '매우 힘든' 과제이다(Jackson & Harper, 2005). 디지털 텍스트는 다양한 요구에 맞추어 접근성을 제공하는데, 이는 개별 학습자의 요구에 보다 쉽게 부응하여 콘텐츠와 도구를 조정할 수 있는 디지털 텍스트의 수용능력과 역동적인 속성에 의해 이루어진다(Hitchcock et al., 2002; Jackson & Harper, 2005; Rose & Dalton, 2009). 만일 학습자들이 시각 손실, 독해 장애, 트래킹 장애 및 영어언어 학습에서와 같이 인쇄자료 읽기에 어려움이 있는 경우나, 학습자들이 읽는 것보다 듣는 것을 선호하는 경우는 텍스트를 스피치 프로그램으로서 사용할 수 있다(Meyer & Rose, 2005). 디지털 텍스트는 추가적 설명이나 배경 정보, 혹은 어휘에 관해 손쉽게 접근 가능한 정의 등을 포함하여 텍스트 이해를 도울 수 있다. 또한 멀티미디어의 특성은 사용자의 접근성을 확장한다.

모든 학생이 커리큘럼에 손쉽게 접근할 수 있게 된다는 것은, 학생들에게 가장 적합한 접근법을 선택하도록 지원하는 절차나 도구가 자연스럽게 내재되어 있다는 것을 말한다. 접근성이란 모든 학생의 접근을 가능하도록 만드는 것이며, "계단과 경사진 램프(ramp) 두 가지를 제공하는 것이 모든 사람에게 항상 적합한 한 가지 진입로를 고안하려고 시도하는 것보다 바람직하다."라는 인식이다(Rose, 2000, p. 69).

Evelyn J. Hickey

참고문헌

Center for Applied Special Technology (2011). *About UDL*. Retrieved from: http://www.cast.org/udl/index.html.

Edyburn, D. (2006). Failure is not an option. *Learning & Leading with Technology, 34*(1), 20-23.

Hehir, T. (2005). *New directions in special education: Eliminating ableism in policy and practice*. Cambridge, MA: Harvard Education Press.

Hitchcock, C., Meyer, A., Rose, D., & Jackson, R. (2002). Providing access to the general curriculum: Universal design for learning. *Council for Exceptional Children, 35*(2), 8–16.

Jackson, R., & Harper, K. (2005). Teacher planning for accessibility: The universal design of learning environments. In D. Rose, A. Meyer and C. Hitchcock (Eds.), *The universally designed classroom: Accessible curriculum and digital technologies* (pp. 125–147). Cambridge, MA: Harvard Education Press.

Jackson, R., Harper, K., & Jackson, J. (2005). Teaching for accessibility: Effective practices, classroom barriers. In D. Rose, A. Meyer and C. Hitchcock (Eds.), The universally designed classroom: Accessible curriculum and digital technologies (pp. 125–147). Cambridge, MA: Harvard Education Press.

Lewthwaite, S. (2011). Critical approaches to accessibility for technology-enhanced learning. *Learning, Media and Technology, 36*(1), 85–89.

Mace, R., Hardie, G., & Place, J. (1996). *Accessible environments: Toward universal design.* Raleigh, NC: Center for Universal Design.

Meyer, A., & Rose, D. H. (2005). The future in the margins: The role of technology and disability in educational reform. In D. Rose, A. Meyer and C. Hitchcock (Eds.), *The universally designed classroom: Accessible curriculum and digital technologies* (pp. 13–35). Cambridge, MA: Harvard Education Press.

Pisha, B., & Coyne, P. (2001). Smart from the start. *Remedial and Special Education, 22*(4), 197–203.

Rose, D. H. (2000). Universal design for learning. *Journal of Special Education Technology, 15*(1), 67–70.

Rose, D. H., & Dalton, B. (2009). Learning to read in the digital age. *Mind, Brain and Education, 2*(2), 74–83.

Rose, D. H., & Meyer, A. (2002). *Teaching every student in the digital age: Universal design for learning*. Alexandria, VA: ASCD.

Action Game: 액션 게임

(DIGITAL GAME-BASED LEARNING: 디지털 게임 기반 학습 참조)

Activity Theory: 활동이론

(CULTURAL HISTORICAL ACTIVITY THEORY: 문화역사적 활동이론 참조)

Activity Systems Analysis: 활동체제 분석

(CULTURAL HISTORICAL ACTIVITY THEORY: 문화역사적 활동이론 참조)

Adaptation of Innovation: 혁신에의 적응

(INNOVATION: 혁신 참조)

Adaptive Systems: 적응적 시스템

(COGNITIVE SCIENCE: 인지과학 참조)

ADDIE: ADDIE 모형

(INSTRUCTIONAL DESIGN MODELS: 교수설계 모형 참조)

Adoption of Innovation: 혁신의 수용

(INNOVATION: 혁신 참조)

Advance Organizer: 선행조직자

(ANALOGY: 비유, COGNITIVE STRATEGIES: 인지전략, ELABORATION STRATEGIES: 정교화 전략, SCAFFOLDING: 스캐폴딩, SCHEMA THEORY: 스키마이론 참조)

선행조직자(Ausubel, 1960)는 미시적 수준의 교수전략으로서 Bloom의 분류체계(Taxonomy)의 이해 수준과 밀접한 관련이 있다(Bloom, Engelhart, Furst, Hill, & Krathwohl, 1956; Krathwohl, 2002). 선행조직자의 정의는 다음과 같다.

> …… 도입자료로서 본문의 학습 단락보다 고도의 추상성, 일반성 및 포괄성을 지니고 있고, 요약 형태의 개관으로서 단락의 주요 아이디어에 대한 요점을 제시한다. 그러나 선행조직자는 고도의 추상성, 일반성 및 포괄성을 반드시 지니고 있어야 하는 것은 아니며, 구체적 세부사항을 생략하여 복잡하지 않고 간결하게 서술함으로써 거의 그 효과를 달성한다(Ausubel, Novak, & Hanesian, 1978, p. 252).

선행조직자는 개관과는 다른데, 이는 선행조직자가 학습자의 현행 인지구조 내에 존재한다고 추정되는 관념적 콘텐츠와 관련되기 때문이다(Ausubel, 1963, 1968).

우선 학습에 대한 선행조직자의 효과를 검증하였다. 왜냐하면 학습자의 인지구조 내에는 위계가 있고, 위계에서는 상위의 포괄성을 지닌 개념들이 덜 포괄적인 하위 개념들과 함께 조직되고 구체적 정보는 이들 개념 속에 포섭된다고 상정되었기 때문이다(Ausubel, 1960, 1963, 1968). 포괄적인 아이디어들을 본격적인 학습 이전에 의도적으로 소개하거나 활성화함으로써 학습자가 이미 알고 있는 것과 새롭게 알아야 하는 것 사이의 차이를 연결해야 하며, 이를 통해 이해 및 장기기억을 촉진할 수 있다.

선행조직자에는 설명적(expository) 선행조직자와 비교적(comparative) 선행조직자의 두 가지 유형이 있다(Ausubel, 1963, 1968; Joyce & Weil, 1972). 설명적 선행조직자는 새로운 상위 수준의 개념들을 제공하는데, 이 개념들은 새로운 자료를 포섭하기 위해[관념적(ideational) 스캐폴딩을 제공하기 위해] 사용되고, 또한 이 개념들은 학습자가 이와 같은 포괄적 포섭자를 가지고 있지 않을 때 사용된다(Ausubel, 1960, 1963, 1968; Ausubel & Fitzgerald, 1962). 반면에, 비교적 선행조직자는 새로운 아이디어와 관련 있는 기존 스키마를 활성화하는 데 사용된다. 이 경우, 선행조직자의 목적은 새로운 자료를 위한 관념적 스캐폴딩을 제공하기 위해, 주요 유사점과 차이점을 명료하게 지적하기 위해, 새로운 아이디어를 통합하기 위해 그리고 새로운 아이디어와 사전에 학습한 아이디어 간의 구별 가능성(discriminability)을 촉진하기 위한 것이다(Ausubel, 1963, 1968; Ausubel & Fitzgerald, 1961; Ausubel & Youssef, 1963; Fitzgerald & Ausubel, 1963).

1960년대와 1970년대에는 선행조직자의 효과성에 대한 많은 연구가 이루어졌다. 긍정적인 연구 결과에 이어 비판이 제기되었는데, 그 요지는 구인의 정의와 준거가 모호하여 연구자들마다 선행조직자가 어떤 것인지에 대한 서로 다른 개념들을 가지고 있으며, 또한 단지 직관에 의해 선행조직자를 구축하였을 것이라는 지적이었다(Barnes & Clawson, 1975). 이러한 비판에 Lawton과 Wanska(1977), Ausubel과 동료들(1978)은 선행조직자의 근거와 준거를 제공함으로써 이에 대응하였고, 여전히 선행조직자는 교육 분야에서 기본적인 교수전략의 하나이다.

Yeol Huh
Dabae Lee
Charles M. Reigeluth

참고문헌

Ausubel, D. P. (1960). The use of advance organizers in the learning and retention of meaningful verbal material. *Journal of Educational Psychology, 51,* 267–272.

Ausubel, D. P. (1963). *The psychology of meaningful verbal learning.* New York: Grune & Stratton.

Ausubel, D. P. (1968). *Educational psychology: A cognitive view.* New York: Holt, Rinehart, & Winston.

Ausubel, D. P., & Fitzgerald, D. (1961). The role of discriminability in meaningful verbal learning and retention. *Journal of Educational Psychology, 52,* 266–274.

Ausubel, D. P., & Fitzgerald, D. (1962). Organizer, general background, and antecedent learning variables in sequential verbal learning. *Journal of Educational Psychology, 53,* 243–249.

Ausubel, D. P., Novak, J. D., & Hanesian, H. (1978). *Educational psychology: A cognitive view* (2nd ed.). New York: Holt, Rinehart, & Winston.

Ausubel, D. P., & Youssef, M. (1963). The role of discriminability in meaningful parallel learning. *Journal of Educational Psychology, 54,* 331–336.

Barnes, B. R., & Clawson, E. W. (1975). Do advance organizers facilitate learning? Recommendations for further research based on an analysis of 32 studies. *Review of Educational Research, 45,* 637–659.

Bloom, B. S., Engelhart, M. D., Furst, E. J., Hill, W. H., & Krathwohl, D. R. (1956). *Taxonomy of educational objectives: The classification of educational goals. Handbook 1:*

Cognitive domain. Harlow, Essex, England: Longman Group.
Fitzgerald, D., & Ausubel, D. P. (1963). Cognitive versus affective factors in the learning and retention of controversial material. *Journal of Educational Psychology, 54,* 73–84.
Joyce, B., & Weil, M. (1972). *Models of teaching.* New York: Prentice–Hall.
Krathwohl, D. R. (2002). A revision of Bloom's taxonomy: An overview. *Theory into Practice, 41*(4), 212–218.
Lawton, J. P., & Wanska, S. K. (1977). Advance organizers as a teaching strategy: A reply to Barnes and Clawson. *Review of Educational Research, 47,* 233–244.

Agent: 에이전트

(ANIMATION: 애니메이션, AVATAR: 아바타 참조)

1997년 Erickson은 '에이전트'의 두 가지 의미를 강조하였다. 첫 번째 의미는 특정 기능에 관한 역량을 가지고 있음을 강조한다. 에이전트는 "컴퓨터 프로그램이 자율적인가 혹은 어느 정도 자율적인가를 지정하기 위해 사용된다. 에이전트는 하나의 프로그램으로서 행동의 개시, 자체 목표의 설정, 행동 계획의 구성, 다른 에이전트와의 의사소통 그리고 사태에 대한 적절한 대응을 어느 정도는 인간에 의해 직접적으로 통제받지 않고 수행할 수 있다(Erickson, 1997, p. 79)." 두 번째 의미는 사용자에게 보이는 것을 강조한다. "여기서 에이전트는 종종 인간처럼 생명이 있는 존재의 특징들을 갖고 있는 듯한 프로그램을 의미한다(Erickson, 1997, p. 79)." 물론 이들 두 가지 의미는 서로 독립적이지 않다.

특히 이 가운데 두 번째 의미는 연구에 대한 폭넓은 관심을 불러일으켰다. 에이전트의 특정 기능 혹은 특성을 명료화하기 위해서는 다양한 수식어들과 결합하여 사용된다. 인터페이스 에이전트, 애니메이티드 에이전트, 인텔리전트 에이전트, 교수 에이전트 혹은 가장 빈번히 언급되는 '교육학적(pedagogical) 에이전트'가 그 예이다. 교육학적 에이전트는 "교육적 상황에서 학습을 지원하거나 촉진하기 위해서 고안된 애니메이션 캐릭터"로 정의된다(Clarebout, Elen, Johnson, & Shaw, 2002, p. 268). 대부분의 정의에서 에이전트들은 애니메이션으로 만들어지고 어느 정도 지능적이라는 것이 강조되고 있다. 에이전트들은 움직이고, 말하고, 사용자와 적응하여 상호작용할 수 있다. 에이전트를 어떠한 맥락에서 활용하느냐에 따라서 해당 기능이 더욱 강조되기도 한다. 예를 들면, Heidig과 Clarebout(2010)는 최근 논평에서 교육학적 에이전트는 "컴퓨터 스크린에 제시된 실물 같은 캐릭터로 멀티미디어 학습환경을 통해 학습자를 안내한다."고 묘사하였다(p. 28). Moreno, Mayer, Spires와 Lester(2001)의 연구에서는 소셜 에이전시, 즉 "학습자와 이야기하고 학습자의 입력에 반응하는 호감이 가는 만화 같은 인물(p. 179)"로 설명되는 교육학적 에이전트를 강조하고 있다.

지난 수년간 연구해온 에이전트들은 애니메이션 및 지능 면에서 다르다. 일부 연구자들은 에이전트의 음성 해설은 이미 충분하게 다루었다고 생각하고 있고(Mayer, Dow, & Mayer, 2003), 다른 연구자들은 특별히 에이전트의 시각적 특징에 초점을 두고 있다(Baylor & Kim, 2009). 또한 에이전트들은 학습자와 상호작용하는 능력과 학습과정의 특정 국면에 대한 지원에 있어 서로 다르다. Kim과 Baylor 그리고 PALS 그룹(2006)에 의하면 사회적 상호작용을 모사하는 능력은 교육학적 에이전트가 지닌 독특한 특성이다.

Jan Elen

참고문헌

Baylor, A. L., & Kim, S. (2009). Designing nonverbal communication for pedagogical agents: When less is more. *Computers in Human Behavior, 25,* 450–457.

Clarebout, G., Elen, J., Johnson, W. L., & Shaw, E. (2002). Animated pedagogical agents: An opportunity to be grasped? *Journal of Educational Multimedia and Hypermedia, 11*(3), 267–286.

Erickson, T. (1997). Designing agents as if people mattered. In J. M. Bradshaw (Ed.), *Software agents*(pp. 79–96). Menlo Park, CA: AAAI Press/The MIT Press.

Heidig, S., & Clarebout, G. (2010). Do pedagogical agents make a difference to student motivation and learning? *Educational Research Review, 6*, 27–54.

Kim, Y., Baylor, A. L., & PALS Group (2006). Pedagogical agents as learning companions: The role of agent competency and type of interaction. *Educational Technology Research and Development, 54*(3), 223–243.

Mayer, R. E., Dow, G. T., & Mayer, S. (2003). Multimedia learning in an interactive self-explaining environment: What works in the design of agent-based microworlds? *Journal of Educational Psychology, 95*(4), 806–812.

Moreno, R., Mayer, R. E., Spires, H. A., & Lester, J. C. (2001). The case for social agency in computer-based teaching: Do students learn more deeply when they interact with animated pedagogical agents? *Cognition and Instruction, 19*(2), 177-213.

Aggregator: 집합자

(REALLY SIMPLE SYNDICATION: RSS 피드 참조)

Analogy: 비유

(ADVANCE ORGANIZER: 선행조직자 참조)

비유는 Bloom의 분류체계에서 이해 수준의 학습을 위한 미시적 수준의 전략에 해당되고(Bloom, Engelhart, Furst, Hill, & Krathwohl, 1956; Krathwohl, 2002), 특히 개념 이해에 유용하다. Reigeluth와 Keller(2009)는 비유를 "구성요소 방법의 하나로서 학습을 목적으로, 혹은 추후 이에 대한 이해를 목적으로 친숙한 것과 친숙하지 않은 것 간의 비교를 유도하는 것"이라고 정의하였다(p. 37).

Ausubel, Novak과 Hanesian(1968)에 의하면, 학습이 일어나기 위해서는 의미 있는 방식으로 새로운 지식을 자신의 사전지식과 관련시킬 수 있어야만 한다. 사전지식의 활성화는 또한 Gagné의 아홉 가지 교수사태에서도 강조되고 있다(Driscoll, 2000). 비유는 새로운 지식을 기존 지식과 관련시키는 데 효과적으로 사용할 수 있다.

Gardner(1999)는 비유의 효과성을 언급하며 비유를 사용하는 예를 제공하였다. 인간의 사회적 변화 과정을 설명하는 경우, 생물의 종들 내의 생물학적 변화 과정이 사용될 수 있다.

한편 Gardner(1999)에 의하면, 비유는 "유사점을 갖고 있지 않으면"(p. 83) 오개념을 야기할 수도 있음으로 이를 유념하여 신중하게 사용해야 한다. 앞의 예에서 보면, 인간의 사회적 변화에는 생물학적 진화의 무작위성이 존재하지 않는다. Curtis와 Reigeluth(1983)는 이러한 문제를 방지하기 위해 학습자들에게 비유의 제한점을 설명할 것을 제안하고 있다.

Dabae Lee
Yeol Huh
Charles M. Reigeluth

참고문헌

Ausubel, D. P., Novak, J. D., & Hanesian, H. (1968). *Educational psychology: A cognitive view.*

Bloom, B. S., Engelhart, M. D., Furst, E. J., Hill, W. H., & Krathwohl, D. R. (Eds.). (1956). *Taxonomy of educational objectives: The classification of educational goals. Handbook I: Cognitive domain.* Harlow, Essex, England: Longman.

Curtis, R. V., & Reigeluth, C. M. (1983). The effects of analogies on student motivation and performance in an eighth grade science context. IDD&E Working Paper No. 9. Syracuse, NY: Syracuse University School of Education.

Driscoll, M. P. (2000). *Psychology of learning for instruction*(2nd ed.). Boston, MA: Allyn & Bacon.

Gardner, H. (1999). Multiple approaches to understanding. In C. M. Reigeluth (Ed.), *Instructional design theories and models: A new paradigm of instructional theory* (Vol. 2, pp. 69-89). Mahwah, NJ: Lawrence Erlbaum Associates.

Krathwohl, D. R. (2002). A revision of Bloom's taxonomy: An overview. *Theory into Practice, 41*(4), 212-218.

Rcigcluth, C. M., & Keller, J. M. (2009). Understanding instruction. In C. M. Reigeluth & A. A. Carr-Chellman (Eds.), *Instructional-design theories and models: Building a common knowledge base* (Vol. 3, pp. 27-39). New York: Routledge.

Analysis: 분석

(LEARNER CHARACTERISTICS AND TRAITS: 학습자 특성 및 성향, NEEDS ASSESSMENT: 요구사정, PREREQUISITE SKILLS: 선수 기능, SYSTEMS APPROACH: 체제적 접근 참조)

분석이라는 용어는 복잡한 체제나 실체를 서로 관련된 작은 부분들로 나누어 연구하는 것을 일컫는다. 분석은 전형적으로 두 개의 서로 구별되는 단계를 통해 이루어진다—구성요소들을 확인하는 단계와 전체 체제와 부분 사이의 관련성을 확인하는 단계가 그것이다(Silvern, 1972). 체제의 구성요소들에는 개개인, 객체, 과정, 자원 및 제한점 등이 포함될 수 있다. 이들 구성요소들 간의 관계는 개개인과 체제로 투입되거나 나가는 객체, 구성요소 간의 정보의 흐름 그리고 과정들 간의 시간적인 순서 등을 포함한 여러 형태를 취할 수 있다(Richey, Klein, & Tracey, 2011).

대부분의 체제적 교수설계(ID) 모형들은 어떤 형태로든 분석을 포함하고 있다. 초기 ID 모형들에서 분석은 주로 교수 내용과 학습자의 사전지식을 검토하는 데 주안점을 두었다. 예를 들면, Dick과 Carey의 모형(1978)에서 첫 번째 버전은 두 가지 유형의 분석을 포함하였다—교수 분석은 목표와 내용을 하위 스킬들로 나누는 것을 포함한 반면에, 학습자 분석은 수업 전에 학습자가 이들 스킬 중 어느 것을 보유하고 있는가를 확인하기 위해 사용되었다. 설계자들이 요즈음에도 내용 분석과 학습자 분석을 시행하고 있지만, 이에 덧붙여 조직상의 문제와 그 원인, 학습과 수행의 맥락들, 그리고 넓은 범위의 학습자 특성들을 분석하고 있다.

수행 분석은 조직이 추구하는 발전 방향 및 수행을 촉진하거나 혹은 방해하는 요인들에 초점을 두고 있다(Rossett, 1999). 조직 분석은 조직의 비전, 미션, 가치, 목적 및 전략을 검토한다. 환경 분석은 수행 이슈와 관련된 요인들을 규명한다(Van Tiem, Moseley, & Dessinger, 2004). 요구 분석은 최적의 수행과 실제 수행, 이들 두 조건 간의 격차(gaps) 그리고 해당 격차에 대한 조직의 우선순위에 대해 확인하도록 한다(Kaufman, Rojas, & Mayer, 1993).

최근에는 이에 더해 맥락 분석이 설계 모형에 반영되기 시작했다. 예를 들면, Dick과 Carey 모형의 최근 버전은 환경 분석을 제안하고 있는데(Dick, Carey, & Carey, 2009 참조), 환경 분석에서는 교수 현장과 교수적 요구 간의 적합성 및 교수 현장에 실제 업무 현장을 재현하는 수준에 대해 고려한다. 수행 환경에서의 맥락 분석은 관리 측면에서의 지원, 스킬이 적용될 환경의 사회적, 물리적 속성 그리고 업무 현장과 새로 학습한 스킬 간의 관련성을 다루기 위해 실시된다.

끝으로, 최근에는 매우 광범위한 특성들이 학습자 분석에서 다루어지고 있다. 이들 특성에는 학습에 영향을 미칠 수 있는 개인차, 신념, 태도, 전이 및 동기 그리고 수업 방법의 선택에 영향을 미칠 수 있는 정신모형과 같은 요인들이 포함된다(Richey et al., 2011).

James D. Klein

참고문헌

Dick, W., & Carey, L. (1978). *The systematic design of instruction.* Glenview, IL: Scott, Foresman and Company.

Dick, W., & Carey, L., & Carey, J. O. (2009). *The systematic design of instruction* (7th ed.). Upper Saddle River, NJ: Merrill.

Kaufman, R., Rojas, A. M., & Mayer, H. (1993). *Needs assessment: A user's guide.* Englewood Cliffs, NJ: Educational Technology Publications.

Richey, R. C., Klein, J. D., & Tracey, M. W. (2011). *The instructional design knowledge base: Theory, research and practice.* New York: Routledge.

Rossett, A. (1999). Analysis for human performance technology. In H. Stolovitch & E. Keeps (Eds.), *Handbook of human performance technology* (2nd ed.)(pp. 139–162). San Francisco: Jossey–Bass.

Silvern, L. C. (1972). *Systems engineering applied to training.* Houston, TX: Gulf Publishing Company.

Van Tiem, D. M., Moseley, J. L., & Dessinger, J. C. (2004). *Fundamentals of performance technology: A guide to improving people, process, and performance* (2nd ed.). Silver Springs, MD: International Society for Performance Improvement.

Anchored Instruction: 앵커드 교수법

(AUTHENTIC ACTIVITY: 실제적 활동 참조)

앵커드 교수법은 실제적 상황이 학습의 기본이 되는 교육학적 접근이다. Lee(2002)는 어떻게 앵커드 교수법이 문제해결 연습의 한 부분이 되는지에 대해 논의하고 있다. 실제 세계의 상황은 종종 문제 및 이와 관련된 문제해결 경로를 토대로 제시된다. Bottge와 Hasselbring(1993)은 실제적인 수업을 어떻게 활용할 것인지에 대해 논의하고 있는데, 여기서 수업은 추상적 개념이 아니라 학습자에게 매우 친숙한 개념을 토대로 한다.

Bauer(1998)는 통합적이고 실제적인 레슨을 제시하기 위해서 주제(theme)를 사용하는 방법을 제안하였다. 여기서 주제는 모든 학생이 인식하고 알고 있는 통합적인 개념이다. 이 예에서 교사는 '오리건 트레일(Oregon Trail)' 프로그램을 수업에서의 앵커로 사용하여 예비 교사들이 테크놀로지를 통합하는 것을 지원하고 있다. 학습자들은 이 소프트웨어에 몰입하였고 자신들의 몰입 수준에 대해 논평하였다. 학습자들은 미주리주 St. Louis로부터 태평양으로 가는 경로를 찾기 위해서 많은 문제를 해결해야만 했다. 학습자들의 몰입 수준은 문제의 복잡성이 증가함에 따라 상향된다.

문헌에 의하면 앵커드 교수법에 테크놀로지 요소를 활용할 수 있다는 것을 지지한다(Bauer, 1998; Bottge, Rueda, Serlin, Hung, & Kwon, 2007; Kariuki & Duran, 2004). 많은 교수자는 교육과정에 테크놀로지를 통합하는 방법을 가르치는 과정에서 전달식 접근(didactic approach)을 사용한다. 이러한 접근에서는 교사는 어떻게 테크놀로지 도구들이 사용되는가를 시범을 통해 보여 주고, 어떻게 자료를 개발할 수 있는가에 대한 지침을 제공한 후 학습자에게 자료를 개발하라고 요구한다. 앵커드 교수법을 활용한다면 교사는 해결해야 할 실제 문제를 제시할 것이다. 교사는 여러 가지 테크놀로지 도구들을 사용하게 되나, 비디오는 해결해야 할 문제를 명시적으로 기술하는 데 있어 매우 성공적인 도구이다(Barron & Goldman, 1994).

David D. Carbonara

참고문헌

Barron, L., & Goldman, E. (1994). Integrating technology with teacher preparation. In B. Means (Ed.), *Technology and education reform* (pp. 81–110). San Francisco, CA: Jossey–Bass.

Bauer, J. W. (1998). Anchored instruction in preservice educational technology classes: A research project. In *Proceedings of SITE 98: Society for Information Technology & Teacher Education International Conference,* Washington, DC, March 10–14, 1998. ERIC Document No. ED421116.

Bottge, B. A., & Hasselbring, T. S. (1993). A comparison of two approaches for teaching complex, authentic mathematics problems to adolescents in remedial math classes. *Exceptional Children, 59*(6), 556–566.

Bottge, B. A., Rueda, E., Serlin, R. C., Hung, Y., & Kwon, J. M. (2007). Shrinking achievement differences with anchored math problems: Challenges and possibilities. *The Journal of Special Education, 41*(1), 31–49.

Kariuki, M., & Duran, M. (2004). Using anchored instruction to teach preservice teachers to integrate technology in the curriculum. *Journal of Technology and Teacher Education, 12*(3), 431–445.

Lee, M. (2002). Anchored instruction in a situated learning environment. In P. Barker & S. Rebelsky (Eds.), *Proceedings of World Conference on Educational Multimedia, Hypermedia and Telecommunications 2002* (pp. 1102–1107). Chesapeake, VA: AACE.

Animation: 애니메이션

(AGENT: 에이전트 참조)

Schlosser와 Simonson(2006, p. 49)에 의하면, 애니메이션은 "만화 같은 캐릭터들을 이용하여 움직임의 착시를 생성해 내는 제작 기술로 정의되며, 연속적으로 일련의 만화, 그림, 그래픽, 모형을 사용하여 실물 캐릭터가 움직이는 것 같이 보이도록 모사한다."

일련의 정적 이미지들을 활용하여 동작을 모방하는 개념은 일련의 페이지나 카드의 모서리를 손가락으로 넘기는 것에서 시작되었는데, 이때 이미지들을 아주 빠르게 연속적으로 제시하면 인간의 눈에 동작으로 보이도록 이미지들을 신중하게 배열해야 한다. 사진 필름에 스프로켓(sprockets)이 추가되면서 영화가 가능해지자, 예술가들은 투명 셀룰로이드 시트에 일련의 그림을 그리고, 이를 배경 위에 놓고 한 번에 한 프레임씩 촬영하여 첫 번째 애니메이션 영화를 개발하기 시작하였다. 다른 기술은 '스톱 액션 애니메이션'이라고 불리는데, 이는 입체적인 인형들을 만들고, 원하는 인형의 포즈를 만들어 놓고 촬영하고, 제스처와 위치를 약간 다르게 하여 포즈를 다시 만들고, 다시 촬영하는 것을 말한다. 인간의 눈에 일련의 정적 이미지들이 유연하고 자연스럽게 움직이는 것처럼 기록되기 위해서는 영화에서 매초 최소한 15개, 거의 대부분 30개나 그 이상의 이미지가 연속적으로 제시된다.

디지털 시대인 지금도 여러 개의 개별 이미지를 연속적으로 배열함으로써 애니메이션을 구성한다. 그러나 컴퓨터 생성 이미지(CGI)를 개발하는 과정은 한층 더 정교화된 컴퓨터 프로그램을 활용한다. 이 프로그램은 동영상 제작자의 설계 정보와 교수적 알고리즘을 토대로 생동감 있는 배경을 창출하는 다양한 기술을 활용하여 대상물이나 캐릭터의 세련된 동작을 만들어 낸다.

Seels와 Richey(1994)는 개발 영역의 정의에서 컴퓨터 기반 테크놀로지들과 시청각 자료들을 구분하고, 또한 통합 테크놀로지에 대해 설명하고 있다. 애니메이션은 개발 영역 내의 기술이다.

애니메이션은 많은 노력을 필요로 하고 종종 고비용을 요하는 기술이므로 움직임이 구현될 경우 내용을 보다 쉽게 이해할 수 있다거나, 다른 방법으로는 관찰하기가 어렵거나 불가능한 콘텐츠인 경우에 사용하는 것이 효율적이다. 예를 들면, 애니메이션은 인간의 혈액순환 과정이나 물질이 산화될 때 발생하는 분자활동 혹은 평면 기하학에 대한 대수적 관계를 설명하기 위해서, 혹은 근로자에게 복잡한 기기의 내부 구조 작동에 대한 폭넓은 이해를 제공하기 위해서 유용하게 사용될 수 있다.

Joann Flick

참고문헌

Schlosser, L. A., & Simonson, M. (2006). *Distance education: Definition and glossary of terms* (2nd ed.). Charlotte, NC: Information Age Publishing.

Seels, B., & Richey, R. (1994). *Instructional technology: The definition and domains of the field.* Washington, D.C.: AECT.

Archives: 아카이브

(INFORMATION STORAGE: 정보 저장 참조)

ARCS Model of Instructional Design: ARCS 교수설계 모형

(INSTRUCTIONAL DESIGN MODELS: 교수설계 모형, MOTIVATION: 동기 참조)

Artificial Intelligence: 인공지능

(COGNITIVE SCIENCE: 인지과학, EXPERT SYSTEM: 전문가 시스템 참조)

Assessment: 사정
(e-PORTFOLIO: e-포트폴리오 참조)

여러 집필자들과 연구자들이 공통적으로 제시한 정의에서 보면, 사정은 학습을 평가하고 교수 관련 의사결정을 내리기 위해서 다양한 형식을 사용하여 학습자의 학습에 대한 정보를 수집하는 계획적인 과정으로 정의된다(Alberta Education, 2006; Baker, Chung, & Delacruz, 2007; Campbell, 2006; Wiggins & McTighe, 1998).

사정은 여러 가지 다양한 이유에서 실시되나, 가장 일반적인 목적은 학습에 대한 형성평가 혹은 총괄평가를 위해서다. 형성평가에서 교사는 학습자의 수행을 평가하여 학습자가 알고 있는 것과 할 수 있는 것은 무엇인가를 확인하고, 학습자의 강점을 파악하고, 또한 어려워하는 영역에 대해 진단하여 다음 단계에서 보충학습을 할 것인지 혹은 진도를 나갈 것인지에 대한 의사결정을 한다. 형성평가는 주로 학습자의 학습의 질을 검토하는 반면에, 총괄평가는 일반적으로 기준과 비교하여 학습자의 수행을 평가하는 데 그 목적이 있다(Angelo & Cross, 1993). 평가 기준에는 개인의 수행을 그룹의 수행과 비교하여 평가되는 '규준지향적(norm-referenced)'과 개인의 수행을 과제 특정적 요소 혹은 준거에 대비하여 평가되는 '준거지향적(criterion-referenced)'이 있다(McNeil, 1996).

사정 결과는 학생들의 지식 혹은 기술에 대한 단지 추정이고 이는 "……학습자가 어떻게 한 주제 영역에서 지식을 표상하고 역량을 개발하는가에 대한 모형, 학습자의 수행을 관찰할 수 있는 과제나 상황, 수행 증거로부터 추론할 수 있는 해석방법……"과 같은 세 가지 축의 삼각 측정에 기초하고 있다(National Research Council, 2001, p. 2). 사정 결과를 사용하는 데 있어서는 반드시 주요 요소인 학습이론, 교수활동, 사정 방법의 연계성에 대해 고려해야만 한다(Biggs, 1996).

사정 방법 혹은 사정 형식은 다음을 포함하나 이들 만으로 한정되지는 않는다: 시험(예: 다지선다형, 진위형, 단답형), 학습 로그(예: 저널/일지, 포트폴리오), 관찰(예: 일화 기록, 체크리스트), 수행 과제(예: 문제해결, 시뮬레이션, 실험, 프레젠테이션), 프로젝트(예: 모형 설계, 조사), 서면 보고서(예: 리포트, 스크립트, 스토리), 구두 시험[예: 논쟁, 논문변론(defense)], 그리고 시각적 커뮤니케이션(예: 스토리보드, 광고, 비디오)(Alberta

Assessment Consortium, 2005). 전통적인 사정에서는 행동주의 학습이론을 기반으로 삼각 측정이 토대가 되고, 기본 스킬과 지식의 습득을 사정함으로써 '시험'이 측정 방법으로 선호된다. 그러나 잘 고안되었을지라도, 전통적인 시험 문제들은 '폐쇄적'이고 '한 가지 정답'만을 요구하는 속성으로 인해 교사가 학생들이 부분적으로 이해하는 것을 파악하는 것과 학생들이 어느 부분에서, 왜 문제에 봉착하고 있는지를 진단하는 것에 관해서는 제한적인 정보를 제공한다. 이에 덧붙여, 전통적인 시험은 실제 상황의 맥락과 복잡성을 반영하는 데 있어서 제한적인 행위유발성을 가지고 있어 상위 수준의 학습 성취를 검사하는 데는 적절하지 않다(Wiggins, 1990).

이에 반해, 현대적인 사정에서는 사정의 목적을 구성주의, 고차적 사고력 및 역량 개발이라는 세 가지 측면에 두고 있어(Gulikers, Bastiaens, & Kirschner, 2004), 보다 '실제적이고(authentic)' '개방적인' 사정 방법이다. 실제적 사정 과제들은 상황적인 맥락에서 지식이나 스킬의 적용을 요구한다. 예를 들어, 학습 로그와 프로젝트와 같은 개방형 방법들과 질문 테크닉은 "……오답으로부터 단순한 답안 그리고 일반화된 답안에 이르기까지 매우 광범위한 반응을 유도한다……(Leatham, Lawrence, & Mewborn, 2005, p. 414)." 그리고 "……학습자들에게 자신들의 생각을 설명하도록 요구하여 교사들이 학생들의 학습스타일, 학생들의 이해과정에서의 허점, 학생들이 아이디어를 서술하기 위해 사용하는 언어 그리고 상황에 대한 학생들의 해석에 대해 통찰할 수 있도록 한다(Moon & Schulman, 1995, p. 30)." 어느 한 가지 방법도 모든 목적을 위해 충분하지는 않으나, "모든 사정은 ……반드시 학습자의 성취에 대한 정보를 제공하는 것과 아울러 학업 성취를 향상시켜야 한다(National Research Council, 2001, p. 314)."

Gail Kopp

참고문헌

Alberta Assessment Consortium (2005). *A framework for student assessment* (2nd ed.). Edmonton, AB: AAC Publications. Online: http://www.aac.ab.ca/framework_blue.html.

Alberta Education (2006). *Effective student assessment and evaluation in the classroom.* Edmonton, AB: Alberta Education Cataloging in Publication Data.

Angelo, T. A., & Cross, K. P. (1993). *Classroom assessment techniques, A handbook for college teachers* (2nd ed.). Mississauga, ON: Jossey-Bass.

Baker, E. L., Chung, G. K. W. K., & Delacruz, G. C. (2007). Design and validation of technology-based performance assessments. In J. M. Spector, M. D. Merrill, J. van Merriënboer, & M. P. Driscoll (Eds.) *Handbook of research on educational communications and technology* (3rd ed., pp. 595-604). New York, NY: Lawrence Erlbaum Associates/Routledge/Taylor & Francis Group.

Biggs, J. (1996). Enhancing teaching through constructive alignment. *Higher Education, 32,* 347-364.

Campbell, P. (2006). *Student assessment in adult basic education: A Canadian snapshot.* Winnipeg, MB: The Centre for Education and Work.

Gulikers, J. T. M., Bastiaens, T. J., & Kirschner, P. A. (2004). A five-dimensional framework for authentic assessment. *Educational Technology Research and Development, 52*(3), 67-86.

Leatham, K. R., Lawrence, K., & Mewborn, D. S. (2005). Getting started with openended assessment. *Teaching Children Mathematics, 11*(8), 413-419.

McNeil, J. (1996). *Curriculum: A comprehensive introduction.* Toronto, ON: John Wiley & Sons, Inc.

Moon, J., & Schulman, L. (1995). *Finding the connections: Linking assessment, instruction, and curriculum in elementary mathematics.* Portsmouth, NH: Heinemann.

National Research Council (2001). *Knowing what students know: The science and design of educational assessment*. Washington, DC: National Academy Press.

Wiggins, G. (1990). *The case for authentic assessment.* Washington, DC: ERIC Clearinghouse on Tests Measurement and Evaluation. No.ED328611.

Wiggins, G., & McTighe, J. (1998). *Understanding by design.* Alexandria, VA: Association for Supervision and Curriculum Development.

Assistive Technology: 보조공학

(ACCESSIBILITY: 접근성, UNIVERSAL DESIGN FOR LEARNING: 보편적 학습설계 참조)

Asynchronous Communication: 비동시적 커뮤니케이션

(INTERACTION: 상호작용 참조)

Attribution Theory: 귀인이론

(MOTIVATION: 동기 참조)

귀인이론은 하나의 요인, 즉 수행의 질에 대한 학습자의 이유가 학습자의 향후 수행에 어떠한 영향을 미치는가에 대해 설명하고 있다. 이 이론은 자신의 학업적 성공 혹은 실패에 대한 학습자의 해석이 학습자의 동기와 수행에 영향을 미칠 수 있다는 것을 상정하고 있다(Weiner, 1985). 학습자는 자신의 수행에 대해 문헌에서 일반적으로 확인되고 있는 다음 네 가지 조건인 운, 과제 난이도, 능력 그리고 후속 수행에 영향을 미치는 노력 중의 하나를 들어 설명하려고 할 것이다(Martin & Dowson, 2009). 귀인이론은 통제 소재(즉, 학습자가 성공 혹은 실패를 누구 혹은 무엇에 귀인을 하는가)를 학습자가 통제권을 가진 내적 요인으로 혹은 학습자가 통제권을 갖지 못한 외적 요인으로 통합한다(Jonassen & Grabowski, 1993). Jonassen과 Grabowski는 20년에 걸쳐서 통제 소재 연구를 검토하고 분석해 왔으며, 이를 통해 내적 통제 소재를 가진 학습자는 외적 통제 소재를 가진 학습자에 비해 몇 개의 교수 접근(예: 학습자에게 여러 개의 교수적 옵션을 제공 혹은 자가평가를 하도록 요구 또는 수업을 자신의 속도에 맞추어 진행)으로부터 더 많은 혜택을 받을 것이라고 결론을 내렸다.

다른 연구자들은 노력 귀인을 촉진하여 보다 많은 내적 통제 소재와 보다 적은 외적 통제 소재를 이끌어 내기 위한 훈련에 대해 조사연구를 해 왔다. 이러한 귀인 훈련은 훈련을 받지 않은 그룹과 비교하였을 때 대학 과정에서 실패율을 감소시킨 것으로 나타났다(Haynes et al., 2011). 유사하게, 시험 후 자신이 시험을 위해 스스로 노력한 것에 대해 평가한 학습자는 언제, 얼마나 오래 공부하였는가에 한정하여 분석한 그룹에 비해 다소 우월한 성적을 받았다(Poelzer & Zeng, 2008). 노력 귀인에 대한 이러한 처치는 귀인 훈련과 유사한 효과가 있는 것으로 나타났는데, 이에 대해 저자들은 학습자가 향후 학업에 대한 노력을 계획했기 때문이라고 설명하였다.

자신의 수행을 자신이 통제할 수 있는 요인들에 귀인한 학습자는 자신의 학업 성취 혹은 실패를 운, 과제 난이도, 혹은 능력과 같은 통제할 수 없는 조건들에 귀인한 학습자보다 학습을 더 오래 지속할 수 있고 학업 성취도 우월할 것이다. 5,333명의 고등학생들을 대상으로 실시한 상관관계 조사연구 결과에서는 자기보고식 데이터를 통해 어느 정도의 자기고양적 편향이 개입되었을 수도 있으나, 학습자의 노력 귀인은 성취하고자 하는 동기를 부여하는 것으로 나타났다(McClure et al., 2011). 학습자는 자신의 성공을 상황에 대한 자신의 통제에 의해서 그리고 자신의 실패를 자신의 통제 결여로 설명하려는 경향이 있다. 만일 학습자가 자신이 학업 과제를 성공적으로 완수할 수 있다고 믿으면 그렇게 할 가능성은 보다 높아진다. 이는 특히 학습자가 "만일 내가 공부를 더 많이 했거나 다르게 했었다면 나는 성공할 수 있었을 것이다."라고 이유를 설명하는 경우에 해당된다. 이 학습자는 과제에 얼마만큼 노력을 기울여야 하는가와 어떤 전략을 사용해야 하는가에 대해 자신이 통제하고 있는 반면에, 만일 학습자가 우주의 힘이 자신에게 적대적이라고 믿는다면 왜 노력을 하겠는가? 이러한 조건은 통제가 불가능하다.

Weiner(2004)는 귀인은 자기성찰적이면서 또한 대인 관계적이라고 설명하고 있다. 그의 사회인지적 분석은 귀인이론을 통해 대인 관계적 측면에서 학습자의 동기와 자기성찰적 측면에서 관찰자의 동기에 대해 설명하고 있다. Weiner의 확장된 귀인이론은 행위자에서의 동기와 관찰자에서의 동기에 대해 서술하고 있다.

Kathryn Ley

참고문헌

Haynes Stewart, T. L., Clifton, R. A., Daniels, L. M., Perry, R. P., Chipperfield, J. G., & Ruthig, J. C. (2011). Attributional retraining: Reducing the likelihood of failure. *Social Psychology of Education: An International Journal, 14*(1), 75–92.

Jonassen, D. H., & Grabowski, B. L. H. (1993). *Handbook of individual differences, learning, and instruction.* Hillsdale, NJ: Lawrence Erlbaum Associates, Publisher.

Martin, A. J., & Dowson, M. (2009). Interpersonal relationships, motivation, engagement, and achievement: Yields for theory, current issues, and educational practice. *Review of Educational Research, 79*(1), 327–365.

McClure, J., Meyer, L. H., Garisch, J., Fischer, R., Weir, K. F., & Walkey, F. H. (2011).

Students' attributions for their best and worst marks: Do they relate to achievement? *Contemporary Educational Psychology, 36*(2), 71–81.

Poelzer, G. H., & Zeng, L. (2008). A teaching intervention to increase achievement of Hispanic nonscience majors taking physical science courses. *Journal of College Science Teaching, 38*(1), 59–64.

Weiner, B. (1985). An attributional theory of achievement motivation and emotion. *Psychological Review, 92,* 548–573.

Weiner, B. (2004). Attribution theory revisited: Transforming cultural plurality into theoretical unity. In D. M. McInerney & S. V. Ettan (Eds.), *Big Theories Revisited* (Vol. 4, pp. 13–29). Greenwich, CT: Information Age Publishing.

Audiovisual Instruction: 시청각 교수법

(EDUCATIONAL MEDIA: 교육매체, GRAPHICS: 그래픽, VISUAL AND PICTORIAL LEARNING: 시각 및 이미지 활용 학습 참조)

시청각 교수법은 학습을 촉진하기 위해서 시각적, 청각적 보조 교육자료를 사용하는 것과 관련된다(Gordon, 1961). 최근에는 시청각적 교육자료는 종종 학습자에게 수업을 전달하는 물리적 수단, **교수매체**로 불린다(Reiser & Gagné, 1983).

학습에 시청각 교육자료를 사용하는 것에 대한 관심은 적어도 20세기 초 1910년대에 교육영화가 처음으로 소개되었을 때로 거슬러 올라간다(Saettler, 1990). 그때부터 1920년대 초에 이르는 동안, 시각교육 부서가 발족되고 현대의 미디어센터와 동등한 학교 박물관이 여러 대도시에 설립되었다(Saettler, 1990). 이들 학교 박물관은 영화, 슬라이드, 사진과 같은 시각 교수자료들을 지역의 학교에 배포하는 데 기여하였다. 시청각 자료들의 사용이 편리해지고 가용성이 증대됨에 따라, 당시의 명칭인 **시각 교수법**에 대한 관심이 높아지기 시작했다.

시각교육에 대한 공식적 정의는 수업을 제시하기 위해 사용되는 매체에 초점을 두고 있다. 시각 교수법에 대한 초기 교과서들 중 하나에서는 시각 교수법을 "모든 유형의 시각적 보조물, 예컨대 …… 사진, 모형, 전시물, 차트, 지도, 그래프, 스테레오그래프, 입체사진 및 영화 등을 사용하여 '보는 경험'[마음을 사로잡는]을 통해서 교육을 풍부하게 하는 것"이라고 정의하고 있다(Dorris, 1928, p. 6).

1920년대 후반부터 1940년대에 걸쳐서 음향 녹음, 라디오 방송 그리고 음향이 포함된 영화와 같은 매체의 발달에 따라 이 분야의 초점이 시각 교수법으로부터 **시청각 교수법**으로 이동하게 되었다. 1950년대부터 1960년대 초반에 걸쳐 교육자들이 교육용 텔레비전 사용에 열중함에 따라 시청각 교수법에 대한 관심은 계속해서 증가되었다(Saettler, 1990).

1960년대 초기에 대두된 용어로서의 '시청각 교수법'은 총애를 잃게 되었고, 새로운 정의가 대두되었다. 1963년에 시청각 교수법의 주요 전문협회에 의해 제시된 정의에서는 이 분야는 단지 시청각 보조물에 대한 것이 아니라는 점을 강조하였다. 새롭게 수립한 시청각 교수법의 정의에서는 '학습과정을 통제하는 메시지'(p. 38)에 초점을 두면서, 이러한 메시지를 설계하고 사용하기 위한 일련의 단계에 대해 논의하였다(Ely, 1963). 이들 여러 단계(예를 들어, 계획, 제작, 활용)는 종종 교수설계 과정의 부분으로 설명되는 단계들과 유사하다(예를 들어, Dick, Carey, & Carey, 2009).

최근에는 '시청각 교수법'이란 용어는 아주 드물게 사용되고 있으나, 아직도 이 분야의 많은 전문가는 컴퓨터, 인터넷 및 모바일 기기와 같은 매체에 의해 전달되는 청각과 시각 교수자료의 설계, 제작, 사용에 많은 관심을 가지고 있다.

Robert A. Reiser

참고문헌

Dick, W., Carey, L., & Carey, J. O. (2009). *The systematic design of instruction* (7th ed.). Upper Saddle River, NJ: Pearson Education.

Dorris, A. V. (1928). *Visual instruction in the public schools.* Boston, MA: Ginn.

Ely, D. P. (Ed.) (1963). *The changing role of the audiovisual process in education: A definition and a glossary of related terms.* Washington, D.C.: National Education Association.

Gordon, J. E. (1961). *Motion Picture Production for Industry.* New York: Macmillan.

Reiser, R. A., & Gagné, R. M. (1983). *Selecting Media for Instruction.* Englewood Cliffs, New Jersey: Educational Technology.

Saettler, P. (1990). *The evolution of American educational technology.* Englewood, CO: Libraries Unlimited.

Authentic Activity: 실제적 활동

(ANCHORED INSTRUCTION: 앵커드 교수법, COMMUNITY OF PRACTICE: 실천공동체, CONSTRUCTIVISM: 구성주의, CONSTRUCTIVIST APPROACH: 구성주의 접근, PROBLEM-BASED LEARNING: 문제 기반 학습 참조)

실제적 활동의 개념은 구성주의와 연관되어 있는데, 구성주의적 학습 환경의 주요 측면 중의 하나는 실제성이다. Herrington(2006)에 의하면 실제적 활동은 실생활에서 전문가가 작업하는 것과 매우 유사하고, 수용 가능한 다양한 해결책을 가지고 있는 비구조적 문제 상황에서 이루어지는 긴밀한 협력과 관련된다(Bennett, Harper, & Hedberg, 2002). Brown, Collins와 Duguid(1989)는 실제적 활동을 일관성 있고, 유의미하고, 목적의식적인 특징을 가진 문화에서 이루어지는 일상적인 실천행위라고 정의하였다. 나아가, Brown과 동료들은 실제적 활동은 학습의 핵심 요소이고, "학습자에게 중요한데 이는 수행자를 유의미하고 목적적으로 행동하도록 이끄는 유일한 길이기 때문"이라고 주장한다(p. 36). Cholewinski(2009)는 실제적 활동의 개념을 매우 광범위한 이론적 관점을 토대로 설명하고 있다. 이들 이론적 관점은 다음과 같다.

- 이론적 기반(예를 들어, 구성주의와 사회적 구성주의)
- 주요 교수방법(예를 들어, 프로젝트 기반 학습, 앵커드 교수법, 탐구 기반 학습, 협력학습, 상황학습 및 지식구축 공동체)
- 관련된 활동 개념(근접발달영역, 모델링, 학습자 통제, 스캐폴딩, 코칭, 테크놀로지와 매체 및 인지적 도제를 포함)

교수-학습 실천에서 실제적 활동들은 학습자들이 지식과 스킬을 개발하도록 다양하고 풍부한 학습경험을 제공하고, 학습자들에게 즉각적으로 지식과 스킬을 실제 상황에 적용하도록 한다. 학교교육에서 가장 인기가 있는 실제적 활동에는 역할극, 시뮬레이션, 사례연구 등이 포함된다. 실제적 학습에서 학습자들은 실제적 상황에 자신들의 과거 경험을 이끌어 내도록 요구받는다. 실제적 활동에 있어서 가장 큰 도전은 학습자들이 실생활의 상황에 적합한 시뮬레이션을 창출해야 하는 것과 협력을 통해 문제해결에 임해야 한다는 것이다. 전형적으로 실제적 학습에서는 실제 세상과 복잡한 문제, 역할 모의 실연, 문제 기반 활동, 사례연구 및 가상 실천공동체 참여 등을 통한 해결책에 초점을 두고 있다(Clayden, Desforges, Mills, & Rawson, 1994).

최근에 교육공학 분야의 학술단체와 전문가들은 구성주의 기반의 실제적 활동에 대한 연구와 교육적 적용에 지대한 관심을 보이고 있다. Herrington, Reeves, Oliver 및 Woo(2002)는 실제적 활동의 열 가지 특성을 탐구하였고, 실제적 활동을 웹 기반 학습을 위한 모형으로서 사용하였다. 2007년에 EDUCAUSE는『21세기를 위한 실제적 학습: 개관(Authentic Learning for the twenty-first century: An Overview)』이라는 제목으로 백서를 발간하였다. 이 백서는 실제적 학습의 구성은 무엇이고, 어떻게 테크놀로지가 이를 지원하는가, 이를 효과적으로 만드는 것은 무엇인가 그리고 이것이 왜 중요한가에 대해 고찰하고 있다(Lombardi, 2007).

Xudong Zheng
Xinmin Sang

참고문헌

Bennett, S., Harper, B., & Hedberg, J. (2002). Designing real life cases to support authentic design activities. *Australian Journal of Educational Technology, 18*(1), 1-12.

Brown, J. S., Collins, A., & Duguid, S. (1989). Situated cognition and the culture of learning. *Educational Researcher, 18*(1), 32-42.

Cholewinski, M. (2009). An introduction to constructivism and authentic activity. *Journal of the School of Contemporary International Studies Nagoya University of Foreign Studies, 5,* 283-316.

Clayden, E., Desforges, C., Mills, C., & Rawson, W. (1994). Authentic activity and learning. *British Journal of Educational Studies, 42*(2), 163-173.

Herrington, J. (2006). Authentic e-learning in higher education: Design principles for authentic learning environments and tasks. Paper presented at the World Conference on E-Learning in Corporate, Government, Healthcare, and Higher Education, 2006.

Herrington, J., Reeves, T., Oliver, R., & Woo, Y. (2002). Designing authentic activities for Web-based courses. In G. Richards (Ed.), *Proceedings of World Conference on E-Learning in Corporate, Government, Healthcare, and Higher Education 2001* (pp. 18-27). Chesapeake, VA: AACE.

Lombardi, M. (2007). *Authentic learning for the 21st century: An overview.* ELI Report No. 1. Boulder, CO: EDUCAUSE Learning Initiative.

Authentic Assessment: 실제적 사정

(ASSESSMENT: 사정 참조)

Avatar: 아바타

(AGENT: 에이전트, DIGITAL GAME-BASED LEARNING: 디지털 게임 기반 학습, VIRTUAL WORLDS: 가상세계 참조)

아바타는 가상 환경에서 사용자 혹은 플레이어의 디지털 표상이고, 여기서 플레이어는 게임 소프트웨어와 또한 다른 플레이어와 상호작용한다(Steinkuehler, 2006; Yee, Bailenson, Urbanek, Chang, & Merget, 2007). 가상세계에 입장하였을 때 플레이어가 첫 번째로 해야 하는 일은 아바타를 창조하는 것이고, 전형적인 플레이어는 아바타 개발에 많은 시간을 소요하는데(Castronova, 2001), 요즘에는 개발 시간이 상당히 감소되는 추세다. 아바타는 종종 여러 가지 형상, 즉 플레이어 자신을 반영한 모습에서부터 다른 이의 모습 혹은 동물이나 가상의 존재와 같은 전혀 다른 모습을 취하기도 한다(Wang & Hsu, 2009). 아바타 캐릭터의 개발은 플레이어가 '가상세계'에서 보다 많은 시간을 보내면서 계속된다.

플레이어가 자신의 표상인 아바타와 갖는 관계는 가상 환경과 다중플레이어 게임에 대한 몰입의 질적 측면에서 중요한 역할을 한다(Dickey, 2007; Pence, 2007). Dickey (2007)에 의하면, "플레이어들은 자신들의 캐릭터를 개발하는 것에 의해서 어떤 의미로는 역할을 맡고 있는 것이다(p. 258)." 아바타의 외모와 스킬은 플레이어의 사회적 자본에서 매우 중요하다(Pence, 2007). 많은 사용자는 현실 세계에서 보다 자신들의 가상세계에서 더 많은 시간을 보내는데, 다시 말해서 "정말로 그곳에는 많은 사람이 살고 있다고 거의 믿을 수 있는 곳, 거기가 어디든지, 지구상은 아닌, 그곳에서 너무나 많은 시간"을 보낸다(Castronova, 2001, p. 14).

아바타의 비언어적 행동과 언어적 행동은 "물리적 세상에서의 사회적 상호작용과 동일한 사회적 규범에 의해 통제된다(Yee et al., 2007, p. 119)." 아바타의 구현과 함께, 아바타 간의 상호작용은 가상세계에서 사용자의 실재감에 상당한 영향을 미친다(Feldon & Kafai, 2008).

실제 사람에 의해 통제되는 것은 아바타인 반면, 컴퓨터에 의해 통제되는 디지털 존재는 '봇(bots)'이라고 불린다. 전형적으로 봇은 인공지능이라고 불리는 모사된 지능에 의해 동작하도록 프로그램된다. 어떤 봇은 인간들과 상호작용하면서 심지어 학습할 수도 있다. 경우에 따라서 봇은 인간이 통제하는 아바타처럼 보일 수도 있다. 그러나 일반적으로 몇 분간의 상호작용을 통해 봇을 확인하는 것은 용이한데, 이는 봇은 행동이나 커뮤니케이션 스킬이 자연스럽지 못한 경향이 있기 때문이다.

Jason Underwood

참고문헌

Castronova, E. (2001). Virtual worlds: A first-hand account of market and society on the cyberian frontier. *CESifo Working Paper Series* No. 618. Fullerton, California. California State University, Center for Economic Studies and Ifo Institute of Economic Research.

Dickey, M. (2007). Game design and learning: A conjectural analysis of how massively multiple online role-playing games(MMORPGs) foster intrinsic motivation. *Journal Educational Technology Research and Development, 55*(3), 253-273.

Feldon, D. F., & Kafai, Y. B. (2008). Mixed methods for mixed reality: Understanding users' avatar activities in virtual worlds. *Educational Technology, Research and Development, 56*(5/6), 575-594.

Pence, H. (2007). The homeless professor in Second Life. *Journal of Educational Technology Systems, 36*(2), 171-177.

Steinkuehler, C. A. (2006). Massively multiplayer online video gaming as participation in a discourse. *Mind, Culture, and Activity, 13*(1), 38-52.

Wang, S., & Hsu, H. (2009). Using the ADDIE model to design second life activities for online learners. *Tech Trends, 53*(6), 76-81.

Yee, N., Bailenson, J. N., Urbanek, M., Chang, F., & Merget, D. (2007). The unbearable likeness of being digital: The persistence of nonverbal social norms in online virtual environments. *The Journal of CyberPsychology and Behavior.* Retrieved from http://citeseerx.ist.psu.edu/viewdoc/download?doi=10.1.1.119.9840&rep=rep1&type=pdf.

Back Channel Communication: 비공식 커뮤니케이션

(COMMUNICATION: 커뮤니케이션 참조)

Behaviorism: 행동주의

(INDIVIDUALIZED INSTRUCTION: 개별화 수업, INSTRUCTIONAL DESIGN MODELS: 교수설계 모형, PROGRAMED INSTRUCTION: 프로그램 수업, REINFORCEMENT: 강화 참조)

행동주의란 심리학에서 학습은 내적인 심리적 활동 혹은 심상과 같은 가설적 구인에 대해 추측하는 것보다는 행동을 관찰함으로써 가장 잘 이해될 수 있다고 제안하는 다양한 사고체제를 집단적으로 일컫는 말이다.

20세기 초 행동주의적 관점을 옹호했던 학자로는 러시아의 Ivan Pavlov와 미국의 John Watson, Edward Thorndike가 있다. 20세기 중반에 이르러 Skinner는 자신의 행동주의 학습이론을 작동적 조건화로 조작적으로 정의하여 명명하고, 이전 행동주의 이론들을 고전적 조건화라고 지칭하여 자신의 이론과 대조하였다. 이전 행동주의 이론들은 선행 자극에 의해 통제되는 무의식적인 반사 행동에 대해 연구하였으나, Skinner의 경우에는 수반되는 결과에 따라 강화되거나 혹은 약화되는 의식적 행동에 대해 연구하였다. 후자의 이론은 급진적 행동주의라고 불리우며, 교육공학의 이론과 실제에 있어 실제적으로 가장 큰 영향을 미치고 있다(Burton, Moore, & Magliaro, 2004; Driscoll, 2005).

Skinner는 자극, 반응 그리고 결과 변인들을 조작함으로써 실험실 동물로부터 상당히 복잡한 새로운 행동들을 이끌어 낼 수 있다는 것을 발견하였다(Ferster & Skinner, 1957). 다른 연구자들은 인간도 이와 유사한 방식으로 반응한다는 것을 발견하였다.

상당히 많은 교육 혁신은 직접적으로 혹은 간접적으로 행동주의의 영향을 받았다. 다음에 제시한 다섯 가지 혁신적 설계와 절차는 '교육공학'의 예시로 간주된다

(DeCecco, 1964).

1. 프로그램 수업 학부모로서의 자신의 경험을 바탕으로 하여 Skinner(1954)는 속칭 티칭머신이라고 불리는 상호작용적 학습을 위한 기기를 고안하였다. 티칭머신 프로그램 속에 구조화되어 있는 자극, 반응 그리고 강화의 양식은 프로그램 수업(Programmed Instruction: PI)이라고 불리게 되었다. 1960년대에는 엄청난 양의 서책 형태의 PI 레슨들이 출판되었고, 많은 레슨이 Skinner형의 프레임워크를 이용하였으나, 또 한편으로는 변형된, 즉 학습자가 내재된 질문에 반응한 답안의 결과에 따라 진도를 나가도록 혹은 교정을 받도록 하는 분지형(branching) 프로그래밍을 사용하기도 하였다. 더욱이 PI를 위한 설계과정에서는 분석, 설계, 평가 단계들에 대한 절차화가 요구되었는데, 이러한 절차는 향후 교수체제설계 모형으로 발전하였다.

2. 프로그램 튜터링 Douglas Ellson에 의해 고안된 프로그램 튜터링에서는 실제 사람이 처방된 절차에 따라 연습문제 풀이를 통해서 튜티를 지도하며, 이때 튜터는 교수자 혹은 동료학습자이다. 올바른 반응에는 사회적 강화인(예를 들면, 미소)을 제공하고, 오답의 경우에는 힌트를 제공한다(Ellson, Barber, Engle, & Kampwerth, 1965).

3. 컴퓨터 보조 수업 컴퓨터를 사용하여 수업을 진행하고자 하는 초기 시도는 PI 전성기 동안에 이루어졌으며, 프로그래머들은 일반적으로 반응-강화 혹은 PI에서 이미 선호되고 있는 분지 형식을 적용하였다.

4. 완전학습과 개별화 교수 체제 Carroll(1963), Bloom(1971) 그리고 Block(1971) 등이 제안한 완전학습 학교모형에서는 수업내용을 단원으로 분류하고, 학생들은—개인이나 그룹으로—각 단원에 대해 공부한 후 해당 단원에 대한 숙달 정도를 확인하기 위한 시험을 보고, 시험에서 성공한 경우에는 다음 단원으로 진행하는 순서에 의해 학습을 완료한다. 이와 유사한 방식을 적용한 개별화 교수 체제(Personalized System of Instruction: PSI)는 고등교육에서 사용하기 위해 고안되었다(Keller, 1968). PSI는 현재 대부분의 원격교육에서 사용되는 교수모형이다.

5. 학습계약 Premack(1965)의 원리, 즉 개연성이 높은 활동을 개연성이 낮은 활동의

강화인으로 사용할 수 있다는 원리(예를 들면, 수학 워크시트를 마치면 체육관에서 놀 수 있다)를 토대로, 학습계약은 학생에게 기대되는 것이 무엇이고 그 결과는 무엇인지를 구체화한 합의서이다. 이러한 '조건부 계약'은 다양한 상황에서 널리 활용되고 있다.

현대에서 행동주의의 화신은 행동분석으로 알려져 있는데, 이는 세계 여러 곳에서 학회 및 저명한 학술지들을 통해 융성하고 있는 분야로서 지속적으로 응용심리학에 영향을 미치고 있다. 행동분석으로부터 파생된 치료 프로그램들은 혁신적인 표준으로 널리 인식되고 있다.

Michael Molenda

참고문헌

Block, J. (1971). *Mastery learning: Theory and practice.* New York: Holt, Rinehart, & Winston.

Bloom, B. (1971). *Mastery learning.* New York: Holt, Rinehart, & Winston.

Burton, J. K., Moore, D. M., & Magliaro, S. G. (2004). Behaviorism and instructional technology. In D. H. Jonassen (Ed.), *Handbook of research on educational communications and technology* (2nd ed., pp. 3-36). Mahwah, NJ: Erlbaum.

Carroll, J. (1963). A model for school learning. *Teachers College Record, 64,* 723-733.

DeCecco, J. P. (1964). *Educational technology: Readings in programmed instruction*. New York: Holt, Rinehart, & Winston.

Driscoll, M. P. (2005). *Psychology of learning for instruction* (3rd ed.). Boston, MA: Pearson Allyn and Bacon.

Ellson, D. G., Barber, L., Engle, T., & Kampwerth, L. (1965). Programmed tutoring: A teaching aid and a research tool. *Reading Research Quarterly, 1*(1), Fall, 71-127.

Ferster, C. B., & Skinner, B. F. (1957). *Schedules of reinforcement.* New York: Appleton-Century-Crofts.

Keller, F. S. (1968). Goodbye teacher…… *Journal of Applied Behavior Analysis, 1,* 78-79.

Premack, D. (1965). Reinforcement theory. In D. Levine (Ed.), *Nebraska Symposium on Motivation* (Vol. 13, pp. 123-180). Lincoln: University of Nebraska.

Skinner, B. F. (1954). The science of learning and the art of teaching. *Harvard Educational Review, 24,* 86–97.

Blended Learning: 블렌디드 러닝

(DISTANCE EDUCATION AND LEARNING: 원격교육 및 학습, INTERACTION: 상호작용 참조)

블렌디드 러닝을 정의할 때 결정적인 질문은—무엇이 블렌디드, 즉 혼합되었는가다. 블렌디드 러닝에서 가장 기본적인 형식은 면대면 학습과 온라인(매개된) 학습이 교육적이고 의미 있는 방식으로 신중하게 융합된 것이다(Garrison & Vaughan, 2008). 좀 더 확실히 말하면, 블렌딩이란 전통적인 면대면 학습경험 위에 테크놀로지를 층층이 쌓아놓거나 접합시키는 것 이상을 말한다. 블렌디드 러닝을 다른 것과 차별화하는 동시에 도전적인 특징은 ICT(Information and Communication Technology)를 활용하여 의도한 학습경험을 창출하기 위해서 효과적인 설계를 토대로 면대면과 온라인 학습경험을 의도적으로 통합하는 일이다.

그러나 이러한 정의는 여전히 복잡하고 애매모호하다. 매체, 맥락, 접근 방법 등 다양한 측면에서 혼합을 시도할 수 있으나, 핵심적인 블렌디드 러닝은 면대면과 가상 환경들[전적으로 온라인 형태인 원격교육에서 비동시적(asynchronous)과 동시적(synchronous) 커뮤니케이션 매체의 혼합을 제외한]에서 동시적과 비동시적 커뮤니케이션을 혼합하는 것이다. 블렌디드 러닝 설계는 면대면과 가상 환경에서 자유롭고 즉흥적인 실시간 구두 커뮤니케이션과 성찰적이면서 명확한 비실시간 문자 커뮤니케이션을 의도적이고 창의적으로 통합하는 것이다. 블렌디드 러닝과 완전한 면대면 혹은 완전한 온라인 학습 간에 경계를 지어 구분하는 것은 쉽지 않다. 현실적으로 블렌디드 러닝을 구성하기 위해서 필요한 최대와 최소가 무엇인가를 제안하는 것은 임의적이다. 전통적인 캠퍼스의 수업에서 테크놀로지를 더 빈번히 활용하면서 완전한 면대면 수업이 사라져가게 되면 보다 더 애매모호해질 것이다.

블렌디드 러닝의 조작적 정의는 유동적인 것으로 보아야만 한다(Picciano & Dziuban, 2007). 블렌디드 러닝을 차별화하는 가치는 상호작용과 협력의 촉진 및 상호작용의 시공간을 초월한 확대인데, 이들 모두는 ICT의 효과적인 통합을 통해서 가능해진다. 바로 이러한 원리들이 블렌디드 러닝을 특별하게 만든다. 이 원리들을 토대로 최상의 수준에서 블렌디드 러닝을 설계함으로써 탐구공동체를 지원하고 지속가능하도록 할 수 있으며, 이는 코스와 프로그램을 블렌디드 러닝으로 (재)설계하여 교육경험의 구조와 과정을 근본적으로 바꿀 수 있다는 가정과 일관된다(Garrison & Vaughan, 2008). 이러한 변화가 일어나면, 블렌디드 러닝은 가장 형식적인 학습경험이 블렌디드 러닝의 정의에 부합될 때까지 유용한 용어로서 존재하다가 이후에는 서서히 사라질 것이다.

* 유사한 전문용어: 하이브리드(hybrid), 혼합 모드(mixed-mode)

D. Randy Garrison

참고문헌

Garrison, D. R., & Vaughan, N. D. (2008). *Blended learning in higher education: framework, principles and guidelines*. San Francisco: John Wiley & Sons Inc.

Picciano, A. G., & Dziuban, C. D. (Eds.) (2007). *Blended learning research perspectives*. Needham, MA: The Sloan Consortium.

Blog: 블로그

(COMMUNITY OF PRACTICE: 실천공동체, REALLY SIMPLE SYNDICATION: RSS 피드, SOCIAL COMPUTING: 소셜 컴퓨팅, TECHNOLOGICAL COMMUNICATION: 기술적 커뮤니케이션 참조)

근본적으로 블로그(혹은 웹 블로그)는 웹사이트의 한 형태로 두 가지 주요 속성을 지닌다. 내용이 역순으로 추가되는 일련의 텍스트 엔트리(포스트)로서 구성되며, 내용의 업데이트가 용이하고 일반적으로 자주 업데이트된다는 것이다. 통상적으로 블로그는 개인 저널로서의 특징이 있고, 저널은 저자의 의견, 관찰, 비평과 경험으로 구성된다. 블로그의 저자는 '블로거(blogger)'로, 블로그를 유지하는 행위는 '블로깅(blogging)'이라고 불린다. 블로그 콘텐츠는 개인적, 기업적, 조직적, 정치적 혹은 교육적 내용으로 구성된다.

블로그는 자기표현, 자기성찰, 사회적 상호작용과 지원, 독서 등의 다양하고 중요한 행위유발성을 지닌다(Deng & Yuen, 2011). 구체적으로, 저자는 일련의 블로그 콘텐츠

A B C D E F G H I J K L M N O P R S T U V W Z

를 규제나 여과 없이 폭넓은 독자와 공유할 수 있다. 학교와 같은 특정 맥락에서는 규제나 검열이 발생할 수 있으나, 전통적으로 블로깅은 제한받지 않는 커뮤니케이션을 강조한다. 제재가 없다는 것은 대규모의 다양한 독자를 이끌어 들일 수 있게 하고, 또한 저자에게 글로 표현한 것에 대한 공적, 법적 책무성을 부여하면서(McQueen, 2009), 언론의 자유와 명예훼손 간의 경계에 대해 주의할 것을 요구한다(Ringmar, 2007; Winer, 2009).

블로그가 제공하는 또 다른 중요한 행위유발성은 코멘트 형식을 통한 대화이다. 블로그 저자는 블로그 포스트에 독자에게 답글을 달 수 있도록 허용할 것인지, 독자의 답글을 저자가 검토할 것인지, 승인 혹은 거부(관리)할 것인지, 또는 관리나 조정을 하지 않고 자동으로 승인할 것인지에 대해 결정할 수 있다. 이러한 서비스는 저자와 독자 간, 독자와 독자 간의 지속적인 대화의 가능성을 열어 준다.

블로그는 사용자에게 최소한의 기술적 스킬을 요구하는데, 이러한 접근성은 테크놀로지의 사용을 회피했을 대다수의 사람들에게 대중의 생각에 접할 수 있는 기회를 제공한다. 블로그 저자는 비교적 손쉽게 텍스트 메시지를 작성하여 편집할 수 있고, 이미지와 멀티미디어를 추가할 수 있다.

블로그의 독자 중에는 해당 포스트를 우연히 발견한 독자, 특정 주제에 대한 블로그 포스트를 찾아보는 독자, 혹은 다른 이가 올린 포스트에 대해 언급하는 사려 깊은 독자 등이 있다. 블로그는 구독자들을 확보할 수 있다—이들 구독자들은 블로그에 등록하거나, 혹은 여러 회사의 상품이나 서비스에 대한 정보를 모아 하나의 웹사이트에서 제공하는 사이트(aggregator), 혹은 피드 리더(개인들이 구독하는 블로그의 모든 포스트를 한 장소에 모으는 서비스)에 블로그의 RSS 피드를 추가하여 특정 블로그의 콘텐츠를 따라가는 개인들이다.

블로그의 저자(블로거)는 종종 블로그를 지식의 습득과 성찰을 통해서 비형식적인 자기주도적 학습을 촉진하기 위한 도구로서 사용한다(Park, Heo, & Lee, 2011). 또한 블로그는 실천공동체를 조직하거나 협력을 촉진하기 위해서 사용되기도 한다(Byington, 2011). Andergassen, Behringer, Finlay, Gorra 및 Moore(2009)에 의하면, 블로그가 형식적 학습에서 능동적인 지식 구축과 성찰적 글쓰기를 통해 학습에 긍정적인 영향을 주고 있다는 보고에도 불구하고, 많은 학생은 직접적인 온라인 의사소통을 선호하는 한편 사생활 침해를 우려하기 때문에 개인적인 블로그를 하지는 않았다. 이들과 달리 블로그를 선택한 학생들은 내적 동기 요인에 의해 움직였다.

Richard A. Schwier

참고문헌

Andergassen, M., Behringer, R., Finlay, J., Gorra, A., & Moore, D. (2009). Weblogs in higher education: Why do students (not) blog? *Electronic Journal of e-Learning, 7*(3), 203-214.

Byington, T. A. (2011). Communities of practice: Using blogs to increase collaboration. *Intervention in School and Clinic, 46*(5), 280-291.

Deng, L., & Yuen, A. H. K. (2011). Towards a framework for educational affordances of blogs. *Computers and Education, 56*(2), 441-451.

McQueen, M. P. (2009, May 22). Bloggers, beware: What you write can get you sued. *Wall Street Journal,* May 22, 2009. Retrieved from http://online.wsj.com/article/SB124287328648142113.html.

Park, Y., Heo, G. M., & Lee, R. (2011). Blogging for informal learning: Analyzing bloggers' perceptions using learning perspective. *Educational Technology and Society, 14*(2), 149-160.

Ringmar, E. (2007). *A blogger's manifesto: Free speech and censorship in the age of the internet.* London: Anthem Press.

Winer, D. (2009). The unedited voice of a person. In S. Rosenberg (Ed.), *Say everything: How blogging began, what it's becoming, and why it matters*(pp. 46-73). New York: Crown Publishers.

Bloom's Taxonomy: 블룸의 분류체계

(LEARNING TYPES: 학습유형, TAXONOMY: 분류체계 참조)

Bot: 봇

(AVATAR: 아바타 참조)

C

Case-Based Instruction: 사례 기반 수업
(LEARNING BY DOING: 행함으로써 배움 참조)

Case-Based Reasoning Theory: 사례 기반 추론 이론
(LEARNING BY DOING: 행함으로써 배움 참조)

Cataloging: 목록 작업
(INFORMATION CLASSIFICATION: 정보 분류 참조)

Causal Learning: 인과관계 학습
(GENERALITY: 일반성 참조)

Causal Analysis: 인과관계 분석
(ANALYSIS: 분석 참조)

Change: 변화
(CHANGE MODELS: 변화 모형, INNOVATION: 혁신, ORGANIZATIONAL CHANGE: 조직 변화 참조)

변화란 모든 역동적 체제에 내재되어 있는 본질적 과정으로서, 하나의 조건 혹은 조건들의 조합이 다른 상태로 변형되는 것을 일컫는다. 변화는 시간이 경과하면서 일어난다는 측면에서 하나의 사건이 아니라 하나의 과정이다(Kaufman, Oakley-Brown, Watkins, & Leigh, 2003). "교육공학자와 교수설계자들은 학습과 수행을 촉진하고 개선하는 데 관심을 가지고 있기 때문에 변화라는 개념에 대해 진지하게 접근한다(Spector, 2010, p. 6)." 이런 관점을 지닌 교육자들에게 있어 변화 분석의 최소 단위는 개별 학습자이다. 그러나 변화는 또한, 조직 내부 현상으로서 혹은 보다 광범위한 측면에서 조직 간의 현상으로서 분석될 수 있다. 학습이란 개인의 지속적인 "수행 혹은 수행 잠재성의 변화"로 정의된다(Driscoll, 2005, p. 9). '관심사 기반 수용 모델(Concerns-Based-Adoption-Model: CBAM)'을 다루는 연구(Hall & Hord, 2006)에서는 지식과 경험이 혁신을 이끌어 내는 동안에 개인의 행동들이 어떻게 혁신을 향해 변화해 가는지에 대해 설명하고 있다. 이러한 맥락에서 변화는 개인 내 현상으로서 일어나게 되나(Driscoll, 2005), 변화는 또한 조직 내 혹은 조직 간의 체제적 현상으로서 분석될 수도 있다.

조직을 이해하기 위한 개념으로서 변화를 정의하기는 쉽지 않으나, 변화는 조직 내부 혹은 조직과 다른 조직 간의 현상으로서, 혹은 조직에 대한 다른 사람들의 인식으로서 설명되고 있다(Cox, 2010). 보다 새로운 변화의 이론들은 변화를 맥락과 체제의 상호의존적 요소들에 의해 상당한 영향을 받는 일련의 비선형 과정으로서 설명한다(Sahlberg, 2002). 어떤 체제 모형에서는 어떻게 변화에 대한 저항이 대립하고 있는 제도화된 힘을 보완하여 교육기관에서 변화가 이끌어 낸 성과물에 영향을 미치는가에 대해 분석하고 있다(Flores-Kastanis, 2009). 변화는 앞으로도 학습자에 관한 학문적 연구(Ifenthaler & Seel, 2011 참조)와 교육체제에 대한 학구적 탐구(Borgemenke, Blanton, Kirkland, & Woody, 2012 참조)에 있어서 시급하고, 시의적절하고, 중요한 주제가 될 것이다.

Kathryn Ley

참고문헌

Borgemenke, A., Blanton, A. L., Kirkland, C. J., & Woody, C. S. (2012). Avoiding the change trap: Strategies for school leaders in times of change. *National Forum of Educational Administration & Supervision Journal, 29*(2), 40-63.

Cox, D. (2010). History of the scholarship of engagement movement. In H. E. Fitzgerald, C. Burack, & S. Seifer (Eds.), *Transformation in higher education: Handbook of engaged scholarship; contemporary landscapes, future directions (Vol. 1, Institutional change)*(pp. 25-38). East Lansing, MI, USA: Michigan State University Press.

Driscoll, M. P. (2005). *Psychology of learning for instruction* (3rd ed.). Boston: Allyn and Bacon.

Flores–Kastanis, E. (2009). Change at big school and little school: Institutionalization and contestation in participatory action research. *Educational Action Research, 17*(3), 391–405.

Hall, G. E., & Hord, S. M. (2006). *Implementing change: Patterns, principles, and potholes* (2nd ed.). Boston: Pearson/Allyn & Bacon.

Hargreaves, A. (2000). Editor–in–chief's introduction representing educational change. *Journal of Educational Change, 1*(1), 1–3. doi: 10.1023/A:1010008518807.

Ifenthaler, D., & Seel, N. M. (2011). A longitudinal perspective on inductive reasoning tasks: Illuminating the probability of change. *Learning & Instruction, 21*(4), 538–549. doi: 10.1016/j.learninstruc.2010.08.004.

Kaufman, R., Oakley–Brown, H., Watkins, R., & Leigh, D. (2003). *Strategic planning for success: Aligning people, performance, and payoffs.* San Francisco, CA: Jossey–Bass/Pfeiffer.

Sahlberg, P. J. (2002). Educational change. In J. W. Guthrie (Ed.), *Encyclopedia of education* (2nd ed. Vol. 2, 658–659). New York: Macmillan Reference USA.

Spector, M. (2010). Educational technology and change. *Tech Trends, 54*(5), 6–7. doi: 10.1007/s11528–010–0424–1.

Change Models: 변화 모형

(CHANGE: 변화, INNOVATION: 혁신, ORGANIZATIONAL CHANGE: 조직 변화 참조)

변화 모형은 이론적 구인으로서 어떻게 변화가 일어나는지에 대해 설명하거나 (Rogers & Rogers, 2003), 어떻게 계획된 변화가 일어나는지를 구체적으로 명시한다 (Hord, Rutherford, Huling–Austin, & Hall, 1998). 어떠한 경우에도 변화는 하나의 사건이 아니라 일련의 과정이다(Kaufman, Oakley–Brown, Watkins, & Leigh, 2003). 변화 모형은 사회체제 속에서 자신들이 일하고, 가르치고, 혹은 학습하는 방식을 어떻게 의도적으로 바꾸는지에 대한 설명을 제공한다. 또한 사람, 의사소통, 학습이 혁신에 어떠한 영향을 미치는지에 대해서도 설명한다. 교수설계와 공학 분야의 관심사는 혁신적인 학습과 교수 테크놀로지이다. 변화 모형은 그룹이 어떻게 혁신을 일상적인 실천에 통합하는지를 설명하고 있다. 모든 사회체제 내에서 변화란 사람들이 자발적으로 이전과 다르게 일을 하며, 바람직한 조직 혁신을 통합할 수 있게 되는 것이다.

교육적 혁신을 둘러싼 사회적 활동은 수용의 속도를 빠르게 가속화시키며, 혁신 계획에 대해 적극적으로 설명하도록 이끈다. Ellsworth(2000)는 자신의 논문에서 일곱 가지의 탁월한 교육 변화 모형을 설명하는 한편, 20세기 후반에 일어난 계획된 변화의 역사에 대해 요약하고 있다. 과학기술적 혁신은 교육 혁신을 가속화해 오고 있다. 각 모형과 관련하여 Ellsworth(2000)는 서로 다른 변화 커뮤니케이션 구성요소 측면에서 프레임 변화에 대해 설명하고 있다. 그가 강조한 일곱 가지의 모형과 이들 모형의 핵심 요소는 다음과 같다.

- Ely의 변화의 조건(환경)
- Fullan과 Stiegelbauer의 교육변화의 새로운 의미(변화 에이전트)
- Hall과 동료들의 관심사 기반 수용 모델(수용자)
- Havelock의 변화 에이전트를 위한 가이드(변화 과정)
- Reigeluth와 Garfinkle의 교육에서의 체제적 변화(체제)
- Roger의 혁신의 확산(확산)
- Zaltman과 Duncan의 계획적인 변화 전략(저항)

이들 중 다음 두 가지의 모형에서는 모형의 내재적 다양성을 보여 주고 있다. Ely의 변화의 조건(Conditions of Change) 모형은 사회체제에서의 변화에 영향을 미치는 요인, 즉 보상, 시간, 자원, 지식, 스킬, 참여, 책무 및 리더십 등을 포함한 요인들에 대해 설명하고 있다. 위에서 제시한 마지막 다섯 가지의 항목은 이들 모형이 도입된 사회체제 내에서의 인간 특징이나 특성들이다(Ellsworth, 2000). 관심사 기반 수용(Concerns-Based-Adoption) 모델(Hord et al., 1998)은 변화를 훈련 및 학습자 준비도 평가 문제로서 접근하고 있다. 혁신 수용자들은 혁신에 대한 자신들의 관심사를 보고하고, 이들 관심사를 특정 훈련 요구에 부응하는 일곱 가지 수용 수준의 하나로 분류한다.

다수의 변화 모형이 제시되었음에도 불구하고 어떤 사람들은 여전히 교육(Hayward & Spencer, 2010; Wedell, 2009)과 훈련의 맥락에 특화된 모형들을 필요로 하는데, 이는 대부분의 기존 연구들이 건강 습관이나 사회적 상호작용, 혹은 전문성 개발을 다루고 있기 때문이다(Dobbs, 2004; Ebert & Crippen, 2010). 교육을 특별히 강조하는 변증법적 변화 모형(Dialectic Model of Change)은 전적으로 다른 관점을 제공한다. 변증법적 변화 모형은 상반되고 상호보완적인 목적들을 갖고 있는 모든 교육적 환경에서 두 가지의 사회적 실천, 즉 제도화와 논쟁에 대해 규명하고 있다(Flores-Kastanis, 2009). 전자는 주어진 상황에서 사회적 실천과 방식이 충분히 정기적이고 지속적으로 발생하여 결과적으로 비교적 영속적인 속성들로 간주되는 과정이다(Flores-Kastanis, 2009, p. 393).

한편, 후자인 논쟁은 변화에 대한 저항의 완곡한 용어이다. 참여적 액션리서치 접근은 이들 두 가지 양상을 모두 옹호함으로써 교육변화를 지원한다. 그렇지 않으면, 교육변화는 아마도 공동체 조직 모델에서 비롯된 공동체 조직이 기울이는 노력의 함수가 될 것이다. 미국에서 2000년부터 2008년에 걸쳐 군림했던 보수적인 교육정책에도 불구하고, 역설적이지만 이와 동시에 교육변화를 위한 공동체 조직은 빠르게 성장하였다(Shirley, 2009).

Kathryn Ley

참고문헌

Dobbs, R. L. (2004). Impact of training on faculty and administrators in an interactive television environment. *Quarterly Review of Distance Education, 5*(3), 183-194.

Ebert, E. K., & Crippen, K. J. (2010). Applying a cognitive-affective model of conceptual change to professional development. *Journal of Science Teacher Education, 21,* 371-388.

Ellsworth, J. B. (2000). *Surviving change: A survey of educational change models.* Syracuse, NY: ERIC Clearinghouse on Information & Technology.

Flores-Kastanis, E. (2009). Change at big school and little school: Institutionalization and contestation in participatory action research. *Educational Action Research, 17*(3), 391-405.

Hayward, L., & Spencer, E. (2010). The complexities of change: Formative assessment in Scotland. *Curriculum Journal, 21,* 161-177.

Hord, S., Rutherford, W., Huling-Austin, L., & Hall, G. (1998). *Taking charge of change.* Austin, TX: Southwest Educational Development Laboratory.

Kaufman, R., Oakley-Brown, H., Watkins, R., & Leigh, D. (2003). *Strategic planning for*

success: Aligning people, performance, and payoffs. San Francisco, CA: Jossey-Bass/Pfeiffer.
Rogers, E. M., & Rogers, E. (2003). *Diffusion of Innovation* (5th ed.). Toronto: Free Press.
Shirley, D. (2009). Community organizing and educational change: A reconnaissance. *Journal of Educational Change, 10*(2-3), 229-237.
Wedell, M. (2009). *Planning for educational change: Putting people and their contexts first.* London, GBR: Continuum International Publishing.

Change, Resistance to: 변화(에 대한 저항)

(CHANGE: 변화 참조)

Change Strategies: 변화전략

(CHANGE: 변화 참조)

Children's Internet Protection Act: 아동의 인터넷 보호법

(ETHICS: 윤리 참조)

아동의 인터넷 보호법(CIPA)은 미국 국회에 의해 제정되었고, 2001년 연방 커뮤니케이션 위원회는 이를 시행하기 위한 규칙을 공표하였다. 이 법은 연방정부의 기금을 받는 모든 학교와 도서관에 적용되고 있으며, 이 법의 의도는 인터넷을 통해 배포되는 유해한 자료로부터 아동들을 보호하기 위한 것이다. 학교와 도서관은 아동들이 유해한 자료에 접근하는 것을 방지하기 위해서 능동적인 역할을 해야 한다. 이를 위해서 학교와 도서관은 반드시 다음의 정책을 수립하고 시행해야만 한다.

> …… 안전 정책은 다음을 다루고 있다. ① 인터넷상의 부적절한 자료에 대한 미성년자의 접근, ② 전자메일, 채팅 및 다른 형태의 직접적인 전자적 커뮤니케이션을 사용할 때 미성년자의 안전과 보안, ③ 온라인상에서 미성년자의 소위 '해킹'을 포함한 공인되지 않은 접속이나 다른 불법 활동, ④ 미성년자와 관련된 개인적 정보의 무단 공개, 사용 및 유포, ⑤ 미성년자의 유해한 자료에 대한 접근을 제한하는 조치(Federal Com-

munications Commission, 2011).

보통 학교와 도서관은 프록시 서버를 통해 기관의 인터넷을 통한 송수신 통신을 모니터링하고 모든 유해물을 능동적으로 차단함으로써 이러한 보호활동을 수행할 것이다. 만일 이들 자료의 사용이 '진실한 연구 혹은 기타 법에 맞는 목적'을 위한 것으로 확인되면 성인들은 자료의 통신 차단을 해제할 수 있다(Federal Communications Commission, 2011).

David D. Carbonara

참고문헌

Federal Communications Commission. *Children's Internet Protection Act*. Retrieved from http://www.fcc.gov/guides/childrens-internet-protection-act on August 15, 2011.

Children's Online Privacy Protection Act: 아동의 온라인 개인정보 보호법

(ETHICS: 윤리 참조)

아동의 온라인 개인정보 보호법은 13세 미만의 아동들이 온라인 포럼, 토론방, 온라인 설문조사에 참여할 때나 아동들로부터 정보를 수집하는 기타 온라인 수단으로부터 아동들의 권익을 보호하는 것과 관련된다. 이 법률에서는 정보 수집자들이 개인정보가 수집된다는 것을 분명하게 공지해야만 한다는 것을 명시하고 있다(Cannon, 2000). 이 법률에 의하면 개인정보란 성명, 주소, 인터넷 주소, 전화번호, 주민등록번호 및 개인의 물리적 주소나 온라인을 통해 연락을 가능하게 하는 기타 여러 정보를 일컫는다.

이 법률은 "13세 미만 아동들의 온라인 개인정보를 보호하기 위한 안전장치를 제공하고 있다(Aidman, 2000, p. 46)." 정보 수집자들은 반드시 부모나 보호자에게 허락을 받아야 하고, 또한 반드시 부모에게 정보 수집에 대한 사유와 이 정보가 어떻게 사용되고 유포되는가에 대해 알려야만 한다.

David D. Carbonara

A B C D E F G H I J K L M N O P R S T U V W Z

참고문헌

Aidman, A. (2000). Children's online privacy. *Educational Leadership, 58*(2), 46–47.

Cannon, R. (2000). Children's Online Privacy Protection Act. *Boardwatch, 14*(7), 40–41.

Child-Safe Environments: 아동-안전환경

(CHILDREN'S INTERNET PROTECTION ACT: 아동의 인터넷 보호법, CHILDREN'S ONLINE PRIVACY PROTECTION ACT: 아동의 온라인 개인정보 보호법 참조)

Chunking: 청킹

(COGNITIVE STRATEGIES: 인지전략, INFORMATION PROCESSING THEORY: 정보처리이론, MEMORY: 기억, MESSAGE DESIGN: 메시지 설계 참조)

청킹은 기억과 밀접하게 관련되어 있으며, Bloom의 분류체계(Taxonomy)에서 지식과 이해 수준의 학습(기억과 이해)을 위한 미시적 수준 전략이다(Bloom, Engelhart, Furst, Hill, & Krathwohl, 1956; Krathwohl, 2002). Cowan(2001)은 청크를 "서로 간에 강한 관련성이 있으나, 반면에 현재 사용하고 있는 다른 청크들과는 훨씬 약한 관련성이 있는 개념들의 집합"(p. 89)으로 정의하고 있다. 청킹이란 학습자의 정보처리를 촉진시키기 위해 콘텐츠를 소단위로 쪼개거나 개개 요소들을 그룹으로 묶는 것을 일컫는다. 학습이 스키마 습득을 통해 일어난다고 가정하면, 청킹은 작동기억에서 처리될 수 있는 정보의 양을 증대시킬 수 있다(Sweller, 1994).

청킹의 개념은 Miller(1956)의 단기기억에 대한 독창적인 연구를 토대로 처음 창안되었다. Miller(1956)의 연구 이래 단기기억은 장기기억과 달리 용량이 제한적이라는 것이 널리 알려져 왔다. Miller(1956)는 정보를 유의미한 청크들로 등록함으로써 단기기억에서 보다 많은 정보를 수용하여 처리하고 저장할 수 있으며, 단기기억은 대략 일곱 개의 항목이 한도라는 것을 밝혔다. 이후, 다른 연구자들은 단기기억의 용량이 네 개의 항목이라는 것을 발견하였고, Cowan(2001)은 이와 관련하여 네 개의 청크를 활용하여 진행한 연구의 결과를 보고하였다.

최근에 실시된 연구에서는 청킹 연구를 보다 완벽하게 수행함으로써 용량에 관한 불확실한 연구 결과를 조정하는 데 초점을 두어 왔다. 예를 들면, Mathy와

Feldman(2011)은 유닛을 구성하는 정보가 단일 항목으로 압축되는 경우는 네 개의 항목이 한도이고, 정보가 압축되지 않는 경우는 일곱 개의 항목이 한도라는 결론을 내렸다. 단기기억에서 용량의 한계는 멀티미디어 교수 설계와 게임 설계를 위한 인지부하이론과 결합하여 광범위하게 사용되고 있다(Chandler & Sweller, 1991; Sweller, 1994; van Merriënboer, Kirschner, & Kester, 2003).

Dabae Lee

Yeol Huh

Charles M. Reigeluth

참고문헌

Bloom, B. S., Engelhart, M. D., Furst, E. J., Hill, W. H., & Krathwohl, D. R. (1956). *Taxonomy of educational objectives: The classification of educational goals. Handbook 1: Cognitive domain.* Harlow, Essex, England: Longman Group.

Chandler, P., & Sweller, J. (1991). Cognitive load theory and the format of instruction. *Cognition and Instruction, 8*(4), 293-332.

Cowan, N. (2001). The magical number 4 in short-term memory: A reconsideration of mental storage capacity. *Behavioral and Brain Sciences, 24*(1), 87-114.

Krathwohl, D. R. (2002). A revision of Bloom's taxonomy: An overview. *Theory into Practice, 41*(4), 212-218.

Mathy, F., & Feldman, J. (2011). What's magic about magic numbers? Chunking and data compression in short-term memory. *Cognition, 122*(3), 346-362.

Miller, G. A. (1956). The magical number seven, plus or minus two: Some limits on our capacity for processing information. *Psychological review, 63*(2), 81-97.

Sweller, J. (1994). Cognitive load theory, learning difficulty, and instructional design. *Learning and Instruction, 4*(4), 295-312.

van Merriënboer, J. J. G., Kirschner, P. A., & Kester, L. (2003). Taking the load off a learner's mind: Instructional design for complex learning. *Educational Psychologist, 38*(1), 5-13.

Cloud Community: 클라우드 공동체

(COMMUNITY OF PRACTICE: 실천공동체 참조)

Cloud Computing: 클라우드 컴퓨팅

(WEB 2.0: 웹 2.0 참조)

클라우드 컴퓨팅은 미국 국립표준기술원(NIST)에서 정의한 바에 의하면, "최소한의 관리 노력 혹은 서비스 제공자와의 상호작용에 의해 신속하게 제공되고 또한 방출되도록 구성된 컴퓨팅 자원(예: 네트워크, 서버, 스토리지, 응용 소프트웨어 및 서비스)의 공유 풀(shared pool)에 어디에서나 편리하게 요구에 따라 네트워크 접속을 가능하게 하는 모델"이다(NIST, 2011, p. 2). 클라우드 모델의 다섯 가지 필수 요소는 다음과 같다. ① 주문형 셀프 서비스, ② 광역 통신망 접속, ③ 자원 통합(pooling), ④ 신속한 탄력성, ⑤ 특정 대상 서비스(NIST, 2011).

'클라우드'라는 용어는 데이터를 저장하고 응용 소프트웨어를 운영하는 데 사용하는 매우 크고 광범위하게 분포된 네트워크 센터들을 지칭한다(Johnson, Adams, & Cummins, 2012). '클라우드 기반' 애플리케이션에서는 전형적으로 브라우저를 통해 일반 사용자가 접근하게 되고, 컴퓨터가 클라우드 데이터 센터 내에서 운영되기 때문에 인터넷 연결을 요구한다. 통상적인 클라우드 기반 애플리케이션의 예로는 이메일, 도큐먼트 창출과 공유를 위한 Google, 사진 저장과 공유를 위한 Flickr 그리고 비디오 저장과 공유를 위한 YouTube 등이 있다. 클라우드 컴퓨팅은 많은 경우 웹 2.0 응용을 기반으로 하며, 이를 통해서 사용자가 콘텐츠에 기여하고 이와 관련된 주위의 다른 이들과 상호작용하도록 한다.

클라우드 컴퓨팅은 교육 분야를 넘어 광범위하게 활용되고 있는데, 특히 유치원, 초·중·고와 고등교육 분야에 영향을 미치는 클라우드 컴퓨팅의 잠재력이 두드러지게 나타나고 있다(Johnson, Adams, & Cummins, 2012; Johnson, Smith, & Haywood, 2011; Katz, 2008). Greenhow, Robelia와 Hughes(2009)에 의하면 클라우드 컴퓨팅은 교육 분야에서 참여적이고 창의적인 실천을 강화하는 효과가 있는 것으로 보인다. 이미 클라우드 기반 자원들이 학생들의 학업 생활의 한 부분이 되고 있다는 연구 결과가 있다(Smith & Caruso, 2010). 이에 덧붙여, 클라우드에서 응용 프로그램이 운영될 때 일반 사용자는 컴퓨팅 파워를 적게 필요로 하는 제한된 저장 공간을 가진 작은 모바일 기기들을 사용하는데, 이들 기기는 교육적 목적을 위한 실용적 도구들이다. 클라우드 컴퓨팅은 또한 분산 협력과 커뮤니케이션이 이루어질 수 있도록 편의성을 증대시킴으로써 온라인 학습 분야의 신속한 성장을 지원한다.

많은 교육기관이 클라우드 기반 컴퓨팅 애플리케이션을 사용하기 시작하였는데 이는 IT 비용이 상당히 감소될 것으로 예상하기 때문이다(Johnson, Adams, & Cummins, 2012; Johnson, Smith, & Haywood, 2011). Sultan(2010) 역시 클라우드 컴퓨팅이 비용 감소와 양질의 자원에 대한 접근 증대로 인해 개발도상국에 있어 교육을 개선시키는 데 긍정적인 효과가 있어 왔다고 언급하였다. 클라우드 컴퓨팅은 많은 이점에도 불구하고 여전히 데이터의 기밀성/보안, 데이터 이동의 병목현상, 수행의 예측불가능 등의 문제들로부터 도전을 받고 있다(Armbrust et al., 2010).

클라우드 컴퓨팅에서의 핵심 연구는 컴퓨터과학 영역에서 이루어진다. 그러나 클라우드 컴퓨팅은 접근, 개발 비용, 공유, 소셜 네트워킹, 웹 2.0 도구 및 많은 다른 이슈에 영향을 미치는 실행 기술이고, 또한 교육공학 분야의 연구자들의 관심사이다.

Charles R. Graham

참고문헌

Armbrust, M., Fox, A., Griffith, R., Joseph, A. D., Katz, R., Konwinski, A., Lee, G., et al. (2010). A view of cloud computing. *Communications of the ACM, 53*(4), 50–58.

Greenhow, C., Robelia, B., & Hughes, J. E. (2009). Learning, teaching, and scholarship in a digital age: Web 2.0 and classroom research: What path should we take now? *Educational Researcher, 38*(4), 246–259. doi: 10.3102/0013189X09336671.

Johnson, L., Adams, S., & Cummins, M. (2012). *The NMC Horizon Report: 2012 higher education edition.* Austin, TX.

Johnson, L., Smith, S., & Haywood, K. (2011). *The NMC Horizon Report: 2011 k–12 edition.* Austin, TX.

Katz, R. N. (Ed.). (2008). *The tower and the cloud. Washington: Educause*. Educause. Retrieved from http://www.educause.edu/ir/library/pdf/PUB7202.pdf.

Mell, P., & Grance, T. (2011). *The NIST definition of cloud computing.* Gaithersburg, MD.

Smith, S. D., & Caruso, J. B. (2010). *Key findings: The ECAR study of undergraduate students and information technology*. Research Study, Vol. 6, EDUCAUSE Center for Applied Research, Boulder, CO. www.educause.edu/Resources/ECARStudyofUndergraduateStuden/217333.

Sultan, N. (2010). Cloud computing for education: A new dawn? *International Journal of Information Management, 30*(2), 109–116. doi: 10.1016/j.ijinfomgt.2009.09.004.

Codes of Ethics: 윤리강령

(ETHICS: 윤리 참조)

Cognitive Apprenticeship: 인지적 도제

(COMMUNITY OF PRACTICE: 실천공동체, SCAFFOLDING: 스캐폴딩, SITUATED COGNITION: 상황인지 참조)

도제는 전문가의 수행 과정과 방법을 학습자로 하여금 관찰하게 하여 의도한 활동에 대해 배우도록 한다. 인지적 도제는 전통적인 도제와 달리 학습해야 할 활동이 신체적 기술보다는 인지적인 기술(skill)과 관련된다. 즉, "인지적 도제는 사고를 가시화하기 위한 교수 모델이다(Collins, Brown, & Holum, 1991, p. 6)." Collins와 동료들(1991)은 전통적인 도제와 인지적 도제 간의 차이점을 세 가지로 요약하였다.

인지적 도제의 특징은 다음과 같다. ① 인지적이고 초인지적인 과정들은 학습자와 교수자가 이를 관찰하고 수행하고 연습할 수 있도록 반드시 가시화되어야만 한다. ② 활동은 학습자가 이해할 수 있는 실제 맥락에 토대를 두어야 한다. ③ 학습 전이를 향상시키기 위해 학습자가 공통적인 요소들에 대해 성찰하고, 말로 설명할 수 있는 기회를 제공하며, 이와 더불어 다양한 상황과 과제들을 제시해야 한다.

Collins와 동료들(1991)은 인지적 도제의 프레임워크를 개발하였는데, 여기에는 네 가지 차원인 내용, 방법, 계열화, 사회학이 포함된다. 이들 네 가지 차원에는 각각 인지적 도제를 창출하거나 평가할 때 고려해야 할 특성들이 있다. 내용은 영역 지식, 발견적(heuristic) 전략, 통제 전략(초인지 전략) 및 학습전략으로 구성되어 있다. 방법은 모델링, 코칭, 스캐폴딩, 발화, 성찰 및 탐구로 구성되어 있다. 계열화는 부분적인 기술 이전에 포괄적인 스킬을 제시하여 복잡성과 다양성을 점차 증가시키는 것이다. 마지막으로 사회학은 상황 학습, 실천공동체, 내적 동기 및 협력을 포함한다.

최근의 인지적 도제 연구에서는 상황 학습, 스캐폴딩 및 실천공동체를 다룬다(Dennen & Burner, 2008). 학자들은 이제 상황 학습과 스캐폴딩을 포함하여 목적적으로 설계한 상황과 아울러 실천공동체의 창출을 의도적으로 시도하는 것에 대한 효과를 검증하고 있다.

Cindy S. York

참고문헌

Collins, A., Brown, J. S., & Holum, A. (1991). Cognitive apprenticeship: Making thinking visible. *American Educator, 15*(3), 6-11, 38-46.

Dennen, V. P., & Burner, K. J. (2008). The cognitive apprenticeship model in educational practice. In J. M. Spector, M. D. Merrill, J. V. Merriënboer, & M. P. Driscoll (Eds.), *Handbook of Research on Educational Communications and Technology* (3rd ed., pp. 425-439). New York, NY: Taylor & Francis Group.

Cognitive Development Theory: 인지발달이론

(COGNITIVE DISSONANCE THEORY: 인지부조화이론 참조)

Cognitive Dissonance Theory: 인지부조화이론

(SCHEMA THEORY: 스키마이론 참조)

인지부조화이론이란 학습자가 자신이 알고 있는 것과 새로운 정보 간에 나타난 인지된 격차(gap)로 정의될 수 있다. 이 용어는 심리학 분야의 연구문헌으로부터 유래되었으며, 새로운 정보가 일반적으로 지니고 있는 신념과 상충될 때 나타나는 불편한 내적 상태를 정의하는 데 사용되어 왔다(Festinger, 1957). 예를 들어, 태양이 지구를 중심으로 회전한다고 이해하고 있을 때 지구가 태양을 중심으로 회전한다는 증거가 제시되는 경우를 상상해 보면 될 것이다. 교육적인 관점에서 Piaget(1975)는 인지부조화를 지식 발달을 위한 사고의 핵심이 되는 동화와 조절이라는 인지과정을 촉진시키는 수단으로 보았다.

Piaget(1975)는 자신이 인지적 불균형이라고 명명한 이것이 인지적 성장을 위한 기회라고 보았다. Piaget에 의하면, 인지발달이론의 가정 중 하나는 학습자들이 인지적 불균형을 경험하게 되면 새로운 자료가 기존 스키마에 통합되면서 동화와 조절 과정을 거치게 된다는 것이다. 이러한 인지부조화는 학습과정에 있어서 학습자를 문제해결 활동이나 시행착오적 학습에 몰두하도록 만드는 필수적인 촉발제(trigger)로 볼 수 있다. 인지부조화가 학습과정에 기여하는 이점은 인지부조화를 해결하려는 학습자의 내적 동기적인 측면이 학습자로 하여금 심층적인 처리과정을 촉진시키는 내용 관련 정보에 지속적으로 몰입하게 하는 환경을 창출한다는 것이다.

심리학적 관점에서는 인지부조화를 한 개인에 있어 반드시 해결해야 할 어떤 것으로 개념화하고 있는 반면에, 교육적 관점에서는 인지부조화를 스키마 구축을 위한 기회이자 지식 발달을 촉진시키는 적정 수준의 부조화를 고안하는 기회로 보고 있다. 설계자들은 개인의 근접발달영역(ZPD)을 이해함으로써 적정 수준의 부조화를 결정할 수 있다(Vygotsky, 1978). ZPD는 교육적 스캐폴딩의 지원을 받아 학습자가 부조화를 해결할 수 있는 공간으로 정의할 수 있다.

지식 습득 과정은 새로운 지식을 기존 스키마에 통합시키는 것과 관련된다. 학습자를 인지부조화 상태에 있게 하는 것은 새로운 학습을 위한 이상적인 과정인데, 이는 인지부조화가 학습자를 동화와 조절에 의한 통합으로 이끌기 때문이다. 불균형에서 균형 상태로 이동하고자 하는 내적인 인간의 욕구는 만족스러운 해결책에 도달할 때까지 정보를 검토하고 재검토하는 지속적인 과정을 창출한다. 이러한 환경을 고안하는 데 있어 중요하게 고려해야 할 사항 중 하나는 인지부조화 수준과 문제를 해결하고자 하는 동기 사이의 관련성에 대해 이해하는 것이다. 학습자는 너무 쉽게 해결되는 수준의 부조화에는 빨리 지루해할 것이고, 반면에 너무 높은 수준의 부조화에는 좌절하게 될 것이다.

Amy B. Adcock

참고문헌

Festinger, L. (1957). *A Theory of Cognitive Dissonance*. Stanford, CA: Stanford University Press.

Piaget, J. (1975). *The Equilibration of Cognitive Structure*. Chicago: University of Chicago

A B C D E F G H I J K L M N O P R S T U V W Z

Press.
Vygotsky, L. (1978). *Mind in Society: The development of higher mental processes.* Cambridge, MA: Harvard University Press.

Cognitive Learning Theory: 인지주의 학습이론

(CONDITIONS OF LEARNING: 학습의 조건, INFORMATION PROCESSING THEORY: 정보처리이론, SCHEMA THEORY: 스키마이론 참조)

인지주의 학습이론은 학습자의 마음속에 존재하는 것에 관해 다룬다. 인지주의 학습이론은 개인들이 어떻게 정보를 획득, 구축, 처리, 분석, 조직, 저장, 인출하고 적용하는가를 포함하고 있는 인지심리학 원리의 영향을 받고 있다. Smith와 Ragan(2005)에 의하면 "인지주의 학습이론은 교수와 학습 사이를 중재하는 인지 구조, 처리과정 및 표상의 발달을 설명하는 데 초점을 두고 있다(p. 26)." 인지주의 학습이론은 새로운 정보와 기존 지식과의 연결, 스키마이론, 전이이론, 인공지능, 컴퓨터 시뮬레이션, 정보처리이론, 상황인지이론 등 여러 개념들을 포괄한다.

"보편적으로 수용되는 단 하나의 '인지이론'은 아직 존재하지 않으며, 오히려 인지의 다양한 국면들을 강조하는 의미 있는 프레임워크들의 모음이 있을 뿐이다(Morrison, Ross, & Kemp, 2007, p. 350)." Ausubel(1963), Bruner(1966) 및 Gagné(1985)와 같은 인지주의 이론가들은 각각 인지의 다른 국면에 관해 설명해 왔다. Ausubel은 암기학습 대 유의미학습, 포섭이론과 선행조직자로 널리 알려져 있고, Bruner는 발견학습과 구성주의로 알려져 있다. Gagné는 학습성과(인지영역을 위한 언어정보, 지적 스킬 및 인지전략)와 일련의 단계로 구성된 교수사태를 제안하였다. 서로 다른 관점에도 불구하고, 이들은 서로 유사하게 학습자의 내적 정신(인지)과정의 가치를 주요하게 다루고 있다. 이 가운데 몇몇은 부호화, 저장, 기억 및 회상을 포함한다. 부호화는 새로운 정보를 획득하고 이를 어떤 방식에 따라(아마도 이를 기존 지식과 관련시킴으로써) 변형한다. 저장은 새로운 지식을 습득하는 것인데, 해당 지식은 기억(감각기억, 작동기억, 혹은 장기기억) 내에서 처리된다. 기억은 학습한 정보를 장기간에 걸쳐 정신적으로 보유하는 능력이고, 인출은 이전에 저장된 정보를 기억해 내는 것이다(Ormrod, 2010).

Cindy S. York

참고문헌

Ausubel, D. (1963). *The psychology of meaningful verbal learning.* New York: Grune and Stratton.

Bruner, J. S. (1966). *Toward a theory of instruction.* Cambridge, MA: Harvard University Press.

Gagné, R. M. (1985). *The conditions of learning and theory of instruction* (4th ed.). New York: Holt, Rinehart, & Winston.

Morrison, G. R., Ross, S. M., & Kemp, J. E. (2007). *Designing effective instruction* (5th ed.). New York: John Wiley.

Ormrod, J. E. (2010). *Educational psychology: Developing learners* (7th ed.). Upper Saddle River, NJ: Pearson.

Smith, P. L., & Ragan, T. J. (2005). *Instructional design* (3rd ed.). Hoboken, NJ: John Wiley & Sons, Inc.

Cognitive Load: 인지부하

(COGNITIVE PROCESSES: 인지과정, MESSAGE DESIGN: 메시지 설계, MULTI-CHANNEL INSTRUCTION: 다중채널 교수 참조)

인지부하(CL)란 학습활동에 몰입하기 위해 필요한 작동기억을 요구하는 사고과정을 일컫는다(Sweller, 1994). 인지부하는 인간의 인지구조 모델과 함께 교수설계를 위한 시사점을 중요하게 다루고 있는 학습과 교수이론에서 주요 개념이다(Kalyuga, 2011). 인지부하이론은 학습과정을 제한된 용량과 지속 기간을 토대로 실행되는 작동기억 활동의 함수라고 가정한다(Kalyuga, 2011). 만일 학습과정이 작동기억의 용량을 초과하게 되면 기억 과부하가 일어나게 되어 학습을 방해한다. 보다 구체적으로, 인지부하이론에 의하면 교수설계를 할 때 인지적 한계를 지닌 작동기억에서 불필요한 과부하가 일어나지 않도록 해야 한다(Schnotz & Kurschner, 2007).

내재적 CL과 본유적 CL을 구분하기가 어려운데, 이들 두 유형의 CL은 하나로 간주될 수 있을 것이다(Kalyuga, 2011). 내재적 CL은 학습 내용이나 기술(skill)에 관한 사고과정을 수반하는데 반해, 외재적 CL은 교수적 형태 혹은 매체와 관련하여 사용되는 인지적 노력이다. 예를 들면, 품사 학습에 직접적으로 관련된 사고과정은 내재적 CL이 될 것이고, 품사 학습을 위한 컴퓨터 기반 교수 프로그램에 접근하고 이를 진행하기 위한 사고과정은 외재적 CL일 것이다. 그러므로 외재적 CL은 제거될 수 있는 요소 간 상호작용성의 함수이다(Pass, van Gog, & Sweller, 2010).

교수설계의 시사점은 어떻게 하면 외재적 CL을 감소시키고, 내재적 혹은 본유적 CL을 증대시킬 수 있을까와 관련되는데, 이와 관련하여 수많은 연구가 실시되었다(Pass, Renkl, & Sweller, 2003; Sweller, 1994; van Merriënboer & Sweller, 2005). 두 개의 다른 문서 혹은 두 개의 다른 웹페이지를 대상으로 부과된 과제를 수행하는 학습활동은 본질적으로 학습자에게 외재적 CL의 부담을 주게 되는데, 이는 학습자가 이들 간의 차이를 찾거나 차이를 확인하도록 하는 두 가지 유형의 교수를 비교해야 하기 때문이다. 문서나 웹페이지 과제 어느 쪽이나, 두 지점 사이를 이동하면서 과제를 확인하고 조정하고 혹은 완수하도록 하는 수업들은 외재적 CL을 초래한다.

Kathryn Ley

참고문헌

Kalyuga, S. (2011). Cognitive load theory: How many types of load does it really need? *Educational Psychology Review, 23*(1), 1–19.

Paas, F., Renkl, A., & Sweller, J. (2003). Cognitive load theory and instructional design: Recent developments. *Educational Psychologist, 38,* 1–4.

Paas, F., van Gog, T., & Sweller, J. (2010). Cognitive load theory: New conceptualizations, specifications, and integrated research perspectives. *Educational Psychology Review, 22*(2), 115–121.

Schnotz, W., & Kurschner, C. (2007). A reconsideration of cognitive load theory. *Educational Psychology Review, 19*(4), 469–508.

Sweller, J. (1994). Cognitive load theory, learning difficulty, and instructional design. *Learning and Instruction, 4*(4), 295–312.

van Merriënboer, J. J. G., & Sweller, J. (2005). Cognitive load theory and complex learning: Recent developments and future directions. *Educational Psychology Review, 17*(2), 147–177.

Cognitive Processes: 인지과정

(COGNITIVE LOAD: 인지부하, GENERATIVE AND SUPPLANTIVE INSTRUCTIONAL STRATEGIES: 생성적-주입식 교수전략 참조)

인지과정이란 학습하는 동안에 수행되는 정신적 활동을 말하며, 전형적으로 이들 활동들은 작동기억 내에서 일어난다. 인지부하의 한 양상인 정신적 노력(mental effort)은 과제에 할당되는 인지적 용량을 일컬으며, 참가자들이 과제를 수행하는 동안에 측정된다(Pass, Tuovinen, Tabbers, & Van Gerven, 2003). 따라서 정보처리이론에서 일반적인 용어인 인지과정(Halpern, Donaghey, Lamon, & Brewer, 2002)은 학습하는 동안의 정신적 노력을 일컫는다. 인지과정의 예로는 문제해결, 평가, 분석, 비교 및 기타 정신적 활동들이 포함된다.

인지과정을 변화시키기 위한 교수적 중재(interventions)는 일반적으로 자기보고 방식과 같은 수고를 통해 측정되나, 반드시 수행 준거에 따라 측정되어야 한다. 자기보고 형식의 인지부하(CL) 평가척도 기법은 사람들이 자신들의 인지과정을 판단할 수 있다고 가정한다(Pass, Tuovinen, Tabbers, & Van Gerven, 2003). 이외에도 다른 측정들이 제안되고 있기는 하다(DeLeeuw & Mayer, 2008). 보다 최근에는 자기공명영상(fMRI), 즉 혈류역학적 방법이 대두되었는데, 이 방법을 통해서 상이한 인지부하의 효과 검증을 토대로 작동기억의 다른 과정들을 지원하는 브레인 네트워크의 해부학상 위치를 명료하게 확인할 수 있다(Clark & Clark, 2010).

인지부하, 인지과정 그리고 정신적 노력은 최근에 교육자들의 관심을 불러일으키고 있다. 1986년과 2000년 사이에 15편의 학술지 논문들이 ERIC 주제 표제에서 인지과정 범주에 해당되었으나, 2000년 이후에 6,000편 이상의 논문이 그리고 2012년 한 해 만에도 1,400편의 논문이 동일 범주에 속한 것으로 나타났다. 2008년 이후, 94개의 EBSCO ERIC 주제 목록이 본문에서는 인지과정으로 그리고 초록(abstract)에서는 인지부하인 것으로 확인되었다.

Kathryn Ley

참고문헌

Clark, R. E., & Clark, V. (2010). From neobehaviorism to neuroscience: Perspectives on the origins and future contributions of cognitive load research. In Plass, J., Moreno, R., & Brünken (Eds.), *Perspectives, Problems and Future Directions in Cognitive Load Research* (pp. 203–228). New York: Cambridge University Press.

DeLeeuw, K. E., & Mayer, R. E. (2008). A comparison of three measures of cognitive load: Evidence for separable measures of intrinsic, extraneous, and germane load. *Journal of Educational Psychology, 100,* 223–234.

Halpern, D. F., Donaghey, B., Lamon, M., & Brewer, W. F. (2002). Learning theory. In J. W. Guthrie (Ed.), *The Encyclopedia of Education* 2nd ed., Vol. 4 (pp. 1458–1469). New York: Macmillan Reference.

Paas, F., Tuovinen, J. E., Tabbers, H., & Van Gerven, P. W. M. (2003). Cognitive load measurement as a means to advance cognitive load theory. *Educational Psychologist, 38,* 63–71.

Cognitive Strategies: 인지전략

(ADVANCE ORGANIZERS: 선행조직자, CHUNKING: 청킹, ELABORATION STRATEGIES: 정교화 전략, MNEMONIC: 기억술, REPETITION: 반복 참조)

인지전략은 "정보의 저장과 인출을 촉진하는" 정신적 기술이다(Richey, Klein, & Tracey, 2011, p. 59). Gagné(1974)에 의하면 "학습자는 자신이 학습한 것에 대해 생각할 때나 문제해결을 할 때에 인지전략을 사용한다. 인지전략은 학습과정(기억 유지 및 사고와 함께)을 관리하는 방식이다(p. 64)." 인지전략은 무의식적으로(보다 자동적으로) 혹은 목적적으로 사용될 수 있으며, 인지전략이 보다 더 자동화되면 인지부하는 감소한다. 인지전략을 사용하는 이들은 어떻게 전략을 사용하는가뿐만 아니라, 언제 전략을 사용해야 하는가를 인지해야만 한다. 또한 메타인지(자신의 사고과정에 대한 지식)가 인지전략을 효과적으로 사용할 수 있도록 도움을 준다.

인지전략은 형식적으로 또는 비형식적으로 학습될 수 있다. "학습자는 자신의 시행착오 경험을 통해서 이들 전략을 습득할 수도 있고, 혹은 다른 학습자들에게 효과적이라고 입증된 전략에 대해 명시적으로 배울 수도 있다(Driscoll, 2005, p. 362)." Gagné

(1974)에 의하면 학습자가 사고하고 학습하는 능력은 인지전략에 대한 형식교육을 통해 향상될 수 있다. Gagné(1974)는 학습의 다섯 가지 영역인 운동기능, 언어정보, 지적기능, 인지전략, 태도에 대해 논의해 왔다. 인지전략의 예로는 청킹, 리허설, 정교화, 기억술, 선행조직자, 심상 등이 있다.

Cindy S. York

참고문헌

Driscoll, M. P. (2005). *Psychology of learning for instruction* (3rd ed.). Boston: Pearson.

Gagné, R. M. (1974). *Essentials of learning for instruction*. Hinsdale, IL: Holt, Rinehart and Winston.

Richey, R. C., Klein, J. D., & Tracey, M. W. (2011). *The instructional design knowledge base: Theory, research, and practice*. New York: Routledge.

Cognitive Style: 인지스타일

(FIELD DEPENDENCE AND INDEPENDENCE: 장의존과 장독립, LEARNER CHARACTERISTICS AND TRAITS: 학습자 특성 및 성향 참조)

Cognitive Task Analysis: 인지적 과제 분석

(ANALYSIS: 분석 참조)

Cognitive Tools: 인지도구

(CULTURAL HISTORICAL ACTIVITY THEORY: 문화역사적 활동이론, TECHNOLOGY-ENABLED LEARNING: 테크놀로지 활용 학습 참조)

인지도구란 테크놀로지로 학습하는 것(learning with technology)을 일컫는데, 이는 테크놀로지로부터 학습하는 것(learning from technology)과는 상반된다. 인지도구는 인지과학적인 관점과 더불어 학습을 촉진시키기 위해 정보기술을 사용하면서 발달되고 있다. 이 개념은 사회문화적 심리학의 관점으로부터 도래되었으며, 활동이론(activity theory)은 인지도구를 개발하기 위한 풍부한 자원을 제공하고 있다. 활동이론에 따르면, 강력한 인지도구는 문화가 어린이들에게 발달을 위한 인지도구를 제공한다는 Vygotsky(1978)의 주장과 같이 문화적으로 서서히 발전되었다. Galperin은 Vygotsky의 아이디어를 발전시켜 교수-학습은 문화적으로 진화된 인지도구를 제공하고, 이들 인지도구가 어린이들에 의해 내면화되면 정신적 기능을 중재하고 발전시켜서 인지발달에 중요한 역할을 한다고 주장하고 있다(Arievitch & Stetsenko, 2000, p. 57).

일반적으로 인지도구는 학습자가 자신이 학습한 것을 표현하고 공유하고 성찰할 수 있도록 해 주는 컴퓨터 애플리케이션들이다. Jonassen(1992)은 인지도구를 "인지과정을 촉진시킬 수 있으며 일반화가 가능한 도구들"로서 정의하였고(p. 2), 이후에는 "Gibson(1979)의 생태학적 관점에 의하면 테크놀로지는 도구로 사용될 때 가장 유의미한 사고를 유발할 수 있다."고 주장하였다(Jonassen, 1994, p. 5). Salomon(1993)은 테크놀로지로부터 학습할 때보다는 테크놀로지를 활용하여 학습할 때, 테크놀로지는 비로소 인지도구로서의 기능을 수행하며 학습자를 위한 지적 동반자의 역할을 하게 되고, 결과적으로 학습이 촉진된다고 주장하였다. Lajoie와 Azevedo(1993)에 의하면 인지도구는 다음과 같은 기능을 함으로써 학습자를 도울 수 있다. 인지과정을 지원하고, 인지부하를 공유하며, 학습자를 인지활동에 몰입하게 하고, 또한 문제해결 맥락에서 가설을 제기하고 검증하도록 한다.

학교교육에서 가장 인기가 있는 인지도구 중의 하나는 컴퓨터이다. 컴퓨터를 정신적 도구(mindtools)로서 사용함으로써 우리는 테크놀로지를 학습자의 사고과정을 지원하고 안내하고 확장하는 구성 도구로서 활용하게 된다(Derry, 1990). 교수-학습이 이루어지는 과정에서 인지도구는 다양한 형태의 추론과 논증을 포함한 활동을 지원한다. 이들 도구에는 데이터베이스, 스프레드시트, 시맨틱 네트워킹 프로그램, 전문가 시스템(expert systems), 시스템 모델링 도구, 마이크로월드(microworlds), 하이퍼미디어 저작 도구, 가상현실 도구, 컴퓨터 화상회의 및 사회연결망 체제(social network systems) 등이 포함된다.

Xudong Zheng
Xinmin Sang

참고문헌

Arievitch, I. M., & Stetsenko, A. (2000). The quality of cultural tools and cognitive development: Galperin's perspective and its implications. *Human Development, 43*(3), 69–92.

Derry, S. J. (1990). Flexible cognitive tools for problem solving instruction. Paper presented at the annual meeting of the American Educational Research Association, Boston, MA, April 16–20.

Jonassen, D. H. (1992). What are cognitive tools? In M. Kommers, D. H. Jonassen, & J. Terry Mayers (Eds.), *Cognitive tools for learning* (pp. 1–6). Berlin: Springer-Verland in cooperation with NATO Scientific Affairs Division.

Jonassen, D. H. (1994). Technology as cognitive tools: Learners as designers. IT Forums Paper, Retrieved on April 1, 2012 from http://itech1.coe.uga.edu/itforum/paper1/paper1.html.

Lajoie, S. P., & Azevedo, R. (1993). Cognitive tools for medical informatics. In S. P. Lajoie & S. J. Derry (Eds.), *Computers as cognitive tools: No more walls, Volume Two* (pp. 247–272). Hillsdale, NJ: Lawrence Erlbaum Associates, Publishers.

Salomon, G. (1993). On the nature of pedagogic computer tools: The case of the wiring partner. In S. P. LaJoie & S. J. Derry (Eds.), *Computers as cognitive tools: No more walls, Volume Two* (pp. 179–198). Hillsdale, NJ: Lawrence Erlbaum Associates, Publishers.

Vygotsky, L. S. (1978). *Mind in society: The development of higher psychological processes.* Cambridge, MA: Harvard University Press.

Collaborative Learning: 협력학습

(COMMUNITY OF PRACTICE: 실천공동체, DISTRIBUTED COGNITION: 분산인지, LEARNER-CENTERED INSTRUCTION: 학습자 중심 수업, PROJECT-BASED LEARNING: 프로젝트 기반 학습 참조)

협력학습은 대체적으로 두 명 혹은 그 이상의 사람들이 함께 학습하려고 시도하거나(Dillenbourg, 1999), 공유된 목적을 달성하기 위해 협업하는(Johnson & Johnson, 2003) 상황으로 정의되고 있다. 협력학습은 지식이란 개인이 자신을 둘러싼 문화, 사회와 상호작용하는 과정에서 개발된다고 상정하는 Vygotsky(1978, 1986)의 사회문화 이론에 뿌리를 두고 있다.

효과적인 협력학습의 특징으로는 구성원 간의 긍정적인 상호의존성, 개인적 책무성, 대인관계 기술, 자기 모니터링(self-monitor) 및 지속적으로 진전하면서 진전에 방해가 되는 행동 패턴을 중단하는 능력 등이 포함된다(Johnson & Johnson, 2003). Salomon(1993)은 협력과 관련된 두 가지 유형의 분산인지로 분담과 공유를 제시하였다. 그는 공유된 인지는 개인의 역량 개발에 도움이 되는 반면, 분담은 개인의 학습 기회를 감소시키는 경향이 있다고 주장하였다. Dede(1990)는 효과적인 협력학습의 결과를 능동적인 지식 구축, 문제해결과 상호작용에 있어서의 다양한 경험, 그리고 학습자 간의 동기적인 피드백으로 보았다.

협력학습에 대한 연구들은 학습과학, 조직학습, 사회심리학, 인지심리학, 발달심리학, 교육심리학, 교육공학, 교수설계, 사회문화연구 및 컴퓨터지원 협력학습 등 다양한 분야를 망라하여 이루어지고 있다(Puntambekar, Erkens, & Hmelo-Silver, 2011). 이와 관련된 기념비적인 문헌으로는 상황학습(Brown, Collins, & Duguid, 1989), 업무 환경에서 실천공동체의 발달(Lave & Wenger, 1991; Wenger, 1998) 그리고 지식구축 커뮤니티, 지식구축 담론, 의도적 학습, 전문가의 숙련과정 등과 같은 컴퓨터지원 협력학습 개념의 발달 등이 있다(Scardamalia & Bereiter, 1994).

Lin Lin

참고문헌

Brown, J. S., Collins, A., & Duguid, P. (1989). Situated cognition and the culture of learning. *Educational Researcher, 18*(1), 32-41.

Dede, C. J. (1990). The evolution of distance learning: Technology-mediated interactive learning. *Journal of Research on Computing in Education 22,* 247-264.

Dillenbourg, P. (1999). What do you mean by collaborative learning? In P. Dillenbourg (Ed.), *Collaborative-learning: Cognitive and computational approaches* (pp. 1-19). Oxford: Elsevier.

Johnson, D. W., & Johnson, R. T. (2003). Cooperation and the use of technology. In D. H. Jonassen (Ed.), *Handbook of research for educational communications and technology*

(2nd ed., pp. 785–811). Mahwah, NJ: Lawrence Erlbaum Associates.
Lave, J., & Wenger, E. (1991). *Situated learning: Legitimate peripheral participation.* New York: Cambridge University Press.
Puntambekar, S., Erkens, G., & Hmelo-Silver, C. E. (2011). *Analyzing interactions in CSCL: Methodology, approaches, and issues.* New York: Springer.
Salomon, G. (1993). No distribution without individual's cognition: A dynamic interactional view. In G. Salomon (Ed.), *Distributed cognitions: Psychological and educational considerations* (pp. 111–138). Cambridge, UK: Cambridge University Press.
Scardamalia, M., & Bereiter, C. (1994). Computer support for knowledge building communities. *The Journal of the Learning Sciences, 3*(3), 265–283.
Vygotsky, L. S. (1978). *Mind in society.* Cambridge, MA: Harvard University Press.
Vygotsky, L. S. (1986). *Thought and language*. Cambridge, MA: The MIT Press.
Wenger, E. (1998). *Communities of practice: Learning, meaning, and identity.* Cambridge, MA: Cambridge University Press.

Color: 색상

(PRODUCTION: 제작, VISUAL MESSAGE DESIGN: 시각적 메시지 설계 참조)

Communication: 커뮤니케이션

(COMMUNICATION MAPPING: 커뮤니케이션 매핑, COMMUNICATION THEORY AND MODELS: 커뮤니케이션 이론과 모형, GRAPHICS: 그래픽, MATHEMATICAL MODEL OF COMMUNICATION: 수학적 커뮤니케이션 모형, SEMIOTICS: 기호학, SOCIAL COMPUTING: 소셜 컴퓨팅, TECHNOLOGICAL COMMUNICATION: 테크놀로지 활용 커뮤니케이션 참조)

커뮤니케이션은 정보를 전달하는 활동이며, 공유한다는 의미의 라틴어 'communis'에 기원을 두고 있다. 커뮤니케이션은 송신자, 메시지 그리고 의도된 수신자를 필요로 하나, 커뮤니케이션이 이루어지는 시점에 수신자가 등장하거나 송신자가 지닌 의사소통의 의도가 제시되어야 할 필요는 없다. 따라서 커뮤니케이션은 시간 및 공간 측면에서 광대한 거리를 초월하여 일어날 수 있다. 커뮤니케이션 과정은 수신자가 송신자의 메시지를 이해하게 되면 완료되는데, 이때 피드백은 참여자 간의 효과적인 커뮤니케이션을 위해서 대단히 중요하다(Berko, 2007).

비주얼 커뮤니케이션은 정보의 시각적 제시를 통해서 아이디어에 대해 의사소통하는 것으로서, 기본적으로 예술, 기호, 사진, 인쇄술, 그림의 기본 원칙 및 색상과 전자적 자원 등을 포함한 이차원 이미지와 연관된다. 비주얼 커뮤니케이션이란 대부분 사진, 텔레비전, 영화, 광고 그림 및 삽화를 일컫는다(Smith, 2005). 이 분야의 최근 연구는 웹디자인과 시각 지향적인 사용성에 초점을 두고 있는데, 이는 그래픽 디자이너가 청중과 시각적으로 의사소통하기 위해 수행하는 작업의 한 부분이다(Jamieson, 2007).

통합 커뮤니케이션(Unified Communication: UC)은 실시간 커뮤니케이션 서비스가 통합된 것으로서, 그 예로는 인스턴트 메시지 교환(채팅), 실재(presence) 정보, 전화통신(IP 전화를 포함), 화상회의, 데이터공유(웹과 연결된 전자적 화이트보드 혹은 상호작용적 화이트보드를 포함), 통합 메시징(통합 보이스 메일, 이메일, SMS 및 팩스)과 같은 비실시간 커뮤니케이션 서비스와 함께 호출 제어와 음성 인식 등이 있다. 통합 커뮤니케이션은 인터넷 프로토콜 텔레비전(IPTV)과 디지털 신호 커뮤니케이션(Digital Signage Communication)과 같은 형태의 커뮤니케이션을 포함하기도 한다. UC는 개인이 메시지를 하나의 매체에서 보내고 동일한 메시지를 다른 매체에서 받는 것을 가능하게 한다.

비공식 커뮤니케이션은 회의 세션, 강연 혹은 교수자 주도 학습활동이 진행되는 동안 동시에 실시되는 이차적인 전자적 대화이다. 비공식 커뮤니케이션은 발전하고 있는 다양한 무선기기를 수반한 무선 연결, 강의에 대해 논하기 위한 채팅 도구나 트위터의 사용과 같은 디지털 기반 시설을 사용한다. 이들 비공식 대화는 정규 수업에서 강연자가 질문을 통합하거나 수업에 대한 코멘트 및 피드백을 주고받는 공식적인 상호작용으로서, 혹은 정규 수업에 포함되지 않는 감추어진 형태로서 사용된다. “비공식 채널이 소수 청중들 간의 즉흥적인 대화로서 존재하는가, 혹은 스크린에 텍스트로서 제시되는 대다수 청중 간의 담화로서 존재할 것인가의 관건은 공식적 제시와 함께 병행되는 실시간 대화, 즉 비공식 채널의 즉시성에 있다(Educause, para 1, 2010).”

또 한편으로 비공식 채널 활동은 승인되지 않은 토론으로서, 교수자의 참여나 인식과는 독립적으로 기능할 수 있다. 비공식 채널 도구의 예로는 Google Moderator, Google Wave, 인스턴트 메시징, 트위터, 채팅, 위키 등이 있다. 코스의 외부에 존재하는 비공식 채널 커뮤니케이션은 콘텐츠에 대해 대화하거나(직접적) 사회적 유대감을 개발하는 데(간접적) 유용하다(Kearns & Frey, 2010).

Ileana P. Gutierrez

참고문헌

Berko, R. (2007). *Communicating: A social and career focus.* Houghton Mifflin, New York.

Jamieson, G. H. (2007). *Visual communication: More than meets the eye.* Bristol, UK: Intellect Books.

Kearns, L. R., & Frey, B. A. (2010). Web 2.0 technologies and back channel communication in an online learning community. *Tech Trends, 54*(4), 41–51.

Smith, K. (2005). *Handbook of visual communication: Theory, methods, and media.* London: Routledge.

Communication Mapping: 커뮤니케이션 매핑

(COMMUNICATION: 커뮤니케이션, SOCIAL COMPUTING: 소셜 컴퓨팅, TECHNOLOGICAL COMMUNICATION: 테크놀로지 활용 커뮤니케이션 참조)

커뮤니케이션 매핑은 우리가 웹사이트를 활용하고 상호작용하기 위해서 어떤 일을 하는가를 이해하기 위한 접근이다. 이것이 추구하는 바는 커뮤니케이션을 개선하기 위한 우리의 노력을 지원하는 것이다. 커뮤니케이션 매핑의 근본적인 목적은 커뮤니케이션에서 개선되어야 할 지점이 어디인가를 강조하고, 미래 설계에 대한 의사결정을 도울 수 있는 지침을 마련하는 데 있다. 커뮤니케이션 매핑을 통해서 우리는 사람들의 소셜 네트워크 및 다양한 커뮤니케이션 도구 중 특정 도구를 사용하는 동기를 이해할 수 있다. 커뮤니케이션 매핑의 결과는 지형적 지도 혹은 도식화된 지도가 될 수 있으나, 가장 효과적인 접근은 이 둘의 혼합이다.

커뮤니케이션 매핑의 위력은 소셜 네트워크에서 비가시적인 복잡하고도 유의한 관계를 가시적으로 구현하는 데 있다. Kress와 van Leeuwen(1996)의 시각적 분석 접근, Turnbull(1989)의 지도의 이해, 그리고 Latour(1990)의 소셜 맥락에서 시각물이 어떻게 작용하는가에 대한 이해 등을 차용하여 Propen(2007)은 커뮤니케이션 맵 연구에 대한 분석적 접근을 강력한 시각적, 수사학 객체로서 개발하고 있다. Google의 사용자 경험에 대해 연구하는 Paul Adams(2007)에 의하면 커뮤니케이션 매핑에는 여러 단계가 있으며, 다음 주제에 관해 매핑할 수 있다.

- 사람과 그룹
- 도구
- 사건(event) 조직
- 콘텐츠 공유
- 동기와 인지
- 실제 최근 행동

매핑 방법을 운용하는 목적은 사람들의 공간 기억을 사용하여 개인과 그룹 간의 상호작용을 묘사하는 소셜 네트워크에 대한 그림을 구축하기 위해서다.

Evans와 Dansereau(1991)에 의하면, 커뮤니케이션 맵은 학습과정에서 커뮤니케이션을 생성하고 수용하는 것과 관련된 사고과정을 개선하기 위한 접근법에 대한 세부사항을 제공한다. 커뮤니케이션 매핑을 학습연구에서 사용한다면 우리는 그룹에서 개인들이 서로 어떤 관계를 맺고 있는지, 그들 주위의 사람들과 어떻게 의사소통을 하는지에 대해 보다 잘 이해할 수 있을 것이다. Brown과 Duguid(1991)는 조직학습에서 커뮤니케이션 매핑의 역할에 대해 논의하였다. 커뮤니케이션 매핑이 조직학습에서 실천공동체를 구축하는 효과적인 방법이며, 사람들이 자신들과 가장 가깝게 일하는 사람들에 대해 알아가고 이들을 수용하는 것을 용이하게 만든다고 주장하였다. 커뮤니케이션 매핑 접근법은 교수공학 전문가들이 테크놀로지로 학습하는 데 있어 핵심 메시지 혹은 개념들을 지원하고 강화하는 몰입 커뮤니케이션 도구들을 고안하는 데 사용될 수 있을 것이다.

Xinmin Sang
Xudong Zheng

참고문헌

Adams, P. (2007). Communication mapping: Understanding anyone's social network in 60 minutes. Paper presented at the 2007 Conference on Designing for User Experiences. Chicago, IL.

Brown, J. S., & Duguid, P. (1991). Organizational learning and communities of practice. *Organization Science, 2,* 40–57.

Evans, S. H., & Dansereau, D. F. (1991). Knowledge maps as tools for thinking and communication. In R. F. Mulcahy, R. H. Short, & J. Andrews (Eds.), *Enhancing learning and thinking* (pp. 97–120). New York, NY: Praeger Publishers.

Kress, G., & van Leeuwen, T. (1996). *Reading images: The grammar of visual design.* New York, NY: Routledge.

Latour, B. (1990). Drawing things together. In M. Lynch & S. Woolgar (Eds.), *Representation in scientific practice* (pp. 19–68). Cambridge, MA: MIT Press.

Propen, A. (2007). Visual communication and the map: How maps as visual objects convey meaning in specific contexts. *Technical Communication Quarterly, 16*(2), 233–254.

Turnbull, D. (1989). *Maps are territories, science is an atlas: A portfolio of exhibits.* Chicago, IL: University of Chicago Press.

Communication Theory and Models: 커뮤니케이션 이론과 모형

(CONSTRUCTIVISM: 구성주의, INTERACTION: 상호작용, MATHEMATICAL MODEL OF COMMUNICATION: 수학적 커뮤니케이션 모형 참조)

커뮤니케이션 이론은 매우 다양하나, 이 분야에 가장 적절한 유형은 교수-학습과정에서 일어나는 커뮤니케이션의 역할에 초점을 둔 이론이다. 커뮤니케이션에 대한 관점은 장기간에 걸쳐 진화되어 왔는데, 초기에 커뮤니케이션은 "정보를 한 장소에서 다른 장소로 전달하는 것"(Miller, 1951, p. 6)으로 간주되었다. 이 관점을 기반으로 하여 커뮤니케이션이란 메시지가 특정 채널을 통과하면서 외부 잡음의 영향을 받으면서, 정보원(source)으로부터 수신자에게 이르는 것이라고 묘사한 Shannon-Weaver 모형이 우세해졌다(이 모형이 어떻게 시작되었는지에 대한 자세한 사항은 의사소통의 수학적 모형 참조).

메시지 전달을 강조하는 것은 1960년대를 지배한 커뮤니케이션의 행동주의적 관점과 맥을 같이한다. 여기서 커뮤니케이션은 기본적으로 자극-반응 상황으로 간주되고 있다. 이러한 관점의 가장 좋은 예는 Berlo의 SMCR 커뮤니케이션 모형이고, 모형의 주요 요소들은 정보원, 메시지, 채널, 수신자이다. Berlo(1960)는 각 주요 요소에 대한 구성요소들을 제시하였으며, 특히 채널을 Shannon과 Weaver의 관점인 메시지의 물리적 전송기로서 간주하는 대신, 이를 "메시지를 해독하는 데 사용되는 인간 감각의 관점"(Januszewski, 2001, p. 30)에서 보았다. 이러한 접근은 수업을 전달하는 데 사용되는 다양한 시청각기기들의 역할을 반영한 것이다. 또한, Berlo는 의사소통 과정에서 피드백의 역할을 강조하였다(즉, 메시지에 수반된 보상 혹은 처벌과 이에 대한 반응).

한편, 커뮤니케이션이 언제나 정보를 한 곳에서 다른 곳으로 전송하는 것으로 간주되지는 않았다. 예를 들면, Gerbner는 커뮤니케이션을 사회적 과정의 관점에서 "메시지를 통한 상호작용"으로 보았다(Heath & Bryant, 2000, p. 47에서 인용). 이러한 관점은 커뮤니케이션을 지속적이고 역동적인 과정으로 보여 주는 Schramm(1954)의 비선형적 모형에 반영되었다. 여기서 송신자와 수신자는 실제적으로 동시에 작업하고, 메시지는 단순하게 해독되는 것이 아니라 사람의 배경에 비추어 해석된다(Richey, Klein, & Tracey, 2011).

비선형적 커뮤니케이션 모형은 Campos(2007)의 구성주의 모형과 매우 유사하다. Campos의 유의미 모형(Meaning Model)의 생태학에서는 커뮤니케이션을 능동적인 참여자 간에 의미를 공유하는 일로 제시하고 있다. Campos(2007)는 커뮤니케이션을 "대상자가 자신과 바깥 세상에 대해 이해할 수 있도록 하는 생물학적인 기제"(p. 396)로 정의하였다. 따라서 커뮤니케이션은 의미를 전달하는 일이 아니라 세상과 사회 환경에 대한 상호 간의 이해를 토대로 의미를 공동으로 창출하는 일이다.

Rita C. Richey

참고문헌

Berlo, D. (1960). *The process of communication.* New York: Holt, Rinehart, & Winston.

Campos, M. N. (2007). Ecology of meanings: A critical constructivist communication model. *Communication Theory, 17*(4), 386-410.

Heath, R. L., & Bryant, J. (2000). *Human communication theory and research: Concepts, contexts, and challenges* (2nd ed.). Mahwah, NJ: Lawrence Erlbaum Associates, Publishers.

Januszewski, A. (2001). *Educational technology: The development of a concept.* Englewood, CO: Libraries Unlimited, Inc.

Miller, G. A. (1951). *Language and communication.* New York: McGraw Hill Book Company, Inc.

Richey, R. C., Klein, J. D., & Tracey, M. W. (2011). *The instructional design knowledge base: Theory, research, and practice.* New York: Routledge.

Schramm, W. (1954). How communication works. In W. Schramm (Ed.) *The process and effects of mass communication* (pp. 3-26). Urbana, IL: University of Illinois Press.

Community of Practice: 실천공동체

(AUTHENIC ACTIVITY: 실제적 활동, BLOG: 블로그, COLLABORATIVE LEARNING: 협력학습, CONSTRUCTIVISM: 구성주의, SITUATED COGNITION: 상황인지, TECHNOLOGY-ENABLED LEARNING: 테크놀로지 활용 학습 참조)

사회인류학자인 Jean Lave와 사회학습이론가인 Etienne Wenger는 최초로 1991년에 실천공동체(CoP)라는 용어를 소개하였다. 이들은 실천공동체란 용어를 사용하여 유사한 관심사를 공유하고 있는 사람들이 그룹 내에서 상호작용과 활동을 통해서 집단적으로 새로운 실천과 지식을 개발하는 현상을 설명하였다. Lave와 Wenger(1991, p. 47)는 CoP를 "장기간에 걸쳐서 사람들, 활동 및 세상 간에 이루어진 일련의 관계 그리고 어느 정도 관련이 있거나 공통적인 부분이 많은 다른 실천공동체와의 관계"로서 설명하였다.

CoP는 세 가지의 핵심 요소인 영역, 공동체, 실천으로 구성된다(Lave & Wenger, 1991). 영역(domain)은 구성원들의 흥미와 관련되는 공유된 관심사에 초점을 두고, 공동체의 가치와 목적을 제공한다. 구성원들의 공유된 관심사는 공동체에 있어 가장 중요한 것이 무엇인가에 대해 논의하고 공유하도록 동기를 유발하고, 지식이 조직되는 방법을 안내한다. 공동체가 관심을 가진 지식 영역은 무게 중심처럼 핵심이 되나 구성원의 초점이 변경됨에 따라 영역의 경계가 무너질 수도 있다. 오랜 기간에 걸쳐 구성원들은 토픽에 대한 독특한 관점과 더불어 일련의 공통 지식, 실천 및 접근법을 개발한다.

Wenger, McDermott 및 Snyder(2002)는 공동체(community)란 경험을 공유하고 함께 배우면서 자신들의 영역과 관련된 정기적인 상호작용과 지식 공유 활동에 몰두하는 개인들의 집단으로서 정의하고 있다. 공동체는 학습의 사회적 조직이며, 이를 통해서 상호 존중, 호의, 신뢰 및 공동체 정체성이 밀접하게 관련되어 소속감을 촉진하는 대인 간 관계가 구축된다. Bender와 Kruger(1982, p. 7)는 공동체의 속성에 대해 다음과 같이 제안하고 있다.

> …… 공동체는 어느 정도 한정된 사회적 공간 혹은 네트워크 속에서 공유된 이해와 책임 의식에 의해 응집된 제한된 수의 사람들과 관련된다. 개개인들은 개인의 사리에 대한 지각보다는 정의적 혹은 감성적 유대에 의해 서로 결속되어 있다. 공동체에는 '우리성(we-ness)'이 존재한다. 하나는 한 명의 구성원이다.

세 번째 요소, 즉 실천(practice)은 지식을 가동하고, 비판적 성찰을 활성화하고, 사회적 정체성을 양육하는 엔진이다. "실천은 특정 영역에서 일련의 사회적으로 정의된 방법으로 어떤 일을 행하는 것을 보여 준다. 즉, 활동, 의사소통, 문제해결, 수행과 책무성을 위한 기반을 창출하는 일련의 통상적인 접근법과 공유된 표준이다(Wenger, McDermott, & Snyder, 2002, p. 38)." 실천은 과거를 바탕으로 함에도 불구하고 미래 지향적이다. 구성원들은 실제 세상 경험, 도전, 스토리, 도구 및 테크닉을 공유하여 새로운 지식을 구축하고 적용한다. 멤버십은 구성원들이 지식을 구축할 수 있고, 효과적으로 협력하여 일할 수 있는 기반 상식에 대한 역량 수준을 반영한다. 개개 구성원들이 자신의 지식을 구성할 수 있도록 암묵적이고 명시적인 지식과 경험을 공유하는 것은 구성원들에게 있어 중요하다. Lave와 Wenger는 이들 CoP에서 일어나는 학습을 "신참자가 인정받은 (합법적인) 구성원들과 상호작용하면서 점진적으로 실천, 언어, 공동체의 관습 등을 학습하는 과정을 통해 정규 구성원이 되어 가는 것, 즉 공동체로의 사회화"의 한 형태라고 제안한다(Kimble & Hildreth, 2005, p. 3).

Bender는 지역을 공동체 구성원들이 고려해야 할 요인으로 보았다. 그러나 오늘날의 기술의 발전은 특정 지역과 관련된 자격 요건을 붕괴시켰다. Daniel과 Schwier(2008)

의 분산 공동체 설계를 위한 가상 학습공동체 모형은 유의미한 정보와 지식을 습득하기 위해서 구성원들 간의 연결성을 촉진시키는 방법을 탐구하고 있다. 향후 연구와 실천에서는 가상 공동체, 소셜 네트워크 분석 그리고 공동체 내에서 어떻게 정보와 지식이 이동하는가에 초점을 둘 것으로 보인다.

Darryl, C. Draper

참고문헌

Bender, T., & Kruger, S. (1982). *Community and social change in America.* Baltimore, MD: John Hopkins University Press.

Daniel, B., & Schwier, R. A. (2008). Implications of a virtual learning community model for designing distributed communities of practice in higher education. In C. Kimel & P. Hildreth (Eds.), *Communities of practice: Creating learning environments for educators* (pp. 347–366). Greenwich, CT: Information Age Publishing.

Kimble, C., & Hildreth, P. (2005). Dualities, distributed communities of practice and knowledge management. *Journal of Knowledge Management, 9*(4), 102–113.

Lave, J., & Wenger, E. (1991). *Situated learning: Legitimate peripheral participation.* New York: Cambridge University Press.

Wenger, E., McDermott, R. A., & Snyder, W. (2002). *Cultivating communities of practice: A guide to managing knowledge.* Boston: Harvard Business School Press.

Comparison and Contrast: 비교와 대조

비교와 대조는 미시적 교수전략으로서 Bloom의 분류체계에서 독해(이해) 수준에 유용하다(Bloom, Engelhart, Furst, Hill, & Krathwohl, 1956; Krathwohl, 2002).

이해에는 두 가지 유형, 즉 개념에 대한 이해와 원리/인과관계 모형에 관한 이해가 있는데(Reigeluth, 1999a), 비교와 대조는 일반적으로 개념을 이해하기 위해 활용된다. Ausubel(1968)에 의하면 이해의 습득은 내용이 잠정적으로 유의미할 때, 그리고 학습자가 해당 내용을 유의미한 방법을 통해 사전지식과 관련시킬 수 있을 때 가능하다.

개념을 이해하기 위해서는 이해의 핵심 범위 내에 적절한 연계가 반드시 형성되어야만 한다(Driscoll, 2000; Reigeluth, 1999b). 비교와 대조 전략이 사용될 수 있는 주요 영역은 지식이 동일한 수준의 범위와 포괄성을 가지고 있는 등위 관계이다. 예를 들면, 학습자가 '독립전쟁'의 개념을 이미 알고 있고 '내전'을 이해하는 것이 목표라면, 이들 두 유형의 전쟁을 비교하는 것(유사점)과 대조하는 것(차이점)은 도움이 될 것이다.

비교와 대조 능력은 또한 Bloom의 분류체제의 분석 수준 내에서 고차적 사고 기술로서 간주될 수 있는데, 이 경우는 방법(가르치는 방식)보다는 내용(가르쳐야 할 것)과 관련된다.

Yeol Huh
Dabae Lee
Charles M. Reigeluth

참고문헌

Ausubel, D. P. (1968). *Educational psychology: A cognitive view.* New York: Holt, Rinehart, & Winston.

Bloom, B. S., Engelhart, M. D., Furst, E. J., Hill, W. H., & Krathwohl, D. R. (1956). *Taxonomy of educational objectives: The classification of educational goals. Handbook 1: Cognitive domain.* Harlow, Essex, England: Longman Group.

Driscoll, M. P. (2000). *Psychology of learning for instruction* (2nd ed.). Boston, MA: Allyn & Bacon.

Krathwohl, D. R. (2002). A revision of Bloom's taxonomy: An overview. *Theory into Practice, 41*(4), 212–218.

Reigeluth, C. M. (1999a). Instructional design theories site. Retrieved from http://www.indiana.edu/~idtheory/home.html.

Reigeluth, C. M. (1999b). The elaboration theory: Guidance for scope and sequence decisions. In C. M. Reigeluth (Ed.), *Instructional-design theories and models: A new paradigm of instructional theory* (Vol. 2, pp. 425–453). Mahwah, NJ: Lawrence Erlbaum.

Competency: 역량

(COMPETENCY MODELING AND DEVELOPMENT: 역량 모델링과 개발, PROFESSIONAL STANDARDS: 전문직 표준 참조)

역량은 "특정 과제를 수행하기 위해 필요한 기술(skill), 능력, 지식의 조합"으로 정의되고 있다(Jones, Voorhees, & Paulson, 2002, p. 1). 특정 역량에 대한 주제 관련 지식, 실제 과제, 문제해결 기술 그리고 숙달의 시연은 역량에 대한 인식과 수용을 위해 가장 많이 시행되는 목적적 활동들이다. 산업체에서는 "고용인의 역량을 위한 사업을 활발하게 추진해 오고 있는데, 이를 위해 역량에 기초를 둔 역량 기반 학습 기회를 제공하고 있다(p. 1)." 이러한 추세에 따라, 고등교육에서는 역량 기반 학습(CBL)이 괄목할 만하게 성장하고 있다. 학생은 자신의 전문성에 있어서의 숙달을 시연하여 자신의 능력을 평가받고, 이를 증명하는 자격증이나 학위 취득을 위한 대학 학점을 받는다(Council on Education for Public Health, 2006).

교육 환경 특히 고등교육 기관에서 경험한 것에 대한 역량 학점(credit)은 역량 평가를 지향하며, 지식과 능력에 대한 학생들의 시연을 통한 학습 성취에 초점을 두고 있다(Eastmond & Gannon-Cook, 2007, 2008). 역량 기반 학습(CBL)과 역량 기반 교육(CBE)에 초점을 둔 학습 환경에서 교육과정 설계, 지도와 상담전략, 교수방법 등은 학습자가 생애 경험을 통합하는 것과 교실에서의 교수학습 맥락에서 학습한 것을 적용하는 데 맞추어져 있다(Brookfield, 1984; Pratt, 2002).

CBL 혹은 CBE의 주요 전제는 졸업장이나 자격증은 실증된 수행을 토대로 수여된다는 것이다. CBL은 종종 정부기관, 전문가협회, 대학인정 기관 등이 설정하고 지속적으로 재규정한 기준(standards)을 토대로 성과를 규정해야 한다. 이들의 기준은 졸업대상 학생들이 졸업장을 수여받기 위해서 반드시 습득하고 입증해야 할 지식, 스킬, 능력의 수준을 규정한다. 역량 평가도구들은 각 역량 영역에서 자격을 갖춘 전문가와 함께 각 대학에서 개발하며, 또한 각 대학들은 자격인정 단체나 전문단체에 의해 개발된 기준을 활용할 수도 있다. CBL 준거를 적용하는 대학에서는 이러한 두 가지 유형에 따라 프로그램을 개발한다.

고용주들은 종종 CBL이나 CBE 과정의 졸업생들을 확보하려고 하는데, 이는 이들이 채용되거나 승진되는 데 있어 '성공적인 행보'를 보여 줄 수 있는 능력과 전문성을 갖추고 있기 때문이다. CBE 프로그램은 질 높은 교육을 확산시키고, 학위 취득 과정을 촉진하는 한편, 성인 학습자에게 있어 배우는 일과 목표를 달성하는 일이 보다 용이하도록 지원한다.

Ruth Gannon-Cook

참고문헌

Brookfield, S. (1984). Self-directed adult learning: A critical paradigm. *Adult Education Quarterly, 35*(2), 59-71.

Council on Education for Public Health. (2006). *Competencies and learning objectives*. Washington, DC. Retrieved on June 14, 2011 from http://www.ceph.org/pdf/Competencies_TA.pdf.

Eastmond, D., & Gannon-Cook, R. (2007, November). Adult competency-based education. Presentation at the annual Conference of the Council for Adult and Experiential Learning. San Francisco, CA.

Eastmond, D., & Gannon-Cook, R. (2008). Recontextualizing space, time, and culture in adult competency-based on-line degree programs. Presentation at the annual Conference of the Council for Adult and Experiential Learning. Philadelphia, PA.

Jones, E., Voorhees, R., & Paulson, K. (2002). Defining and assessing learning: exploring competency-based initiatives. Report of the National Postsecondary Education Cooperative Working Group on Competency-Based Initiatives in Postsecondary Education (NCES 2002159). U.S. Department of Education Institute of Education Sciences. Retrieved on November 1, 2009 from http://nces.ed.gov/pubs2002/2002159.pdf.

Pratt, D. D. (2002). *Five perspectives on teaching in adult and higher education*. Malabar, FL: Krieger Publishing Company.

Competency-Based Education(or Learning): 역량 기반 교육(혹은 학습)

(COMPETENCY: 역량 참조)

Competency Modeling and Development: 역량 모델링과 개발

(COMPETENCY: 역량, PERFORMANCE IMPROVEMENT: 수행 향상 참조)

"역량은 어떤 지식에 대한 일반적 기술(skill)의 적용을 어느 정도의 수행과 함께 실증적으로 보여 주는 것이다(Paquette, 2007, p. 1)." "역량 모델링은 광범위하고 보다 포괄적인 방법으로 작업과 직무에 대해 설명하려는 시도다. 일부 산업체에서는 역량 모형 측면에서 수행-관리 체제(면접, 채용, 개발, 보상, 인식)를 재구축하고 있다(Zemke & Zemke, 1999, p. 70)." 역량 모델링(CM)에서는 성공적인 적용, 행동, 체제들을 수집하고 저장해서 기관이나 대학 및 산업체 조직에서 미래 프로젝트 수행 시에 이전의 적용 사례에 접근하고, 이를 반복할 수 있다.

역량 모델링에 필수적인 핵심 관리의 원리에는 목적의식, 학습이 요구되는 과제, 마감 기한, 최대 수행 결과 및 전략적 목표 달성에 중점을 둔 역량 그리고 다수의 부서, 직위, 시행 등을 포함한 인적 자원 훈련이 포함된다(Sanchez & Levine, 2008). CM은 또한 효과적인 평가 측정을 포함함으로써 기관이 전략적 목표달성을 지향하여 직원의 행동을 이끌 수 있도록 한다. 기관들은 CM을 조직의 핵심역량을 관리하기 위해 활용하고 있는데, 여기서 핵심역량은 "대규모 사업에서 매우 중요한 프로젝트를 구동하는 …… 그러나 핵심역량은 또한 모든 이를 보다 창의적이고, 보다 품질 지향적이고, 보다 재정적으로 기민하게 만들기 위한 리더십 활동을 수반하면서 보다 일반적일 수 있다……. 역량 모델링의 특징은 측정의 단위가 비즈니스가 아닌 사람이라는 점이다(Cooper, 2000, pp. 2-3)."

CM 평가에서는 전반적인 혁신 평가와 차별화하여 개인의 수행 측정이 직무 역량 모델을 토대로 여러 수준에서 이루어진다. 역량 모델링과 이에 대한 보고서(CMAR)에는 "역량 규명, 포지션 모델 창출, 조직구성원 평가, 결과 보고 그리고 개발 계획에 대한 조언 등이 포함된다. 이들 모델은 신규모집, 채용, 오리엔테이션, 구성원 능력개발 및 계승 계획과정으로 확장될 수 있다(Cooper, 2000, p. 23)."

CM은 특정 직무 기능에서부터 관리와 리더십의 조합까지 다수 수준의 모델링을 포함할 수 있으며, 예를 들면 판매와 마케팅, IT행정 및 원격통신, 품질 관리 및 평가 등이 있다(Cooper, 2000).

Ruth Gannon-Cook

참고문헌

Cooper, K. C. (2000). *Effective competency modeling.* New York: American Management Association.

Paquette, G. (2007). An ontology and a software framework for competency modeling and management. *Journal of Educational Technology & Society, 10*(3), 1–21.

Sanchez, J. I., & Levine, E. L. (2008). What is(or should be) the difference between competency modeling and traditional job analysis? *Human Resource Management Review, 9*(2), 53–63.

Zemke, R., & Zemke, S. (1999). Putting competencies to work. *Training, 36*(1), 70–72, 74–76.

Competency Use: 역량 사용

(COMPETENCY: 역량, COMPETENCY MODELING AND DEVELOPMENT: 역량 모델링과 개발 참조)

Complex Learning: 복잡한 학습

(LEARNING TYPES: 학습유형, PRACTICE: 연습, SCAFFOLDING: 스캐폴딩 참조)

학생들이 공통적으로 하는 불평은 자신들이 경험하는 교육과정은 전혀 연관이 없는 일련의 주제와 교과목으로 구성되어 있고, 이들 간의 관련성은 불명료하고 암시적이며, 또한 교육과정과 자신들의 향후 직업과의 관련성이 분명하지 않다는 것이다. 이러한 학생들의 불만은 복잡한 학습에 대한 초기 관심을 불러일으켰다. 복잡한 학습이란 용어는 1990년에 **통합적 목적**(integrative goals)을 목표로 한 학습 형태를 지칭하기 위해 소개되었다(Gagné & Merrill, 1990). 수업 현장에서는 종종 여러 개의 목표를 통합하여 학습목적을 설정해야 하는데, 수업이 단일 레슨이나 한 강좌 이상의 범위를 다루어야 할 때, 예를 들어 전문적인 역량 혹은 복잡한 기술을 가르쳐야 할 때가 이에 해당된다.

복잡한 학습은 교수–학습 과정에서 원자론적(atomistic) 관점 대신에 전체론적(holistic) 관점을 취한다(van Merriënboer, 2007; van Merriënboer & Kirschner, 2007). 교육에서 전

통적인 원자론적 접근이란 복잡한 내용들과 과제들을 보다 단순한 요소들로 작게 만드는 것을 말하는데, 이때 개별 요소들은 제시와 연습을 통해서 학습자에게 전이될 수 있는 수준이 되어야 한다. 또한 특정 단일 목표에 대응하여 만들어진 부분들로 이들 요소들을 가르친다. 이러한 접근은 요소 간이나 연관된 목표 간에 상호작용이 적은 경우에는 주효하나, 목표들이 서로 관련되어 있는 경우에는 적용할 수 없다. 이와 같은 통합적인 목표들과 관련된 맥락에서는 전체는 부분의 합보다 클 것이다. 전체론적인 접근에서는 단순한 것에서부터 시작하여 복잡한 전체에 이르도록 요소들을 가르치나, 기본적으로 요소들 간의 관련성에 대한 시각을 잃지 않으면서 복잡성을 다루려고 한다. 따라서 학습자는 처음 시작부터 복잡한 과제나 복잡한 정보를 구성하는 요소들 간에 내재된 가장 중요한 관련성에 직면하게 된다.

교육에서 원자론적 접근의 두 번째 특징은 기술, 지식, 태도를 종종 분리해서 가르친다는 것이다. 예를 들면, 지식은 수업에서 가르치고, 기술은 실험실에서 가르치고, 태도는 역할극에서 가르친다. 접근이 불가능한 것은 아니지만, 학습자가 다양한 학습 영역으로부터 목표들을 통합하기가 어려워진다. 복잡한 학습의 특징은 통합적인 목표들은 선언적이나 개념적인 영역, 절차적 혹은 기능 영역(지각과 심리적 운동 기능을 포함), 정의적 혹은 태도 영역을 포함한 다양한 학습 영역에 뿌리를 두고 있다는 것을 가정한다. 이는 지식 구축, 기술 습득, 태도 형성이 동시적으로 일어난다는 것을 시사한다.

대부분의 교육 이론은 복잡한 학습은 전형적으로 실생활 혹은 전문적 과제에 기초를 둔 유의미한 과제를 통해 학습이 이루어지는 상황에서 일어난다고 가정한다(Merrill, 2002). 이러한 과제들은 학습과제, 시나리오, 프로젝트, 혹은 문제로 지칭된다. 잘 고안된 학습과제들은 분명하게 통합적 목표를 추진하고 있는데 이는 학습자로 하여금 과제 수행의 다양한 국면들을 조정하고 지식, 기술, 태도를 통합하게 함으로써 이루어진다. 안내, 즉 학습자가 자신이 처리할 수 있는 것보다 더 복잡한 내용과 요구된 기술을 다룰 수 있도록 지원하는 것은 학습자가 복잡한 과제들을 다룰 수 있도록 돕기 위해 필요하다(van Merriënboer, Kirschner, & Kester, 2003; van Merriënboer & Sweller, 2005). 그럼에도 불구하고, 학습자가 보다 더 전문적인 지식과 기술을 획득하는 동안에 제공되는 안내와 지원은 '스캐폴딩' 과정에서 점진적으로 감소되어야 한다(Reiser, 2004).

Jeroen J. G. van Merriënboer

참고문헌

Gagné, R. M., & Merrill, M. D. (1990). Integrative goals for instructional design. *Educational Technology, Research and Development, 38*(1), 23–30.

Merrill, M. D. (2002). First principles of instruction. *Educational Technology, Research and Development, 50*(30), 43–59.

Reiser, B. J. (2004). Scaffolding complex learning: The mechanisms of structuring and problematizing student work. *Journal of the Learning Sciences, 13*(3), 273–304.

van Merriënboer, J. J. G. (2007). Alternate models of instructional design: Holistic design approaches and complex learning. In R. A. Reiser & J. V. Dempsey (Eds.), *Trends and issues in instructional design and technology* (pp. 72–81). Upper Saddle River, NJ: Pearson/Merrill Prentice Hall.

van Merriënboer, J. J. G., & Kirschner, P. A. (2007). *Ten steps to complex learning.* Mahwah, NJ: Erlbaum/Taylor & Francis.

van Merriënboer, J. J. G., Kirschner, P. A., & Kester, L. (2003). Taking the load of a learners' mind: Instructional design for complex learning. *Educational Psychologist, 38*(1), 5–13.

van Merriënboer, J. J. G., & Sweller, J. (2005). Cognitive load theory and complex learning: Recent developments and future directions. *Educational Psychology Review, 17,* 147–177.

Composition: 구성

(VISUAL MESSAGE DESIGN: 시각적 메시지 설계 참조)

Computer-Assisted Learning: 컴퓨터 보조 학습

(COMPUTER-BASED TRAINING: 컴퓨터 기반 훈련 참조)

Computer-Based Training: 컴퓨터 기반 훈련

(INTEGRATED LEARNING SYSTEMS: 통합학습체제, MASTERY LEARNING: 완전학습, TECHNOLOGY-ENABLED LEARNING: 테크놀로지 활용 학습 참조)

컴퓨터 기반 훈련 또는 CBT는 주로 컴퓨터에 의해 처리되는 교수 단위들로 구성되어 있으며, 이들 단위를 통해 정보 제시와 학습자 스캐폴딩, 상호작용, 피드백 및 평가가 이루어진다. '코스웨어'로 지칭되는 이들 독립적인 교수 단위들은 어떠한 수준의 내용 단위로도 설계할 수 있다. 즉, 단일 개념이나 하나의 레슨, 혹은 한 단원이나 또는 전체 코스를 대상으로 가르치고 연습과 평가를 실시하도록 설계할 수 있다.

CBT의 주요 특징은 내용에 대한 완전학습에 초점을 두고 있다는 것(Graesser, Chipman, & King, 2008; Hannafin & Forshay, 2008)과 자기 속도에 맞추어 자료에 몰두하게 하는 것(Hannafin & Forshay, 2008)이다. 컴퓨터 기반 훈련과 호환해서 종종 사용되는 다른 용어로는 컴퓨터 기반 수업(CBI), 컴퓨터 보조 학습(CAL), 컴퓨터 기반 학습(CBL), 컴퓨터 보조 수업(CAI)이 있다.

Alessi와 Trollip이 1985년에 컴퓨터 기반 훈련의 범주로서 제시한 반복연습, 튜토리얼, 시뮬레이션, 게임과 테스트는 오늘날에도 적용 가능한 CBT의 유형으로 간주된다. 이들 각각의 범주 내에서 수업 과정은 주로 정보 제시, 학습자 안내, 연습과 시험을 조합한 형태로 구성되는데, 꼭 앞의 순서대로 병합되어야 할 필요는 없다. 반복연습형 CBT 코스웨어는 학습자에게 학습한 자료에 대한 반복연습에 몰두하도록 하고 이때 수행에 관한 피드백을 통해서 학습자를 안내한다. 반면에, 튜토리얼은 일반적으로 정보 제시와 학습자 안내 과정에 초점을 두고 있다. 이들은 사실상 지시적인 경향이 있으며, "…… 초기 습득에서 정보를 제시하고 학습자를 안내한다(Alessi & Trollip, 2001, p. 11)." 튜토리얼 내의 하이퍼링크들은 학습자로 하여금 CBT 내 및 인터넷상의 정보에 접근하도록 허용하나, 학습자는 질문, 활동, 피드백, 스캐폴딩, 그리고 필요한 경우 시험을 위해서 중앙 CBT 모듈로 돌아오게 된다. "……사용자가 상호작용을 통해서 학습하게 되는 어떤 현상이나 활동의 모형은……" 종종 마이크로월드, 가상현실 그리고 사례 기반 시나리오를 통해 구현된다(Alessi & Trollip, 2001, p. 213). 교육적 게임은 특성상 규칙, 경쟁, 득점, 도전, 판타지, 통제 등과 같은 속성들을(Alessi & Trollip, 2001; Gee, 2003) 반복연습 혹은 시뮬레이션을 위해 추가한다(Alessi & Trollip, 2001). 이들 범주에서 CBT를 위한 저작도구들은 빈칸 채우기 레슨 템플리트에서 시뮬레이션 설계 플랫폼에 이르기까지 다양하다(Spector, Muraida, & Marlino, 1992).

독립형 교수로서의 CBT는 일반적으로 제공하는 교수학습 활동이 제한적이나, 일부 CBT 코스웨어는 지적 튜터링 체제를 통합하여 보다 구조화된 학습 영역 내에서 학습 안내, 연습과 평가를 다루고 있다. 그러나 컴퓨터는 비구조화된 학문 분야와 영역 내 상위 수준의 학습에서 가능한 학생들의 다양한 개방형 반응을 효과적으로 분석하고, 측정하고, 피드백을 제공할 수가 없다. 결과적으로 독립형 교수 CBT는 피상적인 하위 수준의 학습에 보다 적합한 경향이 있다(Graesser et al., 2008). CBT는 교수자 촉진 수업, 잘 설계된 협력학습의 기회, 블렌디드 형식, 보다 구성주의적인 교수접근 등과 연계될 수 있다. 이를 통해서 CBT는 비구조화된 문제 영역 내에서 초인지적이고, 분석적이고, 평가적이면서 창의적인 학습을 위한 효과적인 기반과 스캐폴딩을 제공할 수 있다. 또한 블렌디드 학습 기회와 구성주의적 접근을 보강한 CBT는 내용 중심 수업에서 학습자 중심 수업으로 이동하는 데 기여할 수 있다.

Gail Kopp

참고문헌

Alessi, S. M., & Trollip, S. R. (1985). *Computer-based instruction: Methods and development*. Englewood Cliffs, NJ: Prentice-Hall.

Alessi, S. M., & Trollip, S. R. (2001). *Multimedia for learning: Methods and development*. Toronto: Allyn & Bacon.

Graesser, A. C., Chipman, P., & King, B. G. (2008). Computer-mediated technologies. In J. M. Spector, M. D. Merrill, J. J. G. van Merriënboer, & M. P. Driscoll (Eds.), *Handbook of research on educational communications and technology* (3rd ed., pp. 211-224). London: Taylor & Francis.

Gee, J. (2003). *What video games have to teach us about learning and literacy*. New York: Palgrave/Macmillan.

Hannafin, R. D., & Foshay, W. R. (2008). Computer-based instruction's(CBI) rediscovered role in K-12: An evaluation case study of one high school's use of CBI to improve pass rates on high-stakes tests. *Educational Technology Research and Development*,

56(2), 147–160.

Spector, M., Muraida, D. J., & Marlino, M. R. (1992). Cognitively based models of courseware development. *Educational Technology Research and Development, 4*(2), 45–54.

Concept: 개념

(ANALOGY: 비유, COMPARISON AND CONTRAST: 비교와 대조, EXAMPLES AND NON-EXAMPLES: 사례와 비사례, GENERALITY: 일반론, LEARNING TYPES: 학습유형 참조)

Conceptual Elaboration Sequencing: 개념적 정교화 계열

(ELABORATION SEQUENCING: 정교화 계열 참조)

Concerns-Based Adoption Model: 관심사 기반 수용 모델

(CHANGE MODELS: 변화 모형 참조)

Conditions of Change Model: 변화의 조건 모델

(CHANGE MODELS: 변화 모형 참조)

Conditions of Learning: 학습의 조건

(COGNITIVE LEARNING THEORY: 인지주의 학습이론, COGNITIVE PROCESSES: 인지과정, INSTRUCTION: 수업 참조)

'학습의 조건'이라는 용어는 Robert M. Gagné(1985)의 고전적 연구로부터 파생되었으며, 조건에는 두 가지 범주인 내적 조건과 외적 조건이 있다. 내적 조건은 수업 상황 동안 일어나는 정신적 과정들을 말하는데(Richey, Klein, & Tracey, 2011, p. 190), Gagné (1988)는 이 정신적 과정들을 인지학습이론, 특히 정보처리이론의 관점에서 고찰하였다. 이 이론들은 학습이 근본적으로 내면적 활동이라는 입장을 반영한다. 내적 조건은 자극을 인간의 감각기억에 수용하는 것, 장기기억을 위해서 자료를 부호화하는 것, 그리고 전이를 촉진시키기 위해 일반화하는 것과 같은 과제를 포함한다(내적 과정에 대한 전체 목록은 Gagné, Briggs, & Wager, 1992 참조). 이들 내적 조건에는 또한 학습자의 '사전 학습된 능력' 전체가 포함된다(Gagné, Briggs, & Wager, 1992, p. 9). 반면에 학습의 외적 조건은 수업과 직결되며, 조건은 "수업이 조직된 방식이나 학습과 관련된 단계와 활동"에 해당된다(Richey, Klein, & Tracey, 2011, p. 188). 외적 조건에는 교수전략, 학습자 활동, 그리고 교수자료까지 포함된다. Gagné(1985)는 이 조건들을 그가 제시한 아홉 가지 교수활동의 요소로 정리하였다(주의집중, 학습자에게 목표 제시, 사전 학습에 대한 회상 촉진, 내용 제시, 학습 안내 제공, 수행 유도, 피드백 제공, 수행 평가, 기억과 전이 강화). Gagné에 의하면 이 활동들은 당면한 학습과제 유형이나 기대되는 상이한 수업결과에 따라 달라진다(Gagné, 1988). 이 조건들은 교수설계자들이 교수전략을 선정하고 계열화할 때 참조할 수 있는 지침을 제공한다.

학습의 내적 조건과 외적 조건은 서로 불가분의 관계에 있는데, 이는 수업의 외적 활동은 내적 학습과정을 촉진시키기 위해 설계되었기 때문이다. 예를 들면, '주의집중' 활동은 감각기억에 자극을 수용하는 내적 과정을 촉진하고, '수행평가' 활동은 학습자가 장기기억으로부터 정보를 인출하는 것을 돕는다.

Rita C. Richey

참고문헌

Gagné, R. M. (1985). *The conditions of learning* (4th ed.). New York: Holt, Rinehart, & Winston.

Gagné, R. M. (1988). Mastery learning and instructional design. *Performance Improvement Quarterly, 1*(1), 7-18.

Gagné, R. M., Briggs, L. J., & Wager, W. W. (1992). *Principles of instructional design* (4th ed.). Fort Worth, TX: Harcourt Brace Jovanovich College Publishers.

Richey, R. C., Klein, J. D., & Tracey, M. W. (2011). *The instructional design knowledge base: Theory, research, and practice.* New York: Routledge.

Cone of Experience: 경험의 원추

(VISUAL AND PICTORIAL LEARNING: 시각 및 이미지 활용 학습 참조)

Edgar Dale(1946)의 경험의 원추는 1940년대의 다양한 자료(매체)에 의해 제공되는 시각적 경험의 유형에 대한 시각적 요약이다. 경험들은 직접적이고, 구체적이고, 감각적인 것에서 간접적이고, 추상적이고, 덜 감각적인 것까지 다양하다(Dale, 1946). 저서 『시청각 교수방법(Audio-Visual Methods of Teaching)』의 마지막 판에서 원추가 처음으로 제시된 것처럼, 매개 학습의 유형들은 원추 아래에 있는 보다 직접적인 것으로부터 상위에 있는 간접적인 것에 이르기까지 다양하다. 구체적으로 직접적이고 목적적인 경험, 구성된 경험, 극화된 경험, 시범, 견학, 전시, 교육 텔레비전, 영화, 녹음/라디오/정사진, 시각 기호, 언어 기호가 해당된다(Dale, 1969). 원추의 위로 이동하는 것은 간접성과 추상성을 증대하는 방향으로 나아간다는 것을 의미한다. 원추의 위에 제시된 자료 혹은 매체의 위치가 시사하는 것은 매체를 원추의 위치 순서에 따라 경직되고 융통성 없이 사용하라는 의미가 아니라, 학습자에게 필요한 경험이 구체적인가 혹은 추상적인 것인가에 따라 매체를 선정하라는 의미이다. 또한, 추상성의 사용이 반드시 학습을 더욱 어렵게 만들거나 또는 학습에 더 가치가 있는 것도 아니다. Dale(1946, 1969)의 경험의 원추에 대한 그래픽은 인터넷의 여러 사이트와 다수의 교재에서 찾아볼 수 있다(예: Seels & Richey, 1994, p. 14).

원추와 이의 변형들은 다수의 교수와 훈련 맥락에서 사용되는 것으로 나타났는데, 이는 부분적으로는 원추가 Bruner(1966)의 학습 방식을 위한 분류체제와 잘 대응되기 때문이다(Dale의 원추의 아래에서 위로-Bruner의 행위적, 영상적, 상징적)(Molenda, 2003). 또 Dwyer(1978)는 Dale의 원추가 시각교육운동을 고취시키는 데 기여하였다고 치하하였다.

경험의 원추를 사용하는 대부분의 경우, Dale이 원추를 처음 구상할 때 왜 "원추 모형을 학습과정의 정확한 순위에 대한 것으로 인식하는 오류"(Dale, 1969, p. 128)를 범하지 말라고 하였는지를 고려하지 못하였다. 더욱이 Dale은 원추를 자신이 선호하는 특정 매체-메시지의 선정을 어떻게든 인정받기 위해 사용하는 것은 오류이며, 이는 어떤 매체나 방법일지라도 특정 과제나 특정 학습자에게는 적절할 수 있기 때문이라고 주장하였다(Molenda, 2003).

한편, 원추에 대한 다른 문제가 주의를 끌었다. 예를 들면, 경험의 원추는 어느 정도 이론임을 시사하고 있으나, Subramony(2003)는 이를 모호한 이론이라고 지적하였다.

원추가 처음으로 등장한 이래 다양한 변형과 다른 유형의 매체 선택 도구들(혹은 '이론' '모형' '분류학' '일련의 원리들' '그래픽 표상' '프레임워크'……)이 제안되고 사용되어 왔다(예: Cisco Systems, Inc., 2008; Levy, 1977; Massey & Montoya-Weiss, 2006; Reiser, 1982; Tamim, Bernard, Borokhovski, & Abrami, 2011; Wager, 1975; Zaied, 2007). 매체 속성에 대한 이슈는 심지어 흥미로운 논쟁을 불러일으켰고(Clark, 1983; Kozma, 1994), 특히 Clark(1994)은 극단적으로 "매체는 결코 학습에 영향을 미치지 않을 것이다."라고 주장하기도 하였다(p. 21).

교육자들은 매체 활용을 위한 정확한 과정을 확인하기 위해 원추를 사용하려 했으나, 이는 Dale이 의도한 바는 아니다. 최근에 매체와 테크놀로지의 사용을 설계할 때는 교수-학습이 복잡하고, 인간의 인지, 동기 및 생명 활동에 의존하며, 실제 요구, 가능성, 맥락의 제한점 등 상황을 반영(예를 들면, 교사 자질, 정치, 경제 및 사회 영향 혹은 문화)한다는 점을 고려한다. "사실 학습을 위한 가장 효과적인 설계는 일련의 복잡한 상황을 기반으로 다양한 매체, 양식의 조합, 상호작용성의 수준, 학습자 특성 및 페다고지를 포함하는 것이다(Cisco Systems, Inc., 2008, p. 12)."

특별히 교육 분야의 전문가들은 교수매체와 테크놀로지를 여러 요인들, 즉 적응, 행위유발성, 지원조직, 통합, 협력학습, 교사들의 영향과 전문성 개발, 실제성(authenticity), 유의미성, 미디어 리터러시와 같은 요인들과 연관지어 생각하려고 한다(Clark & Estes, 1999; Dick, Carey, & Carey, 2011; Howland, Jonassen, & Marra, 2012; Inan & Lowther, 2010; Morrison, Ross, Kalman, & Kemp, 2011; Smaldino, Lowther, & Russel, 2011).

Dale(1946)의 경험의 원추에 의해 제기된 질문은 지금도 유효하다. 아마도 이는 질문이 타당하기 때문일 것이다. 적절한 학습을 보다 더 잘 촉진하기 위하여 사람들이 어떻게 매체와 테크놀로지를 선택하는가? Dale은 자신이 처한 시대와 상황 속에서 경험의 원추와 관련하여 교사들에게 이와 같은 질문을 제기하고, 시사점을 고려할 것을 요구하는 것 이상은 할 수 없었다. 이러한 범위에서 최소한, Dale은 성공적이었다.

Randall G. Nichols

A B C D E F G H I J K L M N O P R S T U V W Z

참고문헌

Bruner, J. S. (1966). *Toward a theory of instruction.* Cambridge, MA: Harvard University Press.

Cisco Systems, Inc. (2008). *Multimodal learning through media: What the research says.* San Jose, CA: Cisco Systems, Inc.

Clark, R. (1983). Reconsidering research on learning from media. *Review of Educational Research, 53*(4), 445–459.

Clark, R. (1994). Media will never influence learning. *Educational Technology Research and Development, 42*(2), 21–29.

Clark, R., & Estes, F. (1999). The development of authentic educational technologies, *Educational Technology, 5*(16), 1–16.

Dale, E. (1946). *Audio–visual methods in teaching.* New York, NY: The Dryden Press.

Dale, E. (1969). *Audio–visual methods in teaching* (3rd ed.). New York: The Dryden Press.

Dick, W., Carey, L., & Carey, J. (2011). *The systematic design of instruction* (7th ed.). Boston, MA: Allyn & Bacon.

Dwyer, F. M. (1978). *Strategies for improving visual learning.* State College, PA: Learning Services.

Howland, J., Jonassen, D., & Marra, R. (2012). *Meaningful learning with technology* (4th ed.). Boston, MA: Allyn & Bacon.

Inan, F., & Lowther, D. (2010). Factors affecting technology integration in K–12 classrooms: A path model. *Educational Technology Research and Development, 58*(2), 137–154.

Kozma, R. (1994). The influence of media on learning: The debate continues. *School Library Media Research, 22*(4). doi: 8df1c5d4–340d–a894–0d9b–d8834861cc94.

Levy, W. H. (1977). Models for media selection. *NSPI, 16*(7), 4–7. doi: 10.1002/p fi.4180160704.

Massey, A., & Montoya–Weiss, M. (2006). Unraveling the temporal fabric of knowledge conversion: A model of media selection and use. *Journal of Management Information Systems Quarterly, 30*(1), 99–114.

Molenda, M. (2003). Cone of experience. In A. Kovalchick & K. Dawson (Eds.), *Education and technology: An encyclopedia* (pp. 161–163). Santa Barbara, CA: ABC–CLIO.

Morrison, G. R., Ross, S. M., Kalman, H. K., & Kemp, J. E. (2011). *Designing effective*

instruction (6th ed.). Hoboken, NJ: John Wiley & Sons, Inc.
Reiser, R. (1982). Characteristics of media selection models. *Review of Educational Research, 52*(4), 499–512.
Seels, B. B., & Richey, R. C. (1994). *Instructional technology: The definition and domains of the field.* Washington, DC: Association for Educational Communications and Technology.
Smaldino, S., Lowther, D., & Russell, J. (2011). *Instructional technology and media for learning* (10th ed.). Boston, MA: Allyn & Bacon.
Subramony, D. (2003). Dale's cone revisited: Critically examining the misapplication of a nebulous theory to guide practice. *Educational Technology, 43*(4), 25–30.
Tamim, R., Bernard, R., Borokhovski, E., & Abrami, P. (2011). What forty years of research says about the impact of technology on learning: A second–order metaanalysis and validation study. *Review of Educational Research, 81*(1), 4–28.
Wager, W. (1975). Media selection in the affective domain: A further interpretation of Dale's cone of experience for cognitive and affective learning. *Educational Technology, 15*(7), 9–13.
Zaied, N. (2007). A framework for evaluating and selecting learning technologies. *The International Arab Journal of Information Technology, 4*(2), 141–147.

Confirmative Evaluation: 확인평가

(EVALUATION: 평가 참조)

Consumer–Generated Content: 소비자 생성 콘텐츠

(USER–GENERATED CONTENT: 사용자 제작 콘텐츠 참조)

Constructivism: 구성주의

(COMMUNITY OF PRACTICE: 실천공동체, CONSTRUCTIVIST APPROACH: 구성주의적 접근, LEARNER-CENTERED INSTRUCTION: 학습자 중심 수업, SITUATED COGNITION: 상황인지 참조)

구성주의는 주로 발달심리학자인 Jean Piaget와 Lev Vygotsky의 연구 활동을 기반으로 한다. 구성주의에서는 인간은 지식을 구성함으로써 학습한다고 주장하는데, 즉 새로운 정보를 사전에 학습한 지식과 연계함으로써 학습이 이루어진다는 것이다. 두 학자 모두 학습을 본질적으로 인간의 환경과의 상호작용과 연관된 것으로 간주하였다. Piaget(1954)는 발달을 학습의 필수적인 선행요건으로 보았고, 이와 달리 Vygotsky (1962, 1978)는 학습이 발달에 선행하는 것으로 보았다. Vygotsky가 학습이 발달을 이끈다고 역설함으로써 그의 관점은 교육적 프로그래밍에 있어 더 유용한 것으로 인식되었다.

구성주의에서 보면 학습은 두 가지 측면에서 일어나는데, 먼저 학습은 개인들이 서로 상호작용함으로써 발생하고, 그 후에는 개인이 학습한 것을 활용하면서 내면화된다. 더욱이 초심자의 경우 학습은 초심자의 근접발달영역(ZPD) 내에서 보다 아는 것이 많은 타인, 즉 멘토들과 상호작용하면서 도움을 받을 때 가장 잘 일어난다. 즉, 수업에서는 초심자가 도움 없이 성취할 수 있는 것 이상을 성취할 수 있도록 초심자를 독려해야만 한다(Vygotsky, 1978). 구성주의가 이론화한 것과 같이, 학습의 사회적 속성은 문화적으로 정의된 도구들을 능동적으로 사용하는 것에 초점을 두고 있다. 이들 도구들을 사용하는 방식은 한 세대로부터 다음 세대로 전승된다. 그러므로 학습은 본질적으로 계속해서 사회적인데, 이는 다른 사람들이 물리적으로 현존하지 않을지라도 개인은 문화적으로 구축된 도구들과 상호작용하기 때문이다. 또한 Wersch(1985)와 Bruner(1990)에 의하면 학습이 효과적이기 위해서는 반드시 목적 주도적(goal-driven)이어야 한다. Lave와 Wenger(1991) 그리고 Wells(2005)는 이러한 아이디어를 기반으로 학습은 협력적 탐구 커뮤니티 속에서 가장 잘 일어난다고 하였다.

구성주의적 관점에서 파생된 것이 인간의 사고는 항상 상황 맥락에서 구축된다는 이론을 제시한 상황인지라는 관념이다. 다른 말로 하면, 사고는 특정 시간, 장소 및 사회 환경의 영향을 받아 형성된다는 것이다(Robinson, Molenda, & Rezabek, 2008). 학습에서 맥락의 중요성을 기반으로 상황인지의 영향을 받은 수업에서는 학습 성취를 현실적이고 적절한 환경 속에 내재시키는 것을 통해 추구하고, 초심자와 전문가 사이에 의미협상을 위한 기회를 제공하려고 시도한다(Driscoll, 2005).

구성주의는 교수-학습에 있어서 행동주의 개념에 대한 현재의 대안으로 간주되고 있다. 초기부터 교육공학에 적용되었던 행동주의는 연습이 주요 목적이고, 긍정적 반응에 대한 강화가 주요 교수전략인 CAI를 이끌어 냈다(Hartley, 2010). 그러나 구성주의는 지난 20여 년에 걸쳐서 교육공학을 이끌어온 기반 관점이다(Hartley, 2010; Molenda, 2008). 오늘날 대부분의 테크놀로지 증대 학습 환경은 상황인지, 문제 기반 및 탐구 기반 학습전략들을 통합하여 구축되고 있다. 이러한 학습 환경에서는 실제 학습경험을 강조하는 구성주의적 관념을 기반으로 협력학습과 몰입학습을 촉진하는 데 초점을 두고 있다.

어떤 이들은 문제 기반과 탐구 기반 학습에 내재된 구성주의의 '최소 학습 안내' 원리는 프로그램이나 훈련에서 초심자나 중간 단계에 있는 학습자에게는 비효과적일 것이라고 주장한다. 이러한 학습자에게는 보다 확실하게 학습 안내를 제공하는 프로그램들이 필요할 것이다(Cronje, 2006; Kirschner, Sweller, & Clark, 2006). 이에 덧붙여 학습을 '스캐폴딩, 모델링, 멘토링, 코칭'이 항상 수반되는 인지적 도제로 보는 접근(Dennen, 2004, p. 813)은 다양한 양식을 활용한 수업을 배제할 수도 있다.

Kimberly Lenters

참고문헌

Bruner, J. (1990). *Acts of Meaning*. Cambridge, MA: Harvard University Press.

Cronje, J. (2006). Paradigms regained: Toward integrating objectivism and constructivism in instructional design and the learning sciences. *Educational Technology Research and Development, 54*(4), 387–416.

Dennen, V. P. (2004). Cognitive apprenticeship in educational practice. In D. H. Jonassen (Ed.), *Handbook of research in educational communications and technology* (2nd ed., pp. 813–828). Mahwah, NJ: Lawrence Erlbaum.

Driscoll, M. P. (2005). *Psychology of learning for instruction*. Boston: Allyn & Bacon.

Hartley, R. (2010). The evolution and redefining of 'CAL': a reflection on the interplay of

theory and practice. *Journal of Computer Assisted Learning, 26*(1), 4–17.
Kirschner, P. A., Sweller, J., & Clark, R. E. (2006). Why minimal guidance during instruction does not work: An analysis of the failure of constructivist, discovery, problem-based, experiential, and inquiry-based teaching. *Educational Psychologist, 41*(2), 75–86.
Lave, J., & Wenger, E. (1991). *Situated learning: Legitimate peripheral participation.* New York: Cambridge University Press.
Molenda, M. (2008). Using. In A. Januszewski & M. Molenda (Eds.), *Educational technology: A definition with commentary* (pp. 141–173). New York: Lawrence Erlbaum.
Piaget, J. (1954). *The construction of reality in the child.* New York: Basic Books.
Robinson, R., Molenda, M., & Rezabek, L. (2008). Facilitating learning. In A. Januszewski & M. Molenda (Eds.), *Educational technology: A definition with commentary* (pp. 15–48). New York: Lawrence Erlbaum.
Vygotsky, L. S. (1962). *Thought and language*. Cambridge, MA: MIT Press.
Vygotsky, L. S. (1978). *Mind in society: The development of higher psychological processes.* Cambridge, MA: Harvard University Press.
Wells, G. (2005). Dialogic inquiry in education: Building on the legacy of Vygotsky. In C. D. Lee and P. Smagorinsky (Eds.), *Vygotskian perspectives on literacy research: Constructing meaning through collaborative inquiry.* New York: Cambridge University Press, pp. 51–85.
Wersch, J. V. (1985). *Vygotsky and the social formation of the mind.* Cambridge, MA: Harvard University Press.

Constructivist Approach: 구성주의적 접근

(AUTHENTIC ACTIVITY: 실제적 활동, CONSTRUCTIVISM: 구성주의, INSTRUCTIONAL DESIGN MODELS: 교수설계 모형 참조)

구성주의는 유의미한 현실(reality)의 구성에서 사람의 적극적인 참여가 중심이 된다는 철학적 인식론이다. 인식론자인 Piaget는 학습자가 자신을 둘러싼 세상과 상호작용함으로써 지식을 획득한다고 주장했다. 그는 1967년 책 『논리와 과학적 지식(Logic and Scientific knowledge)』에서 '구성주의적 인식론'이라는 용어를 사용했다. 이 책에서

Piaget는 감각을 통한 세상과의 상호작용의 중요성을 논의했다. 우리를 둘러싼 환경을 경험하는 우리의 역량은 우리가 어떻게 세상의 의미를 창출하느냐에 중요한 요인이 된다.

개인은 환경과의 개인적인 상호작용을 통해 의미를 창출한다. 상호작용은 자각에서 탐구로, 또 의미 구성으로의 연속성에 따라서 흐른다. Oliver(2011)는 이 연속성은 교수접근의 기초를 형성한다고 주장한다. 이 논문은 진화의 과학적 개념에 대한 교수와 학습을 논의하고 있다. 교사는 어떤 실제적인 단계가 수반되는 환경을 제공하고 단계는 주제의 탐구에서 시작하여 학습 중인 개념에 부속된 과제로 이끈다. 학생이 주제와 계속적으로 상호작용할 때 탐구와 성찰이 계속 일어나게 된다.

Barron(2007)은 음악을 전공하는 한 학생이 자신의 세상과 음악이 관계되고 그 의미를 구성할 때까지 재즈의 요소를 탐구하는 일련의 사태를 논의하고 있다. 그 학생은 그 음악을 듣고 다른 음악 양식과 연결시킨다. 그 학생은 음악이 자신을 감동시킬 때 음악의 유의미한 표상을 창출하게 된다. 구성주의적 교실에서 학생은 자신이 연구하는 개념의 개인적인 의미를 창출한다. Correiro, Griffin과 Hart(2008)는 학습의 유의미한 표상을 창출하는 데 학생이 맡게 되는 책임에 대하여 논의하고 있다.

David D. Carbonara

참고문헌

Barron, J. (2007). Lesson from the bandstand: Using jazz as a model for a constructivist approach to music education. *Music Educators Journal, 94*(2), 18-21.

Correiro, E. E., Griffin, L. R., & Hart, PE. (2008). A constructivist approach to inquiry-based learning: A TUNEL assay for the detection of apoptosis in cheek cells. *The American Biology Teacher, 70*(8), 457-461.

Oliver, M. (2011). Teaching and learning evolution: Testing the principles of a constructive approach through action research. *Teaching Science, 57*(1), 13-19.

Piaget, J. (1967). *Logic and scientific knowledge*. Paris: Gallimard.

Content Management Systems: 콘텐츠 관리 시스템

(MANAGEMENT SYSTEMS: 관리 시스템 참조)

Context: 맥락

(CULTURE-NEUTRAL DESIGN: 문화 중립적 설계, CULTURESPECIFIC DESIGN: 문화 구체적 설계, MOTIVATION: 동기, PERFORMANCE IMPROVEMENT: 수행성과 향상, TRANSFER: 전이 참조)

맥락은 일반적으로 "어떤 특별한 사태를 둘러싼 전반적인 상황, 배경 또는 환경"으로 정의된다(Webster's New World Dictionary, 1988, p. 301). 맥락은 단순히 "분리된 실체의 부가적인 영향이 아니라 서로 영향을 주는 수많은 측면이 동시적 상호작용"하는 복잡한 요인들을 포함한다(Tessmer & Richey, 1997, p. 87). 어떤 사람들은 맥락을 "무언가가 처해진 어떤 것"이라고 보는 것에 반대하며, 오히려 "무언가의 일부인 행동의 순서"로 본다(McDermott, 재인용 Lave, 1996, p. 19). 이러한 관점에서 맥락을 역사적 관례를 포함하는 상황적 활동으로 본다(Lave, 1996). 맥락은 학습(즉, 지식과 스킬의 습득)과 수행(즉, 지식과 스킬의 적용)에서 중요한 역할을 하는데 학습과 수행을 방해할 수도 촉진할 수도 있다.

교수-학습에 영향을 주는 세 가지 유형의 맥락—지향적 맥락, 교수적 맥락, 전이적 맥락—이 있다(Tessmer & Richey, 1997). 지향적 맥락은 학생의 동기와 학습과제에 대한 준비에 영향을 주는 요소를 포함한다. 여기에는 오랜 기간에 걸친 많은 이전의 사태들이 포함될 수 있다. 교수적 맥락은 수업이 발생하는 시간 동안에 생기는 물리적, 심리사회적인 요소들로 구성된다. 이 요소들은 수업 전달 중에 명백해질 뿐만 아니라 수업 준비의 학습활동이나 수업 후의 연습활동을 포함할 수도 있다. 전이적 맥락은 학습된 자료가 적용되는 환경이다. 많은 경우에 전이적 맥락이 가장 중요하다. 지향적 맥락처럼 이 맥락에도 인센티브, 자원, 동료와 상급자 지원과 같은 다양한 동기적 요소들이 포함된다.

교수설계에서 맥락의 역할과 위상은 시간이 지나면서 성장해 왔고 지금은 많은 교수설계 모형에서 하나의 표준 단계가 되었다. 예를 들면, Morrison, Ross, Kalman과 Kemp(2011)의 모형에서는 맥락 분석이 학습자의 특성을 고려하는 주된 부분으로 포함된다. Dick, Carey와 Carey(2009)는 학습자와 맥락을 분석하는 데 사용되는 설계 단계를 가진다. 두 모형에서는 맥락 분석을 내용 분석과 분리한다. 수행성과 향상 접근에서는 맥락적 요소들은 수행성과 분석과 원인 분석에서 주도적인 역할을 한다(Van Tiem, Moseley, & Dessinger, 2004).

Rita C. Richey

참고문헌

Dick, W., Carey, L., & Carey, J. O. (2009). *The systematic design of instruction* (7th ed.). Upper Saddle River, NJ: Merrill.

Lave, J. (1996). The practice of learning. In S. Cahiklin & J. Lave's (Eds.), *Understanding practice: Perspectives on activity and content* (pp. 3–32). New York: Cambridge University Press.

Morrison, G. R., Ross, S. M., Kalman, H. K., & Kemp, J. E. (2011). *Designing effective instruction* (6th ed.). Hoboken, NJ: John Wikley & Sons, Inc.

Richey, R. C., Klein, J. D., & Tracy, M. W. (2011). *The instructional design knowledge base: Theory, research, and practice.* New York: Routledge.

Tessmer, M., & Richey, R. C. (1997). The role of context in learning and instructional design. *Educational Technology Research and Development, 45*(2), 85–115.

Van Tiem, D. M., & Moseley, J. L., & Dessinger, J. C. (2004). *Fundamentals of performance technology: A guide to improving people, process, and performance* (2nd ed.). Silver Spring, MD: International society for Performance Improvement.

Webster's New World Dictionary (3rd ed.) (1988). New York: World Publishing Company.

Contextual Analysis: 맥락 분석

(ANALYSIS: 분석 참조)

Contrast: 대조

(VISUAL MESSAGE DESIGN: 시각적 메시지 설계 참조)

Copyright: 저작권/판권

(INTELLECTUAL PROPERTY: 지적 재산 참조)

Course Management System: 코스 관리 시스템

(MANAGEMENT SYSTEMS: 관리 시스템 참조)

Creative Commons License: 크리에이티브 커먼즈 라이선스

(INTELLECTUAL PROPERTY: 지적 재산 참조)

Criterion-Referenced Measurement: 준거 참조 측정

(ASSESSMENT: 사정, INSTRUCTIONAL OBJECTIVES: 교수목표 참조)

준거 참조 측정은 원래 Glaser(1963)에 의하여 만들어진 용어였으며, 본질적으로 수행기준과 같은 어떤 표준에 비교하여 수행자의 상태를 결정할 때 사용된다. 거꾸로, 역시 Glaser에 의하여 만들어진 규준 참조 측정은 같은 측정에서 다른 사람들에 비교하여 수행자의 상태를 결정할 때 사용된다(Popham & Husek, 1971). 그래서 수행자의 수행 정도가 다른 사람들의 수행 정도에 비교하는 것과는 독립적으로, 준거 참조 측정은 수행자가 수행할 수 있는 것을 결정하는 데 도움을 준다. 그러나 준거 참조 검사도 수행자들을 비교하는 데에도 사용될 수 있다.

Glaser(1963)는 준거 참조 측정의 두 가지 핵심 용도를 이해하는 것이 중요하다고 했다. 규준 참조 측정이 개인에 대한 의사결정(예: 어느 후보자가 더 잘 수행하는지)을 하는 데만 사용되는 반면에, 준거 참조 측정은 개인에 대한 정보와 조건이나 수업처치에 관한 정보도 제공한다. 예를 들면, 학습과 수행에 대한 개입 후에 준거 참조 평가를 시행하면, 우리는 개인의 수행 수준을 알 수 있을 뿐만 아니라 개입의 효과성을 결정하는 데도 사용할 수 있다.

규준 참조 검사에서 준거 참조 검사로의 이동은 극적인 패러다임 이동으로 간주된다. 부분적으로 이것은 명확한 학습목표에 기반하여 준비되고 실행된 수업 프로그램의 성장에 대한 대응이다(Van der Linden, 1982).

준거 참조 측정의 한 가지 제한점은 수행자가 잘하는 것과 수행자가 잘 못하는 것에 대하여 모두 설명할 수는 없다는 점이다(Ebel, 1970). 그러나 이 문제는 규준 참조 측정을 포함하는 모든 측정의 유형에도 나타난다. 종합적이고 실용적인 수행 측정 노력이 성과 기반 준거이어야 할 뿐만 아니라, 수행 향상을 지원하는 구체적이고 교정적인 피드백을 가능하게 하는 적절한 요소들을 측정하는 방향으로 가야 한다(Guerra-López, 2007).

오늘날 수행목표의 강조는 도처에서 나타나고 있고 소위 목표들이 성취나 성과 중심이라기보다는 활동 중심인 반면에도 이 목표들이 아직도 측정과 평가의 기초로 사용된다는 것이 논쟁거리이다. 수행목표의 성공적인 성취를 결정하는 데 사용될 준거에 대하여 주의 깊게 고려해야 한다.

Ingrid Guerra-López

참고문헌

Ebel, R. (1970). *Some limitation of criterion-referenced measurement.* Washington, D.C.: American Educational Research Association.

Glaser, R. (1963). Instructional technology and the measurement of learning outcomes. *American Psychologist, 18*(8), 519-522.

Guerra-López, I. (2007). *Evaluating impact: Evaluation and continual improvement for performance improvement practitioners*. Amhearst, MA: HRD Press.

Popham, J., & Husek, T. (1971). Implications of criterion-referenced measurement. In J. Popham (Ed.), *Criterion-referenced measurement: An introduction*. Englewood Cliffs, NJ: Educational Technology Publications.

Van der Linden, W. (1982). Criterion-referenced measurement: Its main application, problems and findings. *Evaluation in Education, 5*, 97-118.

Cueing: 큐 제공하기

(PROMPTING: 프롬프팅 참조)

Cue Summation Theory: 큐 가중이론

(MULTICHANNEL INSTRUCTION: 다중채널 교수 참조)

Cultural Capital: 문화자본

(CULTURAL THEORY: 문화이론 참조)

Cultural Historical Activity Theory: 문화역사적 활동이론

문화역사적 활동이론(CHAT)은 교수 · 교육공학에서 인기있는 이론적 프레임워크가 되었다. CHAT는 사회문화적 이론, 사회역사적 이론 그리고 활동이론과 같이 다양한 형태로 언급되어 왔다. 이 이론적 프레임워크를 참조할 때, 연구자들은 CHAT와 사회역사적 이론 사이에는 약간 다른 이론적 발달이 있음을 알 수 있을 것이다. 연구자들은 소련이 존재할 당시에 서방과 러시아 학자들 사이의 의사소통은 매우 제한적이었고 그 결과로 CHAT와 관계된 이론들의 분절된 역사적 발달이 존재한다는 것을 기억할 필요가 있다. 그럼에도 불구하고 Roth와 Lee(2007)의 작업에서 표상된 바와 같이 주류의 교육연구자들과 교육공학자들 사이에 이 프레임워크에 대한 흥미가 커지고 있다.

저자들이 CHAT를 언급할 때, 그들은 유기체와 환경의 데카르트식 이원적 처치로부터 벗어나게 해 준 초기 선구자들로서 Vygotsky(1978)와 Leontiev(1981)와 같은 1920년대와 1930년대의 러시아 학자들의 작업으로 되돌아가곤 한다. Vygotsky는 중재된 행위를 개인이 자기 세상의 의미를 만들고 환경에 있는 인공물, 도구, 다른 인간들과의 기호학적인 상호작용을 통하여 의식을 개발하는 과정으로 소개했다(Yamagata-Lynch, 2010). 인간발달의 이해에 대한 이 접근은 1920년대에 러시아 심리학자들을 지배한 자극-반응 모형으로부터 크게 벗어났다. 중재된 행위는 인간활동을 이해하는데 필요한 분리할 수 없는 분석의 단위로 주체, 도구(중재하는 인공물), 목표(object)를 포함한다. 번역의 이슈 때문에 목표에 대한 상당한 논의가 있지만(예: Hyysalo, 2005; Kaptelinin, 2005; Nardi, 2005), 목표는 모든 목적을 위하여 개인이나 개인의 집단이 활동에서 참가하기를 선택하는 이유로 언급되어야 한다(Yamagata-Lynch, 2007).

교육공학 이론가들과 실천가들 사이에서 활동체제 분석은 인기있는 방법적인 프레임워크가 되었다. 활동체제 분석은 복잡한 인간활동을 조사하기 위한 CHAT의 한 가지의 접근이다. 이 분석은 Cole과 Engeström(1993), Engeström(1993)이 출판한 이후에 서방의 교육연구 커뮤니티 내에서 폭넓게 인지되었다. 몇몇 연구는 CHAT와 활동체제 분석을 호환적으로 다루지만, CHAT가 이론적 프레임워크이고 활동체제 분석이 CHAT 내에 있는 하나의 분석적 프레임워크이기 때문에 같은 것은 아니다. 활동체제는 중재된 행위에 바탕을 두지만, 모형에서 규칙, 커뮤니티, 분업으로 언급되는 인간활동의 사회문화적 측면을 포함하는 삼각모형으로 나타낼 수 있다(Engeström, 1987). Yamagata-Lynch(2010)는 CHAT와 활동체제 분석에 익숙하지 않은 학자들이 복잡한 인간 학습활동에 관여할 수 있는지를 명료하게 설명했다. 그녀는 활동체제 분석을 질적 연구자들이 코딩과정과 충분한 내러티브 작성 후에 사용하는 보충적 분석 프레임워크로 제안했다. Yamagata-Lynch에 의하면, 이 부가적인 분석에서 오는 잠재적인 혜택에는 ① 관리할 수 있는 분석단위 도입, ② 활동을 넘어서는 체제적 시사점 발견, ③ 모순과 갈등을 다루기, ④ 연구 결과의 소통을 위한 대안적인 형태 도입 등이 포함된다.

Lisa C. Yamagata-Lynch

참고문헌

Cole, M., & Engeström, Y. (1993). A cultural-historical approach to distributed cognition. In G. Salomon (Ed.), *Distributed cognition: Psychological and educational considerations* (pp. 1-46). New York: Cambridge University Press.

Engeström, Y. (1987). Learning by expending: An activity-theoretical approach to developmental research. Retrieved November 30, 2009, from http://lchc.ucsd.edu/MCA/Paper/Engeström/expanding/toc.htm.

Engeström, Y. (1993). Developmental studies of work as a test bench of activity theory: The case of primary care medical practice. In S. Chaiklin & J. Lave (Eds.), *Understanding practice: Perspectives on activity and context* (pp. 64-103). New York: Cambridge University Press.

Hyysalo, S. (2005). Objects and motives in a product design process. *Mind, Culture, and*

Activity, 12(1), 19. doi: 10.1207/s15327884mca1201_3.

Kaptelinin, V. (2005). The object of activity: Making sense of sense–maker. *Mind, Culture, and Activity, 12*(1), 4–18. doi: 10.1207/s15327884mca1201_2.

Leontiev, A. N. (1981). The problem of activity in psychology. In J. V. Wertsch (Ed.), *The concept of activity in Soviet psychology* (pp. 37–71). New York: M. E. Sharpe.

Nardi, B. A. (2005). Objects of desire: Power and passion in collaborative activity. *Mind, Culture, and Activity, 12*(1), 37–51. doi: 10.1207/s15327884mca1201_4.

Roth, W. –M., & Lee, Y. –J. (2007). "Vygotsky's neglected legacy": Cultural–historical activity theory. *Review of Educational Research, 77*(2), 186–232. doi: 10.3102/0034654306298273.

Vygotsky, L. S. (1978). *Mind in society: The development of higher psychological processes.* Cambridge, MA: Harvard University Press.

Yamagata–Lynch, L. C. (2007). Confronting analytical dilemmas for understanding complex human interactions in design–based research from a Cultural–Historical Activity Theory(CHAT) framework. *The Journal of The Learning Science, 16*(4), 451–484. doi: 10.1080/10508400701542777.

Yamagata–Lynch, L. C. (2010). *Activity systems analysis methods: Understanding complex learning environments.* New York: Springer.

Culture–Neutral Design: 문화 중립적 설계

(CONTEXT: 맥락 참조)

문화가 잘 드러나지 않는다는 의미로 '문화 중립적'이라는 용어가 다양한 맥락의 교수설계 연구에서 나타나지만, 모두 문화와 결부되어 있다. 문화 중립적 설계의 숨은 의미는 설계과정에서 고려하는 요소들에 초점을 둔다. 특히 문화 중립적인 예들은 프로젝트와 산출물 개발, 내용(예: 교수자료), 도구(예: 테크놀로지), 사람(예: 인간수행) 그리고 실천(예: 교육연구)과 관련하여 설계를 탐구한다. 종합하면 '문화 중립적'이라는 용어의 표준 정의는 없다.

프로젝트와 산출물 개발의 예에서, Young(2008)은 "만약 프로젝트의 목적이 국제화하는 것이라면 설계명세서는 포괄적이고 문화 중립적이다. 포괄적인 특징은 통문화적으로 일반화될 수 있어야 하지만 여전히 문화에 기반을 두고 있다(p. 9)." Thomas, Mitchell과 Joseph(2002)은 다음과 같이 주장한다.

> …… 비록 교수설계자들이 문화적으로 민감한 산출물을 만들려고 하는 것 같지만 항상 그렇지는 않다. 의도는 문화적으로 민감하거나 문화적으로 적절하지만 문화적으로 중립적인 산출물을 만들지 않을 경우가 자주 있다. 이 경우는 문화적 편견을 피하려고 할 때 생기지만 문화적 무시나 오만의 불행한 결과로 생겨나기도 한다. 만약 문화가 우리의 사고와 세계관의 중심에 있다면, 우리가 행하고 말하고 느끼고 원하며 설계하는 모든 것에서 불가피하게 된다(p. 42).

Bentley, Tinney와 Chia(2005)는 "설계자들이 수업 담화 스타일에 대응하는 원어민과 비원어민 담화자가 있을 것을 안다면, 가능한 한 문화적으로 중립적인 자료를 창출해야 한다(p. 125)." 이것은 "간단한 문장구조를 사용하고, 속어, 구어체, 지방색이 짙은 유머 등을 회피하며, 국제적인 청중을 위해서 설계하는 것을 고려함을 의미한다(Bentley et al., 2005, p. 125)."

문화 중립적 설계의 다른 예들은 도구, 사람, 실천을 말한다. Gunawardena와 LaPointe(2008)는 "왜 국제적인 원격교육에 영향을 주는 사회문화적 요소들을 이해하는 것이 필요한가?라는 생각이 든 이유는 테크놀로지가 우리를 연결은 시켜주지만 문화 중립적이지는 않기 때문이다."(p. 52)라고 설명한다. Lee(2011)는 한국의 온라인 다문화 학습환경에서 교사의 역할에 대한 국제학생들의 인식에 대한 연구를 수행했다. 실행한 조사에 의하면, 교육적 요소들 중의 하나는 교사가 "내용에 대하여 문화적으로 중립적일 수 있는지" 여부이다(p. 922). Parrish와 Linder-VanBerschot(2010)은 연구에 기반한 교육의 실천은 문화를 초월하거나 문화 중립적이며, 문화적 차이에 관계없이 연구 결과가 말하고 있는 것을 사용하는 것이 좋은 실천이라고 주장하고 있다(p. 14).

'문화 중립적'이라는 용어의 미래 사용은 그 구체성을 정확하게 표상하도록 명칭을 붙여야 한다. 다문화주의와 문화적 다원론과 같은 용어는 정밀한 표상을 제공하지 못한다.

Patricia A. Young

참고문헌

Bentley, J. P. H., Tinney, M. V., & Chia, B. H. (2005). Intercultural Internet-based learning: Know your audience and what it values. *Educational Technology Research & Development, 53*(2), 117-127.

Gunawardena, C. N., & LaPointe, D. (2008). Social and cultural diversity in distance education. In T. Evans & M. Haughey, & D. Murphy (Eds.), *International handbook of distance education* (pp. 51-70). Bingley: Emerald Group Publishing, Ltd.

Lee, D. Y. (2011). Korean and foreign stdents' perception of the teacher's role in a multicultural online learning environment in Korea. *Educational Technology Research & Development, 59*, 913-935.

Parrish, P., & Linder-VanBerschot, J. A. (2010). Cultural dimensions of learning: Addressing the challenges of multicultural instruction. *International Review of Research in Open and Distance Learning, 11*(2), 1-19.

Thomas, M., Mitchell, M., & Joseph, R. (2002). The third dimension of ADDIE: A cultural experience. *Tech Trends, 46*(2), 40-45.

Young, P. A. (2008). Integrating culture in the design of ICTs. *British Journal of Educational Technology, 39*(1), 6-17.

Culture-Specific Design: 문화 특수적 설계

(CONEXT: 맥락 참조)

'문화 특수적'이라는 용어는 학습자, 학습, 학습 테크놀로지, 설계 적용, 컴퓨터 테크놀로지 그리고 문화 모형을 기술하는 데 사용되어 왔다. 그러나 총괄하여 '문화 특수적'이라는 용어에 대한 표준 정의는 없다.

문화 특수적의 숨은 의미는 문화 그 자체만큼 다양하다. Jonassen, Tessmer와 Hannum(1999)은 도구는 변혁과정에 사용된 어떤 것이 될 수 있다고 진술한다(망치나 컴퓨터와 같은 물리적 도구 또는 모형, 이론, 경험과 같은 정신적 도구). 문화 특수적 도구의 사용은 사람들이 행동하고 사고하는 방식을 형성한다(p. 161). Palaiologou(2009)는 "상호 문화적 접근의 교육전략과 학습모형은 문화 특수적이고 문화 일반적인 지식(p. 282)을 포함할 수 있다."고 제안한다. Kinuthia(2007)는 다음과 같이 주장한다.

> 유머와 숙어 같은 언어와 의사소통의 많은 측면은 문화적으로 관계있거나 특수하다. 이것은 인터페이스와 콘텐츠 설계는 콘텐츠 배열, 메뉴, 이미지, 색상, 상징 그리고 텍스트 배열을 고려해야 함을 의미한다. 왜냐하면 각 요소들이 의도된 메시지에 영향을 주기 때문이다(p. 66).

Chen(2007)은 "분석적인 직선적 사고, 정보가 조직되는 방식, 문화 특수적인 논리와 규칙과 같은 문화적 선호"를 지적하는 컴퓨터 소프트웨어에서 편견을 조사했다(p. 1114). '문화 특수적'은 민족적으로 다양한 청중이나 집단을 위하여 창출된 학습 테크놀로지를 기술하는 데 사용되곤 했다(Elen et al., 2010; Frederick, Donnor, & Hatley, 2009; Subramony, 2006).

문화 특수적 설계는 특정 청중을 위한 산출물이나 환경의 설계를 안내하는 문화나 프레임워크의 모형을 설명하기 위해 사용된다. 예를 들면, McLoughlin(1999)의 온라인 학습 모형은 문화 특수적 가치, 학습양식과 인지적 선호 그리고 표면적 수준의 이해를 넘어 깊은 학습(deep learning)을 성취하도록 설계된 과제들을 통합한다(p. 231). Young(2009)의 문화 모형은 다음의 내용을 진술한다.

> 모든 설계는 문화에 기반을 두지만, 어떤 것은 문화 중립적이고 어떤 것은 문화 특수적이다. 이것은 모든 설계는 문화에 기반을 두지만 중립적이냐 특수적이냐의 정도는 프로젝트와 최종 산출물의 목적에 기반을 둔다(p. 29).

'문화 특수적'이라는 용어는 '문화적으로 적절한' 그리고 '문화적으로 반응적인' 용어보다 일반적으로 더 정확하고 정밀하다.

Patricia A. Young

참고문헌

Chen, C. H. (2007). Cultural diversity in instructional design for technology-based education. *British Journal of Educational Technology, 38*(6), 1113-1116.

Elen, J., Clarebout G., Sarfo, P. K., Louw, L. P., Pöysä-Tarhonen, J., & Stassens, N. (2010). 'Computer' and 'information and communication technology': Students' culture specific interpretation. *Educational Technology & Society, 13*(4), 227–239.

Frederick, R., Donnor, J. K., & Hatley, L. (2009). Culturally responsive applications of computer technologies in education: Examples of best practice. *Educational Technology, 49*(6), 9–13.

Jonassen, D. H., Tessmer, M., & Hannum, W. H. (1999). *Task analysis methods for instructional design.* Mahwah, NJ: Lawrence Erlbaum Associates, Inc.

Kinuthia, W. (2007). Africa education perspectives on culture and e-learning convergence. In A. Edmundson (Ed.), *Globalized e-learning cultural challenges* (pp. 60–73). Hershey, PA: Idea Group Inc.

McLoughlin, C. (1999). Culturally responsive technology use: Developing an online community of learners. *British Journal of Educational Technology, 30*(3), 231–243.

Palaiologou, N. (2009). Intercultural dimensions in the information society: Reflections on designing and developing culturally oriented learning. In M. Chang & C.-W. Kuo (Eds.), *Learning culture and language through ICTs: Methods for enhanced instruction* (pp. 274–285). Hershey, PA: Information Science Reference.

Subramony, D. P. (2006). Culturally and geographically relevant performance interventions: A case study from Arctic Alaska. *Performance Improvement Quarterly, 19*(2), 115–134.

Young, P. A. (2009). *Instructional design frameworks and intercultural models*. Hershey, PA: IGI Global/Information Science Publishing.

Curriculum: 교육과정

가장 간단한 의미에서 교육과정은 학습의 과정, 즉 가르치는 내용이다. 이는 "누가 그 교육과정을 결정하는가?"라고 묻는 순간 바로 인식론적이고 철학적인 의미에서 문제가 될 수 있다. 결정의 주체는 '교사', '교육과정 위원회', 또는 정부 당국'이 될 수 있다. 이 쟁점의 고전적인 역사적 설명은 Herbert Spenser(1861)의 "어떤 지식이 가장 가치 있는가?"에 있었다(p. 1). William Schubert(1986)는 자신의 종합적이고 개관적인 교육과정 책자에서 이 쟁점을 세 가지로 확대했다. ① 어떤 지식이 가장 가치가 있는가? ② 그것이 왜 가치가 있는가? ③ 그것을 어떻게 습득하거나 창조할 수 있는가? 이 세 가지가 교육과정에 대한 가장 기본적인 물음이다(p. 1). Robin Barrow(2006)는 오래된 교육과정의 초점을 21세기에 맞게 재진술했다.

> 지금 우리 앞에 놓여 있는 과제는 교수-학습 상황에서 교육자로서 어떤 종류의 지식이 학생들에게 전달되기를 바라는지, 보다 일반적으로 무엇이 향상되기를 추구하는지를 개관하는 시도를 해야 한다는 것이다(p. 38).

교육과정 개발은 체계적이고 과학기술적인 모형을 따르는데 이런 의미에서 **교수개발** 또는 **교수설계**와 유사하다.

어떤 교육과정 이론가들은 테크놀로지가 변화를 일으키고 혼란을 야기시키는 중요한 힘이라고 본다. "1995년 5월에 공공 인터넷이 도래한 이후로 지식은 더 이상 교육과정을 위한 조직자로 충분하지 않다. …… 여기에는 새로운 정보시대에 대한 범위나 계열(순서)이 없다(Wiles & Bondi, 2007, p. 298)." 교육과정 개발에서 테크놀로지의 역할은 21세기 교육에서는 아직 쓰여지지 않은 부분이다.

Denis Hlynka

참고문헌

Barrow, R. (2006). *An introduction to philosophy of education* (4th ed.). London: Routledge.

Schubert, W. (1986). *Curriculum: Perspective, paradigm, and possibility.* New York: Macmillan.

Spenser, H. (1861). *Education.* New York: Hurst and Company.

Wiles, J. W., & Bondi, J. C. (2007). *Curriculum development: A guide to practice* (7th ed.). Upper Saddle River, NJ: Merrill.

D

Design and Development Research: 설계 개발 연구

설계 개발 연구는 새로운 지식을 창출하고 기존의 실행에 대한 타당화에 공헌하는 교수설계와 교육공학의 독특한 탐구 형태이다. "교수적 및 비교수적 산출물과 도구의 창작을 위한 경험적 근거와 이들의 개발을 통제하는 새롭거나 보완된 모델을 확립하기 위한 설계, 개발 및 평가 프로세스에 대한 체계적인 연구"라고 정의되어 왔다(Richey & Klein, 2007, p. 1). 이 접근은 개발연구라고도 불려지는데(Richey, Klein, & Nelson, 2004; Richey & Nelson, 1996; Seels & Richey, 1994), 이 연구와 관련하여 혼동되는 용어들로 설계 기반 연구(Wang & Hannafin, 2005), 형성적 연구(Reigeluth & Frick, 1999; van den Akker, 1999) 그리고 시스템 기반 평가(Driscoll, 1984)가 있다. 그러나 이런 유형의 연구는 특별한 교수자료 개발에 초점을 두는 경향이 있으며, 일반적으로는 설계와 개발과정에 대해서 결론을 도출하지는 않는다.

설계 개발 연구는 연구 프로젝트가 갖는 두 가지 주요 범주를 포함한다. ① 산출물과 도구에 관한 연구, ② 설계와 개발 모형에 관한 연구(Richey & Klein, 2007, 2013). 산출물 연구는 일반적으로 설계와 개발과정 중에 수행된다. 종종 이는 전체 과정에 대한 종합적인 연구이다. 예를 들어, 정보적 교수 웹사이트에 대한 설계, 개발, 평가에 관한 Cifuentes, Sharp, Bulu, Benz와 Stough의 2010년 연구를 살펴보자. 이 연구는 설계와 개발과정의 특정한 단계에 대해서만 살펴보고 있다. 어떤 연구는 수업 산출물을 지향하지 않고 수업이나 설계과정에 사용되는 도구의 개발이나 설계과정을 지향한다. 예를 들어, Hung, Smith, Harris와 Lockard(2010)의 연구는 교실행동관리를 위한 수행지원체제의 개발에 초점을 두고 있다.

설계 개발 연구의 두 번째 유형은 설계 및 개발 모형의 개발, 타당화 그리고 활용에 관한 연구에 해당한다. 모형 개발 연구는 Jones와 Richey(2000)가 속성 프로토타이핑 교수설계 모형을 만들어 낸 연구처럼 교수설계 과정이나 과정의 일부분을 안내하는 새롭거나 보완되거나 개선된 모형들을 만들어 낼 수 있다. 한편, 모형 타당화 연구는 실제 상황에서 모형 활용의 효과성을 증명하거나(즉, 외적 타당화), 모형의 다양한 요소들에 대한 지지를 제시한다(즉, 내적 타당화)(Richey, 2005). 마지막으로 모형 활용 연구는 모형 활용에 영향을 주는 조건들에 초점을 둔다. 이 조건들은 다양한 설계 및 개발 맥락과 모형 효과성 사이의 상호작용을 보여 준다. Tracey(2009)의 연구는 다중지능 교수설계 모형의 타당화와 설계자에 의한 모형의 유용성을 검증하는 데이터를 제공함으로써 이 두 가지 유형을 결합하고 있다.

Rita C. Richey

참고문헌

Cifuentes, L., Sharp, A., Bulu, S., Benz, M., & Strough, L. M. (2010). Developing a Web 2.0-based system with user-authored content for community use and teacher education. *Educational Technology Research and Development, 58*(4), 377-398.

Driscoll, M. P. (1984). Paradigms for research in instructional systems. *Journal of Instructional Development, 7*(4), 2-5.

Hung, W-C., Smith, T. J., Harris, M. S., & Lockard, J. (2010). Development research of a teachers' educational performance support system: the practices of design, development, and evaluation. *Educational Technology Research and Development, 58*(1), 61-80.

Jones, T. S., & Richey, R. C. (2000). Rapid prototyping in action: A developmental study. *Educational Technology Research and Development, 48*(2), 63-80.

Reigeluth, C. M., & Frick, T. W. (1999). Formative research: A methodology for creating and improving design theories. In C. M. Reigeluth (Ed.), *Instructional design theories and models, Volume II: A new paradigm of instructional theory* (pp. 633-651). Mahwah, NJ: Lawrence Erlbaum Associates, Publishers.

Richey, R. C. (2005). Validating Instructional Design and Development Models. In J. M. Spector & D. A. Wiley (Eds.) *Innovations in instructional technology: Essays in honor of M. David Merrill* (pp. 171-185). Mahwah, NJ: Lawrence Erlbaum Associates, Publishers.

Richey, R. C., & Klein, J. D. (2007). *Design and development research: Methods, strategies and issues.* New York: Lawrence Erlbaum Associates, Publishers.

Richey, R. C., & Klein, J. D. (2013). Design and development research. In J. M. Spector, M. D. Merrill, J. Elen & M. J. Bishop (Eds.), *Handbook of Research for Educational Communications and Technology.* New York: Springer.

Richey, R. C., Klein, J., & Nelson, W. (2004). Developmental Research: Studies of Instructional Design and Development. In D. Jonassen (Ed.), *Handbook of Research for Educational Communications and Technology* (2nd ed., pp. 1099–1130). Mahway, NJ: Lawrence Erlbaum Associates, Publishers.

Richey, R. C., & Nelson, W. (1996). Developmental research. In D. Jonassen (Ed.), *Handbook of Research for Educational Communications and Technology* (pp. 1213–1245). New York: Simon & Schuster.

Seels, B. B., & Richey, R. C. (1994). *Instructional technology: The definition and domains of the field.* Washington, DC: Association for Educational Communications and Technology.

Tracey, M. S. (2009). Design and development research: A model validation case. *Educational Technology Research and Development, 57*(4), 553–571.

van den Akker, J. (1999). Principles and methods of development research. In J. van den Akker, R. M. branch, K. Gustafson, N. Nieveen & T. Plomp's (Eds.), *Design approaches and tools in education and training*(pp. 1–14). Dordrecht, The Netherlands: Kluwer Academic Publishers.

Wang, F., & Hannafin, M. J. (2005). Design–based research and technology–enhanced learning environments. *Educational Technology Research & Development, 53*(4), 5–23.

Design–Based Research: 설계 기반 연구

설계 기반 연구(DBR)는 학습을 운영하는 맥락에서 유의미한 인터벤션으로 예증되는 설계 원리들을 개발하고 적용하며 검증하는 데 사용되는 연구 및 개발 방법론이다. 이 용어는 Collins(1992)와 Brown(1992)에 의하여 교육적 맥락에서 처음으로 사용되었고, '교육 설계 연구'라는 용어와 호환적으로 사용되고, '개발연구'라는 용어를 대신하게 되었다(van den Akker, 1999).

관련된 수많은 정의가 있지만, Wang과 Hannafin(2005)의 정의가 넓게 인용되고 있다. 설계 기반 연구는 "실제 현장에서 연구자와 실천가 사이의 협력을 바탕으로 반복적인 분석, 설계, 개발과 실행을 통하여 교육의 실제를 향상시키고 맥락적으로 민감한 설계 원리들과 이론들을 이끌어 내는 것을 목적으로 하는 체계적이면서도 융통성 있는 방법론이다(p. 6)."

설계 기반 연구는 다음과 같은 특징이 있다.

- 교육자와 연구자의 관점에서 중요한 문제에 초점을 둔 실용주의적 인식론
- 다양한 데이터 수집방법 사용
- 교실, 온라인 또는 다른 '자연스러운 맥락'에서 인터벤션 검증(Barab & Squire, 2004)
- 인터벤션의 설계, 구성, 적용 및 평가에서 연구자와 교육자 사이의 적극적 협력
- 여러 번의 순환반복을 통하여 인터벤션의 개선과 향상
- 연구 결과를 지엽적 맥락을 넘어 확장하는 이론적 통찰이나 설계 원리의 개발

설계 기반 연구는 특별히 미국에서 과거 10년 이상 점차적으로 사용되어 왔고 모든 수준의 형식교육의 모든 주제에서 사용되어 왔다(Anderson & Shattuck, 2012). 비록 설계 기반 연구가 어느 유형의 교육적 인터벤션을 개발하고 검증하는 데에도 사용될 수 있다고 하더라도, 이 접근은 학습이 일어나는 커뮤니티의 복잡한 역할을 인정하는 구성주의적 설계에서 가장 강하게 확인되어 왔다. 다양한 유형의 인터벤션이 설계 기반 연구방법론을 사용하여 설계되고 검증되었으며, 가장 큰 단일 유형의 인터벤션은 교육공학 및 관련 교수설계의 다양한 적용이다.

여러 번을 반복해야 하는 요건은 대학원생들과 단기간의 연구비를 가진 사람들에게는 도전적인 과제가 되었다. 소규모의 설계 기반 연구 프로젝트들의 사례와 제안이 있지만 대부분의 잘 알려진 설계 기반 연구 프로젝트들은 보다 큰 연구팀과 수년간의 연구비가 관여되어 있다(Herrington, McKenny, Reeves, & Oliver, 2007).

설계 기반 연구는 실제 교육 맥락에서 실행될 수 있는 중요한 인터벤션의 개발에 초점을 둔 John Dewey와 William James의 실용주의적 철학으로 가득하다. 설계 기반 연구는 실험으로 다양한 경험적 데이터를 수집하고 실천가, 학습자, 연구자들의 질

적인 통찰에 의하여 정보를 받는다. 설계 기반 연구자는 인터벤션에 관련된 실제와 기회 비용과 시간에 주의를 기울이고 문서화해야 하며 실행이나 성과의 기록된 변화와 비교해서 사용해야 한다.

Terry Anderson

참고문헌

Anderson, T., & Shattuck, J. (2012). Design-Based Research: A Decade of Progress in Education Research? *Educational Researcher, 41*(Jan/Feb.), 16-25. Retrieved from http://edr.sagepub.com/content/41/1/7.full.pdf+html.

Barab, S., & Squire, B. (2004). Design-based research: Putting a stake in the ground. *The Journal of the Learning Sciences, 13*(1), 1-14. Retrieved June 21, 2004 from http://website.education.wisc.edu/kdsquire/manuscripts/jls-barab-squire-design.pdf.

Brown, A. (1992). Design experiments: Theoretical and methodological challenges in creating complex interventions in classroom settings. *The Journal of the Learning Sciences, 2*(2), 141-178.

Collins, A. (1992). Towards a design science of education. In S. E. & T. O'Shea (Eds.), *New directions in educational technology* (pp. 15-22). Berlin: Springer.

Herrington, J., McKenney, S., Reeves, T. C., & Oliver, R. (2007). Design-based research and doctoral students: Guidelines for preparing a dissertation proposal. *Ed Media*. Retrieved from www.editlib.org/d/25967/proceeding_25967.pdf.

van den Akker, J. (1999). Principles and methods of development research. In J. van den Akker, N. Nieveen & R. G. K. P. T. Branch (Eds.), *Design methodology and developmental research in education and training*(pp. 1-14). The Netherlands: Kluwer Academic Publishers. Retrieved Feb. 1, 2004 from http://projects.edte.utwente.nl/smarternet/version2/cabinet/ico_design_principles.pdf.

Wang, F., & Hannafin, M. J. (2005). Design-based research and technology-enhanced learning environments. *Educational Technology Research and Development, 53*(4), 5-24.

Designer Decision-Making Research: 설계자 의사결정 연구
(EXPERTISE: 전문성 참조)

설계자 의사결정 연구는 "설계자의 문제해결, 사고 그리고 모형의 사용을 포함하는 설계자의 활동에 대한 탐구"라고 정의된다(Richey & Klein, 2007, p. 156). 이 연구에서는 설계 및 개발 프로젝트의 산출물이나 학생의 학습과정이 아니라, 설계자가 연구의 초점이다. 설계자의 특성, 특히 신참 설계자와 전문 설계자 사이의 차이가 종종 이 연구의 대상이 된다.

설계자 의사결정 연구는 일반적으로 질적 방법론에 의존한다. 이런 유형인 Rowland (1992)의 고전적 연구는 전문 설계자와 신참 설계자가 주어진 과제를 어떻게 해결하는지를 비교하는 '소리 내어 생각하기(think-aloud)' 기법을 사용했다. 사고와 내려진 의사결정은 교수설계 과정이 어떻게 이루어졌는지를 정확히 결정하기 위해 분석되었다. Perez와 Emery(1995)의 연구도 유사하게 신참 설계자와 전문 설계자의 인지과정과 문제해결 과정이 어떻게 다른지를 파악했다.

이런 연구의 보다 최근 예는 Visscher-Voerman과 Gustafson(2004)의 연구이다. 그들은 교수설계가 실제로 일어날 때의 복잡성을 탐구하기 위해 심층 인터뷰와 프로젝트 서류를 검토했다. 이 연구는 설계자 활동의 상세한 묘사, 사용된 방법의 근거, 그들의 설계를 가이드하는 기반 패러다임을 제시하고 있다.

이런 유형의 연구는 특정 집단의 특별한 설계과제를 탐구하는 데도 사용되었다. 최근에는 테크놀로지 활용에 관한 연구가 점차적으로 강조되고 있다. 예를 들면, Hart(2008)는 테크놀로지를 수업에 통합하기 위해 교실의 교사들이 사용하는 전략을 연구했다.

Rita C. Richey

참고문헌

Hart, S. M. (2008). The design decisions of teachers during technology integration. Unpublished doctoral dissertation. Detroit, MI: Wayne State University.

Perez, R. S., & Emery, C. D. (1995). Designer thinking: How novices and experts think about instructional design. *Performance Improvement Quarterly, 8*(3), 80-95.

Richey, R. C., & Klein, J. D. (2007). *Design and development research: Methods, strategies and issues.* New York: Lawrence Erlbaum Associates, Publishers.

Rowland, G. (1992). What do instructional designers actually do? An initial investigation of expert practice. *Performance Improvement Quarterly, 5*(2), 65–86.

Visscher–Voerman, I., & Gustafson, K. L. (2004). Paradigms in the theory and practice of education and training design. *Educational Technology Research & Development, 52*(2), 69–89.

Development: 개발

수년간 '개발'의 의미에 대해 상당한 논의가 있어 왔다. 이 논쟁은 주로 교수설계와 교수개발의 차이에 집중되어 왔다. 어떤 이는 설계(design)는 명세서를 구성하는 계획 단계이고, 개발(development)은 설계 명세서가 실물로 변환되는 제작 단계라고 본다(Richey, Klein, & Tracey, 2011; Seels & Richey, 1994). 어떤 사람들은 각각의 용어를 포괄적으로 정의해서 유사한 의미를 갖는다고 한다. 예를 들면, Briggs(1977)는 교수설계를 "학습요구와 목적을 분석하는 전반적인 과정과 그 요구를 충족시키는 교수자료와 활동의 개발, 모든 수업과 학생평가 활동의 시행과 개선을 포함하는 전달 체제의 개발"로 정의했다(p. xx). 이 설명에서 설계는 계획과 제작을 포함하는 보다 포괄적인 용어다. 이와 대조적으로 Smaldino, Russell, Heinich과 Molenda(2005)는 교수개발을 "요구를 분석하고, 학습할 내용을 결정하며, 교육목표를 설정하고, 그 목표에 도달할 수 있는 자료를 설계하며, 학습자 성취의 관점에서 프로그램을 시행하고 수정하는 과정"으로 정의했다(p. 386). 그러나 많은 사람이 이를 '교수체제 설계과정'의 정의라고 보고, 자신들의 최근 책에서는 이 포괄적인 개발의 정의를 생략하고 있다. 이 용어에 대한 논쟁은 사라진 것으로 여겨진다. 현재는 학자와 실천가가 수행성과의 향상과 비교수적 인터벤션의 개념을 포함하는 분야로의 확장된 정의를 유지하면서, '교수개발'보다는 '개발'을 사용하고 있다(Reiser, 2007).

Rita C. Richey

참고문헌

Briggs, L. J. (Ed.) (1977). *Instructional design: Principles and applications.* Englewood Cliffs, NJ: Educational Technology Publications.

Reiser, R. A. (2007). A history of instructional design and technology. In R. A. Reiser & J. V. Dempsey (Eds.), *Trends and issues in instructional design and technology* (2nd ed.)(pp. 17–34). Upper Saddle River, NJ: Pearson Prentice Hall.

Richey, R. C., Klein, J. D., & Tracey, M. W. (2011). *The instructional design knowledge base: Theory, research, and practice.* New York: Routledge.

Seels, B. B., & Richey, R. C. (1994). *Instructional technology: The definition and domains of the field.* Washington, DC: Association for Educational Communications and Technology.

Smaldino, S. E., Russell, J. D., Heinich, R., & Molenda, M. (2005). *Instructional technology and media for learning* (8th ed.). Boston: Pearson.

Developmental Evaluation: 개발 평가

(EVALUATION MODELS: 평가 모형 참조)

Developmental Research: 개발 연구

(DESIGN AND DEVELOPMENT RESEARCH: 설계 개발 연구 참조)

Differentiated Instruction: 수준별 수업

(LEARNER-CENTERED INSTRUCTION: 학습자 중심 수업 참조)

Liftig(2010)은 "수준별 수업(DI)은 교사가 자기 학생들의 강점, 요구, 사전지식과 태도에 맞춰 의도적이고 체계적으로 수업을 발굴하고 계획하는 지속적인 실천이다(p. 1)." 이것이 자연스러운 접근 같지만 항상 기준이 되는 철학은 아니다. 1995년에 Carol Ann Tomlinson은 중학교 수업에서 학습자의 다양한 유형들을 분석했다. 그 당시에는 "모든 아동은 배울 수 있다."는 표어가 많은 학교시스템에서 사용되었다. 불행하게도 많은 교사는 어떤 전략이 어떤 학생에게 효과가 있으면 그 전략이 다른 학생들에게도 통할 것으로 생각했다. Tomlinson(1995)은 다른 학생들은 학습할 다른 구조가 필요하다는 입장을 취했다. 내용이 같더라도 각 학생은 각각의 요구에 맞게 설계된 지원을 필요로 한다.

Manning, Stanford와 Reeves(2010)는 선행 학습자와 그렇지 않은 학습자의 수업을 조사하고, 수준별 수업은 선행 학습자뿐만 아니라 모든 학습자에게 혜택을 준다고 주장했다. De Lay(2010)는 수준별 수업은 교사가 자기의 수업에 사용해야 할 필요한 전략이라는 논의를 계속했다.

David D. Carbonara

참고문헌

De Lay, A. M. (2010). Technology as a differentiated instruction tool. *The Agricultural Education Magazine*, *83*(3), 15–18.

Liftig, I. (2010). Differentiated instruction to the rescue! *Science Scope, 33*(6), 1.

Manning, S., Stanford, B., & Reeves, S. (2010). Valuing the advanced learner: Differentiating up. *The Clearing House, 83*(4), 145–150.

Tomlinson, C. (1995). *How to differentiate instruction in mixed-ability classrooms.* Alexandria, VA: Association for Supervision and Curriculum Development. ED386 301.

Diffusion of Innovation: 혁신의 확산

(INNOVATION: 혁신 참조)

Digital Cartography: 디지털 지도제작

(DIGITAL MAPPING: 디지털 매핑 참조)

Digital Divide: 정보격차

일반적으로, 정보격차는 디지털 테크놀로지와 인터넷에 접근하고 그 혜택을 받는 사람들과 그렇지 못한 사람들 사이의 차이를 말한다. 이 '정보격차'라는 용어는 정보,

커뮤니케이션, 미디어 테크놀로지에 대한 지식, 접근 및 활용에서 집단 간의 불평등과 관련된다. 교육에서 정보격차에 대한 초기 고려사항은 메인 컴퓨터나 개인 컴퓨터와 같은 디지털 테크놀로지에의 접근에 초점을 두는 경향이 있었다. 저가의 데스크톱과 랩톱 컴퓨터, 디지털 카메라, 태블릿 pc, 스마트폰이 폭발적으로 늘어나자, K-12 학교에서 정보격차를 다루는 강조점은 누가 광대역과 무선 인터넷에 접근하는지를 이해하는 것으로 옮겨졌다(Fox, Waters, Fletcher, & Levin, 2012).

정보격차에 대한 심층적 연구는 연결 수단, 기반 시설, 연결 수준과 같은 접속의 과학기술적인 측면만 단순히 고려하는 것을 훨씬 넘어선다. 지금은 디지털 테크놀로지와 인터넷에의 접근으로부터 최대의 혜택을 가져오는 사람들과 그렇지 않은 사람들의 사회적, 윤리적, 경제적, 지리적, 정치적, 문화적 그리고 국제적 측면들도 고려한다. 예를 들면, 정보격차의 분석은 도시와 시골에 사는 사람들, 선진국과 개발도상국들, 부유한 또는 가난한 환경, 개방된 또는 패쇄적인 사회와 정부들 사이의 접근과 혜택에 초점을 둘 수 있다. 나이, 성별, 기술, 교육, 언어, 문화 그리고 수입과 같은 개인과 집단의 변인들도 정보격차 연구자와 분석가들의 관심이 된다. 모바일 폰과 같은 다양한 형태의 디지털 테크놀로지에 접근가능한 사람들과 그렇지 않은 사람들의 정보격차를 이해하는 한 부분이 있는 반면에(Karnowski, von Pape, & Wirth, 2008), 더 크고 복잡한 이슈는 누가 디지털 테크놀로지와 인터넷에서 혜택을 받고 혜택을 받지 못하느냐다(Norris, 2003; Warschauer, 2003; Wei, Teo, Chan, & Tan, 2011).

Warschauer(2003)는 다른 수준의 디지털 테크놀로지 접근이 어떻게 경제적, 사회적 계층 형성의 원인이 되는지를 평가했다. Warschauer(2003)의 정보격차 연구의 주요 전제는 디지털 테크놀로지를 사용하는 지식에 접근하고 적응하며 창조하는 능력이 사회적 계층 형성에 중요하다는 것이다. 이는 격차를 다루는 논의를 장비의 분배나 과학기술적 기반 시설 강화를 다루는 논의에서 유의미한 사회 실천에 관여하는 테크놀로지를 최선으로 사용하기 위한 사회개발이나 후원으로 전환시킨다.

정치 행위를 조직하고 조정하는 정치 운동가들에 의한 최근의 소셜 미디어 사용은 누가 디지털 테크놀로지와 네트워크에 접근해서 혜택을 얻고 누가 그렇지 않은지에 대한 의문을 제기한다. Norris(2003)는 OECD 국가들에서 인터넷의 정치적 역할에 대한 연구를 했는데, 사용 형태가 국가 정치시스템의 구조적 특징을 변환하기보다는 반영하고 강화한다는 것을 알게 되었다. 인터넷이 연결도구를 가진 사람들에게 모바일 구조를 제공하고 개방형 연결의 이점을 제공할 수 있지만 아직도 그러지 못하는 사람들의 수가 상당하다.

최근의 연구는 정보격차의 개념이 어떻게 진화하는지를 보여 준다. Wei, Teo, Chan과 Tan(2011)은 싱가포르의 학생들 사이에서 어떻게 1수준의 정보접근격차가 2수준의 정보역량격차와 3수준의 정보성과격차에 영향을 주는지에 대한 모형을 만드는 데 사회적 인지이론과 컴퓨터 자기효능감 문헌을 인용하였다. 정보격차에 대한 이슈와 주제에 관련한 이들의 접근은 정보격차 개념에 관한 연구의 복잡성과 다면적인 특성에 대한 통찰을 제공한다.

D. Michele Jacobsen

참고문헌

Fox, C., Waters, J., Fletcher, G., & Levin, D. (2012). *The broadband imperative: Recommendations to address K-12 education infrastructure needs.* Washington, DC: State Educational Technology Directors Association(SETDA).

Karnowski, V., von Pape, T., & Wirth, W. (2008). After the digital divide? An appropriation-perspective on the generational mobile phone divide. In M. Hartmann, P. Rössler & J. Höflich (Eds.), *After the mobile phone? Social changes and the development of mobile communication* (pp. 185-202). Berlin: Frank & Timme.

Norris, P. (2003). *Digital divide: Civic engagement, information poverty, and the Internet worldwide.* New York, NY: Cambridge University Press.

Warschauer, M. (2003). *Technology and social inclusion: Rethinking the digitaldivide.* Cambridge, MA: MIT Press.

Wei, K. K., Teo, H. H., Chan, H. C., & Tan, B. C. Y. (2011). Conceptualizing and testing a social cognitive model of the digital divide. *Journal of Information Systems Research, 22*(1), 170-187.

Digital Game-Based Learning: 디지털 게임 기반 학습

(AVATAR: 아바타, GAME DESIGN: 게임 설계, SIMULATION: 시뮬레이션, VIRTUAL WORLDS: 가상세계 참조)

일반적으로, 디지털 게임 기반 학습은 디지털 게임에 의하여 촉진되거나 지원되는 학습으로 이해된다(deFreitas, 2006; Van Eck, 2006). 문헌은 게임과 디지털 게임을 상당히 일관성 있게 묘사하고 있다. Salen과 Zimmerman(2003)은 게임을 "참가자들이 규칙에 의해서 정의된 인위적인 갈등에 참여하고 양적인 결과로 나타내는 시스템"으로 "게임디자인 원론(Rules of Play)"에서 정의했다. Gredler(2004)는 1600년대의 전쟁게임을 배경으로 학습에 게임을 사용하면서 게임은 "이기는 것이 목적이고 참가자는 활동에서 이기기 위하여 내용이나 관련 지식을 적용해야 하는 경쟁적인 활동"(p. 571)이라고 설명했다. Sauvé, Renaud, Kaufman과 Marquis(2007)는 교육게임의 여섯 가지의 필수적 속성(즉, 참가자, 갈등, 규칙, 미리 결정된 목적, 게임의 인위적 본성 그리고 게임의 교육적 본성)을 파악했다.

연구자와 실천가가 디지털 게임 기반 학습을 조사할 때는 목적과 구체적인 게임의 특징에 따라서 게임이 범주화되는 여러 가지 방식이 있다. 예를 들면, 처음에 상업적인 오락 시장을 위하여 개발된 게임은 보통 '상용 게임(commercial-off-the-shelf games)'(Charsky & Mims, 2008; Van Eck, 2006)이라고 하고, 이런 게임이 어떻게 교수-학습을 위하여 목적이 수정되는가의 관점에서 연구되었다. 학습을 위하여 구체적으로 설계되고 개발된 게임은 '기능성 게임(serious game)'(Abt, 1970; Aldrich, 2009; deFreitas, 2006)이라고 한다. 게임은 문학과 영화처럼 유형에 따라서 범주화될 수 있다. Apperley(2006)는 네 가지의 핵심 게임 유형(즉, 시뮬레이션, 전략 게임, 액션 게임, 역할극 게임)으로 구분했다.

1. **시뮬레이션**: 시뮬레이션의 기능이 중심 경험을 형성하지만 (Sauvé et al., 2007에서 제시되고 있는) 게임의 요소가 포함되어 있다. 이 장르에는 스포츠 게임, 비행 시뮬레이션 게임 및 자동차 운전 게임이 포함된다.
2. **전략 게임**(실시간 및 순서 기반 전략 게임 포함): 참가자는 주로 환경에 대한 매크로 또는 '전지적 시점'으로 볼 수 있는 기능을 통해 게임 내외부의 정보를 구성하고

평가하여 게임 변인의 조작에 관한 결정을 내릴 수 있다.

3. **액션 게임**(1인칭 슈팅 게임과 3인칭 게임 포함): 이 게임은 아바타의 눈이나 신체를 통해 참가자를 게임 세계에 연결한다. 참가자는 그 아바타를 통해 게임 세계에서 행동을 취한다.
4. **역할극 게임**: 이 게임에서 참가자는 특별한 역할을 맡게 된다. 특정 아바타를 채택한 다음 해당 역할을 통해 역할을 수행하여 게임의 이야기를 탐색하고 종종 결정한다. 이 장르에는 MORPG(다중 사용자 온라인 롤플레잉 게임) 및 MMORPG(대규모 다중 사용자 온라인 롤플레잉 게임)와 같은 매우 인기있는 변형이 포함된다. 이러한 예로는 인기있는 Warcraft(Steinkuehler & Duncan, 2008)가 있다.

학습게임을 개발하는 몇몇 연구자와 실천가는 전통적인 교수설계 과정을 적용하여 학습을 촉진하기 위한 게임을 개발하는 데 효과적인 전략과 실천사례를 제시하기 시작했다(Shelton & Scoresby, 2011). 다른 연구자들은 게임에 내재된 학습스킬과 학습촉진을 위한 게임 사용에 초점을 두고 기능성 게임 설계를 소개하였다. 그들은 또한 일반적인 수업의 실제를 개선하기 위하여 게임을 분석하였다(Barab, Thomas, Dodge, Carteaux, & Tuzun, 2005; Gee, 2007; Hammer & Black, 2009; Sardon & Devlin-Scherer, 2010). 마지막으로 많은 연구자는 학습자가 보다 넓은 학습경험의 일부분으로 디지털 게임을 개발하는 상황을 탐색하였다(Barbour, Reiber, Thomas, & Raucher, 2009; Hayes & Games, 2008; Salen, 2007).

학습에 대한 디지털 게임의 혜택과 효과에 대한 보다 엄격한 분석의 필요에 대응하여(Clark, 2007; Van Eck, 2006) 어떤 연구자들은 그 효과를 평가하고 있고(Chuang & Chen, 2009; Ke, 2008), 마찬가지로 사회, 설계, 교육의 실제에서 게임의 역할을 탐구하고 있다(Squire, 2007). 다른 연구자들은 전통적인 학습 환경에서 게임 활용을 촉진하는 전략을 조사하고 있고(Gunter, Kenny, & Vick, 2008; Kebritchi, 2010), 공유학습, 커뮤니티 구축, 커뮤니케이션을 촉진하는 게임의 기능을 연구하고 있다(Steinkuehler, 2008).

Jason Underwood

참고문헌

Abt, C. A. (1970). *Serious games.* New York, NY: Viking.

Aldrich, C. (2009). *The complete guide to simulations and serious games*. San Francisco, CA: Jossey-Bass/Pfeiffer.

Apperley, T. (2006). Genre and game studies: Towards a critical approach to videogame genres. *Simulation & Gaming: An International Journal of Theory Practice and Research, 37*(1), 6-23.

Barab, S., Thomas, M., Dodge, T., Carteaux, R., & Tuzun, H. (2005). Making learning fun: Quest Atlantis, a game without guns. *Educational Technology Research and Development, 53*(1), 86-107.

Barbour, M., Rieber, L. P., Thomas, G., & Rauscher, D. (2009). Homemade PowerPoint games: A constructionist alternative to WebQuests. *Tech Trends, 53*(5), 54-59.

Charsky, D., & Mims, C. (2008). Integrating commercial off the shelf video games into school curriculums. *Tech Trends, 52*(6), 38-44.

Chuang, T., & Chen, W. (2009). Effect of computer-based video games on children: An experimental study. *Educational Technology & Society, 12*(2), 1-10.

Clark, R. E. (2007). Learning from serious games? Arguments, evidence, and research suggestions. *Educational Technology, 47*(3), 56-59.

deFreitas, S. (2006). Using games and simulations for supporting learning. *Learning Media, and Technology, 31*(4), 343-358.

Gee, J. (2007). *What video games have to teach us about learning and literacy.* New York: Palgrave MacMillan.

Gredler, M. E. (2004). Games and simulations and their relationship to learning. In D. H. Jonassen (Ed.), *Handbook of research on educational communications and technology* (2nd ed., pp. 571-582). Mahwah, NJ: Lawrence Erlbaum Associates.

Gunter, G. A., Kenny, R. F., & Vick, E. H. (2008). Taking educational games seriously: Using the RETAIN Model to design endogenous fantasy into standalone educational games. *Educational Technology Research and Development*, *56*(5-6), 511-537.

Hammer, J., & Black, J. (2009). Games and preparation for future learning. *Educational Technology*, *49*(2), 29-34.

Hayes, E. R., & Games, I. A. (2008). Making computer games and design thinking: A review of current software and strategies. *Games and Culture, 3*(3), 309–332.
Ke, F. (2008). Computer games application within alternative classroom goal structures: Cognitive, metacognitive, and affective evaluation. *Educational Technology Research and Development, 56*(5/6), 539–556.
Kebritchi, M. (2010). Factors affecting teachers' adoption of educational computer games: A case study. *British Journal of Educational Technology, 41*(2), 256–270.
Salen, K. (2007). Gaming literacies: A game design study in action. *Journal of Educational Multimedia and Hypermedia, 16*(3), 301–322.
Salen, K., & Zimmerman, E. (2003). Rules of play: Game design fundamentals. Cambridge, MA: The MIT Press.
Sardon, N., & Devlin-Scherer, R. (2010). Teacher candidate responses to digital games: 21st century skills development. *Journal of Research on Technology in Education, 42*(4), 409–425.
Sauvé, L., Renaud, L., Kaufman, D., & Marquis, J. S. (2007). Distinguishing between games and simulations: A systematic review. *Educational Technology & Society*, *10*(3), 247–256.
Shelton, B., & Scoresby, J. (2011). Aligning game activity with educational goals: Following a constrained design approach to instructional computer games. *Educational Technology Research and Development, 59*(4), 1–26.
Squire, K. D. (2007) Games, learning, and society: Building a field. *Educational Technology, 47*(5), 51–55.
Steinkuehler, C. (2008). Massively multiplayer online games as an educational technology: An outline for research. *Educational Technology, 48*(1), 10–21.
Steinkuehler, C., & Duncan, S. (2008). Scientific habits of mind in virtual worlds. *Journal of Science Education and Technology, 17*(6), 530–543.
Van Eck, R. (2006). Digital game-based learning: It's not just the digital natives who are restless. *EDUCAUSE Review, 41*(2), 16–30.

Digital Games: 디지털 게임

(DIGITAL GAME-BASED LEARNING: 디지털 게임 기반 학습 참조)

Digital Literacy: 디지털 리터러시

(LITERACY: 리터러시 참조)

Digital Mapping: 디지털 매핑

디지털 매핑(또는 디지털 지도제작)은 정보를 가상의 이미지로 편집하고 구성하는 것을 포함하는 절차이다. 이 테크놀로지는 특정 지역의 상세한 지도를 만들고 주요 도로와 인근 관심 장소를 상세하게 포함할 수도 있다. 이 테크놀로지는 한 지점에서 다른 곳까지의 거리를 계산해 준다. 물리적 현상에 더하여, 디지털 지도제작은 지리적 측면들과 필수적으로 연결되는 사회적, 경제적, 문화적 데이터를 표상할 수도 있다. 고속 인터넷 접속과 웹 2.0의 도래와 결부된 컴퓨터 하드웨어와 소프트웨어에서의 최신 테크놀로지 발달은 디지털 매핑을 주제중심 지도제작 이후로 다른 테크놀로지의 발달보다도 더 신속하게 변화시켰다(Goodchild, 2007; MacEachren, 1996). 이러한 테크놀로지 혁신은 지도제작의 목적에 큰 영향을 주어, 단순히 공간 커뮤니케이션의 도구가 아니라 공간 탐구의 도구로 바꾸었다.

새로운 3D IT 기법과 3D 애니메이션의 발달은 지도의 특징 탐구를 가능하게 하고 가상의 중심에 '시각적으로 들어가기'도 가능하게 해 주고 있다(Adami & Guerra, 2006). 이제 가상현실(virtual reality) 기법은 지도와의 상호작용을 가능하게 해 주고 있다.

지리정보시스템(GIS)이나 공간정보시스템(SIS)은 지리를 이해하고 지능적 결정을 하기 위하여 하드웨어, 소프트웨어, 데이터 그리고 모든 형태의 지리적으로 참조된 정보를 포착하고, 관리하며, 분석하고, 제시하는 애플리케이션을 통합하는 ICT의 특별한 형태이다. 과학적 시각화의 진보는 지도와 다른 그래픽의 역할을 과학적 조사의 도구로 바꾸고 있다(Latu, 2009).

디지털 매핑은 Google과 자동차의 네비게이션 시스템에 사용되는 GPS 위성 네트워크처럼 다양한 컴퓨터 애플리케이션에서 찾아볼 수 있다.

Ileana P. Gutierrez

참고문헌

Adami, A., & Guerra, F. (2006). 3D digital maps: New development in cartography for cultural heritage. *e-Perimetron, 1*(2), 164-169.

Goodchild, M. F. (2007). Citizens as sensors: The world of volunteered geography. *GeoJournal*, *69*(4), 211-221.

Latu, S. (2009). Sustainable development: The role of GIS and visualization. *Electronic Journal of Information Systems in Developing Countries*, *38*(5), 1-17. Retrieved from http://www.ejisdc.org/ojs2/index.php/ejisdc/article/viewFile/560/287.

MacEachren, A. M. (1996). Introduction, Special issue on Geographic Visualization, *Cartography and Geographic Information Systems, 19*(4), 197-200.

Digital Natives and Immigrants: 디지털 원주민과 이민자

2001년에 Marc Prensky가 『On The Horizon』에 두 개의 시리즈로 된 기사를 통해 '디지털 원주민'과 '디지털 이민자'라는 용어들을 대중화시켰다(Prensky, 2001a, 2001b). Prensky는 학교에서 변화된 맥락과 변화된 수업 실천을 위해서 '디지털 원주민'과 '디지털 이민자'라는 용어를 처음으로 결합했다. Prensky(2001a, 2001b)는 '디지털 원주민'이라는 용어를 컴퓨터, 비디오 게임, 디지털 뮤직 플레이어, 비디오카메라, 휴대전화, 이메일, 인터넷과 같은 디지털 테크놀로지가 항상 있는 환경에서 성장한 사람들을 묘사하는 데 사용하고 있다. Prensky는 디지털 원주민은 이전의 세대와는 다르게 생각하고 정보를 처리하고, 디지털 원주민은 그들의 전 생애 동안 디지털 테크놀로지에 항상 노출되고 상호작용하기 때문에 디지털 언어의 원어민이라고 제안한다.

Prensky(2001a, 2001b)는 '디지털 이민자'라는 용어를 디지털 세상에서 태어나지는 않았지만, 생애의 어느 시점에서 디지털 테크놀로지를 활용하는 사람들을 묘사하기 위하여 사용하고 있다. Prensky는 디지털 이민자는 디지털 세상에서 태어나지는 않았지만 그것에 적응한 증거인 악센트를 지닌다고 제시하고 있다. 이 악센트는 디지털 이민자가 디지털 원주민과는 다르게 사회화되었다는 것을 나타낸다. Prensky(2001a, 2001b)는 어떻게 디지털 이민자가 이메일이나 웹사이트를 인쇄하고 분배하며, 전화를 걸고 음성녹음을 듣는 것에 대하여 말하거나, 방송미디어만을 주로 참고하는지를 설명한다.

그 이후에, Prensky(2012)는 Douglas Rushkoff(1996)의 테크놀로지의 원어민과 컴퓨터와 텔레비전 문화에서 태어난 아동들을 묘사하는 '스크린에이지저(screenagers)'라는 용어를 인정하고 아동들의 상호작용 패턴이 이전 세대와는 다르다고 지적하고 있다. Jacobsen과 Lock(2004)은 스크린에이지저는 그들의 교사들과는 다르게 온라인, 상호작용적 디지털 환경, 가상의 공간에 잘 관여하고 속사포 같은 비선형적이고 무질서한 다중감각의 디지털 미디어 세계에 참여하며 성인들이 예상하지 못하고 느끼지 못하며 자주 오해하는 컴퓨터와 네트워크의 활용을 만들어 내곤 한다고 주장했다. Prensky(2012)는 또한 Barlow(1996)의 사이버 공간의 독립 선언과 성인들은 항상 이민자가 되는 세계에서 원주민으로서의 아동에 대한 묘사를 받아들이고 있다.

2001년 이후로 '디지털 원주민'과 '디지털 이민자'라는 용어는 다른 사람들에 의해서도 받아들여졌고(Tapscott, 2009), 타당성과 유용성에 대한 비판도 있어 왔다(Bullen, Morgan, & Qayyum, 2011). Prensky(2009)는 디지털 이민자와 디지털 원주민에 대한 강조가 디지털 지혜라는 개념으로 전환되고 있음을 『Innovate』라는 저널에 논문으로 담고 있다. 그는 또한 그의 책인 『Teaching Digital Natives: Partnering for Real Learning』(Prensky, 2010)에서 디지털 원주민에 의하여 깊게 몰입하는 학습을 가르치고 지원하는 최선의 전략을 요약하여 제시하기도 했다.

D. Michele Jacobsen

참고문헌

Barlow, J. P. (1996). A declaration of the independence of cyberspace. Retrieved from: https://projects.eff.org/~barlow/Declaration-Final.html.

Bullen, M., Morgan, T., & Qayyum, A. (2011). Digital learners in higher education: Generation is not the issue. *Canadian Journal of Learning and Technology, 37*(1). Retrieved from: http://www.cjlt.ca/index.php/cjlt/article/view/550 PID: http://hdl.handle.net/10515/sy5wm1465.

Jacobsen, D. M., & Lock, J. V. (2004). Technology and teacher education for a knowledge era: Mentoring for student futures, not our past. *Journal of Technology and Teacher Education, 12*(1), 75-100.

Prensky, M. (2001a). Digital natives, digital immigrants. *On the Horizon, 9*(5), 1–6. Retrieved from: http://www.scribd.com/doc/9799/Prensky–Digital–Natives–Digital–Immigrants–Part1 Archived at http://www.webcitation.org/5eBDYI5Uw.

Prensky, M. (2001b). Digital natives, digital immigrants, part 2: Do they really think differently? *On the Horizon 9*(6), 1–6. Retrieved from: http://www.twitchspeed.com/site/Prensky%20–%20Digital%20Natives,%20Digital%20Immigrants%20–%20Part2.htm Archived at http://www.webcitation.org/5eBDhJB2N.

Prensky, M. (2009). H. sapiens digital: From digital immigrants and digital natives to digital wisdom. *Innovate, 5*(3). Retrieved from: http://www.innovateonline. info/index.php?view=article&id=705.

Prensky, M. (2010). *Teaching digital natives: Partnering for real learning.* Thousand Oaks, CA: Corwin.

Prensky, M. (2012). *From digital natives to digital wisdom: Hopeful essays for 21st century learning*. Thousand Oaks, CA: Corwin Publishing.

Rushkoff, D. (1996). *Playing the future: How kids' culture can teach us to thrive in an age of chaos*. New York: Harper Collins.

Tapscott, D. (2009). *Grown up digital: How the net generation is changing your world.* New York, NY: McGraw–Hill.

Digital Storytelling: 디지털 스토리텔링

디지털 스토리텔링은 이야기와 디지털 미디어를 결합하는 교육방식이다. Sadik (2008)은 학생들은 디지털 스토리의 기초로서 실제 상황을 사용하도록 요구된다고 보고하고 있다. 학생들은 종종 자기들 생활의 일부 측면을 바탕으로 스토리를 만들어 낸다(Heo, 2009). 이러한 전략은 학생들에게 실제적인 배경을 제공한다(Maina, 2004).

스토리는 한 사람에서 다른 사람으로 지식을 전이시키는 중요한 수단이 된다. Thornburg(1999)는 시간에 따른 스토리 공유의 진화를 논의하고 있다. 그는 동네 물웅덩이에서 물을 구하듯이 스토리는 한 사람에서 다른 사람에게로 전해졌다고 믿고 있다. 고대 그리스와 로마의 원형극장이 스토리 공유의 공식적인 장소를 제공했고, Guttenberg는 움직일 수 있는 형태인 스토리의 인쇄판을 만들어서 널리 배포될 수 있도록 하였다. 우리는 지금 스토리를 퍼트리는 이메일, blogs, Wikis 그리고 다른 웹 2.0 도구를 가지고 있다.

원문의 스토리에 디지털 콘텐츠를 추가하는 최종 사용자 도구의 개발은 스토리의 전달을 강화한다. 배경으로 사용될 수 있는 디지털 카메라로 찍은 사진과 음악은 컴퓨터로 쉽게 다운로드 받을 수 있다. 애플의 iMovie와 마이크로소프트의 Photo Story와 Movie Maker는 디지털 스토리를 만들어 내는 데 사용될 수 있다.

David D. Carbonara

참고문헌

Heo, M. (2009). Digital storytelling: An empirical study of the impact of digital storytelling on pre-service teachers' self-efficacy and dispositions towards educational technology. *Journal of Educational Multimedia and Hypermedia, 18*(4), 405-428.

Maina, F. (2004). Authentic learning: Perspectives from contemporary educators. *Journal of Authentic Learning, 1*(1). Retrieved September 21, 2011 from http://hdl.handle.net/1951/389.

Sadik, A. (2008). Digital storytelling: A meaningful technology-integrated approach for engaged student learning. *Educational Technology Research and Development, 56*(4), 487-506.

Thesen, A., & Kara-Soteriou, J. (2011). Using digital storytelling to unlock student potential. *New England Reading Association Journal*, *46*(2), 93-102.

Thornburg, D. (1999). *Campfires in cyberspace.* San Carlos, CA: Starsong Publications.

Direct Instruction: 직접교수

(INSTRUCTION: 교수/수업 참조)

Discovery-Expository Learning Continuum: 발견식-설명식 학습연속성

(DISCOVERY LEARNING: 발견학습, GENERALITY: 일반성, GENERATIVE AND SUPPLANTIVE INSTRUCTIONAL STRATEGIES: 생성적-주입식 교수전략 참조)

발견식 수업은 정도에 따라 순 발견식 학습에서 순 설명식 학습까지의 범위인 발견식-설명식 학습연속성의 관점에서 생각하는 것이 적절하다(Reigeluth & Keller, 2009). 이 연속성은 학습자 중심 수업에서 교수자 중심 수업으로의 연속성과 밀접하게 관련되어 있다(Reigeluth & Keller, 2009). 순 발견식 학습은 학습자가 개념과 관계의 의미나 (문제해결과 같은) 기능을 수행해 내는 방법을 스스로 찾아내야 하는 순전히 귀납적인 방법이다. 순 설명식 학습은 의미나 기능이 학습자에게 보여지고 발표나 설명과 같은 교수법이 제공되는 순전히 연역적인 방법이다.

그러나 대부분의 수업은 순전히 발견식이거나 순전히 설명식이지 않아서 어느 정도 이 두 가지 사이에서 연속성이 존재한다. 예를 들면, 문헌에 기술된 많은 발견식 학습 접근은 어느 정도의 설명식 학습 요소를 포함하고 있다(Tuovinen, 2000). 학생들이 문제 중심 학습과 같은 발견식 학습에 참여하는 동안에도, 설명식 교수법이 학생들의 탐구과정이나 학습에 대한 성찰에 도움을 주는 스캐폴딩 형태로 활용될 수 있다. 최근의 메타분석에 의하면, 연속성의 중간에 위치한 이러한 유형의 안내된 발견(guided discovery)이 최소한으로 안내된 수업보다는 더 효과적인 것으로 나타났다(예: Strobel & Van Barneveld, 2009). 게다가 연속성의 한 지점은 다른 지점보다 항상 좋은 것은 아니어서 연속성의 어떤 지점이라도 학습 상황과 목적에 따라서는 다른 지점보다도 더 적정할 수도 있다. 예를 들어, 교사에게 많은 학생이 있을 때 그리고 학습되어야 할 내용이 많을 때, 그 효과성과 효율성 때문에 설명식 학습이 선호될 수 있다.

Dabae Lee

Yeol Huh

Charles M. Reigeluth

참고문헌

Reigeluth, C. M., & Keller, J. M. (2009). Understanding instruction. In C. M. Reigeluth & A. A. Carr-Chellman (Eds.), *Instructional-design theories and models: Building a common knowledge base* (Vol. 3, pp. 27-39). New York: Routledge.

Strobel, J., & Van Barneveld, A. (2009). When is PBL more effective? A meta-synthesis of meta-analyses comparing PBL to conventional classrooms. *Interdisciplinary Journal of Problem-based Learning*, *3*(1), 44-58.

Tuovinen, J. E. (2000). *Implications of discovery learning research for the design of flexible learning.* Paper presented at the ASET-HERDSA 2000 Conference, Toowoomba, Qld. http://www.ascilite.org.au/aset-archives/confs/aset-herdsa2000/procs/tuovinen.html.

Discovery Learning: 발견학습

(DISCOVERY-EXPOSITORY LEARNING CONTINUUM: 발견식-설명식 학습연속성, OPEN EDUCATION: 공개교육 참조)

발견학습은 한편으로는 사람이 능동적인 의미 창조를 통하여 어떻게 새로운 지식을 획득하는지를 **묘사하는** 인식론적인 이론이다. 이 관점은 Dewey와 Piaget의 연구에서 시작되었고 "이 관점은 인간이 세계뿐만 아니라 자기 자신의 의미를 구성하고 만드는 데 사용하는 상징적 활동에 초점을 두었다."(p. 2)고 이후에 Bruner가 기술한 바와 같이 1950년대 후반에 Bruner가 이끈 '인지적 혁명', 즉 "심리학의 중심 개념으로서 의미를 정립하기 위한 최선의 노력"으로 결론이 난다(Bruner, 1990, p. 2).

발견학습은 또한 학습자가 문제 공간을 탐구함으로써 새로운 지식을 창출하고 통합하며 일반화하는 처치를 **처방하는** 일종의 교수전략이다. 이 전략은 연역적 접근의 반대인 귀납적 접근이다. 학습자는 어떤 구체적인 개념, 규칙이나 인지전략이 이해되도록 안내된 최초의 경험에 몰입하게 된다.

비록 탐구 옹호자들은 탐구의 개념은 아이디어의 발견을 넘어선다고 보지만, 발견학습은 탐구 기반 프로그램의 개념, 즉 "학습자는 그 아이디어를 입증하는 데 사용된 과학적이고 논리적인 규칙을 체계적으로 알게 된다(Massialas, 1985, p. 1416)는 점에서 중첩된다."

발견학습에 대한 옹호는 수학과 과학교육의 혁신에 관한 36명의 과학자들과 교육학자들의 1959년 스푸트니크에 대응하는 학회의 결과가 출판된 이후에 하나의 교육운동이 되었다(Bruner, 1960). 새로운 물리학, 새로운 화학, 새로운 수학, 새로운 사회탐구 등과 같은 보다 귀납적이고 탐구지향의 수업방법으로 추진된 국가 교육과정 프로젝트들이 20년간 지속되었다(Massialas, 1985). 이런 교육과정을 적용하기 위해 필요했던 영화, 게임, 시뮬레이션 등의 상호작용적인 자원의 제작은 교육공학이 인지적 혁명의 중심이 되게 했다(Molenda, 2008).

1960년대 이후 발견식 방법에 대한 흥미는 증감이 있어 왔고 그 효과성에 대한 양면적인 연구 결과가 있었음은 놀랄 일이 아니다. 1990년대 이후에는 발견학습에 대한 옹호는 하이퍼미디어, 마이크로월드, 문제 기반 학습, 사례 기반 시나리오, 컴퓨터 시뮬레이션, 웹 퀘스트 등의 풍부한 맥락에 내재된 문제 탐구를 특징으로 하는 형태로 구성주의적 학습 환경의 기준에 포함되었다(Jonassen, 1999). 옹호자들은 발견학습 방법이 호기심을 자극해서 내재적 동기를 촉진한다고 주장한다. 그들은 학습자들에게 소유권을 주고 창의성과 문제해결을 촉진한다.

최근에 안내가 없는 발견의 실패를 지적하는 비판이 심해져 왔다(Kirschner, Sweller, & Clark, 2006; Mayer, 2004). 그러나 최근의 주요 메타분석은 일부 발견식 방법들에 대한 의미 있는 지지를 제공하고 있다(Alfieri, Brooks, Aldrich, & Tenenbaum, 2011). 그들은 '안내 없는 발견(unassisted discovery)'은 '명시적인 수업(explicit teaching)'보다는 덜 효과적이지만, "강화된 발견식 방법은 비교되는 방법보다는 보다 많은 학습을 이끌어 냈다(p. 7)."고 결론을 낸다. 그들은 피드백, 스캐폴딩, 유도된 설명과 같은 형태의 안내는 안내 없는 발견에서 생겨나는 인지부하와 오해의 장애를 극복하는 데 도움을 준다고 제시하고 있다. 이러한 결론은 학습자가 발견 활동에 대한 준비가 되어 있어야 하고 그 과정에서 안내되어야 한다고 경고한 Bruner(1961)의 원래의 권고에 충분히 귀 기울여야 한다는 논의를 불러온다.

Michael Molenda

참고문헌

Alfieri, L., Brooks, P. J., Aldrich, N. J., & Tenenbaum, H. R. (2011). Does discovery-based instruction enhance learning? *Journal of Educational Psychology, 103*(1), 2011, 1–18.

Bruner, J. S. (1960). *The process of education.* Cambridge, MA: Harvard University Press.

Bruner, J. S. (1961). The act of discovery. *Harvard Educational Review, 31*(1), 21–32.

Bruner, J. S. (1990). *Acts of meaning.* Cambridge, MA: Harvard University Press.

Jonassen, D. (1999). Designing constructivist learning environments. In C. M. Reigeluth (Ed.), *Instructional–design theories and models*, *volume II* (pp. 215–240). Mahwah NJ: Lawrence Erlbaum Associates.

Kirschner, P. A., Sweller, J., & Clark, R. E. (2006). Why minimal guidance during instruction does not work: An analysis of the failure of constructivist, discovery, problem-based, experiential, and inquiry-based teaching. *Educational Psychologist, 41*(2), 75-86.

Massialas, B. G. (1985). Discovery-and inquiry-based programs. In T. Husen & T. N. Postlethwaite (Eds.), *The international encyclopedia of education* (pp. 1415-1418). Oxford, UK: Pergamon Press.

Mayer, R. (2004). Should there be a three-strikes rule against pure discovery learning? *American Psychologist, 59*(1), 14-19.

Molenda, M. (2008). Historical foundations. In J. M. Spector, M. D. Merrill, J. van Merriënboer, & M. P. Driscoll (Eds.), *Handbook of research on educational communications and technology* (3rd ed., pp. 3-20). New York: Lawrence Erlbaum Associates.

Discussion Boards: 토론 게시판

(TECHNOLOGICAL COMMUNICATION: 테크놀로지 소통 참조)

Distance Education and Learning: 원격교육 및 학습

(BLENDED LEARNING: 블렌디드 러닝, INTERACTION: 상호작용, MOBILE LEARNING: 모바일 학습, OPEN EDUCATION: 공개교육 참조)

원격학습, 원격교육, 분산학습, 이러닝, 온라인학습, 가상학교와 같은 용어들은 종종 혼용해서 사용되지만 각 용어들은 구분이 된다. Moore와 Kearsley(2012)가 말했듯이 "용어 선택에 의하여 표상되는 시사점, 가정과 가치의 비판적 의식을 발전시킬 필요가 있다(p. 289)." 예를 들면, 이러닝은 커뮤니케이션 테크놀로지를 강조하지만, 분산학습과 원격학습은 학습자의 장소를 강조한다(Moore & Kearsley, 2012). 더욱이 원격학습은 거리가 떨어진 교사와 학습자의 상호작용을 설명한다. 그러나 가끔은 '원격학습'이 교수-학습에 초점을 두고 사용될 수 있음에 주의를 주고 있다. 이와 같이 "교사와 학습자라는 두 측면을 가진 관계를 묘사"하는 교육에 초점을 두기도 한다(Moore & Kearsley, 2012, p. 2).

Simonson(2011)은 원격교육은 오랫동안 다양한 관점에서 정의되어 왔다고 정의

한다(예: Delling, 1987; Garrison & Shale, 1987; Holmberg, 1985; Keegan, 1986; Moore, 1994; Perraton, 1988; Peters, 1988; Rumble, 1995). Simonson(2011)은 원격교육에서 **원격**(distance)은 다양한 의미를 가질 수 있다고 보고하고 있다. ① 지리적 거리, 시간 거리, 심지어 지적 거리(p. 79), ② '원격교육'은 다양한 미디어를 통하여 수많은 청중에게 제공되는 거대하고 다양한 프로그램에 적용되어 왔다(p. 80). ③ "테크놀로지의 급격한 변화는 원격교육이 정의되는 전통적인 방식에 의문을 제기한다(p. 80)."

Moore와 Kearsley(2012)에 의하면 원격교육은 "보통 학습이 일어나는 곳과는 다른 장소에서 이뤄지는 수업과 계획된 학습이며, 특수목적 교육기관과 마찬가지로 테크놀로지를 통한 의사소통을 필요로 한다(p. 2)." 이와 유사하게 Simonson, Smaldino, Albright와 Zvacek(2012)는 원격교육을 "학습 집단이 분리되고, 학습자, 자원, 교사를 연결하기 위하여 상호작용적인 전자통신 시스템이 사용되는 기관 기반의 형식교육"(p. 32)으로 정의했다. 이 정의에서는 다음의 네 가지 요소가 원격교육을 차별화한다고 주장하고 있다(p. 34).

1. **기관 기반**: 자기학습이나 비학문적인 학습 환경이 아님.
2. **교사와 학생의 분리**: 교사와 학생 간의 지리적, 시간적, 지적인 분리.
3. **상호작용적 전자통신**: 실시간, 비실시간 의사소통을 통한 상호작용 및 학습자와 다른 학습자, 교사, 자원/내용 간 상호작용.
4. **학습자, 자원, 교수자의 연결**: 교수설계가 학습경험을 지원하기 위해 자원을 조직할 뿐만 아니라 학습을 지원하기 위해 교수자가 학습자 및 자원과 상호작용함.

Simonson과 그의 동료들(2012, p. 34)은 만약 이중 하나 이상의 요소가 빠졌다면 "원격교육과는 다른 것이고, 만약 약간이라면 원격교육"이라고 말하고 있다.

Jennifer V. Lock

참고문헌

Delling, R. M. (1987). Towards a theory of distance education. *ICDE Bulletin*, *13*, 21–25.

Garrison, D. R., & Shale, D. (1987). Mapping the boundaries of distance education: Problems in defining the field. *American Journal of Distance Education*, *1*(1), 7–13.

Holmberg, B. (1985). *The feasibility of a theory of teaching for distance education and a proposed theory*(ZIPPF Papiere 60). Hagen: Fern Universität, Zentrales.

Keegan, D. (1986). *The foundations of distance education*. London: Croom Helm.

Moore, M. (1994). Autonomy and interdependence. *American Journal of Distance Education, 8*(2), 1–5.

Moore, M. G., & Kearsley, G. (2012). *Distance education: A systems view of online learning* (3rd ed.). Belmont, CA: Wadsworth, Cengage Learning.

Perraton, H. (1988). A theory for distance education. In D. Sewart, D. Keegan, & B. Holmberg (Eds.), *Distance education: International perspectives* (pp. 34–45). New York: Routledge.

Peters, O. (1988). Distance teaching and industrial production: A comparative interpretation in outline. In D. Sewart, D. Keegan, & B. Holmberg (Eds.) *Distance education: International perspectives* (pp. 95–113). New York: Routledge.

Rumble, G. (1995). Labour market theories and distance education I: Industrialisation and distance education. *Open Learning*, *10*(1), 10–21.

Simonson, M. (2011). Distance education yesterday, today, and tomorrow. In G. J. Anglin (Ed.), *Instructional technology: Past, present and future* (3rd ed., pp. 79–104). Santa Barbara, CA: Libraries Unlimited.

Simonson, M., Smaldino, S., Albright, M., & Zvacek, S. (2012). *Teaching and learning at a distance: Foundations of distance education* (5th ed.). Boston, MA: Pearson.

Distributed Cognition: 분산인지

(COLLABORATIVE LEARNING: 협력학습, INTERACTION: 상호작용, TECHNOLOOGY-ENABLED LEARNING: 테크놀로지 활용 학습 참조)

분산인지는 인지심리학자이자 인류학자인 Edwin Hutchins가 1990년대에 San Diego 주변의 미국 군함에서 항해가 어떻게 조정되는지를 조사하면서 개발되었다. Salomon (1993a)은 교육심리학의 관점에서 "사람은 다른 사람들과 함께 협력하여 그리고 문화적으로 제공된 도구와 기구의 도움으로 생각한다(p. xiii)." Hutchins(1995)는 분산인지를 "인간의 인지가 복잡한 사회문화적 세계에서 항상 맥락화되고 영향을 안 받을 수 없다는 사실을 간과하게 하는 인간 내부의 어딘가에 존재하는 지식구조에 대한 설명과 연구 결과를 강조"(p. xiii)하는 인지과학으로부터 이해하고 있다.

인지과학의 한 분파로서 분산인지의 근본적인 통찰은 지식이 개인에게만 제한되는 것이 아니라 개인의 사회적, 물리적 환경에 의해서도 영향을 받는다는 것이다. 이런 인지는 인간과 기계 사이(물리적 분산인지)(Norman, 1993; Perkins, 1993)의 혹은 인지적 에이전트 사이(사회적 분산인지)의 분산된 과정으로서 가장 잘 이해된다. 분산인지이론의 주요 요소에는 상호작용의 표상에 내재된 정보의 구체화, 구체화된 에이전트 사이의 상호작용 조정, 인지적 에코시스템에의 생태학적 공헌 등이 포함된다. Salomon (1993b)은 분산인지는 개별 에이전트, 그의 동료, 교사 그리고 사회문화적으로 형성된 인지적 도구 등으로 구성된다고 지적하였다.

분산인지의 개념은 개인, 관여된 도구적 매개 그리고 활동이 일어나는 물리적 환경 사이의 상호작용을 탐구함으로써 어떻게 분산단위가 조정되는지를 묘사하는 데 사용될 수 있다. 분산인지의 관점에서는 인지과정에 있는 자원은 분산된 방법으로 발견되고 사회적인 방법으로 공유된다. 그리하여 개인적 인지 자원은 혼자서는 달성할 수 없는 개인적 성취를 촉진함으로써 확장될 수 있다. 분산인지 접근에는 수많은 연구방법이 사용되는데, 여기에는 실제 사태의 오디오와 비디오 기록물에 대한 상세한 분석, 중립적 네트워크 시뮬레이션 그리고 실험실 연구가 포함된다.

분산인지는 인간-컴퓨터 상호작용(HCI)을 분석하고 개인의 사회적, 물리적 환경에 대한 의존의 관점에서 교수공학을 분석하는 데 사용될 때에 매우 강력하다. 이런 경우, 분산인지는 실제의 작업 환경에서 테크놀로지로 문제해결을 다루는 보다 균형 잡힌 이론체계를 제공한다.

정보 컴퓨터 용어로 인간 작업 시스템을 설명하는 유용한 서술적 이론체계로서, 분산인지는 표상적인 매체의 역할과 기능을 도구매개로서 이해하는 보다 강력하고 명료한 대안을 제시하고 다양한 활동의 매개에서 테크놀로지 설계에 대한 풍부한 시사점을 가진다. 분산인지는 컴퓨터지원 협력학습(CSCL), 컴퓨터지원 협동작업, 인간-컴퓨터 상호작용, 교수설계, 원격학습과 같은 분야에 적용될 수 있는 큰 잠재력을 가지고 있다. 예를 들면, Rogers와 Ellis(1994)는 분산인지를 다양한 컴퓨터지원 환경에서의 협력적 작업을 분석하고 설명하는 데 대안적인 틀로서 사용했다.

Zheng Xudong

Xinmin Sang

참고문헌

Hutchins, E. (1995). How a cockpit remembers its speeds. *Cognitive Science, 19,* 265–288.

Norman, D. A. (1993). *Things that make us smart: Defending human attributes in the age of the machine*. New York: Addison–Wesley.

Perkins, D. N. (1993). Person–plus: A distributed view of thinking and learning. In G. Salomon (Ed.), *Distributed cognitions: Psychological and educational considerations* (pp. 88–110). Cambridge: Cambridge University Press.

Rogers, Y., & Ellis, J. (1994). Distributed cognition: An alternative framework for analysing and explaining collaborative working. *Journal of Information Technology, 9*(2), 119–128.

Salomon, G. (1993a). Editor's introduction. In G. Salomon (Ed.), *Distributed cognitions: Psychological and educational considerations* (pp. xi–xxi). NY: Cambridge University Press.

Salomon, G. (1993b). No distribution with individuals' cognition: A dynamic interactional view. In. G. Salomon (Ed.), *Distributed cognitions: Psychological and educational considerations* (pp. 111–138). Cambridge: Cambridge University Press.

Distributed Learning: 분산학습

(DISTANCE EDUCATION AND LEARNING: 원격교육 및 학습, MOBILE LEARNING: 모바일 학습 참조)

Domains of Learning: 학습영역

(LEARNING TYPES: 학습유형 참조)

Dual Coding Theory: 이중부호화이론

(GRAPHICS: 그래픽, MULTICHANNEL INSTRUCTION: 다중채널 교수, VISUAL AND PICTORIAL LEARNING: 시각 및 이미지 활용 학습 참조)

이중부호화이론은 Paivio에 의하여 처음 제안되었고 보다 새로운 연구에 기반하여 정교화되었다(Paivio, 1971, 1986, 1991, 2007). Paivio에 의하면, 작동기억에는 언어 정보 또는 비언어적 객체와 사건을 처리하는 데 전문화된 두 가지의 구분된 시스템이 있다. '로고젠(logogen)'과 '이마젠(imagen)'이라는 용어는 언어적, 비언어적 객체의 표상적 단위를 설명하는 데 Paivio(2007)에 의하여 채택되었다. 이 두 가지 시스템은 독립적으로 작용한다. 즉, 개와 같은 자극이 관찰자가 개의 이미지를 회상하거나 '개'라는 단어를 회상하는 어느 하나의 시스템을 활성화할 수 있다. 유사하게도 이 두 가지 시스템은 객체(예: 이미지)와 언어적 명칭을 둘 다 처리하는 데 병렬적으로 또는 동시에 작동할 수 있다. 개념적 결개가설은 두 가지의 관련되지 않은 단위들(예: 이미지와 단어)이 연계된 연합적 처리의 예이다(Paivio, 1971).

Mayer와 그의 동료들은 CBI와 멀티미디어 수업에 적용하기 위하여 이중부호화이론을 확장하고 수정했다(Mayer, 2001; Mayer & Anderson, 1991; Mayer & Moreno, 2003; Moreno & Valdez, 2005). Mayer(2001)의 멀티미디어 학습이론은 Paivio(1971)의 이중부호화이론, Sweller(1999)의 인지부하이론, 그리고 Wittrock(1989)의 능동적 처리이론을 효과적인 멀티미디어 수업을 설계하기 위하여 통합하였다.

최근에 이중부호화이론은 다이어그램과 시간 압축 음성(Pastore, 2010), 개념에 대한 애니메이션(Doymus, Karacop, & Simsek, 2010) 그리고 멀티미디어에서의 그림과 단어(Moreno & Valdez, 2005)를 연구하는 교수공학 연구의 체계를 잡는 데 활용되고 있다. 이중부호화이론은 구체적인 단어보다는 그림이 보다 쉽게 회상된다는 연구 결과에 바탕을 둔 교수설계와 교수공학 연구에 영향을 주고 있다(Paivio, 2007).

Gary R. Morrison
Jennifer R. Morrison

참고문헌

Doymus, K., Karacop, A., & Simsek, U. (2010). Effects of jigsaw and animation techniques on students' understanding of concepts and subjects in electrochemistry. *Educational Technology Research and Development*, *58*(6), 671–691. doi: 10.1007/s11423-010-9157-2.

Mayer, R. E. (2001). *Multimedia learning*. New York: Cambridge University Press.

Mayer, R. E., & Anderson, R. B. (1991). Animations need narrations: An experimental test of a dual-coding hypothesis. *Journal of Educational Psychology, 83*(4), 484–490.

Mayer, R. E., & Moreno, R. (2003). Nine ways to reduce cognitive load in multimedia learning. *Educational Psychologist, 38,* 43–52.

Moreno, R., & Valdez, A. (2005). Cognitive load and learning effects of having students organize pictures and words in multimedia environments: The role of student interactivity and feedback. *Educational Technology Research and Development, 53*(3), 35–45. doi: 10.1007/bf02504796.

Paivio, A. (1971). *Imagery and verbal processes*. New York: Holt, Rinehart, & Winston.

Paivio, A. (1986). *Mental representations: A dual coding approach*. New York: Oxford University Press.

Paivio, A. (1991). Dual coding theory: Retrospect and current status. *Canadian Journal of Psychology*, *45*(3), 255–287.

Paivio, A. (2007). *Mind and its evolution*: A dual coding theoretical approach. New York: Psychology Press.

Pastore, R. (2010). The effects of diagrams and time-compressed instruction on learning and learners' perceptions of cognitive load. *Educational Technology Research and Development, 58*(5), 485–505. doi: 10.1007/s11423-009-9145-6.

Sweller, J. (1999). Instructional design in technical areas. *Australian Education Review*, No. 43(pp. 168). Australia; Victoria.

Wittrock, M. C. (1989). Generative processes of comprehension. *Educational Psychologist, 24*, 345–376.

Educational Design Research: 교육설계연구

(DESIGN-BASED RESEARCH: 설계 기반 연구 참조)

Educational Media: 교육매체

(AUDIOVISUAL INSTRUCTION: 시청각 교수법, EDUCATIONAL TECHNOLOGY: 교육공학, MEDIA: 매체 참조)

매체(medium, media)의 개념은 테크놀로지와 거의 동의어로 간주할 수 있다. 그러나 매체는 도구나 산출물에 한정되는 반면, 테크놀로지는 보다 넓게 과정, 산출물, 시스템에 초점을 둔다. 매체의 넓은 정의를 '인간의 확장(extension of man)'이라고 주장한 Marshall McLuhan의 이론적 관점을 토대로 주로 저널리즘의 영역에서 다루어져 온 매체는 교육 분야에서도 주목을 받았다. McLuhan(1964, p. 23)의 "매체는 메시지다."라는 경구가 자주 인용되기 시작했으며, 20세기 후반에는 유명한 문구가 되었다. McLuhan의 경구는 지구촌, 인터넷 서핑과 트위터를 1960년대부터 예상하는 놀랄만한 선견지명을 보여 주었다.

교육 분야에서 '교육매체'라는 용어는 1920년대의 '시각교육(visual education)', 1940년대의 '시청각교육(audiovisual education)'이 확대된 것이며, 종국에는 현재 일반적으로 사용되는 '교육공학(educational technology)'이라는 용어로 바뀌었다. 미국에서의 이러한 변화는 1970년에 시청각교육국(Department of Audio Visual Instruction: DAVI)이 교육공학회(Association for Educational Commuinications and Technology: AECT)로 그 이름을 바꾸면서 완성되었다.

'교육매체'라는 용어는 그동안 대부분 대체되었지만, 아직도 여러 영역에서 찾아볼 수 있다. 가장 주목할 만한 것은 교육매체를 촉진할 목적으로 1950년에 창립된 교육매체국제협의회(International Council for Educational Media: ICEM)이다. 오늘날 이 조직은 약 30개의 회원국을 보유하고 있으며, 매년 국제학술대회를 개최하는 동시에 EMI(Educational Media International) 저널을 발행한다.

다소 다른 각도에서 '매체생태학(media ecology)'이라는 용어 역시 주목을 받았다. Neil Postman(1985)이 매체를 환경으로 보는 데 초점을 두는 이 용어의 주창자이자 옹호자에 속한다.

'교육매체'라는 용어가 더 이상 ICT 혹은 교육공학과 같은 용어만큼 인기는 없지만, 21세기의 교육공학 문헌에 지속적으로 등장하는 회복력 있는 용어임에는 틀림이 없다(예: Flew, 2002; Robinowitz, Blumberg, & Everson, 2004). Laurillard(2002)는 "교육매체가 지원하는 학습활동의 속성(즉, 대화적, 상호작용적, 적응적, 의사소통적, 생산적)의 관점에서"(p. 6) 교육매체를 설명한다. 또한 매체를 "인쇄, 시청각, 컴퓨터 기반 학습, 텔레컨퍼런싱 그리고 웹 접속"(p. 5)의 범주로 규명한다.

포스트모던 철학자인 Jean Baudrillard(1983/1991)는 "매체는 더 이상 매체 그 자체만으로는 파악할 수 없으며, 매체와 메시지의 통합(McLuhan)이 바로 우리 시대의 가장 위대한 방식이다(p. 468)."라고 주장해 왔다.

Denis Hlynka

참고문헌

Baudrillard, J. (1991). Precession of the simulacra. In D. Hlynka and J. Belland (Eds.), *Paradigms regained: The uses of illuminative, semiotic and postmodern criticism as modes of inquiry in educational technology* (pp. 441–480). Englewood Cliffs, NJ: Educational Technology Publications. (Work originally published in 1983).

Flew, T. (2002). Educational media in transition: Broadcasting, digital media and lifelong learning in the knowledge economy. *International Journal of Educational Media, 29*(1), 47–60.

Laurillard, D. (2002). *Rethinking university teaching: A conversational framework for the effective use of learning technologies*. London: Routledge.

McLuhan, M. (1964). *Understanding media: The extensions of man*. New York: McGraw Hill.

Postman, N. (1985). *Amusing ourselves to death: Public discourses in the age of show business*. New York: Penguin.

Robinowitz, M., Blumberg, F., & Everson, H. (2004). *The design of instruction and evaluation: Affordances of using media and technology*. Mahwah, NJ: Lawrence Erlbaum.

Educational Technology: 교육공학

(TECHNOLOGY: 테크놀로지 참조)

교육공학의 정의는 여러 면에서 논의의 여지가 있다.

첫째, '교육적(educational)' 또는 '교수적(instructional)'이라는 용어 사이를 오간다. 일반적으로 '교수적'은 좁은 의미의 용어로 '교육적'의 하위요소이다(AECT Task Force on Definition and Terminology, 1977). 다른 한편으로는 맥락의 관점에서 그 차이를 설명하면 '교육적'은 K-12 맥락에, '교수적'은 기업 맥락에 자주 사용된다는 것이다(Seels & Richey, 1994). 역사적으로는 '교육공학'이라는 용어에 앞서 1920년대 '시청각교육'의 개념이 먼저 존재했다.

둘째, 상식적 의미에서 교육공학은 어떤 사물, 장치, 또는 도구를 암시한다. 이런 의미에서 교육공학은 '학습에 관한 사물/도구'로 간주되어 왔다(Armsey & Dahl, 1973, p. 21). 비록 그 메타포가 매우 정확한 것은 아니나 최근에도 여전히 테크놀로지를 하나의 도구로 보고 있다.

셋째, '매체(media)'라는 용어는 종종 '테크놀로지'의 동의어로 사용되곤 한다. 그래서 '교육매체' 또는 '교수매체'라는 용어가 현재는 덜 사용되고 있기는 하지만 여전히 존재한다.

넷째, 특히 '정보테크놀로지(IT)' '정보통신테크놀로지(ICT)' 그리고 '디지털 테크놀로지'라는 새로운 용어들이 교육과 경영 환경에서 보편화되었다. 이 용어들이 교육 환경에서 지속적으로 사용되지만 이상하게도 교육과 교수법에 대해 명시적으로 언급하지는 않는다.

다섯째, '직업교육(vocational education)'이라고 불리던 것이 '테크놀로지 교육(technology education)'이라는 명칭을 쓰고 있는데, '교육공학'과 혼동되지 않아야 한다. 두 분야는 서로 관계가 없지만 단순히 두 분야의 명사와 형용사가 순서가 바뀌어 있어서 의심 없이 사용자가 동의어라 생각하고 서로 대체하여 사용할 우려가 있다.

미국교육공학회인 AECT는 '교육공학'의 정의와 관련하여 계속해서 전력을 다하고 있는 소수의 전문조직들 중의 하나이다. 수십 년에 걸쳐서 그 정의는 진화해 왔다. AECT의 1977년 정의는 시스템에 초점을 두었다. 즉, "교육공학은 인간 학습의 모든 측면에 관련된 문제를 분석하고 그 문제의 해결안을 고안하고 실행하며 평가하고 관리하기 위한 사람, 절차, 아이디어, 장치 및 조직의 복잡하고 통합된 과정이다(AECT Task Force on Definition and Technology, 1977, p. 1)." 1994년 정의는 '이론과 실제'라는 개념을 포함하며 '**교육**'이라는 형용사 대신에 '**교수**'를 선택했다. "교수공학(instructional technology)은 학습을 위한 과정과 자원을 설계, 개발, 활용, 관리 및 평가에 반한 이론과 실제이다(Seels & Richey, 1994, p. 1)." 현재의 2008년 정의는 다시 교육공학(educational technology)으로 돌아와서, 추가적으로 수행성과공학(performance technology)을 명시적으로 언급하고 윤리적 태도를 견지하고 있다. "교육공학은 적절한 과학기술적 과정과 자원을 창출하고 활용하며 관리함으로써 학습을 촉진하고 수행을 향상시키는 연구와 윤리적 실천이다(Definition and Terminology Committee of AECT, 2008, p. 1)."

테크놀로지와 교육이 진화하고 소셜 네트워킹, 국제화, 모바일/원격 학습전략이 더 일반화됨에 따라, 학자들이 교육공학의 본질인 역동적이고 유동적인 아이디어를 담아내려 시도할 것이고, 다음 10년 동안 재반복을 통해 정의될 것이다.

Denis Hlynka

참고문헌

AECT Task Force on Definition and Terminology (1977). *Educational technology: Definition and glossary of terms.* Washington, DC: Association for Educational Communications and Technology.

Armsey, J., & Dahl, N. (1973). *An inquiry into the uses of instructional technology*. Ford Foundation Report. New York: The Ford Foundation.

Definition and Terminology Committee of the Association for Educational Communications and Technology (2008). Definition. In A. Januszewski & M. Molenda (Eds.), *Educational technology: A definition with commentary* (pp. 1-14). New York: Lawrence Erlbaum Associates.

Seels, B., & Richey, R. (1994). *Instructional technology: The definition and domains of the field.* Washington DC: Association for Educational Communications and Technology.

Elaboration Sequencing: 정교화 계열

(MENTAL MODEL PROGRESSION: 정신모형 진전, SEQUENCING: 계열화, SIMPLIFYING CONDITIONS METHOD: 단순화 조건법 참조)

정교화 계열은 정교화 이론에 의하여 제안된 거시적 수준의 교수전략이다(Reigeluth, 1987, 1999). 정교화 이론에서는 학습 또는 전문지식의 종류에 따라 정교화 계열의 종류가 다르게 설계된다. 내용 전문지식(domain expertise)은 (물리학처럼) 목표 지향적이지 않고 개념적 정교화 계열(conceptual elaboration sequence) (Reigeluth, 1999, 2007; Reigeluth & Darwazeh, 1982) 또는 이론적 정교화 계열(theoretical elaboration sequence) (Reigeluth, 1999, 2007)에 의하여 촉진되는 반면에, 과제 전문지식(task expertise)은 (공학처럼) 목표 지향적이며 조건단순화 계열(simplifying conditions sequence)로 촉진된다 (Reigeluth, 1999, 2007; Reigeluth & Rodgers, 1980). 또한 정교화 계열을 조합해서 사용하는 것도 가능하다(Beissner & Reigeluth, 1987, 1994).

조건단순화 계열은 "복잡한 절차를 단순한 형태에서 복잡한 형태로 진행하는"(Reigeluth & Keller, 2009, p. 38) 계열화 방법인 절차적 정교화 계열(procedural elaboration sequencing)의 연장선상에 있다(Reigeluth & Rodgers, 1980). 조건단순화 계열은 발견적(heuristic) 과제와 절차적 요소와 발견적 요소가 결합된 과제의 설계를 위한 안내를 제공하는 것으로 확대되어 왔다(Reigeluth, 2007).

개념적 정교화 계열은 "학습자가 아직 학습하지 않은 광범위하고 가장 포괄적이며 일반적인 개념을 가르치거나 발견함으로써 시작해서 필요한 상세함의 정도에 도달할 때까지 점점 더 좁고 덜 포괄적이며 더 상세한 개념으로 진행한다(Reigeluth, 1999, p. 438)." 이러한 접근은 인지적 스캐폴딩(Ausubel, 1968) 또는 인지구조의 개념에 기초하고 있고, 스키마이론도 이 개념을 지지한다(Anderson, 1984). 이 접근은 발견적 수업이나 설명적 수업 둘 다에서 사용될 수 있다.

끝으로, 이론적 정교화 계열은 생명주기에 초점을 두는 생물학 코스와 같은 상호 관련된 원리에 초점을 두는 수업을 대상으로 한다. 이 접근은 학습자가 아직 학습하지 않은 가장 단순하고 일반적으로 처음에 탐색되는 가장 광범위하고 가장 포괄적이며 일반적인 원리들을 가르치는 것으로 시작해서 더 복잡하고 일반적으로 나중에 탐색되는 더 좁고 덜 포괄적이며 더 상세하고, 보다 정확한 원리들로 진행한다 (Reigeluth, 1999, p. 440).

Yeol Huh
Dabae Lee
Charles M. Reigeluth

참고문헌

Anderson, R. C. (1984). Some reflections on the acquisition of knowledge. *Educational Researcher*, *13*(9), 5–10.

Ausubel, D. P. (1968). *Educational psychology: A cognitive view*. New York: Holt, Rinehart, & Winston.

Beissner, K. L., & Reigeluth, C. M. (1987). Multiple strand sequencing using the Elaboration Theory. (ERIC Document Reproduction Service No. ED 314025).

Beissner, K. L., & Reigeluth, C. M. (1994). A case study on course sequencing with multiple strands using the elaboration theory. *Performance Improvement Quarterly*, *7*(2), 38–61.

Reigeluth, C. M. (1987). Lesson blueprints based on the elaboration theory of instruction. In C. M. Reigeluth (Ed.), *Instructional theories in action: Lessons illustrating selected theories and models* (pp. 245–288). Hillsdale, NJ: Lawrence Erlbaum.

Reigeluth, C. M. (1999). The elaboration theory: Guidance for scope and sequence decisions. In Charles M. Reigeluth (Ed.), *Instructional-design theories and models: A new paradigm of instructional theory* (Vol. 2, pp. 425–453). Mahwah, NJ: Lawrence Erlbaum Associates.

Reigeluth, C. M. (2007). Order, first step to mastery: An introduction to sequencing in instructional design. In F. Ritter, J. Nerb, E. Lehtinen, & T. O'Shea (Eds.), *In order to learn: How the sequence of topics influences learning* (pp. 19–40). New York: Oxford University Press.

Reigeluth, C. M., & Darwazeh, A. (1982). The Elaboration Theory's procedure for designing instruction: A conceptual approach. *Journal of Instructional Development, 5*(3), 22-32.

Reigeluth, C. M., & Keller, J. B. (2009). Understanding instruction. In Charles M. Reigeluth & Alison A. Carr-Chellman (Eds.), *Instructional design theories and models: Building a common knowledge base*(Vol. III, pp. 27-39). New York, NY: Routledge.

Reigeluth, C. M., & Rodgers, C. A. (1980). The Elaboration Theory of Instruction: Prescriptions for task analysis and design. *NSPI Journal, 19*(1), 16-26.

Elaboration Strategies: 정교화 전략

(ADVANCE ORGANIZER: 선행조직자, COGNTIVE STRATEGIES: 인지전략, ELABORATION, TYPES OF: 정교화 유형 참조)

구체적 인지전략으로서 정교화는 학습자가 학습할 내용과 사전지식 사이의 내재적으로 안정적인 연결을 구축하는 과정이다. 이 연결은 학습과 기억의 효율성을 창출하기 때문에 작동기억의 스트레스를 제거한다. 일반적으로 정교화 전략의 목적은 학습내용의 요소를 사용하고 이에 기초하여 확대하도록 학생을 도와주는 데 있다. 다양한 정교화 전략들이 실생활의 문제해결을 도와주는 인지구조의 형성을 위하여 개발되었다. 이 전략에는 바꾸어 말하기, 요약, 유추, 생성적 노트 그리고 질문하고 답하기 등이 포함된다(McKeachie, Pintrich, Lin, & Smith, 1986; Pintrich, 2002; Weinstein & Mayer, 1986).

정교화 전략은 1970년대에 Charles Reigeluth와 그의 동료들에 의해서 제안된 정교화 이론적 틀에서 가장 중요한 요소들 중의 하나다. 이 이론은 교수설계에서 범위와 계열의 결정에 대한 안내를 제공한다(Reigeluth, 1999). 하나의 교수설계이론으로서 정교화 이론은 이어지는 아이디어가 통합될 수 있도록 유의미한 맥락을 제공하면서, 학습내용은 단순한 학습스킬로부터 복잡한 사고과정의 순서대로 조직되어야 한다고 주장한다. Abu와 Flower(1997)는 "정교화 이론은 가장 효과적인 학습방법 중에 하나로 학습 자료를 다른 누군가에게 설명하는 것을 제안한다."(p. 2)고 진술한다. 게다가 정교화 이론은 Slavin(1987)이 제안했듯이 협동학습에도 직접적으로 적용될 수 있다.

정교화 이론이 Reigeluth에 의하여 제안되기 이전에 미국 교육심리학자인 David Ausubel (1968)은 유의미학습이론의 일부로서 몇 가지의 정교화 전략을 개발했다. 그는 학습이 어떻게 일어나는지를 설명하고 유의미학습으로 이끄는 교수계열화의 기초로서 역할하는 '선행조직자(advance organizer)'의 개념을 사용하였다.

정교화 전략이 학습자들로 하여금 사전에 습득한 정보와 학습할 정보를 연결할 수 있는 다리를 설정하도록 돕는 것이기 때문에 이 전략들은 교수-학습을 위한 강력한 도구로 사용될 수 있다. Bernt와 Bugbee(1990)는 교육환경에 있는 학생들의 50~75%가 다른 성취수준에 있으면서도 정교화 전략을 사용한다는 것을 알아냈다. 또 다른 연구에서 Chuang과 Chen(2002)은 하이퍼텍스트 환경에서 정교화 전략의 효과를 탐색하여 사실과 개념 학습에 대한 학습자의 성취 측면에서 통제집단과 실험집단 사이에 통계적으로 유의미한 차이가 있음을 알아냈다.

Xudong Zheng
Xinmin Sang

참고문헌

Abu, R., & Flower, J. (1997). The effects of cooperative learning methods on achievement, retention, and attitudes of home economics students in North Carolina. *Journal of Vocational, & Technical Education*, *13*(2), 1-9.

Ausubel, D. P. (1968). *Educational psychology: A cognitive view*. New York: Holt, Rinehart and Winston.

Bernt, F. M., & Bugbee, A. C. (1990). Study practices of adult learners in distance education: Frequency of use and effectiveness. Paper presented at the Annual Meeting of the American Educational Research Association, Boston, MA. ERIC Document Reproduction Service No. ED 323385.

Chuang, C. P., & Chen, W. F. (2002). The effect of elaboration strategies in a hypertext environment on learning. In P. Barker & S. Rebelsky (Eds.), *Proceedings of World Conference on Educational Multimedia, Hypermedia and Telecommunications 2002* (pp. 295-296). Chesapeake, VA: AACE.

McKeachie, W. J., Pintrich, P. R., Lin, Y., & Smith, D. (1986). *Teaching and learning in the college classroom: A review of the research literature*. Ann Arbor, MI: National

Center for Research to Improve Postsecondary Teaching and Learning, University of Michigan.
Pintrich, P. R. (2002). The role of metacognitive knowledge in learning, teaching, and assessing. *Theory into Practice*, *41*(4), 219-225.
Reigeluth, C. M. (1999). The elaboration theory: Guidance for scope and sequence decisions. In C. M. Reigeluth (Ed.), *Instructional design theories and models: A new paradigm of instructional theory* (pp. 425-453). Mahwah, NJ: Lawrence Erlbaum Associates, Inc.
Slavin, R. E. (1987). Developmental and motivational perspectives on cooperative learning: A reconciliation. *Child Development, 58,* 1161-1167.
Weinstein, C. E., & Mayer, R. E. (1986). The teaching of learning strategies. In M. Wittrock (Ed.), *Handbook of research on teaching* (3rd ed., pp. 315-327). New York, NY: Macmillan.

Elaboration Theory: 정교화 이론

(ELABORATION SEQUENCING: 정교화 계열, ELABORATION STRATEGIES: 정교화 전략 참조)

Elaboration, Types of: 정교화 유형

(ELABORATION STRATEGIES: 정교화 전략 참조)

Leshin, Pollock과 Reigeluth(1992)에 의하면, "정교화는 새로운 개념을 관련된 사전 지식에 연계시키는 상세한 정보를 제공하고"(p. 206) 특히 개념학습에 유용하다. 다섯 가지 유형의 정교화 관계, 즉 상위적 관계, 동위적 관계, 하위적 관계, 경험적 관계, 유추적 관계가 있는데, 각 유형은 다른 교수방법을 필요로 한다(Leshin et al., 1992). 상위적(superordinate) 관계는 새로운 개념에 앞서 높은 수준의 개념을 제시한다. 보다 높은 수준의 개념은 보다 광범위하고 포괄적인 것을 말한다. 새로운 개념의 맥락을 제공하는 것이 적절하다. 동위적(coordinate) 관계는 같은 수준에 있는 개념을 제시한다. 비교와 대조를 통하여 사전지식과 새로운 개념의 유사점과 차이점을 보여 주는 것이 학습자들에게 도움이 된다. 하위적(subordinate) 관계는 새로운 개념의 부분과 종류를 제시한다. 새로운 개념을 부분 또는 종류로 분석하는 것이 학습자들에게 도움이 된다. 경험적(experiential) 관계는 새로운 개념의 사례나 예시를 제시한다. 예를 제공하면 학습자들이 관계를 이해하는 데 도움이 된다. 유추적(analogical) 관계는 새로운 개념과 내용 이외의 어떤 개념 사이의 유사점과 차이점을 제시한다. 유추적 관계와 동위적 관계의 다른 점은 비교된 개념이 내용 영역의 내부 혹은 외부에 있는가이다. 동위적 관계와 마찬가지로 유추적 관계는 비교와 대조를 통하여 가장 잘 학습된다.

Dabae hee

Yeol Huh

Charles M. Reigeluth

참고문헌

Leshin, C., Pollock, J., & Reigeluth, C. M. (1992). *Instructional design strategies and tactics*. Englewood Cliffs, NJ: Educational Technology Publications.

e-Learning: 이러닝

(DISTANCE EDUCATION AND LEARNING: 원격교육과 학습, MOBILE LEARNING: 모바일 학습 참조)

Electronic Performance Support System: 전자수행지원 시스템

(JOB AID: 직무보조, JUST-IN-TIME TRAINING: 적시훈련 참조)

전자수행지원 시스템(EPSS)은 과제 완수에 대해 안내하고 정보를 주는 컴퓨터로 전달되는 수행 향상을 위한 인터벤션을 말한다(Baker, van Schaik, & Famakinwa, 2007). EPSS 인터벤션의 두드러진 특징은 "훈련을 통한 사전에 임의의 시점이 아니라 작업이 수행되는 동안에" 효율적으로 활용된다(Nguyen & Klein, 2008, p. 96). EPSS는 수행자가 작업맥락에서 구체적인 과제를 더 잘 실행하게 하는 적시 정보, 자원 그리고 도구의 저장소이다(Yuxin & Harmon, 2006). 요약하면, EPSS는 "매우 정교한 과학기술적 직무보조"이고(McManus & Rossett, 2006, p. 8), 작업자들이 "자기들의 수행을 향상시키고 과제를 수행하는 동안에 적절한 지식과 스킬을 습득"하도록 한다(Chen, Hwang, Yang,

Chen, & Huang, 2009, p. 421). 예를 들면, 교사는 수업계획을 위한 활동을 찾기 위해 EPSS를 사용하고, 기술자는 수리 절차를 파악하기 위해 EPSS에 접근할 수도 있으며, 이벤트 계획자는 어떤 그룹을 위한 활동을 정하는데 EPSS를 사용할 수도 있다.

EPSS는 특정한 필요조건의 충족을 정의한 과제에 잘 작동한다. EPSS가 전형적으로 노동집약적인 설계, 결점 없는 실행, 비싼 테크놀로지를 필요로 하기 때문에 안정적인 내용과 과정을 포함하는 과제에 가장 잘 사용된다. 게다가 전자전달시스템에 접근하는 수많은 사람에 의해 자주 수행되는 과제여야 한다. 또한 기관은 내용이 바뀔 때마다 시스템을 만들고 실행하며 유지하는 데 필요한 자원을 가지고 있어야 한다.

Kathryn Ley

참고문헌

Barker, P., van Schaik, P., & Famakinwa, O. (2007). Building electronic performance support systems for first-year university students. *Innovations in Education & Teaching International, 44*, 243-255.

Chen, C., Hwang, G., Yang, T., Chen, S., & Huang, S. (2009). Analysis of a ubiquitous performance support system for teachers [Electronic version]. *Innovations in Education & Teaching International*, *46,* 421-433.

McManus, P., & Rossett, A. (2006). Performance support tools: Delivering value when and where it is needed. *Performance Improvement, 45*(2), 8-16.

Nguyen, F., & Klein, J. (2008). The effect of performance support and training as performance interventions [Electronic version]. *Performance Improvement Quarterly, 21*(1), 95-114.

Yuxin, M., & Harmon, S. (2006). Integrating knowledge management systems, electronic performance support systems, and learning technologies: A conceptual model [Electronic version]. *Performance Improvement Quarterly*, *19*(3), 107-120.

Emoticon: 이모티콘

(ON-LINE BEHAVIOR: 온라인 행동 참조)

Empowerment Evaluation: 권한위임평가

(EVALUATION MODELS: 평가 모형 참조)

Enterprise: 기업

(LEARNING TYPES: 학습유형 참조)

e-Portfolio: e-포트폴리오

(ASSESSMENT: 사정 참조)

전자 포트폴리오(즉, e-포트폴리오)라는 용어는 개인개발, 형성적 · 총괄적 평가 그리고 직무 관련 이력을 뒷받침하는 데 일반적으로 사용되는 개인 성과물의 디지털 소장품이다(Tosun & Baris, 2011). 1990년대 이후에 멀티미디어 저작 테크놀로지에 대한 접근성에 따라 전통적인 포트폴리오 개발을 전자적 방식이 보완해 왔다. '포트폴리오(portfolio)'란 말은 라틴어 'portare(가져오다)'와 'folium(서류, 특히 준거 기반 수집으로 모아진 것)'에서 왔다. 포트폴리오의 디지털화는 상당한 양의 저작물을 저장하고, 많은 청중에게 내용을 배포하며, 포트폴리오의 활용을 확장하기 위해 다른 용도에 맞게 내용을 수정하는 것과 관련한 이슈를 다루는 데 도움을 주었다.

포트폴리오에 관한 문헌(Barrett, 2010; Fox, Kidd, Painter, & Ritchie, 2006; Jafari & Kaufman, 2006)은 많은데, 포트폴리오의 가치를 다음과 같이 제안하고 있다.

> 포트폴리오의 내용이나 증거를 구성하고, 제시하며, 성찰하는 것…… 이것은 가르친 수업을 생각하고, 학생의 과업 샘플을 검토하며, 효과적이거나 실패한 수업의 장면을 정의하는 등의 가르치는 일에 대한 분류, 수집, 성찰하는 것과 더불어 왜 이런 일들이 자신의 철학과 실천에 중요한지를 분명히 하는 것을 필연적으로 포함한다. 타당화와 협의는 동료 및 멘토와의 포트폴리오에 관한 대화, 포트폴리오 증거의 제시와 같은 과정을 통해 생성된 실천적 지식에 대한 인식을 통하여 나타난다(Lyons, 1998, p. 5).

하지만 실제로는 유의미한 성찰에 대한 증거는 제한적이고, 양질의 항목을 선택하는 초점은 과정보다는 산출물을 우선시하는 경향이 있다는 증거가 제시되고 있다

(Crichton & Kopp, 2009). e-포트폴리오 옹호자로 알려진 Barrett(2010)은 이러한 주제를 다루는 연구가 시작되었다고 말하면서 eDOL(Electronic Documentation of Learning)을 강조하고 있다(Smits, Wang, Towers, Crichton, Field, & Tarr, 2005). eDOL은 "e-포트폴리오의 개발을 지원하기 위해 학생이 증거와 성찰을 이끌어 내는 저장고"로 Blog를 사용하는 것을 시험했다(Crichton & Kopp, 2009). 전자저널(electronic journals)의 사용은 ① 대화와 성찰을 가능하게 하고(Greenberg, 2006), ② 완성되지 않은 디지털 저작물을 지속적으로 수집하는 것을 지원하며, ③ 그 저작물에 대한 논의를 이끌어 내고, ④ 프로그램/과정에 걸쳐서 활동들을 통합하며, ⑤ 학습을 지속적으로 지원해 주는 개인적인 저장고로부터 자신들의 포트폴리오를 학생들이 개발하도록 도움을 준다. Barrett(2010)은 전자저널의 추가로 e-포트폴리오에 관한 문헌에서 산출물보다는 과정을 강조하게 되었다고 말하고 있다.

e-포트폴리오는 "지속적인 학습의 과정을 보여 주는 증거를 전자적으로 수집한 것이다. 포트폴리오는 구체적인 학문 분야나 평생학습에 연계할 수 있다. 작문 샘플, 사진, 비디오, 연구 프로젝트, 멘토나 동료의 관찰 그리고 반성적 사고를 증거로 포함할 수도 있다(Barrett, 2010, p. 292)." e-포트폴리오는 전형적으로 학습 사정, 역량 발굴에 관한 서술, 성찰 도구의 목적으로 쓰이며 직무와 관련된 이력서(CV) 개발의 근원이 될 수도 있다.

Susan Crichton

참고문헌

Barrett, H. (2010). Balancing the two faces of ePortfolios. In S. Hirtz (Ed.), *Education for a digital world 2.0.: Innovations in education, Volume 2*(pp. 291-310). Victoria, BC: Open School BC.

Crichton, S., & Kopp, G. (2009). The value of eJournals to support ePortfolio development for assessment in teacher education. *Canadian Journal of Learning and Technolog, 34*(3). Retrieved October 24, 2011 from http://www.cjlt.ca/index php/cjlt/article/view/502/233.

Fox, R., Kidd, J., Painter, D., & Ritchie, G. (2006). The growth of reflective practice: Teachers' portfolios as windows and mirrors. *The Teacher Educators Journal*. Available

A
B
C
D
E
F
G
H
I
J
K
L
M
N
O
P
R
S
T
U
V
W
Z

from http://www.ateva.org/blog/wp-content/uploads/2009/05 posting-fall-2006.pdf.
Greenberg, G. (2006). Can we talk: Electronic Portfolios as collaborative learning spaces. In Ali Jafari & Catherine Kaufman (Eds.), *Handbook of research on ePortfolios* (pp. 558-566). Hershey, PA: IGI Global.
Jafari, A., & Kaufman, C. (Eds.). (2006). *Handbook of research on ePortfolios.* Hershey, PA: IGI Global.
Lyons, N. (Ed.). (1998). *With portfolio in hand: Validating the new teacher professionalism*. New York, NY: Teachers College Press.
Smits, H., Wang, H., Towers, J., Crichton, S., Field, J., & Tarr, P. (2005). Deepening understanding of inquiry teaching and learning with e-Portfolios in a teacher preparation program. *Canadian Journal of Learning and Technology, 31*(3). Available from http://www.cjlt.ca/content/vol31.3/smits.html.
Tosun, N., & Baris, M. (2011). e-Portfolio applications in education. *The Online Journal of New Horizons in Education, 1*(4), 42-52.

Ethics: 윤리

(CHILDREN'S INTERNET PROTECTION ACT: 아동의 인터넷 보호법, CHILDREN'S ONLINE PRIVACY PROTECTION ACT: 아동의 온라인 개인정보 보호법, ONLINE BEHAVIOR: 온라인 행동, PROFESSIONAL STANDARDS: 직업적 기준 참조)

AECT에서 공표한 최신의 교육공학 정의는 윤리의 중요성을 다음과 같이 인식한다. "교육공학은 적절한 과학기술적 과정과 자원을 창출하고 활용하며 관리함으로써 학습을 촉진하고 수행성과를 향상시키는 연구와 윤리적 실천이다(Yeaman, Eastmond, Jr., & Napper, 2008)." 『Tech Trends』 저널에서는 윤리에 대한 칼럼을 오랫동안 유지해 왔고, '오늘의 윤리' '윤리적으로 말하면' '전문가의 윤리' 등이 확장되어 Paul W. Welliver(2001)의 전문직 윤리강령(A Code of Professional Ethics)에 포함되었다.

윤리강령은 전문직의 행동과 평가의 프레임워크를 형성하였다. AECT는 2001년에 가장 최근의 윤리강령을 채택했다. AECT의 모든 회원은 개인, 사회 그리고 전문직업에 대한 헌신을 강조하는 이 강령을 견지해야 한다(Association for Educational Communications and Technology, 2007). AECT 강령은 결의론적이라고 여겨지지 않고 단순한 기술적 고려를 넘어서는 윤리에 대한 논의로 이동하려고 한다. 현재의 강령은 교육공학 대학원 프로그램에서 프로그램의 전달과 산출물 개발에 맞추어지고 있다.

교육공학 실천가는 지역적인 실천기반을 넘어서 일어나는 윤리적인 이슈를 이해해야 한다. 인터넷은 독특한 윤리적인 문제, 특히 공공의 세상에서 개인의 프라이버시에 대한 질문을 제기한다. 최근의 법률은 비윤리적인 정보 사용과 표현의 자유 간 균형을 맞추려고 한다(예: 아동 온라인 개인정보 보호법, 2000; 아동 인터넷 보호법, 2001). 테크놀로지 전문가들은 자신들의 작업 상황에서 흘러나오는 정보에 대하여 책임을 져야 한다. 지적 재산권과 프라이버시 문제와 같은 어제의 윤리적 관심은 오늘날 법적 문제가 되었다.

Wendell G. Johnson

참고문헌

Association for Educational Communications and Technology (2007). *Code of professional ethics.* Retrieved from http://aect.org/About/Ethics.asp.

Welliver, P. W. (2001). *A code of professional ethics: A guide to professional conduct in the field of educational communications and technology.* Bloomington, IN: Association for Educational Communications and Technology.

Yeaman, A., Eastmond, Jr. J., & Napper, N. (2008). Professional ethics and educational technology. In A. Januszewski & M. Molenda (Eds.), *Educational technology: A definition with commentary* (pp. 283–326). New York: Lawrence Erlbaum Associates.

Evaluation: 평가

(INSTRUCTIONAL DESIGN MODELS: 교수설계 모형, EVALUATION MODELS: 평가 모형 참조)

문헌에 나오는 평가에 대한 정의는 무수히 많다. 어떤 것은 사회과학 연구 관점에, 어떤 것은 평가 결과 활용에, 어떤 것은 평가활동에 초점을 둔다(Russ-Eft & Preskill, 2001). 어떤 것은 평가의 영향에 관심을 두고(Guerra-López, 2007), 어떤 것은 유용성의 관점에(Patton, 2008), 또 수행 평가 관점에(Guerra-López, 2008), 그리고 훈련 평가

(Phillips, 1997)에 초점을 둔다. 이외에도 평가는 교육 부문, 공공 및 비영리 부문, 사업 및 산업 부문, 건강 영역 그리고 사회의 다른 영역에도 활용된다. Michael Scriven은 초기에 공통적으로 사용되는 정의들 중의 하나를 제공하고 있다.

> 평가는 어떤 것의 우수성, 유용성, 가치를 결정하는 과정이다…… 평가 과정은 보통 우수성, 유용성, 가치의 적절한 기준의 파악, 어떤 경우에는 (무엇이 평가되든) 이 기준에 관한 평가 대상의 수행에 대한 조사, 또 어떤 경우에는 전반적인 평가 또는 관련 평가들의 집합을 달성하기 위해 결과를 통합하고 종합하는 것을 포함한다(Scriven, 1991, p. 139).

관점이 무엇이든 간에, 초점이 어떻든 간에, 평가는 체계적이고 계획적이며 유목적적인 데이터 수집과 의사결정 그리고 우수성, 유용성, 가치를 표현하는 하나의 수단이다(Russ-Eft & Preskill, 2001).

평가에는 세 가지 유형, 즉 형성적(formative), 총괄적(summative), 확인적(confirmative) 평가가 있다.

형성평가는 "효과성과 매력성을 향상시키기 위하여 수업을 개선할 목적으로 개발 단계에서 수업의 장점과 단점을 판단하는 것이다. 평가는 다양한 데이터 수집 방법과 도구를 사용하여 다양한 원천으로부터 수업에 대한 데이터를 수집함으로써 수행된다(Tessmer, 1993, p. 11)." Fitzpatrick, Sanders와 Worthen(2011)은 "형성평가의 주 목적은 프로그램 향상을 위한 정보를 제공하는 것이다."(p. 20)라는 점에 동의하고 있다. 이러한 평가는 설계, 개발, 파일럿 또는 현장 테스트 중에 일어난다. 사용자는 주로 설계팀 구성원, 의사결정자와 이해관계자들이다.

총괄평가는 단기적 결과, 즉각적인 반응, 혹은 즉각적인 역량 향상을 결정하기 위하여 프로그램이나 과정이 종료되는 시점에 수행된다. "총괄평가는 의사결정자들이 프로그램을 계속하거나 사용자가 채택할 수 있도록 정보를 제공한다(Fitzpatrick, Sanders, & Worthen, 2011, p. 24)." 이 평가는 전체 실행 중이나 직후에 수행된다.

Dessinger와 Moseley(2004)는 "확인평가는 장기적으로 프로그램의 지속적인 우수성, 유용성, 가치를 판단하기 때문에 형성평가와 총괄평가를 넘어선다."고 주장한다(p. 204). 확인평가는 프로그램 성과의 유용성(아직도 이것이 필요한가?), 효과성(이것이 아직도 작동하는가?) 그리고 효율성(이것이 아직도 그것을 해내는 최선의 길인가?)을 결정해 왔다. 시기는 충분한 실행 후 3~12개월 또는 그 이상일 수도 있고 주요 사용자는 의사결정자, 프로그램사용자, 설계팀 구성원들이다.

Dessinger와 Moseley(2010)는 형성평가, 총괄평가, 확인평가에 메타평가를 더함으로써 전 범위에 걸친 평가를 제안한다. 메타평가는 확인평가 후에 행해지며 다른 세 가지 평가 유형들의 타당도와 신뢰도를 판단한다. 이 평가는 평가자에게 품질향상과 시사점에 대한 통찰을 제공한다.

James L. Moseley

참고문헌

Dessinger, J. C., & Moseley, J. L. (2004). *Confirmative evaluation: Practical strategies for valuing continuous improvement.* San Francisco: Pfeiffer/Wiley.

Dessinger, J. C., & Moseley, J. L. (2010). Full-scope evaluation: Do you "really oughta, wanna"? In J. L. Moseley & J. C. Dessinger (Eds.), *Handbook of improving performance in the workplace, Volume 3: Measurement and evaluation* (pp. 128-141). San Francisco: Pfeiffer/Wiley/ISPI.

Fitzpatrick, J. L., Sanders, J. R., & Worthen B. R. (2011). *Program evaluation: Alternative approaches and practical guidelines* (4th ed.). Boston: Pearson.

Guerra-López, I. J. (2007). *Evaluating impact: Evaluation and continual improvement for performance improvement practitioners. Amherst,* MA: HRD Press.

Guerra-López, I. J. (2008). *Performance evaluation: Proven approaches for improving program and organizational performance*. San Francisco: Jossey-Bass/Wiley.

Patton, M. Q. (2008). *Utilization-focused evaluation* (4th ed.). Los Angeles: Sage Publications.

Phillips, J. J. (1997). *Handbook of training evaluation and measurement methods* (3rd ed.). Houston, TX: Gulf Publishing Company.

Russ-Eft, D., & Preskill, H. (2001). *Evaluation in organizations: A systematic approach to enhancing learning, performance, and change.* Cambridge, MA: Perseus Publishing.

Scriven, M. (1991). *Evaluation thesaurus* (4th ed.). Newbury Park, CA: Sage Publications, Inc.

Tessmer, M. (1993). *Planning and conducting formative evaluations: Improving the quality of education and training*. London: Kogan Page.

Evaluation Models: 평가 모형

(EVALUATION: 평가, INSTRUCTIONAL OBJECTIVES: 교수목표 참조)

평가는 조직, 프로그램, 과정, 또는 산출물에 대한 데이터를 수집하고 분석하기 위한 체계적 과정이다. 평가의 목적은 조직, 프로그램, 과정, 또는 산출물의 지속성 또는 향상에 관련된 의사결정을 제고하는 데 있다. 그래서 "어떤 외부 대상자들이나 의사결정자의 편익을 위하여 프로그램이 끝난 후에 수행되는"(Scriven, 1991, p. 340) 총괄평가는 모니터링과 심사, 성과평가(outcome evaluation), 영향평가(impact evaluation), 성과측정(performance measurement)을 포함한다. 대조적으로, 형성평가는 일반적으로 "내부 구성원에 의하여 프로그램이나 산출물의 향상을 목적으로 수행된다(Russ-Eft & Preskill, 2009, p. 18)." 개발평가(developmental evaluation)는 "진행 중인 프로그램 개발에 관여하는 사용자들과 장기간에 걸친 파트너 관계를 설명한다(p. 312)."

다양한 종류의 모형과 접근방식이 평가를 위하여 개발되었는데, 여기서는 이들 중 몇 가지만 설명하고자 한다. 모형과 접근방식은, ① 초점질문, ② 결과물의 해당 사용자, ③ 이해관계자의 관여 정도, ④ 몇몇 기본 가정, ⑤ 주요 방법의 관점에서 다른 경향이 있다. 다음에서 몇 가지 모형들을 강조하고자 한다.

행동목표접근(behavioral objectives approach)은 어떤 프로그램이 그 목표나 성과를 성취했는가를 조사하는 데 집중한다(Bloom et al., 1956; Mager, 1962; Popham & Baker, 1970; Tyler, 1935). 관리자들이 이 결과물들의 주요 사용자들로 보이고, 이해관계자들의 관여는 제한적이다. 양적 데이터가 선호되고 성취 검사와 수행 데이터가 주로 사용된다.

4수준 평가체계(Kirkpatrick, 1959a, 1959b, 1960a, 1960b, 1994)는 반응, 학습, 행동, 결과의 준거들 중에서 한 가지나 그 이상을 조사하는 데 집중한다. 행동목표접근과 마찬가지로 관리자들이 결과물의 주요 사용자들로 보이고, 이해관계자들의 관여는 제한적이며, 양적 데이터를 선호한다. 하지만 이 양적 데이터에는 반응설문, 학습검사, 행동조사와 관찰, 결과 데이터 등이 포함된다.

권한위임 또는 전환적 평가(Fetterman, 1994; Fetterman & Wandersman, 2004; House, 1993; Mertens, 1998, 2009)는 주로 지역사회 구성원들의 향상과 자기결정성을 촉진하는 정보요구에 관한 질문에 초점을 둔다. 이해관계자에게 권한을 위임하는 정치적 어젠다에 대해서는 높은 수준에서 이해관계자의 참여가 요구된다. 혼합적 방법이 사용될 수 있지만 이 평가의 대부분은 질적 데이터를 사용한다.

이론중심평가(Bickman, 1987; Chen, 1990, 1994, 2005; Donaldson, 2007; Weiss, 1997)는 프로그램이 어떻게 작동되어야 하고 기본 가정이 무엇인지를 묻는 데 초점을 둔다. 이해관계자가 주로 정부기관이 되는 경향이 있어서 이해관계자의 관여가 보통 수준이다. 혼합적 방법이 사용될 수 있지만 이 평가의 대부분은 질적 데이터를 사용한다.

강점, 이점, 또는 성공 사례 접근(Brinkerhoff, 2003, 2005, 2006; Preskill & Catsambas, 2006)은 프로그램에서 성공과 성공적 사례들을 파악하는 데 집중한다. 무엇이 작동하고 왜 작동하는지에 관심이 있다. 주요 이해관계자는 경영층이나 조직 구성원이 될 수 있고 이해관계자의 관여 정도는 보통에서 높은 범위이다. 성공과 성공을 이끄는 요인들을 설명하는 담화와 스토리를 획득하기 위하여 질적 방법이 선호된다.

앞에서 언급된 모델들과 몇몇 다른 모델들에 대한 자세한 설명은 Russ-Eft와 Preskill (2009)에서 찾아볼 수 있다.

Darlene F. Russ-Eft

참고문헌

Bickman, L. (1987). The function of program theory. *Using Program Theory in Evaluation: New Directions for Program Evaluation*, no. 33. San Francisco: Jossey-Bass.

Bloom, B. S., Englehart, M. D., Furst, E. J., Hill, W. H., & Krathwohl, D. R. (1956). *Taxonomy of educational objectives: Handbook I. Cognitive domain*. New York, NY: David McKay.

Brinkerhoff, R. O. (2003). *The success case method: Find out quickly what's working and what's not*. San Francisco, CA: Berrett-Koehler.

Brinkerhoff, R. O. (2005). The success case method: A strategic evaluation approach to increasing the value and effect of training. *Advances in Developing Human Resources, 7*, 86-105.

Brinkerhoff, R. O. (2006). *Telling training's story: Evaluation made simple, credible, and effective.* San Francisco, CA: Berrett-Koehler.

Chen, H. (1990). *Theory-driven evaluation.* Newbury Park, CA: Sage.

Chen, H. (1994). Current trends and future directions in program evaluation. *Evaluation practice, 15,* 229-238.

Chen, H. (2005). *Practical program evaluation.* Thousand Oaks, CA: Sage.

Donaldson, S. I. (2007). *Program theory-driven evaluation science: Strategies and applications.* Mahwah, NJ: Lawrence Erlbaum.

Fetterman, D. M. (1994). Empowerment evaluation. *Evaluation Practice, 15,* 1-15.

Fetterman, D., & Wandersman, A. (2004). *Empowerment evaluation principles in practice.* New York, NY: Guilford Press.

House, E. R. (1993). *Professional evaluation.* Newbury Park, CA: Sage.

Kirkpatrick, D. L. (1959a, November). Techniques for evaluating programs. *Journal of the American Society of Training Directors(Training and Development Journal), 13*(11), 3-9.

Kirkpatrick, D. L. (1959b, December). Techniques for evaluating programs—Part 2: Learning. *Journal of the American Society of Training Directors(Training and Development Journal), 13*(12), 21-26.

Kirkpatrick, D. L. (1960a, January). Techniques for evaluating programs—Part 3: Behavior. *Journal of the American Society of Training Directors(Training and Development Journal), 14*(1), 13-18.

Kirkpatrick, D. L. (1960b, January). Techniques for evaluating programs—Part r: Results. *Journal of the American Society of Training Directors(Training and Development Journal), 14*(1), 28-32.

Kirkpatrick, D. L. (1994). *Evaluating training programs: The four levels.* San Francisco, CA: Berrett-Koehler.

Mager, R. F. (1962). *Preparing instructional objectives.* Palo Alto, CA: Fearon Press.

Mertens, D. M. (1998). *Research methods in education and psychology.* Thousand Oaks, CA: Sage.

Mertens, D. M. (2009). *Transformative research and evaluation.* New York, NY: Guilford Press.

Popham, W. J., & Baker, E. L. (1970). *Establishing instructional goals.* Englewood Cliffs, NJ: Prentice-Hall.

Preskill, H., & Catsambas, T. T. (2006). *Reframing evaluation through appreciative inquiry.* Thousand Oaks, CA: Sage.

Russ-Eft, D., & Preskill, H. (2009). *Evaluation in organizations: A systematic approach to enhancing learning, performance, and change* (2nd ed.). New York, NY: Basic Books.

Scriven, M. (1991). *Evaluation thesaurus* (4th ed.). Thousand Oaks, CA: Sage.

Tyler, R. (1935). Evaluation: A challenge to progressive education. *Educational Research Bulletin, 14,* 9-16.

Weiss, C. H. (1997). Theory-based evaluation: Past, present, and future. *New Directions for Evaluation, 76,* 41-55.

Events of Instruction: 교수사태/교수활동

(ANALOGY: 비유, COGNITIVE LEARNING THEORY: 인지주의 학습이론, CONDITIONS OF LEARNING: 학습의 조건, FEEDBACK: 피드백, GENERATIVE AND SUPPLANTIVE INSTRUCTIONAL STRATEGIES: 생성적-주입식 교수전략, PREREQUISITE SKILLS: 선수 기능 참조)

Examples and Non-Examples: 사례와 비사례

(LEARNING TYPES: 학습유형 참조)

사례와 비사례의 사용은 Bloom의 분류체계(Bloom, Engelhart, Furst, Hill, & Krathwohl, 1956; Krathwohl, 2002)의 적용수준, 보다 구체적으로는 개념-분류 수업(Merrill & Tennyson, 1975)과 매우 관련이 있는 미시적 수준의 교수전략이다.

사례와 비사례 전략은 "개념의 현저한 특징이나 요소에 관한 변별학습에서 학습자를 돕기 위하여 개념의 주요 속성을 설명해 주지 못하는 예와 대조적으로 개념의 주요 속성을 보여 주는 개념의 예를 사용하는 것"(Reigeluth & Keller, 2009, p. 37)으로 정의된다. 이 전략은 자주 개념 분류와 관련된다. 개념 분류는 하나의 종류에서의 일반화와 여러 종류들 사이에서의 변별로 설명된다(Mechner, 1965; Reigeluth, 1999a). Gagné (1985)가 지적했듯이 개념은 대부분의 인지능력의 기본이 되기 때문에 중요하다.

사례와 비사례는 개념 분류 학습을 위해서는 보통 일반성-사례-연습-피드백의 형식이 사용된다(Merrill & Tennyson, 1975; Reigeluth, 1999b). 전형이 형성된 뒤에 (Tennyson, 1973), 학습자는 개념의 공통성(주요 특성)을 배워야 하고 또 그 개념에 속하는 것들과 속하지 않는 것들을 구분하기 위해 사용하는 방법을 배워야 한다. 이 목적을 달성할 수 있는 한 가지 방법은 학생들에게 그 개념에 해당하는 예들을 제공하는 것이다. 학습자는 비록 같은 개념에 속하지만 어떻게 예들이 서로 다른지(가변적인 특성)를 학습할 필요가 있다. 이는 학생들에게 가능하면 서로 다른 확산적 예들을 제공함으로써 달성될 수 있다. 이렇게 하면 그 개념에 속한 것들에 대한 **일반화**(generalization)를 촉진할 수 있다. 학습자들이 그 개념에 속하는 것과 그렇지 않은 것을 변별하도록 도와주는 것도 중요하다.

사례를 사용하지 않고 개념을 이해하는 데 비사례를 사용하는 것은 효과적이지 않다(Bruner & Anglin, 1973; Bruner, Goodnow, & Austin, 1953; Hovland & Weiss, 1953; Smoke, 1933). 반면에 비사례가 사례와 함께 사용되면 개념 분류를 촉진하는 데는 유용한 효과를 가진다(Cohen & Carpenter, 1980; Klausmeier, 1976; Tennyson, 1973).

사례와 비사례에 대한 연구의 한 줄기는 이 두 가지를 어떻게 결합하는지다. 학생들이 사례와 비사례가 '합리적으로 계열화'된 수업자료를 공부할 때 학습이 증진됨이 확인되었다(Klausmeier, 1976). 즉, 이는 적어도 두 쌍의 보기들로 구성되며 각 보기는 대응되는 사례와 비사례와 연속되는 다른 한 쌍으로 구성된다(Klausmeier & Feldman, 1975; McMurray, Bernard, & Klausmeier, 1974; Tennyson, 1973).

Yeol Huh
Dabae Lee
Charles M. Reigeluth

참고문헌

Bloom, B. S., Engelhart, M. D., Furst, E. J., Hill, W. H., & Krathwohl, D. R. (1956). *Taxonomy of educational objectives: The classification of educational goals. Handbook 1*: Cognitive domain. Harlow, Essex, England: Longman Group.

Bruner, J. S., & Anglin, J. M. (1973). *Beyond the information given: Studies in the psychology of knowing.* New York: Norton.

Bruner, J. S., Goodnow, J. J., & Austin, G. A. (1953). *A study of thinking*. New York:

Wiley.

Cohen, M. P., & Carpenter, J. (1980). The effects of nonexamples in geometrical concept acquisition. *International Journal of Mathematical Education in Science and Technology, 11,* 259–263.

Gagné, R. M. (1985). *The conditions of learning and theory of instruction*(4th ed.). New York: Holt, Rinehart, & Winston.

Hovland, C. I., & Weiss, W. (1953). Transmission of information concerning concepts through positive and negative instances. *Journal of Experimental Psychology, 45*(3), 175–182.

Klausmeier, H. J. (1976). Instructional design and the teaching of concepts. In J. R. Levin & V. L. Allen (Eds.), *Cognitive learning in children: Theories and strategies* (pp. 191–217). New York: Academic Press.

Klausmeier, H. J., & Feldman, K. V. (1975). Effects of a definition and varying number of examples and nonexamples on concept attainment. *Journal of Educational Psychology, 67,* 174–178.

Krathwohl, D. R. (2002). A revision of Bloom's taxonomy: An overview. *Theory into Practice, 41*(4), 212–218.

McMurray, N. E., Bernard, M. E., & Klausmeier, H. J. (1974). *Lessons designed to teach fourth grade students the concept equilateral triangle at the formal level of attainment* (Practical Paper No. 14). Madison: Wisconsin Research and Development Center for Cognitive Learning. (ERIC Document Reproduction Service No. ED 100 720).

Mechner, F. (1965). Science education and behavioral technology. In R. Glaser (Ed.), *Teaching machines and programmed learning: Data and directions* (Vol. II, pp. 441–507). Washington, D.C.: National Education Association.

Merrill, M. D., & Tennyson, R. D. (1975). *Teaching concepts: An instructional design guide*. Englewood Cliffs, NJ: Educational Technology Publications.

Reigeluth, C. M. (1999a). Instructional design theories site. Retrieved from http://www.indiana.edu/~idtheory/home.html.

Reigeluth, C. M. (1999b). *Instructional-design theories and models: A new paradigm of instructional theory*. Mahwah, NJ: Erlbaum.

Reigeluth, C. M., & Keller, J. B. (2009). Understanding instruction. In Charles M. Reigeluth &

Alison A. Carr-Chellman (Eds.), *Instructional-design theories and models: Building a common knowledge base* (Vol. III, pp. 27-39). New York, NY: Routledge.

Smoke, K. L. (1933). Negative instances in concept learning. *Journal of Experimental Psychology, 16*(4), 583-588.

Tennyson, R. D. (1973). Effect of negative instances in concept acquisition using a verbal learning task. *Journal of Educational Psychology*, *64,* 247-260.

Expert System: 전문가 시스템

(EXPERTISE: 전문성, KNOWLEDGE MANAGEMENT: 지식경영, SIMULATION: 시뮬레이션 참조)

전문가 시스템은 전문가인 사람을 모방하거나 그 사람이 전문가로서 수행하는 데 도움을 주기 위해 문제해결자 또는 의사결정자를 적극적으로 지원하는 컴퓨터 프로그램이다. 전문가 시스템은 인공지능으로 알려진 첨단 분야의 한 부분으로 1960년대에 처음 개발되었다. 복잡한 문제를 해결하는 기계 지능과 컴퓨터 언어(예: ALGOL과 LISP)에 관한 John McCarthy(1959)의 연구로 거슬러 올라간다(Nilsson, 2010 참조).

1960년대에 Edward Feigenbaum과 Joshua Lederberg에 의하여 개발된 HEURIST DENDRAL로 알려진 소프트웨어는 실질적이고 실행 가능한 특정 분야의 지식을 가진 컴퓨터 프로그램은 복잡한 화학합성물의 구조로 설명할 수 있다고 입증하였다(Lindsay, Buchanan, Feigenbaum, & Lederberg, 1980). Dendral 프로젝트의 성공은 거의 모든 전문가 시스템이 따르는 경로, 즉 전문가 문제해결자나 의사결정자에 의하여 사용되는 특정 분야 지식의 모형을 창출해냈다. 특정 분야 모형은 전문가 시스템의 지식기반을 구성하는 하나 이상의 규칙 세트 형태를 가진다. 전문가 시스템은 구체적인 상황 또는 상태를 분석하고, 어느 규칙이 적용될 수 있으며, 바람직한 성과를 가장 잘 산출할 것 같은 규칙을 결정하는 추론 엔진을 필요로 한다(Biondo, 1990; Hayes-Roth, 1984). 지식기반, 상황분석기 그리고 추론 엔진을 구성하는 여러 방식들이 있다.

전문가 시스템 테크놀로지는 다양한 학습과 수업 맥락에서 적용되어 왔다. 지능형 튜터링 시스템은 숙련된 인간 튜터의 행동을 모방하도록 의도된 전문가 시스템으로 학생이 무엇을 아는지와 모르는지를 분석하고, 구체적 문제를 진단하며, 적절한 수업자원과 학습활동을 선정하기 위해 특정 분야의 지식을 검색한다(Psotka & Mutter,

1988). 교수-학습에 대한 전문가 시스템의 적용에 있어서 최근의 발전은 학습자 사고의 컴퓨터 시뮬레이션 또는 인지적 튜터링 시스템을 만드는 것을 포함한다(Anderson, Corbett, Koedinger, & Pelletier, 1995).

전문가 시스템은 개인화된 학습과 역동적인 형성적 피드백을 지원하는 데 사용될 수 있는 적응적 테크놀로지의 형태를 나타낸다(Pirnay-Dummer, Ifenthaler, & Spector, 2010; Savenye & Spector, 2010). 일반적으로 교육공학 영역에서 전문가 시스템과 적응적 테크놀로지는 교육공학자, 평가전문가, 교수설계자, 교사와 훈련가들의 능력을 지원함으로써 그들이 어떤 지식과 경험이 부족하더라도 높은 수준의 전문성을 계속적으로 수행할 수 있도록 해 준다(Spector, 2008; Spector & Kim, 2012).

J. Michael Spector

참고문헌

Anderson, J. R., Corbett, A. T., Koedinger, K. R., & Pelletier, R. (1995). Cognitive tutors: Lessons learned. *The Journal of the Learning Sciences*, *4*(2), 167-207.

Biondo, S. J. (1990). *Fundamental of expert systems technology*: Principles and concepts. Norwood, NJ: Ablex.

Hayes-Roth, F. (1984). The knowledge based expert system: A tutorial. *IEEE Computer, 17*(9), 11-28.

Lindsay, R. K., Buchanan, B. G., Feigenbaum, E. A., & Lederberg, J. (1980). *Applications of artificial intelligence for organic chemistry: The Dendral project*. New York: McGraw-Hill.

McCarthy, J. (1959). Programs with common sense. *Proceedings of the Teddington Conference on the Mechanization of Thought Processes*(pp. 756-791). London: Her Majesty's Stationery. Retrieved from http://www-formal.stanford.edu/jmc/mcc59/mcc59.html.

Nilsson, N. J. (2010). *The quest for artificial intelligence: A history of ideas and achievements*. Cambridge: Cambridge University Press.

Pirnay-Dummer, P., Ifenthaler, D., & Spector, J. M. (2010). Highly integrated model assessment technology and tools. *Educational Technology Research & Development, 58*(1), 3-18.

Psotka, J., & Mutter, S. A. (1988). *Intelligent tutoring systems: Lessons learned.* Mahwah, NJ: Erlbaum.

Savenye, W. C., & Spector, J. M. (2010). The future of adaptive tutoring and personalized instruction: Introduction to the special issue. *Technology, Instruction, Cognition, & Learning, 8*(2), 97–101.

Spector, J. M. (2008). Expertise and dynamic tasks. In H. Qudrat–Allah, J. M. Spector, & P. I. Davidsen (Eds.), *Complex decision making: Theory and practice*. Berlin: Springer–Verlag.

Spector, J. M., & Kim, C. (2012). A model–based approach for assessment and motivation. *Computer Science and Information Systems*, *9*(2). doi: 10.2298/CSIS111226016S.

Expertise: 전문성

(DESIGNER DECISION–MAKING RESEARCH: 설계자 의사결정 연구, PRACTICE: 실천 참조)

전문성은 학습과 인지에 관한 특정 연구 영역으로, 특정 영역의 전문가에 의한 수행과 초심자나 혹은 상대적으로 초심자의 동일한 활동에 대한 수행을 대조적으로 검토한다. 이 문제는 운동 경기와 다른 운동기능(예: 타이핑과 텔레그래피), 창의적 예술(예: 음악, 글쓰기), 게임(예: 체스), 과학 그리고 많은 다른 노력과 같은 다양한 기술들에 걸쳐 검토되었다.

한때 이러한 수행 우위는 주로 지적 우위의 관점에서 설명되었을 수 있다. 하지만 그 설명이 스포츠와 같은 일부 영역에서는 잘 적용되지 않는 것처럼 보이고, 다른 영역에서는 지능과는 상관 관계가 크지도 않다. 하지만 Galton(1979/1869)의 초기 관심은 개인의 탁월한 수행을 실현하기 위해 동기와 노력이 필요하다는 점에서 타고난 재능이 아닌 탁월한 요인을 인정했다.

선구적 연구 중에서, Simon과 Chase(1973)는 체스 게임에서 10년의 집중적인 준비와 경험이 없이는 아무도 체스 마스터의 수준이 될 수 없다는 이른바 '10년 법칙'을 소개했다. 이 정도로 요구되는 연습은 다른 체스 마스터에게서도 확인되었고 수많은 다른 영역에서도 관찰되었다. 10년(10,000시간) 법칙은 재능과 노력, 유전과 환경의 상호 작용을 보여 준다. 경험 자체가 전문가 수준의 수행을 보장하지는 않지만, 경험은 필수적인 요소이고 중요한 것은 열망하는 사람의 통제하에 있다는 것이다.

오늘날의 전형적인 특징은 전문가의 우월성은 어떤 과제나 스킬에 맞는 타고나 유전적 역량을 바탕으로 수년간의 연습에서 나온다는 것이다(Ericsson, Krampe, & Tesch-Römer, 1993). 구체적 영역에 제한된 이 우월성으로, 그 결과는 전문가의 정보처리, 의사결정, 수행이 다른 양식으로 나타난다(Ericsson, 1996, 2009; Ericsson, Charness, Feltovitch, & Hoffman, 2006). 예를 들면, 초심자는 정해진 규칙과 전략으로 과제에 접근하고 의식적으로 수행을 점검하는 반면에, 전문가는 덜 의식적으로 수행하고 자동성을 보인다. 초심자는 상황의 측면들을 분리해서 동등하게 중요한 정도로 보는 반면에, 전문가는 보다 큰 단위로 정보를 처리한다. 전문가는 보다 큰 범위의 전략을 가지고 성공에 필요한 정도로 전략을 수정하는 데 보다 유연하다. 초심자는 걱정과 같은 외부 요인에 의하여 당황해하지만, 숙련된 수행자는 보다 초점을 잘 유지할 수 있다.

연습의 중요성이 잘 확립되어 현재의 많은 연구는 잠재성을 달성하는 데 효과적인 '연습(practice)'의 특징에 집중하고 있다. 연습은 반복 그 자체 이상이어야 하며, 교육 또는 훈련 체제에 의도적으로 통합될 수 있는 연습에 관한 것이 무엇인가? 또한, 사려 깊은 연습의 혜택이 전문성 향상에 연결되는지를 어떻게 측정할 수 있는가?

John Mueller

참고문헌

Ericsson, K. A. (1996). *The road to excellence.* Mahwah, NJ: Lawrence Erlbaum.

Ericsson, K. A. (Ed.) (2009). *Development of professional expertise: Toward measurement of expert performance and design of optimal learning environments.* Cambridge, UK: Cambridge University Press.

Ericsson, K. A., Krampe, R. Th., & Tesch-Römer, C. (1993). The role of deliberate practice in the acquisition of expert performance. *Psychological Review, 100*(3), 363-406.

Ericsson, K. A., Charness, N., Feltovitch, P. J., & Hoffman, R. R. (Eds.) (2006). *The Cambridge Handbook of Expertise and Expert Performance. Cambridge,* UK: Cambridge University Press.

Galton, F. (1979/1869). *Hereditary genius: An inquiry into its laws and consequences.* London, UK: Julian Friedman Publishers.

Simon, H. A., & Chase, W. G. (1973). Skill in chess. *American Scientist, 61,* 394-403.

External Conditions of Learning: 학습의 외적 조건

(CONDITIONS OF LEARNING: 학습의 조건 참조)

Extraneous Cognitive Load: 외재적 인지부하

(COGNITIVE LOAD: 인지부하 참조)

Extrinsic Motivation: 외적 동기

(MOTIVATION: 동기 참조)

Fact: 사실

(LEARNING TYPES: 학습유형 참조)

Far Transfer: 원전이

(TRANSFER: 전이 참조)

Feedback: 피드백

(PRACTICE: 연습, PROGRAMED INSTRUCTION: 프로그램 수업, PROMPTING: 프롬프팅 참조)

피드백은 "바람직한 성취로의 진행에 대한 점검과 평가를 위해 설계된 목표달성에 관한 정보이다(Spector, Merrill, van Merriënboer, & Driscoll, 2008, p. 820)." 피드백은 학습에 근본적이고(Hattie & Timperley, 2007) 교수설계의 거의 모든 측면에서 발견된다. 피드백이 모든 교수체제설계(ISD)의 이론적 기반이 되는 주요 요소라는 사실을 고려하면 피드백의 보편성은 놀라운 일이 아니다(Richey, 1986). 피드백은 수업을 향상시키고 학습을 강화할 수 있어서 설계에서 필수적인 요소이고 다양한 교수적, 비교수적 상황에 적용된다.

피드백은 형성평가의 모습으로 교수설계 모형에서 중요한 역할을 한다. 모형이 형성평가를 어떻게 사용하든 그래픽으로 어떻게 표현되든 상관없이, ISD의 순환적인 특성은 과정을 향상시키는 정보에 의존한다(Dick, Carey, & Carey, 2009). 설계자나 개발자는 설계의 부족한 부분을 파악하고 프로그램의 질을 향상시킬 목적으로 내용 전문가의 검토, 학습자 시범 그리고 파일럿 테스트를 한다. 피드백은 또한 대부분의 수행향상시스템의 중요한 원리 중 하나이다. Tosti(2006, p. 5)는 "작업자는 수업만으로는 기본 수준의 역량에도 도달할 수가 없고 작업의 능숙도는 연습과 피드백을 요구한다."고 제안한다. 360도 평가, 코칭과 성과평가시스템과 같은 수행향상도구들은 모두 피드백의 교정적 역할을 활용한다.

수업의 맥락에서 피드백은 학습자의 수행을 수정하는 데 초점을 둔다. Gagné의 아홉 가지 수업사태는 미시적 설계 모형으로 7번째 사태는 교수자들에게 "수행교정을 위한 피드백을 제공하라."고 제시한다(Gagné, Wagner, Golas, & Keller, 2005, p. 105). 피드백은 학습을 강화하고 학습자가 조정하고 수정하는 것을 촉진한다. 수업 상황에서 학습자는 일반적으로 피드백의 '수령자'로 보인다. 그러나 Lee, Lim과 Grabowski(2010)는 이 관계를 수정해서 학습자에게 자신이 피드백의 제공자가 되도록 훈련시킨다. 그들은 학습자의 자기조절을 증강시키는 전략으로 '메타인지적 피드백'을 사용하고 있다.

피드백이 무엇이고, 피드백이 수업을 안내하는 역할을 하며, 피드백이 학습에 가져오는 가치에 대하여 대부분 동의하고 있다. 그러나 피드백을 가장 잘 제공하는 방법에 대해서는 일부 논쟁이 있다(Shute, 2008). 이러닝의 증가로 시간, 구체성, 피드백의 형태와 같은 변인에 대한 새로운 관심이 나타났다. 이러닝의 맥락에서 피드백은 e-평가와 테크놀로지 매개 피드백(Miller, Doering, & Scharber, 2010), e-피드백(Rigas & Alharbi, 2011)으로 현재 논의되고 있다. 교수설계자는 학습관리 시스템이 더 정교화됨에 따라 학습자의 수행을 자동적으로 교정하는 데 즉각적이고 목표지향적인 피드백을 제공할 수 있게 되었다(Sabry & Barker, 2009). 이 시스템은 단순한 '옳음' 대 '그름'의 반응을 넘어서고 있다. 상세한 피드백은 예상된 학습자 반응에 기반해서 미리 계획될 수 있다. 자동화된 피드백은 관련된 수업내용으로 되돌리는 링크, 학습을 강화할 수 있는 부가적인 자원으로의 링크, 부족한 스킬을 보충하는 수업범주 밖의 내용으로의 링크 등을 포함할 수 있다(Wieling & Hofman, 2010). 피드백의 성질과 시간계획은 또한 학습을 향상시키는 것에 부가해서 학습자의 만족도 인식에도 영향을 준다(Espasa & Meneses, 2010). 모든 단계에서 학습자는 피드백을 필요로 하고 교수설계자는 이런 요구를 충족시킬 수 있도록 적시에 목표지향적인 피드백을 설계에 구축할 수 있는 창의적인 방법을 계속해서 찾을 것이다.

Lynn Wietecha

참고문헌

Dick, W., Carey, L., & Carey, J. O. (2009). *The systematic design of instruction* (7th ed.). Upper Saddle River, NJ: Merrill.

Espasa, A., & Meneses, J. (2010). Analyzing feedback processes in an online teaching and learning environment: An exploratory study. *The International Journal of Higher Education and Educational Planning, 59*(3), 277–292.

Gagné, R. M., Wagner, W. W., Golas, K. C., & Keller, J. M. (2005). *Principles of instructional design* (5th ed.). Belmont, CA: Wadsworth.

Hattie, J., & Timperley, H. (2007). The power of feedback. *Review of Educational Research, 77*(1), 81–112.

Lee, H. W., Lim, K. Y., & Grabowski, B. L. (2010). Improving self-regulation, learning strategy use and achievement with metacognitive feedback. *Educational Technology Research and Development*, *58*(6), 629–648.

Miller, C., Doering, A., & Scharber, C. (2010). No such thing as failure, only feedback: Designing innovative opportunities for e-assessment and technology mediated feedback. *Journal of Interactive Learning Research, 21*(1), 65–92.

Richey, R. C. (1986). *The theoretical and conceptual bases of instructional design.* London: Kogan Page.

Rigas, D., & Alharbi, A. (2011). An investigation of the role of multimodal metaphors in e-feedback interfaces. *Interactive Technology and Smart Education*, *8*(4), 263–270.

Sabry, K., & Barker, J. (2009). Dynamic interactive learning systems. *Innovations in Education and Teaching International, 46*(2), 185–197.

Shute, V. J. (2008). Focus on formative feedback. *Review of Educational Research*, *78*(1), 153–189.

Spector, J. M., Merrill, M. D., van Merriënboer, J., & Driscoll, M. P. (Eds.) (2008). *Handbook of research on educational communications and technology* (3rd ed.). New York: Lawrence Erlbaum Associates, Publishers.

Tosti, D. T. (2006). What ever happened to feedback technology? *Performance Improvement, 45*(2), 5–7.

Wieling, M. B., & Hofman, W. H. A. (2010). The impact of online video lecture recordings and automated feedback on student performance. *Computers & Education, 54*(4), 992–998.

Field Dependence and Independence: 장의존과 장독립

Witkin, Moore, Goodenough와 Cox(1977)는 인지양식을 사람이 장 의존적이냐 장 독립적이냐가 될 수 있는 정도라고 설명하고 측정하였다. 장의존과 장독립(FDI)은 정서, 성격, 신경심리학적 과정에 널리 퍼진 공간 지각력에서의 개인차로 정의되어 왔다(Korchin, 2001). 학습양식과는 달리, 인지양식은 공간 학습에 영향을 미친다(Rittschof, 2010). FDI는 정서, 성격, 심리적 과정에 영향을 준다(korchin, 2001). 그 효과는 FDI가 정보처리 모형에서 하나의 구성개념으로 포함될 정도로 뚜렷하다(Tsitsipis, Stamovlasis, & Papageorgiou, 2010).

FDI의 탁월함이 알려지자, FDI를 정확히 측정하고자 하는 많은 노력이 있었다. 하나의 예로, 지필로 반응자의 FDI를 신뢰성 있게 측정할 수 있는 GEFT(Group Embedded Figures Test)가 있다. 이 검사는 반응자의 인지양식이 시각적 큐(즉, 장의존)에 의하여, 또는 몸 전체적 큐(즉, 장독립)에 의하여 현저하게 결정되는지를 알려 준다(Witkin et al., 1977). 시각적-공간적 작동기억의 차이에 대한 검증된 척도인 GEFT는 FDI가 학습 성과를 예측할 수 있는 관찰 가능하고 예측 가능한 현상이라는 증거를 제공하고 있다. 역사적으로 인지양식과 연관되고 학습양식과는 덜 연관된 FDI는 교수설계를 위한 시사점과 함께 지속적인 연구를 유도하고 있다(Rittschof, 2010). FDI 연구자를 위한 미래의 질문은 "상호작용적인 학습환경이 학습자의 시각적-공간적 작동기억을 평가하고 개선하는 데 도움이 되도록 개발될 수 있는가"이다(Rittschof, 2010, p. 111).

Kathryn Ley

참고문헌

Korchin, S. J. (2001). Witkin, Herman A. (1916-1979). In Craighead, W. E., & Nemeroff, C. B. (Eds.) (2001). *The Corsini encyclopedia of psychology and behavioral science* (3rd ed.). New York: John Wiley & Sons.

Rittschof, K. A. (2010). Field dependence-independence as visuospatial and executive functioning in working memory: Implications for instructional systems design and research. *Educational Technology Research and Development*, *58*(1), 99-114.

Tsitsipis, G., Stamovlasis, D., & Papageorgiou, G. (2010). The effect of three cognitive variables on students' understanding of the particulate nature of matter and its changes of state. *International Journal of Science Education*, *32*(8), 987–1016.

Witkin, H. A., Moore, C. A., Goodenough, D. R., & Cox, P. W. (1977). Field-dependent and field-independent cognitive styles and their educational implications. *Review of Educational Research*, *47*(1), 1–64.

Forgetting: 망각

(MEMORY: 기억 참조)

Formative Evaluation: 형성평가

(ASSESSMENT: 사정, EVALUATION: 평가, EVALUATION MODELS: 평가 모형, FEEDBACK: 피드백 참조)

Four-C Instructional Design: 4C-ID

(INSTRUCTIONAL DESIGN MODELS: 교수설계 모형 참조)

Four-Level Evaluation Model: 4수준 평가 모형

(EVALUATION MODELS: 평가 모형 참조)

Front-End Analysis: 전단분석

(ANALYSIS: 분석 참조)

Full-Scope Evaluation: 전 범위 평가

(EVALUATION: 평가 참조)

G

Game-Based Learning: 게임 기반 학습

(DIGITAL GAME-BASED LEARNING: 디지털 게임 기반 학습 참조)

Game Design: 게임 설계

(DIGITAL GAME-BASED LEARNING: 디지털 게임 기반 학습, INSTRUCTIONAL DESIGN MODELS: 교수설계 모형, VIRTUAL WORLDS: 가상세계 참조)

교육공학 문헌에서는 '게임 설계'를 다음의 몇 가지 관점을 포함해서 설명한다.

- 게임 창조의 영역
- 게임을 학습으로 설계하고 통합하는 모형과 프레임워크
- 교수설계가 어떻게 게임 설계와 정보를 주고받는지 고찰
- 게임 설계자로서의 학습자 고찰

일반적으로 말해서 제작자들은 '게임 설계'를 단지 기획 활동으로만 보는 설계에 대한 좁은 관점보다는 전체를 포함하는 것으로 설명한다. 제작자들은 전형적으로 게임 설계를 '교수설계'라는 용어와 같은 방식으로 개발과 검증 같은 것을 포함하는 전반적인 설계과정으로 본다.

'놀이의 규칙'에서 Zimmerman과 Salen(2004)은 일반적으로 설계는 "설계자가 참가자와 만나게 되고 그 안에서 의미가 생성되는 맥락을 창출하는 과정"(p. 41)이라고 설명한다. Zimmerman(2008)은 나중에 정교화하면서, 게임 설계자는 참가자가 놀이 경험을 창출하고 그 경험 속에서 의미도 창출하는 구조의 창의자(a creator of structure)라고 설명하였다. Henry Jenkins(2004)는 게임 설계자를 스토리를 말하고 기억을 저장하며 참가자에게 그 게임 경험의 이야기를 경험하고 창출하게 하는 등 세상을 창출하는 '담화 설계자(narrative architects)'(p. 118)로 설명한다.

경험 있는 몇몇의 교수설계자들에 의하여 선택된 하나의 접근방법은 게임 설계와 교수설계 사이의 중복을 조사하고, 학습을 위한 게임 창작에 대한 구체적인 설계 프레임워크와 모형을 설명하는 것이다(Echeverria et al., 2011; Mariais, Michau, & Pernin, 2012). Dickey(2005)는 학습의 원리에 관여한 전통적인 교수설계와 특히 다른 종류의 상호작용적인 학습환경 설계를 알려 주는 게임 설계의 이런 요소들을 강조하는 게임 설계 사이의 평행선을 설명한다. 이 분야의 초기 연구에서 Richard Duke(1980)는 기능성 게임과 시뮬레이션을 설계하는 데 표준화된 9단계의 접근을 제안했다. 이 접근에는 진술된 명세서와 문제파악(분석), 요소 선정과 게임 기획(설계), 게임 구축(개발), 검증과 평가(실행과 평가)와 같은 전통적인 교수설계 모형에서 발견되는 요소들이 포함되어 있다. 보다 최근에 Gee(2006)는 좋은 비디오 게임에서 찾은 학습의 원리를 조사하고 이 원리들이 다른 종류의 학습경험(디지털과 아날로그, 교내와 교외)에 어떻게 적용하는지를 설명함으로써 훨씬 넓은 의미에서 연구하였다.

Rieber, Barbour, Thomas와 Rauscher(2009)는 학생들이 파워포인트와 같은 간단한 도구를 사용하는 게임을 창출하여 교과내용과 설계를 배우는 경험을 설명함으로써 게임 설계자로서의 학습자를 명확하게 언급한다. Games(2010)는 학생들이 게임 설계의 언어와 연습에 몰두하여 창의적 표현, 테크놀로지 리터러시, '설계자의 정신자세' 개발을 가능하게 하는 도구를 설명함으로써 게임 놀이와 게임 설계를 혼합한다(p. 31). 이와 유사하게도, Peppler와 Kafai(2007)는 학습자에 의한 게임 설계는 증가하는 참여적인 미디어 문화를 반영한다고 제안한다.

Jason Underwood

참고문헌

Dickey, M. D. (2005). Engaging by design: How engagement strategies in popular computer and video games can inform instructional design. *Educational Technology Research and Development*, *53*(2), 67–83.

Duke, R. (1980). A paradigm for game design. *Simulation & Games, 11*(3), 364–377.

Echeverria, A., Garcia-Campo, C., Nussbaum, M., Gil, F., Villalta, M., Amestica, M., & Echeverria, S. (2011). A framework for the design and integration of collaborative classroom games. *Computers & Education*, *57*(1), 1127–1136.

Games, I. A. (2010). Gamestar mechanic: Learning a designer mindset through communicational competence with the language of games. *Learning, Media and Technology, 35*(1), 31–52.

Gee, J. P. (2006). *What video games have to teach us about learning and literacy.* New York: Palgrave Macmillan.

Jenkins, H. (2004). Game design as narrative architecture. In N. Wardrip–Fruin & P. Harrigan (Eds.), *First person: New media as story, performance, and game* (pp. 118–130). Cambridge. MA: MIT Press.

Mariais, C., Michau, F., & Pernin, J. (2012). A description grid to support the design of learning role–play games. *Simulation & Gaming, 43*(1), 23–33.

Peppler, K., & Kafai, Y. (2007). From supergoo to scratch: Exploring creative digital media production in informal learning. *Learning, Media, and Technology, 32*(2), 149–166.

Rieber, L., Barbour, M., Thomas, G., & Rauscher, D. (2009). Learning by designing homemade PowerPoint games. In C. Miller (Ed.), *Games: Purpose and potential in education* (pp. 1–20). New York: Springer.

Zimmerman, E. (2008). Gaming literacy: Game design as a model for literacy in the twenty–first century. In B. Perron & M. Wolf (Eds.), *The video game theory reader 2* (pp. 23–31). New York, NY: Routledge.

Zimmerman, E., & Salen, K. (2004). *Rules of play: Game desige fundamentals*. Cambridge, MA: The MIT Press.

Games, Types of: 게임 유형

(DIGITAL GAME–BASED LEARNING: 디지털 게임 기반 학습 참조)

Gap Analysis: 차이분석

(ANALYSIS: 분석, NEEDS ASSESSMENT: 요구사정 참조)

Gateway: 게이트웨이

(INFORMATION GATEKEEPER: 정보 게이트키퍼 참조)

Generality: 일반성
(DISCOVERY-EXPOSITORY LEARNING CONTINUUM: 발견식-설명식 학습연속성 참조)

일반성은 Bloom의 분류체계에서 적용수준의 학습을 위한 미시적 교수전략이다(Bloom, Engelhart, Furst, Hill, & Krathwohl, 1956; Krathwohl, 2002). 적용수준의 학습은 학습자에게 일반성, 예 그리고 연습을 제공할 때 가장 효과적임이 알려져 있다(Reigeluth & Darwazeh, 1982). Merrill, Reigeluth와 Faust(1979)에 의하면 "일반성은 하나 이상의 경우에 적용되는 진술이다(p. 29)."

일반성은 개념(conceptual) 학습, 절차(procedural) 학습, 인과(causal) 학습에 사용될 수 있다. 개념 학습에서 일반성은 개념의 정의이다(Merrill et al., 1979). Merrill(1983)에 의하면 개념의 정의는 "개념 이름, 상위 분류, 개념을 정의하고 교차하는 속성들의 목록 그리고 이들 속성 간의 관계 특성으로 구성된다(p. 315)." 어떤 학습자가 '포유동물'이라는 적용수준의 개념을 성취하려 한다고 가정하자. 즉, 학습자는 포유동물과 비포유동물을 구분하기 위하여 자신의 지식을 적용하길 원한다. 설명식 접근에서는 학습자에게 '털을 가진 척추동물'(일반성 사용 학습을 위해 사례, 비사례, 연습 포함)과 같은 포유동물의 정의가 주어진다. 발견식 접근에서는 학습자에게 일반성[주요(critical) 특성]을 발견하게 도움이 되는 사례와 비사례가 주어진다.

절차 학습에서 일반성은 한 세트의 단계나 알고리즘이다(Merrill, 1983). Merrill(1983)에 의하면 절차의 일반성은 "과정에서 산출되어야 하는 목표나 성과, 그 절차의 이름, 관련된 단계들을 각각 파악, 이 단계들이 일어나는 순서를 지시하는 장비, 과정 절차와 결정 절차 사이의 구분 그리고 절차와 특별한 결정에서 나오는 대안의 표시"(p. 315) 등으로 구성된다. 분수 덧셈을 위한 절차에 대한 예가 있다(Reigeluth, 1999).

인과 학습에서 일반성은 하나의 명제(proposition)이다(Merrill, 1983). Merrill에 의하면 하나의 명제는 "원리의 이름, 그 원리를 포괄하는 요소 개념의 파악, 인과관계의 진술"(p. 315) 등으로 구성된다. Reigeluth(1999)는 하나의 보기로 수요-공급의 법칙을 확인하고 인과원리를 적용하는 세 가지 방법(즉, 예측, 설명, 해결)을 제안했다. 예측은 학습자가 특별한 인과 사태가 주어지면 무슨 일이 일어날지를 예상할 때 생긴다. 설명은 학습자가 주어진 사태(효과)의 원인을 해설할 수 있을 때 일어난다. 해결은 학습자가 바람직한 효과(해결된 문제)를 야기시키는 필요한 행동(원인)을 선택할 때 일어난다.

Dabae Lee
Yeol Huh
Charles M. Reigeluth

참고문헌

Bloom, B. S., Engelhart, M. D., Furst, E. J., Hill, W. H., & Krathwohl, D. R. (Eds.). (1956). *Taxonomy of educational objectives: The classification of educational goals. Handbook I: Cognitive domain.* Harlow, Essex, England: Longman.

Krathwohl, D. R. (2002). A revision of Bloom's taxonomy: An overview. *Theory into Practice, 41*(4), 212−218.

Merrill, M. D. (1983). Component display theory. In C. M. Reigeluth (Ed.) *Instructional−design theories and models: An overview of their current status* (pp. 279−333). Hillsdale, NJ: Lawrence Erbaum Associates, Publishers.

Merrill, M. D., Reigeluth, C. M., & Faust, G. W. (1979). The Instructional Quality Profile: A curriculum evaluation and design tool. In H. F. O'Neil, Jr. (Ed.), *Procedures for Instructional Systems Development* (pp. 165−204). New York: Academic Press.

Reigeluth, C. M. (1999). Instructional design theories site. Retrieved from http://www.indiana.edu/~idtheory/home.html.

Reigeluth, C. M., & Darwazeh, A. (1982). The elaboration theory's procedure for designing instruction. *Journal of Instructional Development*, *5*(3), 22−32.

Generative and Supplantive Instructional Strategies: 생성적-주입식 교수전략

(DISCOVERY-EXPOSITORY LEARNING CONTINUUM: 발견식-설명식 학습연속성, LEARNER-CENTERED INSTRUCTION: 학습자 중심 수업 참조)

생성적-주입식 교수전략의 정의는 Merlin Wittrock과 Ernest Rothkopf의 연구에서 비롯된다. 이들은 '의미정교화(mathemagenic)'를 기반으로 하는 효과적인 교수전략에 대한 결론을 이끌었다. 즉, "학습에 생명을 불어넣는다는 것"을 말하며(Rothkopf, 1970, p. 325), 좀 더 구체적으로는 학습자가 지식의 능동적인 구성에 참여하도록 하는 활동을 말한다(Wittrock, 1974). 종종 주입식 전략과 잘못 연결된 의미정교화 전략은 외적인 행동과 내적인 정신 활동을 포함하는 "상황이 주어졌을 때 학생들이 무엇을 하는가에 대한 일련의 교수사태"로 이해되었다(Rothkopf, 1996, p. 879). 이를 기반으로 Smith와 Ragan(2005)은 학습전략의 연속성을 학습자(순수하게 생성적인) 혹은 교수자(진실로 주입식인)가 지식을 조직하고 개념화하고 정교화하는 정도에 따라 설명하였다.

생성적인 교수전략은 종종 학습자가 만드는, 학습자가 시작하는, 학습자가 제공하는 혹은 능동적인 학습으로 불리는데, 이것은 학습자 중심적, 능동적, 구성적인 것에 대한 그들의 견해가 반영된 것이다. 학습자는 자신이 스스로 조직하고 개념화하고 정교화하고 통합하는 표상을 통하여 명확한 정신모델을 만들면서 자신의 이해를 만들어 간다. 이에 관련된 교수전략은 학생들이 이러한 표상을 만들어 내도록 자극한다.

주입식 교수전략은 종종 교수자 중심적 및 생성적, 교수자에 의하여 주어진다는 특성 때문에 교수자에 의하여 제공되는 것으로 알려져 있다. 교수자는 학습자에게 학습을 도와줄 수 있는 조직적, 개념적, 정교화된, 통합적 표상을 선택하고 만든다. 또한, 설명식 교수와 같이 수동적인 교수법으로 불리기도 한다(Richey, Klein, & Tracey, 2011).

Ragan, Smith와 Curda(2008)는 그들의 조건기반 ID 모형을 Gagné의 아홉 가지 교수사태에 적용하였다. 그들은 정보처리는 이것이 생성적, 주입적, 혹은 둘 다 결합되든 간에 '맥락, 학습자와 학습과제'(p. 392)를 고려하여 선택해야 한다고 제안했다. 허용된 시간, 사전지식, 인지적 강점, 동기와 과제의 복잡성은 생성적-주입식 전략을 선택할 때 고려되는 특정한 요인들이다. Lee, Lim과 Grabowski(2008)는 이 선택 기준에 부가적으로 '지식 생성 과정의 자기조절능력'을 포함시켰다(p. 122).

주입식 교수는 종종 인지적으로 수동적이기 때문에 생성적 교수보다 덜 효과적으로 생각되기도 한다. 하지만 Mayer(2009)는 광범위한 연구를 기반으로 대안적인 관점을 제시한다. 그는 능동적/수동적 교수전략의 효과적인 사용을 이해하는 데에 중요한 두 가지 영역을 제시했다. 한 가지 영역은 학습자에게 요구되는 외적인 행동적 활동의 수준을 말하고, 다른 영역은 인지적 활동의 수준을 말한다. 이 매트릭스를 통해 그는 상위 행동적 활동(생성적)이 상위 인지 활동을 초래하고 하위 행동적 활동(주입식)이 전념하지 않는 결과를 만든다는 결론을 부정한다. 그는 높은 혹은 낮은 수준의 행동적 활동이 됐든 간에 고차적 인지 처리가 발생할 때 그리고 적절한 안내와 피드백이 주어졌을 때만 학습이 일어난다고 결론을 지었다. 그의 연구는 Smith와 Ragan이 제안한 세 가지 요소인 맥락, 학습자, 학습 과제를 기반으로 하는 생성적/주입식 연속성에 따라 교수전략을 전략적으로 선택할 수 있음을 강조하고 있다.

Barbara L. Grabowski

참고문헌

Lee, H. W., Lim, K. Y., & Grabowski, B. L. (2008). Generative learning: Principles and implications for making meaning. In J. M. Specter, M. D. Merrill, J. J. G. van Merriënboer & M. P. Driscoll (Eds.), *Handbook of research on educational communications and technology* (3rd ed., pp. 111-123). New York, NY: Taylor & Francis Group.

Mayer, R. E. (2009). Constructivism as a theory of learning versus constructivism as a prescription for instruction. In Tobias S. and Duffy, T. M. (Eds.), *Constructivist instruction: Success or Failure?* (pp. 184-200). New York: Routledge.

Ragan, R. J., Smith, P. L., & Curda, L. K. (2008). Objective-referenced, conditions-based theories and models. In J. M. Spector, M. D. Merrill, J. van Merriënboer, & M. P. Driscoll (Eds.), *Handbook or research on educational communications and technology* (3rd ed., pp. 383-399). New York: Lawrence Erlbaum Associates, Publishers.

Richey, R. C., Klein, J. D., & Tracey, M. W. (2011). *The instructional design knowledge base: Theory, research and practice.* New York: Routledge, Taylor and Francis Group.

Rothkopf, E. Z. (1970). The concept of mathemagenic activities. *Review of Educational Research, 40,* 325-336.

Rothkopf, E. Z. (1996). Control of mathemagenic activities. In D. Jonassen (Ed.), *Handbook of research for educational communication and technology* (p. 879-897). New York: Macmillan Library Reference.

Smith, P. L., & Ragan, T. J. (2005). *Instructional design* (3rd ed.). Hoboken, NJ: Wiley.

Wittrock, M. C. (1974). *Learning as a generative process. Educational Psychologist, 11,* 87-95.

Geotagging: 지리정보 삽입

(MOBILE DEVICES AND FUNCTIONS: 모바일 기기와 기능 참조)

Germane Cognitive Load: 적절한 인지부화

(COGNITIVE LOAD: 인지부하 참조)

Gigabit: 기가비트

(INFORMATION STORAGE: 정보 저장 참조)

Globalized Instruction: 글로벌화된 수업

(CULTURE-NEUTRAL DESIGN: 문화 중립적 설계 참조)

Global Positioning System: 위성 위치 확인 시스템

(MOBILE DEVICES AND FUNCTIONS: 모바일 기기와 기능 참조)

Graphics: 그래픽

(AUDIOVISUAL INSTRUCTION: 시청각 교수법, COMMUNICATION: 커뮤니케이션, DUAL CODING THEORY: 이중부호화이론, SEMIOTICS: 기호학, VISUAL AND PICTORIAL LEARNING: 시각 및 이미지 활용 학습, VISUAL COMPETENCY: 시각 역량 참조)

Schlosser와 Simonson(2006)에 따르면, '그래픽'이라는 말은 단순하게 "2차원 혹은 3차원의 이미지(일반적으로 그림 혹은 사진)"라고 정의된다. Pierce(1906)는 시각적 그래픽스를 텍스트와 다른 것으로 구별하였는데, 정보 제시 차원에서 보면 텍스트는 서술적이고 그래픽은 묘사적이라는 것이다. 수업의 설계에서 그래픽은 정적인 그림, 도표, 차트에 해당하고, 종종 보는 사람이 특정 정보에 집중하거나 하나의 정보를 다른 정보에 연계하도록 도와주는 역할을 한다. 포스터와 작업명세서부터 어린이용 책, 지도, 정보를 전달하기 위하여 신중하게 구성된 그림이 담긴 책까지 학습을 촉진하기 위하여 그래픽이 사용된다.

그래픽은 다른 명칭으로도 알려져 왔다. 그래픽은 종종 수업의 설계 맥락에서는 시각적 보조물로 불리고 광범위하게는 유용한 것으로 인식된다(Levin, Anglin, & Carney, 1987). 기호학에서 그래픽은 아이콘으로 불리는 기호의 한 유형으로 간주된다(Driscoll, 2005).

수업의 설계에서 그림이 사용되는 것은 학습자가 새로운 정보를 의미 있게 이전의 지식과 연결하는 부호화의 인지과정을 지원하기 위함이다. Paivio의 이중부호화이론(Clark & Paivio, 1991; Paivio, 1986)은 시각적 정보가 언어적이고 표상적인 인지 체제 안에서 처리되고 해석되므로 정보 파지에 많은 도움을 준다고 하였다. Mayer(2001)의 멀티미디어 모형, 또한 서술적인 글에 연결된 묘사적인 내용에 대한 인지 처리는 더 높은 이해를 가능하게 하는 하나의 정신 모형을 만드는 결과를 가져온다고 하였다.

Mayer(2001)는 효율성을 높이기 위하여 수업 자료에서 그래픽을 사용하기 위한 원리들을 제안하였다. 이러한 원리들은 그림과 그에 따른 설명이 시간적, 공간적으로 근접해야 한다고 하였다. 특히, 불필요한 정보를 최소화하고 글보다는 오디오 설명과 함께 제공하는 것이 더 좋고 디자인 효과도 학생들마다 다르다고 하였다. Schnotz(2002)는 의미 처리에는 단지 이미지 자체를 지각하는 것이 아니라, 그 이미지의 의미를 이해하는 것이 필요하다고 하였다. 그래픽을 텍스트 또는 오디오 정보와 결합하여 사용하는 것은 일반적으로 모든 정보가 명확하고 사전지식이 활성화되고 학습자가 충분한 시각적 리터러시를 가진 경우 매우 효과적인 교수방법으로 여겨진다.

Joann Flick

참고문헌

Clark, J. M., & Paivio, A. (1991). Dual coding theory and education. *Educational Psychology Review, 3,* 149–210.

Driscoll, M. (2005). *Psychology of learning for instruction* (3rd ed.). Boston, MA: Pearson.

Levin, J. R., Anglin, G. J., & Carney, R. N. (1987). On empirically validating functions of pictures in prose. In Willows, D. M., & Houghton, H. A. (Eds.), *The psychology of illustration, Vol. 1*(pp. 51–86). New York: Springer.

Mayer, R. E. (2001). *Multimedia learning.* Cambridge, UK: Cambridge University Press.

Paivio, A. (1986). *Mental representations: A dual coding approach*. Oxford England:

Oxford University Press.
Pierce, C. S. (1906). Prolegomena to an apology for pragmaticism. *Monist, 16*(4), 492–546.
Schlosser, L. A., & Simonson, M. (2006). *Distance education: Definition and glossary of terms* (2nd ed.). Charlotte, NC: Information Age Publishing.
Schnotz, W. (2002). Towards an integrated view of learning from text and visual displays. *Educational Psychology Review, 14*(1), 101.

Griefing: 집단폭력

(ON-LINE BEHAVIOR: 온라인 행동 참조)

Guided Discovery Learning: 안내된 발견학습

(DISCOVERY-EXPOSITORY LEARNING CONTINUUM: 발견식-설명식 학습연속성 참조)

H

Hierarchical Sequencing: 위계적 계열화
(SEQUENCING: 계열화 참조)

Human Information Resources: 인간정보자원
(INFORMATION RESOURCES: 정보자원 참조)

Human Performance Improvement: 인간수행 향상
(PERFORMANCE IMPROVEMENT: 수행 향상 참조)

Human Performance Technology: 수행공학
(PERFORMANCE IMPROVEMENT: 수행 향상 참조)

Hybrid Learning: 하이브리드 러닝
(BLENDED LEARNING: 블렌디드 러닝 참조)

I

Icon: 아이콘
(SEMIOTICS: 기호학 참조)

Ill-Structured Problem: 비구조화된 문제
(PROBLEM: 문제 참조)

Imagery: 이미지
(ANIMATION: 애니메이션, COGNITIVE STRATEGIES: 인지전략 참조)

Indexing: 색인 작성
(INFORMATION CLASSIFICATION: 정보 분류 참조)

Individual Constructivism: 개인적 구성주의
(CONSTRUCTIVISM: 구성주의 참조)

Individual Ethics: 개인 윤리
(ETHICS: 윤리 참조)

Individualized Instruction: 개별화 수업

(LEARNER-CENTERED INSTRUCTION: 학습자 중심 수업, MASTERY LEARNING: 완전학습, OPEN EDUCATION: 공개교육, PROGRAMED INSTRUCTION: 프로그램 수업, SELF-DIRECTED LEARNING: 자기주도학습 참조)

교육자들은 오랫동안 학생들의 특성이 매우 다양하고, 수업은 개인적인 요구와 흥미에 부합해야 한다고 인식해 왔다. 다양한 프로그램들이 개별 학습자에게 속도, 내용, 교수적 처치에 있어서 적합한 경험을 제공하기 위하여 개발되어 왔다. 그런 프로그램들은 일반적으로 학생들의 진도를 모니터하고 그 성취 결과에 따라 다음 수업을 처방한다.

개별화의 개념은 시청각 시대의 교육공학 분야에서는 별로 중요하지 않았다. 그 당시에는 면대면 상황이거나 원격 상황의 대집단에게 정보를 제시하는 것에 초점이 있었기 때문이다. 그러나 프로그램 수업이 등장하면서 개별화는 중요한 위치를 차지하게 되었다. 프로그램 수업을 통해 강의가 개별 학습자가 입력하는 정보를 받아서 그에 적절한 반응을 할 수 있는 교수 장치로 대체될 수 있다는 관점이다. 디지털 기술이 개별 학습자들에게 시청각매체를 원격으로 전달할 수 있도록 지원하면서, 원격으로 이루어지는 교육은 더욱 활성화되었다. 최근에는 교육공학의 많은 연구와 개발 노력이 개인적인 차이에 부합하는 서비스가 가능한 원격교육의 품질 향상에 초점을 두고 있다.

19~20세기에 확장되었던 공교육이 효율성을 위하여 더 집단적이고 표준화되면서 비개인화가 진행되고 효과도 적어졌다. 이러한 집단 형식의 교육에서 벗어나고자 하는 노력이 있었다. 1912년 Frederick Burk는 초등학교 학생들에게 개별 속도에 따라 주제를 이동할 수 있도록 하는 자기교수 단원을 개발하였고, 몇 년 뒤에 Carleton Washburne의 Winnetka 계획은 이 아이디어를 전체 학교 교육과정에 접목하였다(Saettler, 1990). 그럼에도 불구하고 집단교육은 표준으로 남아 있다.

개별화 수업은 1960년대에 핵심적인 교육적 변화로 대두되어 1962년 NSSE 연보에 수록되었고(Henry, 1962), 혁신가와 연구자들의 관심을 촉발하였다. Duluth에 있는 Congdon Park 초등학교에서 이러한 아이디어를 처음 수행하였고, 1964년 가을에 개별화 수업 계획을 지속적인 진보 프로그램에 포함시켰다(Esbensen, 1968). 늘 그렇듯이 다양한 교수적 접근, 즉 특정한 목적과 멀티미디어, 복잡한 능력 수준에 부합하는 자원을 지원하는 소프트웨어를 찾기가 쉽지 않았다(Esbensen, 1968).

1960년 중반에 비영리 R&D 센터들이 개별화된 수업 과정을 평가하였는데, 다음과 같은 측면을 포함한다.

- 개별적으로 처방된 수업(Individually Prescribed Instruction: IPI), 개별적인 처방, 학생 수행에 대한 수시 모니터링, 평가 기반 발달을 포함하는 자가학습을 위한 완전학습 자료(Scanlon, 1973).
- 요구에 부합하는 학습을 위한 프로그램(Program for Learning in Accordance with Needs: PLAN), 학생들의 성취 수준에 따라 독립학습, 소집단 활동 혹은 교사 주도 수업을 제공하는 컴퓨터 관리 시스템(Bishop, 1971).
- 개별적으로 안내된 교육(Individually Guided Education: IGE), 개별수업뿐만 아니라 팀티칭, 집-학교의 밀접한 관계, 지속적인 연구 및 개발이 포함된 포괄적인 학교 혁신 프로그램(Klausmeier, 1975).
- 숙달을 위한 학습(learning for mastery), 충분한 시간이 주어지면 모든 학생이 수업목표를 달성할 수 있다는, 미리 설정된 기준과 기대를 기반으로 하는 프로그램(Block, Efthim, & Burns, 1989; Bloom, 1968).

1965년 대학교육에서 Skinner의 프로그램 수업의 영향을 받아, Keller는 독립학습 단위를 이용하여 지속적인 학생 진전을 기반으로 하는 대학 수업을 개발하였다. 또한 여기에는 강의와 시범이 포함되고 사람들 간의 상호작용을 증진하는 수단으로 한 학기 동안에 성적을 매기고 평가를 진행하는 튜터도 포함된다. 그래서 그 명칭이 개별화 교수체제[Personalized System of Instruction(Keller, 1974)]이다. 이것은 미국의 대학교육에서 폭넓게 채택되었고 그 당시에는 교육적으로 가장 강력한 혁신으로 평가되었다(Kulik, Kulik, & Cohen, 1979).

1970년대에는 자기교수접근(self-instructional approaches)이 빠른 속도로 확산되었는데, 학습센터, 학습패키지, 수행기반모듈 등이 포함되었다. 그러나 1970년대 말에 '기본으로 돌아가자(back to basics)'는 움직임이 전개되었고 실험을 위한 예산이 고갈

되었다. 비록 그 프로그램들이 한정된 상황에서 자신의 속도에 적합한 학습을 제공한다고 할지라도 다양한 내용 혹은 처치가 부족한 점이 문제시되어 프로그램의 가치에 대한 의문도 제기되었다.

오늘날 개별화의 초점은 학습의 사회적 측면이 강조되면서 '개인화(personalization)'로 전환되고 있다(Keefe & Jenkins, 2008). 초기의 관점은 협소하고 특정한 목표, 혼자 하는 학습, 시험 기반 평가 등의 인지적 차원에 국한되어 있었다. 개인화 학습은 협력 집단과 실제적인 측정을 강조하는, 학생과 교사 간의 자주 밀접한 개인적인 관계를 특징으로 하는 총체적 학습 환경을 제공하는 것이 목표이다. 그러나 최근에 개별화 학습이 원격교육에서 가장 많이 활용되고 있어, 종종 학생들이 자신의 학습 시간 관리와 협력 활동 참여의 기회 간에 생기는 갈등이 있다는 점을 감안하면 협력학습이 적절하게 수행되는 데에는 한계가 있다(Goodyear, 2008).

Michael Molenda

참고문헌

Bishop, L. K. (1971). *Individualizing educational systems: The elementary and secondary school: Implications for curriculum, professional staff, and students.* New York: Harper & Row.

Block, J. H., Efthim, H. E., & Burns, R. B. (1989). *Building effective mastery learning schools.* New York: Longman.

Bloom, B. S. (1968). Learning for mastery. *Evaluation Comment, 1*(2), 1–5.

Esbensen, T. (1968). *Working with individualized instruction: The Duluth experience.* Belmont, CA: Fearon.

Goodyear, P. (2008). *Flexible learning and the architecture of learning places.* In J. M. Spector, M. D., Merrill, J. van Merriënboer, & M. P. Driscoll (Eds.), *Handbook of research on educational communications and technology* (3rd ed., pp. 251–257). New York: Lawrence Erlbaum Associates.

Henry, N. B. (Ed.) (1962). *Individualizing instruction*, 61st Yearbook of the National Society for the Study of Education, Part I. Chicago: University of Chicago Press.

Keefe, J. W., & Jenkins, J. M. (2008). *Personalized instruction: The key to student achievement* (2nd ed.). Lanham, MD: Rowman & Littlefield Education.

Keller, F. S. (1974). The basic system. In F. S. Keller and J. G. Sherman, *The Keller Plan handbook* (pp. 6−13). Menlo Park, CA: W. A. Benjamin.

Klausmeier, H. J. (1975). IGE: An alternative form of schooling. In H. Talmadge (Ed.) *Systems of individualized education* (pp. 48−83). Berkeley, CA: McCutchan.

Kulik, J. A., Kulik, C. C., & Cohen, P. A. (1979). A meta−analysis of outcome studies of Keller's personalized system of instruction. *American Psychologist 34,* 307−318.

Saettler, P. (1990). *The evolution of American educational technology.* Englewood, CO: Libraries Unlimited.

Scanlon, R. G. (1973). Individually Prescribed Instruction: A system of individualized instruction. In J. E. Duane (Ed.), *Individualized instruction—Programs and materials* (pp. 109−116). Englewood Cliffs, NJ: Educational Technology Publications.

Individually Guided Instruction: 개별적으로 안내된 수업

(INDIVIDUALIZED INSTRUCTION: 개별화 수업 참조)

Individually Prescribed Instruction: 개별적으로 처방된 수업

(INDIVIDUALIZED INSTRUCTION: 개별화 수업 참조)

Informatics: 정보학

(INFORMATION GATEKEEPER: 정보 게이트키퍼 참조)

Information: 정보

(LEARNING WITH INFORMATION: 정보를 활용한 학습 참조)

Information Access: 정보 접근

(INFORMATION RETRIEVAL: 정보 검색, INFORMATION STORAGE: 정보 저장 참조)

Chalmers(1999)는 정보 접근에 대하여 네 가지 방법을 제시하였다. 즉, 정보 검색(information retrieval), 워크플로(workflow), 협업 필터링(collaborative filtering)과 경로

모델(path model)이다. 이들은 관련이 있는가, 시기적절한가, 추천할 만한가의 관점에 따라 구별된다.

정보 검색은 문서로의 접근성에 관련되며 과거에 그 문서에 접근했던 사람이나 그 맥락과는 상관없다(Chalmers, 1999, p. 1112). 용어 빈도의 가중치는 문서 검색의 상대적인 가중치를 결정하는 체계인 문서 빈도에 반비례하지만, 이러한 계산을 하는 것은 논리가 빈약하다. 문서의 검색 비율에 대한 측정은 방대하고 매우 비싼 비용이 든다.

워크플로는 개인의 작업 수행에 있어 문서의 관련성을 말한다. 문서는 필요한 시기에 가장 유용한 방법으로 조직에서 근로자에게 제시될 것이다. 중요한 것은 조직 내에서 근로자의 역할이다.

협업 필터링은 유사한 관심을 가진 사람들의 문서 검색 패턴에 의존하는 체계이다(Chalmers, 1999, p. 1115). 이것은 종종 아마존 서점에서 사용되는 전략이다. 도서를 검색한 후에, 우리와 같은 책을 찾은 다른 사람들이 찾았던 다른 책의 일부분을 접하게 된다.

경로모델은 단어와 사용자의 검색 흐름에 따른 URL을 추적한다. 사용자가 마우스를 컴퓨터 스크린 위로 움직이면, 경로모델 시스템은 그 커서에 가장 가까운 단어를 매초마다 검색한다. 그 커서에서 가장 가까운 단어가 중요한 것으로 여겨진다. 특히 그 사용자가 어떤 단어 주위를 맴돌고 있거나 멈추었을 때에는 더욱 그러하다. 분명한 것은 개인정보 보호에 대한 이슈가 발생할 것이고 그래서 이 추적 기능은 없어질 수도 있다. 그러나 학술적 관점에서 보면 사람들이 스크린 위의 글이나 이미지를 조작하는 것과 같이, 사람들이 중요하게 여기는 단어를 살펴보는 것은 흥미로운 일이다(Chalmers, 1999).

정보로 접근하는 것이 막혀 있거나 제한되어 있을 때 투명성의 부족이나 비극적인 사건이 발생할 수도 있다. Gerber(2009)는 시각장애자에게 정보를 제공하는 방법으로 오디오 사용에 대하여 설명하였다. 그런 정보가 위급하게 필요할 때에는 시간이 매우 중요하다. 그래서 정보로의 접근이 시간에 민감한 상황에서는 중요하다.

David D. Carbonara

참고문헌

Chalmers, M. (1999). Comparing information access approaches. *Journal of the American Society for Information Science and Technology, 50*(12), 1108–1118.

Gerber, E. (2009). Describing tragedy: The information access needs of blind people in emergency-related circumstances. *Human Organization, 68*(1), 73–81.

Information and Communications Technology: 정보통신공학

(INFORMATION-RICH ENVIRONMENTS: 정보가 풍부한 환경, SOCIAL MEDIA: 소셜 미디어 참조)

정보통신공학은 일반적으로 ICT로 알려져 있다. 때때로 이 용어는 'and' 없이 'Information Communications Technology'로 잘못 불리기도 한다. 이것은 'communication'이라는 용어가 대부분은 단수가 아닌 복수의 의미로 쓰이는 것과 같은 현상이다.

정보공학(Information technology: IT)은 옥스퍼드 영어 사전(2012)에 보면 "특히 컴퓨터를 이용하여 정보의 보급, 처리, 저장에 관련된 공학의 분야"라고 잘 정의되어 있다. 통신공학(Communications technologies)은 네트워킹과 의사소통 수단을 포함한 의미로 확장된다. ICT라는 용어의 사용은 아직은 유동적이고 IT와 유사한 의미를 갖는다.

앞에서 정의한 것처럼 ICT는 교육 분야에서만 사용되는 것은 아니다. 사실상 ICT는 교육학에 포함되는 것이 아니라, 컴퓨터과학 영역에 포함된다. 좀 더 교육적 실재에 연계된 정의에서는 ICT를 정보공학과 통신공학의 두 개의 영역으로 해석한다. 간단하게 말하면, 정보공학은 정보를 담고 저장하고 전달하는 공학(예: 책, 필름, 데이터베이스)이다. 한편, 통신공학은 정보를 포함하지 않고 상대적으로 짧은 시간 동안의 의사소통(예: 펜, 블로그, 눈, 스마트폰)을 말한다. 최근 통신공학은 웹 2.0을 기반으로 하거나 사용자가 생성하는 콘텐츠를 특징으로 하는 소셜 미디어이다. 물론 정보와 통신 기능이 통합되는 경향이 있다. 예를 들면, 유비쿼터스 스마트폰은 책과 자료(정보)를 저장할 수 있지만, 정보를 저장한다기보다는 전달하거나 전달받는 장치로 활용할 수 있다. 이런 경우에는 통신 장치가 되는 것이다. 이러한 기능들은 정보공학이 보다 영구적인 경향이 있어 시간이 지남에 따라 편향되는 시간 편향 및 공간 편향 미디어에 대한 Harold Innis(1964)의 개념과 다소 유사하다. 반면에, 통신공학은 글로벌하고 일시적이고 가벼워지지만 공간의 영향을 받게 되는 것이다.

결국, ICT와 교수-학습을 통합하기 위한 정책은 종종 ICT 리터러시를 위하여 그 용어를 많이 사용한다.

Denis Hlynka

참고문헌

Information technology. (2012). In *Oxford English Dictionary online.* Retrieved from http://www.oed.com/view/Entry/273052.

Innis, H. A. (1964). *The bias of communication*. Introduction by Marshall McLuhan. Toronto: University of Toronto Press.

Information Classification: 정보 분류

(TAXONOMY: 분류체계 참조)

분류 시스템은 수동이든 자동이든 간에 정보를 정리하고 조직하기 위하여 사용된다. 분류 이론은 두 개의 주요 집단을 구별하는데, 좀 더 큰 집단에 속하는 특정 아이템과 그 안에 속하지 않는 아이템이 있다. 집단은 그 구성 아이템이 내용이 겹치지 않는 하나의 등급을 갖는다는 점에서 상호배타적이지만, 시스템 안의 각 등급은 그 등급에 관련된 것들만 포함하고 있다(관련이 없는 것은 삭제되고 포함되지 않음)는 의미에서 서로 연결되어 있다. Ranganathan(1965)은 분류 작업이 3개 국면으로 나누어진다고 하였다. 지식 조직을 위한 개념적인 기반인 아이디어 국면, 조직에서 개념을 설명하기 위하여 사용된 단어인 언어 국면, 시스템 내에서 개념을 나타내는 코딩을 결정하는 표기 국면이 있다. 표기 국면은 시스템 내에서 각 등급의 위치를 표시하고 각 등급 간의 관계를 보여 주기 때문에 사용자가 그 분류 시스템을 사용할 수 있도록 촉진한다. 지금은 American Society for Information Science and Technology(ASIS&T)에 속해 있는, 두 개의 전문 조직인 The International Society of Knowledge Organization(ISKO)와 the Special Interest Group for Classification Research(SIG/CR)가 분류 활동을 담당하고 있으며, 지식 분류에 연계된 정보를 제공하고 있다.

일반적으로 도서관은 자료(정보를 담은 모든 것, 즉 책, 웹페이지, 시청각 자료) 분류를 위하여 19세기에 개발된 세 개 시스템 중의 하나를 사용한다: the Dewey Decimal Classification(DDC) system; the Universal Decimal Classification(UDC) system; the Library of Congress(LOC) system. DDC 시스템은 1876년에 Melvil Dewey에 의하여 처음 만들어졌다(Dewey, 1876). DDC 시스템은 인간 지식에 대하여 하향식(top-down approach) 방법을 나타내며 순수 표기법의 연상 기호를 사용한다. 이것은 10개 분야로 지식을 조직한다. 최근에 DDC는 138개 국가에서 사용되고 있으며, 그중의 60개국 이상이 국가서지의 조직을 위하여 사용하고 있다. 좀 더 특수한 도서관은 UDC를 이용한다. 이것은 DDC를 기반으로 하고 인간 지식의 계속적인 증가를 고려한다(Broughton, 2010). 좀 더 큰 학술기관에서는 DDC가 제한적이라는 점을 고려하여 LOC 분류 시스템을 사용한다. 이것은 문헌적 타당성(literary warrant)에 따라 개발된 것이다. 문헌적 타당성은 DDC가 고정되어 있다는 것과는 달리, 지속되는 요구에 부합하는 새로운 구분을 가능하게 한다. LOC는 실제 자료에 대한 수치적인 안내를 제공하지만, 지식의 포괄적인 분류를 제공하지는 않는다. LOC의 주요 한계는 문화적으로 미국 상황에 너무 치중하고 있다는 점이다.

Wendell G. Johnson

참고문헌

Broughton, V. (2010). Concepts and terms in the faceted classification: The case of UDC. *Knowledge Organization, 37*(4), 270-279.

Dewey, M. (1876). *A classification and subject index for cataloging and arranging the books and pamphlets of a library*. Amherst, MA: Case, Lockwood & Brainard.

Ranganathan, S. R. (1965). *The colon classification*. New Brunswick, NJ: Graduate School of Library Service, Rutgers, the State University.

Information Entropy: 정보 엔트로피

(MATHEMATICAL MODEL OF COMMUNICATION: 수학적 커뮤니케이션 모형 참조)

Information Gatekeeper: 정보 게이트키퍼

정보 게이트키퍼는 항상 비공식적인 방법으로 조직 내에서의 정보 이동을 촉진한다. Kurt Lewin(1947)은 '게이트키퍼(gatekeeper)'라는 말을 만들었다. 이전에 그는 이것을 저녁식사에서 음식 배치를 결정하는 가족 일원으로 설명했었다. 이 개념은 Thomas Allen(1977)의 정보학에서 적용되었던 것이다. 그는 조직 내에서 소수의 핵심 인물(그가 게이트키퍼라고 명명함)이 정보를 자주 전달하는 사람으로 존재한다는 것을 알게 되었다. Allen에 의하면 새로운 정보는 이 게이트키퍼들에 의하여 조직에 유입되는데, 그들은 정보를 처음 가진 사람들이거나 그것을 어디에서 얻었는지를 아는 사람들이다. 게이트키퍼들은 어떤 정보들이 조직에 유입되는지 아닌지를 결정하고 조직의 다른 구성원들에게 전달한다.

(인간) 게이트키퍼는 게이트키퍼의 통제 밖에 있는 웹 기반 정보(블로그, 위키, 팟캐스트)로의 접근을 가능하게 하는 포털인 게이트웨이와 혼동하면 안 된다. 사용자 저작 콘텐츠의 생성, 업로드, 검색은 개별적인 사용자가 게이트키퍼의 뒤를 이어, 정보를 공동 생성하거나 전달하는 사람으로 바뀌는 것을 말한다. 그래서 게이트키퍼의 기능은 조직의 관심에 부합하는 정보 흐름을 잘 아는 동료 검토자의 하나가 된다 (Shoemaker & Vos, 2009).

오늘날의 환경에서 게이트키퍼는 정보시스템의 인간과 기계 측면을 조율하고 정보 자원과 서비스 제공에서 클라이언트의 입장을 고려하며 조직의 혹은 개인의 정보 요구를 분석하여 그에 적합한 정보를 제공하고, 조직 내에서 정보의 구조, 흐름, 사용을 분석한다(Carr, 2003).

Wendell G. Johnson

참고문헌

Allen, T. (1977). *Managing the flow of technology, technology transfer and the dissemination of technological information within the R&D organization*. Cambridge, MA: MIT Press.

Carr, D. (2003). Information professions. In J. Feather and P. Sturgas (Eds.), *International encyclopedia of information and library sciences* (pp. 285-293). New York:

Routledge.
Lewin, K. (1947). Frontiers in group dynamics: Concept, method, and reality in science; social equilibria and social change. *Human Relations, 1*(1), 5–40.
Shoemaker, P., & Vos, T. (2009). *Gatekeeping theory.* New York: Routledge.

Information Literacy: 정보 리터러시

(LITERACY: 리터러시 참조)

Information Object: 정보객체

(INFORMATION-RICH ENVIRONMENTS: 정보가 풍부한 환경 참조)

Information Processing Theory: 정보처리이론

(CHUNKING: 청킹, COGNITIVE LEARNING THEORY: 인지주의 학습이론, INFORMATION THEORY: 정보이론, MEMORY: 기억 참조)

정보처리이론(IPT)은 정보이론에서 유래되었을 것이다. 정보이론은 통계와 확률을 기반으로 정보 전달, 처리, 저장에 대한 다양한 원리를 개발해 왔다. 정보이론에서는 이진수 혹은 '비트'가 핵심개념인데, 이것은 0 혹은 1 중의 하나의 값을 갖도록 하는 요인이며 통계와 확률 이론에 치중된 것이다. 그렇지만 이런 의미는 '정보'의 의미를 비트 이상으로 확대하면서 공학이나 추상적인 수학이론과는 거리가 떨어진 분야에서 일반적인 메타포로 사용되었다.

1950년에 인지심리학의 몇몇 선도학자들은 경험을 이해하는 데에 있어, 심리 과정의 작용을 규명하기 위하여 자극을 처리하는 과정에서 주의집중과 지각이 어떤 역할을 하는지를 연구하였다. 이러한 연구에는 Donald Broadbent(1971)의 필터연구(filter theory), George Miller(1956)의 매직 넘버(magic number)와 Colin Cherry(1953)의 칵테일파티 현상(cocktail party phenomenon)이 포함된다. 정보이론이 정보 내용과 구조적 특성을 위한 이론적 원리에 치중하는 반면, 정보처리이론은 사건을 이해하는 데에 있어 인간 요소에 대하여 설명하였다.

이러한 노력은 처리 능력이 '비트'가 아닌, '청크(chunk)'로 불리는 것과 같은 아이디어들을 기반으로 한다. 청크는 몇몇 작은 단위들이 더 큰 이해 가능한 단위로 통합되는 심리학적인 단위이다. 예를 들면, 숫자 4, 0, 3은 세 개의 관련 없는 단위들이다. 하지만 누군가가 이것을 특정 지역의 전화번호로 인식한다면, 기억 부하는 세 개에서 한 개의 청크로 줄어들며, 정보 수용능력은 확대된다. 청크의 수를 결정하고 이들이 정보 처리에서 어떻게 사용되는가는 지속적인 탐구 주제였다(예: Cowan, 2001).

정보 청킹을 개념화하는 것은 학습, 기억 등에 대한 심리학적 연구를 설명하기 위하여 정보처리이론을 많이 사용하게 하는 데 중요한 역할을 한다. 이것은 기본적으로 정보이론에 근거를 두지만, 양적이라기보다는 좀 더 개념적이다. 때때로 '인지심리학'이라는 이름으로 사용되는데, 이 분야는 형식적인 수학적 발달에 의존하기보다는 오히려 컴퓨터를 인간 학습, 기억, 인지과정, 의사결정, 언어, 지능, 발달을 이해하기 위한 메타포로 사용한다.

John Mueller

참고문헌

Broadbent, D. (1971). *Decision and stress.* New York: Academic Press.

Cherry, E. C. (1953). Some experiments on the recognition of speech, with one and with two ears. *Journal of Acoustic Society of America, 25*(5), 975-979.

Cowan, N. (2001). The magical number 4 in short-term memory: A reconsideration of mental storage capacity. *Behavioral and Brain Sciences, 24*(1), 87-114.

Miller, G. A. (1956). The magical number seven, plus or minus two: Some limits on our capacity for processing information. *Psychological Review, 63*(2), 81-97.

Information Resources: 정보자원

(MEDIA: 매체 참조)

정보자원은 학습 지원이 가능한 매체(인쇄와 디지털)와 인간이다(Hannafin & Hill, 2008). 정적인 정보자원(저자에 의하여 만들어지고 최종 사용자에 의해서는 수정될 수 없는)은 인쇄된 책과 간행물, 시청각 자료, 전산 자료(구독된 데이터베이스와 전자책)와 인터넷 기반 웹페이지를 포함한다. 동적인 정보자원(최종 사용자가 수정할 수 있는)은 위키, 블로그, 팟캐스트가 포함된다.

이렇게 사회적으로 구성된 자원의 사용은 그 내용의 신뢰성과 진실성에 의문을 던진다(McPherson, 2006). 동적인 자료가 신뢰롭지 않기 때문에 교사 혹은 사서와 같은 사람이 정보를 평가하거나 검토해 주는 역할을 하게 된다. 교육공학은 학생들이 인쇄, 디지털, 사람과의 상호작용을 통해 의미를 구성하는 자원 기반 학습(Resource-Based Learning)에서 정보자원에 특별한 역할을 부여한다. 이 자원 기반 학습은 학습자 중심이고 교수자는 촉진자와 안내자로 인식된다. 이것은 정보 리터러시와 학생들 간의 비판적 사고 능력을 개발하기 위한 수단으로 이용된다.

Wendell G. Johnson

참고문헌

Hannafin, J., & Hill, J. (2008). Resource-based learning. (2008). In J. M. Spector, M. D. Merrill, J. van Merriënboer, & M. P. Driscoll (Eds.), *Handbook of research on educational communications and technology* (3rd ed., pp. 525-536). New York: Lawrence Erlbaum Associates.

McPherson, K. (2006). Wikis and literacy development. *Teacher Librarian, 34*(1), 67-69.

Information Retrieval: 정보 검색

(INFORMATION ACCESS: 정보 접근, INFORMATION STORAGE: 정보 저장 참조)

정보 검색(IR)은 컴퓨터를 활용하여 데이터베이스로부터 원하는 정보에 접근하는 정보 찾기 행동이다. 정보는 인터페이스를 통해 직접적으로 검색될 수도 있고, 도서관의 사서를 통하는 것과 같이 간접적으로 검색될 수도 있다. 검색은 제목, 저자, 주제 등과 같이 정의된 필드 내에서의 조사에 국한된다. 정보는 데이터베이스의 조회 언어로 재현되어야 한다. 만약에 텍스트 기반이라면 서지의 설명어로, 디지털이라면 메타데이터로 나타나야 한다. 정보 검색은 조사하고자 하는 용어 간의 관계를 정의하기 위한 논리 연산자(AND, NOT, OR)를 사용하게 된다. AND 관계는 조사 결과를 좁히기 위하여 두 개 이상의 용어를 주어진 데이터 필드에 합하는 것이다. NOT 관계는 AND 관계의 반대이다. 사용한 용어 중 하나만 데이터 필드에 나타나고 다른 용어들은 제외된다. OR 관계는 조사 용어의 각각에 대하여 따로따로 결과를 구하는 것이고 그래서 검색된 데이터 양이 늘어난다. 사용자는 논리 연산자를 검색된 자료의 적절성을 결정하기 위하여 사용하고 그 결과는 시간의 역순으로, 최신 자료부터 나열된다.

최근에 정보자원(비디오, 이미지, 연설)의 다양한 형식과 교육에서 증가되는 웹 2.0에 대한 의존적 경향은 정보 검색에 특별한 어려움을 제기한다. 정보 검색은 연합된 혹은 통합된 조사를 하는 경향이 있는데 이것은 데이터베이스와 웹페이지와 같은 다양한 정보자원에 동시에 접근하게 하면서, 개별적인 자원을 조사하는 것을 제한한다. 연합조사의 문제는 정보자원이 검색되기 전에 구별되고 색인화된다는 것이다. 최근에 교육공학은 탐구 기반 정보 검색에 많은 관심을 기울이고 있는데, 이것은 온라인 정보 리포지터리에 질문을 던지는 것을 말한다(Graesser, Chipman, & King, 2008). 정보를 찾는 사람은 자연 언어를 이용하여 구글(Google)에 질문을 던진다. 구글은 직접적으로 그 질문에 답하지는 않지만, 그 질문에 답이 들어 있는 문서나 웹페이지를 찾아 준다. 구글과 같은 주요 검색 엔진은 회상(검색된 관련 자료의 수/데이터베이스에 있는 관련 자료의 수)과 명확성(검색된 관련 정보의 수/검색된 정보의 수)을 측정하는 베스트 매치 정보 검색을 이용한다(Järvelin, 2003).

Wendell G. Johnson

참고문헌

Graesser, A., Chipman, P., & King, B. (2008). Computer-mediated technologies. In J. M. Spector, M. D. Merrill, J. van Mërrienboer & M. P. Driscoll (Eds.), *Handbook of research in educational communications and technology* (3rd ed., pp. 211-231). New York: Lawrence Erlbaum Associates.

Järvelin, K. (2003). Information retrieval. In J. Feather & P. Sturges (Eds.), *International encyclopedia of information and library science* (2nd ed., pp. 293-295). London: Routledge.

Information-Rich Environments: 정보가 풍부한 환경

(INFORMATION AND COMMUNICATIONS TECHNOLOGY: 정보통신공학, LEARNING WITH INFORMATION: 정보를 활용한 학습 참조)

"정보가 풍부한 환경은 형식 혹은 비형식, 실제 혹은 가상의 상황에 관계없이 학습을 위한 다양한 정보를 가지고 있는 환경을 말한다(Neuman, 2011, p. 18).” 그런 환경은 벽돌 건물, 전통적인 비디오 방송, 디지털 자원 등을 포함한다. 이 환경에서 정보객체는 물리적이거나 가상적인 실체, 단순한 파이 그래프에서 복잡한 시뮬레이션을 통하여 전달되는 정보까지 포함한다. 이러한 모든 환경을 '정보가 풍부한 환경'으로 보는 것은 학습자들이 정보를 담고 있는 매체보다는 그 정보 자체에 집중하도록 한다는 것이다. 동시에, '정보객체'라는 의미는 학습자들이 특정한 대상에 걸맞는 특별한 방법을 사용하고 그 정보를 조직하고 제시하는 방법을 포함한다.

'정보가 풍부한 환경'과 '정보객체'의 개념은 교육공학과 정보과학 분야에서 지속적으로 탐구되어 온 몇몇 관점의 통합을 의미한다. Salomon(1979)의 매체와 인지에 대한 연구, Kozma(1991)의 인지적 특성과 연계된 매체 유형의 분류는 교육공학의 기본적인 이론을 제공하는 반면에, Dervin(1998)과 Kuhlthau(1993)는 정보과학 측면에서의 학습에 대한 이론적인 논의를 지속해 왔다. 『Handbook for Research in Educational Communications and Technology』(2004, 2008)의 제2권과 제3권의 많은 장은 학습을 증진하는 다양한 정보객체의 설계와 제시에 대한 많은 방법을 제공하고 있다(예: Anglin, Vaez, & Cunningham; Barron; Gredler; Hill, Wiley, Nelson, & Han; McLellan; Rieber; Seels, Fullerton, Berry, & Horn in the 2004 Handbook; Cannon-Bowers & Bowers and Pfaffman in the 2008 edition). 정보 검색과 사용에 대한 정보과학 문헌들은 학생들과 다른 사람들이 정보자원을 사용할 때, 정보를 조직하고 제시하는 다양한 방법으로부터 의미를 구성할 때 어떤 도움을 받거나 영향을 받는지에 대한 견해를 제공한다('Learning with Information' 참조).

우리가 좀 더 깊숙이 정보시대로 접어들면서, 학습을 위한 기회는 지속적으로 발전되고 정교화되고 있는 테크놀로지에 영향을 받는다. 정보의 내용, 조직, 속성 측면에서 이러한 기술을 생각하는 것은 사실 인간학습의 기본 구성요소인 정보에 집중할 수 있도록 매력적인 부가기능에 초점을 두는 것을 회피하는 방법을 제공하고 있다. 특히, 학교가 학습환경으로서 상업적인 테크놀로지에 더 많이 의존하고 있기 때문에 Jonassen, Peck과 Wilson(1999)이 제시한 정보통신기술의 다섯 가지 역할은 정보가 풍부한 환경에서 학습을 극대화하기 위한 지침을 제공한다. 이 저자들에 따르면, 학습자들은 테크놀로지를 “지식 구성을 지원하는 도구……, 구성하면서 학습하는 것(learning-by-constructing)을 지원하기 위한 지식을 탐색하는 정보 도구……, 직접 하면서 학습하는 것(learning by doing)을 지원하는 맥락……, 대화하면서 학습하는 것(learning by conversing)을 지원하는 사회적 매체와 생각하면서 학습하는 것(learning-by-reflecting)을 지원하는 지적인 동반자"로 사용할 수 있다(pp. 13-14).

Delia Neuman

참고문헌

Anglin, G. J., Vaez, H., & Cunningham, K. L. (2004). Visual representations and learning: The role of static and animated graphics. In D. H. Jonassen (Ed.), *Handbook of research on educational communications and technology* (2nd ed., pp. 895-916). Mahwah, NJ: Erlbaum.

Barron, A. E. (2004). Audio instruction. In D. H. Jonassen (Ed.), *Handbook of research on educational communications and technology* (2nd ed., pp. 949-978). Mahwah, NJ: Erlbaum.

Cannon-Bowers, J. A., & Bowers, C. A. (2008). Synthetic learning environments. In J. M. Spector, M. D. Merrill, J. van Merriënboer, & M. P. Driscoll (Eds.), *Handbook of research on educational communications and technology* (3rd ed., pp. 317-327). Mahwah, NJ: Erlbaum.

Dervin, B. (1998). Sense-making theory and practice: An overview of user interests in knowledge seeking and use. *Journal of Knowledge Management, 2*(2), 36-46.

Gredler, M. E. (2004). Games and simulations and their relationships to learning. In D. H. Jonassen (Ed.), *Handbook of research on educational communications and technology* (2nd ed., pp. 571-581). Mahwah, NJ: Erlbaum.

Hill, J. R., Wiley, D., Nelson, L. M., & Han, S. (2004). Exploring research on Internet-based learning: From infrastructure to interactions. In D. H. Jonassen (Ed.), *Handbook of research on educational communications and technology* (2nd ed., pp. 433-460). Mahwah, NJ: Erlbaum.

Jonassen, D. H., Peck, K. L., & Wilson, B. G. (1999). *Learning with technology: A constructivist perspective*. Columbus, OH: Merrill Prentice Hall.

Kozma, R. B. (1991). Learning with media. *Review of Educational Research, 61*, 179-211.

Kuhlthau, C. C. (1993). *Seeking meaning: A process approach to library and information services.* Norwood, NJ: Ablex.

McLellan, H. (2004). Virtual realities. In D. H. Jonassen (Ed.), *Handbook of research on educational communications and technology* (2nd ed., pp. 461–497). Mahwah, NJ: Erlbaum.

Neuman, D. (2011). *Learning in information-rich environments: I-LEARN and the construction of knowledge in the 21st century.* New York, Dordrecht, Heidelberg, London: Springer.

Pfaffman, J. (2008). Computer-mediated communications technologies. In J. M. Spector, M. D. Merrill, J. van Merriënboer, &. M. P. Driscoll (Eds.), *Handbook of research on educational communications and technology* (3rd ed., pp. 225–231). Mahwah, NJ: Erlbaum.

Rieber, L. P. (2004). Microworlds. In D. H. Jonassen (Ed.), *Handbook of research on educational communications and technology* (2nd ed., pp. 583–603). Mahwah, NJ: Erlbaum.

Salomon, G. (1979). *Interaction of meaning, cognition, and learning: An exploration of how symbolic forms cultivate mental skills and affect knowledge acquisition.* San Francisco: Jossey-Bass.

Seels, B., Fullerton, K., Berry, L., & Horn, L. J. (2004). Research on learning from television. In D. H. Jonassen (Ed.), *Handbook of research on educational communications and technology* (2nd ed., pp. 249–344). Mahwah, NJ: Erlbaum.

Information Storage: 정보 저장

(INFORMATION ACCESS: 정보 접근, INFORMATION RETRIEVAL: 정보 검색 참조)

교육정보는 도서관, 학교의 정보 보관소와 문서보관실에 저장된다. 도서관은 쉽게 파악하고 검색할 수 있도록 조직된 자료를 모아놓은 곳이다. 도서관은 핵심기능에 따라 기술적인 지원(자료의 규명, 습득, 분류), 공적인 서비스(참조자료 및 교육)와 관리(계획, 재정관리 및 인적 자원)로 조직된다. 도서관 매체 센터는 "학교에서 사용할 수 있는 교수매체와 자료의 물리적인 저장소이다(Neuman, 2008, p. 234)." 많은 연구가 읽기 능력과 학교의 도서관 사용이 밀접하게 연계되어 있음을 보여 주고 있다(Scott & Piourde, 2007). 읽기 수준이 높은 학생들이 낮은 학생들보다 도서관을 두 배 이상 더 많이 사용한다. 도서관 사서 혹은 매체 센터 직원들은 종종 교육공학 분야에서 자격증을 받기도 한다.

더 많은 정보가 디지털 형식으로 만들어질수록 대학교들은 기관의 연구와 정보에 쉽게 접근할 수 있도록 정보 저장소를 만들 것이다. Open Archival Information Systems (or OAIS, an ISO standard since 2002)은 종종 대학의 정보 보관소를 위한 참고 모델이 되기도 한다. 보관을 위한 건물은 내용뿐만 아니라, 메타데이터를 관리하고 정보 저장 및 검색을 위한 방법이 통제되고 위계적인 접근 방법에 따라 제공한다. 대학의 정보 보관소는 LiveText와 같은 학생평가 프로그램 혹은 Blackboard와 같은 학습관리 시스템에 직접 소유하고 있는 프로그램을 제공한다. 대학의 정보 보관소가 고려해야 하는 것은 저작권과 지적 재산권이다(Zuccala, Oppenheim, & Dhiensa, 2008).

고문서는 다양한 형식을 가진 기본적인 자원의 역사적인 묶음이다(예: 인쇄 및 디지털 자료, 시청각 자료). 이들은 넓은 의미에서 기관이나 개인의 역사적인 기록을 저장하고 있다. 예를 들면, 노던일리노이 대학교에 있는 Blackwell 박물관은 19~20세기에 교육공학 분야의 전문가들이 사용했던 도구와 문서들을 포함한 AECT 소장품들을 가지고 있다. 디지털 시대에 전문 문서관리자들은 비용과 공간의 문제로 이러한 물리적인 자원의 저장에 대한 고민에 빠져 있다(Bee, 2008).

Wendell G. Johnson

참고문헌

Bee, R. (2008). The importance of preserving paper-based artifacts in a digital age. *Library Quarterly, 78*(2), 179-184.

Neuman, D. (2008). K-12 Library Media Centers. (2008). In J. M. Spector, M. D. Merrill, J. van Merriënboer, & M. P. Driscoll (Eds.), *Handbook of research on educational communications and technology* (3rd ed., pp. 233-240). New York: Lawrence Erlbaum Associates.

Scott, K., & Piourde, L. (2007). School libraries and increased student achievement: What's the big idea? *Education, 127*(3), 419-429.

Zuccala, A., Oppenheim, C., & Dhiensa, R. (2008). Managing and evaluating digital repositories. *Information Research, 13*(1), Retrieved from http://informationr.net/ir/13-1/infres131.html.

Information Theory: 정보이론

(CHUNKING: 청킹, INFORMATION PROCESSING THEORY: 정보처리이론 참조)

정보이론은 정보를 양적 자료로 만드는 수학적이고 통계적인 이론이다. 정보이론의 기본 단위는 이진 숫자를 말하는 '비트(bit)'이다. 이것은 0과 1의 두 값만 갖는데, 존재와 존재하지 않음, 참과 거짓, 열림과 닫힘과 같은 이분화된 가치를 말한다. 정보이론은 메시지의 압축과 압축 해제의 구조를 포함하는 통계 및 확률을 기반으로 정보 전달, 처리, 저장에 대하여 다양한 원리를 개발했다.

정보이론 분야의 기반은 제2차 세계대전 동안에 이루어졌던 신호 감지와 처리, 암호 해독 등의 연구를 포함한다(예를 들면, Alan Turing의 연구). 그리고 암호학은 정보이론의 중요한 적용 분야로 남아 있다. 실제로 2개의 가치인 비트는 1800년 후반부터 컴퓨터 산업에서 사용되었던 초기의 천공 카드 기술에 적용되어 왔다(예를 들면, Herman Hollerith의 연구와 Charles Babbage의 초기 연구). 이러한 활용은 Vannevar Bush(1936)의 초기 저작물에서 보완되었다. Bush의 학생인 Claude Shannon은 다양한 자료를 엮은 책에서 정보이론이라는 말을 사용한 것으로 인정되고 있다(Shannon, 1949). 뒤이어 정보이론은 인지과학, 인공지능과 사이버네틱스에 영향을 주었다.

또한, 정보이론은 공학과 추상적인 수학이론에 비교적 관련이 적은 산업체에도 영향을 주었다. 1950년대에 주의집중과 지각을 연구했던 몇몇 개인은 현재 인지심리학자들로 알려져 있다. 예를 들면, Donald Broadbent(1971), George Miller(1956), Colin Cherry(1953)가 그들이다.

처리능력에 기반이 되는 그들의 연구는 비트의 의미가 아닌 '청크(chunks)'로 불리는 것에 관계된다. 청크는 심리학적인 단위로서, 이해를 위한 좀 더 작은 단위들의 통합을 말한다. 청킹의 재개념화는 정보처리이론의 기본을 형성하는데, 이것은 학습, 기억, 인지에 대한 심리학적 연구를 기술할 때 사용되는 명칭이다. 이것은 기본적으로 정보이론의 영향을 약간 받았지만, 이의 일반적인 형식은 양적이라기보다는 좀 더 개념적이다. 이 전통은 형식적인 수학적 해석과는 다르다. 그 대신 컴퓨터를 인지과정과 발달을 이해하기 위한 메타포로 사용한다.

John Mueller

참고문헌

Broadbent, D. (1971). *Decision and stress.* New York: Academic Press.

Bush, V. (1936). Instrument analysis. *Bulletin of the American Mathematical Society, 42*(10), 649-669.

Cherry, E. C. (1953). Some experiments on the recognition of speech, with one and with two ears. *Journal of Acoustic Society of America, 25*(5), 975-979.

Miller, G. A. (1956). The magical number seven, plus or minus two: Some limits on our capacity for processing information. *Psychological Review, 63*(2), 81-97.

Shannon, C. E. (1949). *The mathematical theory of communication.* Urbana-Champaign, IL: University of Illinois Press.

Innovation: 혁신

(CHANGE: 변화, CHANGE MODELS: 변화 모형 참조)

혁신은 새롭고 사용자들에게 가치를 주는 공학적인 산출물이나 실제를 말한다. 혁신의 확산은 19세기 말부터 인류학자들과 사회학자들에 의하여 연구되었지만, 그들의 결과물이 Everett Rogers의 『Diffusion of Innovations』(1962)에서 모아지고 종합되기 전에는 교육 분야에 잘 알려지지 않았다.

'혁신'이라는 말은 교육공학의 초기 용어에는 포함되지 않았다(Association for Educational Communications and Technology, 1977; Ely, 1963). 이와의 연계성은 학자들이 설계 과정의 결과로 얻은 교수자료와 시스템을 실행하는 책임감을 부여하기 위하여 교수설계 과정을 확대하면서 좀 더 명확하게 나타났다. 예를 들면, 1970년 초기에 인디애나 대학교에서 교육 프로그램을 시작하면서 혁신의 확산과 수용을 강조하기 시작하였다. 1980년에 AECT 월간지는 이러한 변화를 반영하기 위하여 그 명칭을 *Instructional Innovator*로 바꾸었다.

현재는 기술적 혁신의 수용을 증진하고 이러한 이슈들을 연구하기 위한 하나의 기반으로 혁신의 확산 이론이 사용되면서 교육공학 분야의 미션의 하나로 자리매김하였다(Dooley, 1999; Dormant, 1986; Ely, 1999; Romiszowski, 2004).

Michael Molenda

참고문헌

Association for Educational Communications and Technology (1977). *Educational technology: Definition and glossary of terms, volume 1.* Washington DC: Association for Educational Communications and Technology.

Dooley, K. E. (1999). Towards a holistic model for the diffusion of educational technologies: An integrative review of educational innovation studies. *Educational Technology & Society, 2*(4), 35–45.

Dormant, D. (1986). The ABCDs of managing change. *In Introduction to Performance Technology, volume 1* (pp. 238–256). Washington DC: National Society for Performance and Instruction.

Ely, D. P. (1963). The changing role of the audiovisual process in education: A definition and glossary of related terms. TDP Monograph No. 1. *AV Communication Review (11)*1, iv–148.

Ely, D. P. (1999). *New perspectives on the implementation of educational technology innovations*. ERIC document #427 775. Available online at http://www.eric.ed.gov/contentdelivery/servlet/ERICServlet?accno=ED427775. Retrieved June 30, 2012.

Rogers, E. M. (1962). *Diffusion of innovations.* Glencoe, IL: Free Press.

Romiszowski, A. J. (2004). How's the E-learning baby? Factors leading to success or failure of an educational technology innovation. *Educational Technology, 44*(1), 5–27.

Inquiry-Based Learning: 탐구 기반 학습

(LEARNER-CENTERED INSTRUCTION: 학습자 중심 수업, PROBLEM-BASED LEARNING: 문제 기반 학습, PROJECT-BASED LEARNING: 프로젝트 기반 학습 참조)

탐구 기반 학습은 지식이 실제 세계에서 어떻게 작용하는지에 관련된 실제적인 방법으로 세상을 이해하고 알아가는 역동적인 과정이다. 이것은 질문, 문제와 이슈를 던지고, 정보를 수집하고, 창의적으로 가능성을 생각하는 것을 포함한다. 또한, 정보를 제공하고 결정을 내리고 결론을 증명하며, 한 분야의 지식을 증진하는 방법을 학습하는 것도 포함한다. 탐구 혹은 탐구 기반 학습은 프로젝트 기반 학습, 문제 기반 학습, 설계 기반 학습 등의 다양한 실제적인 접근을 포함한다(Barron & Darling-Hammond, 2008).

탐구는 일반적인 교수방법이 아니지만, 항상 특정한 분야와 연계되어 있고 그것을 알기 위한 주제들과 밀접하게 관련되어 있다. 탐색을 위한 주제 혹은 분야를 소개하는 것은 학생, 교사, 관련 전문가가 그 분야의 연구를 하면서 함께 일하는 탐구 분야를 공개하는 것과 같은 것이다. 탐구 안에서의 교육적 행위는 생각을 불러일으키는 질문을 던지고 제기하며 학생들이 그것을 이해하기 위한 방법에 접근할 수 있도록 하는 것이다. "이러한 방법으로 탐구를 수행하지 않는다면, 질문들은 생각을 자극하는 그 자체의 특성을 갖지 못할 것이다(Clifford & Marinucci, 2008, p. 678)."

탐구 기반 학습의 환경에서 교사들은 그 탐구에 참여하는 능동적인 참여자이며 기여자이다. "교실 탐구의 기술은 신중한 관찰과 합리적인 분석뿐만 아니라, 학생들의 학습에 대한 책무성과 개방적인 검색 마인드를 향한 기질을 요구한다(Darling-Hammond, 2006, p. 5)." 이것이 다양성으로 가득찬 학습환경이다. 그 안에서 교사들은 복잡하고 숨겨진 관계가 이미 존재하거나 주제를 학생들과 교사들이 이해하는 방식을 통해 만들어지는 생태적인 공간에서 탐구가 시작된다는 것을 충분히 알고 인식함이다(Jardine, Clifford, & Friesen, 2003, 2008; Jardine, Friesen, & Clifford, 2006).

진정한 탐구가 이루어지는 교실에서 주제는 충분히 광범위하여 그 분야의 교사, 학생들, 전문가들, 모든 사람이 그 주제와 그에 대한 이해에 의미 있는 기여를 할 수 있다. 탐구교실은 좀 더 스튜디오 같이 보인다. 학생들은 과업의 요구에 따라 조직되고 모든 과정은 항상 공개된다. 모든 학생은 다른 학생들이 무엇을 하는지 알게 된다. 아울러 모든 학생은 다른 학생들의 사고과정을 알게 된다. 바꾸어 말하면, 교사는 학생들의 계속적인 참여에 언제나 귀 기울여야 한다(Clifford & Marinucci, 2008, p. 684).

Sharon Friesen

참고문헌

Barron, B., & Darling-Hammond. L. (2008). How can we teach for meaningful learning? The need for inquiry-based learning to support twenty-first century skills. In Darling-Hammond, L. (Ed.), *Powerful learning: What we know about teaching for understanding.* San Francisco, CA: Jossey-Bass.

Clifford, P., & Marinucci, S. (2008). Testing the waters: Three elements of classroom inquiry. *Harvard Educational Review, 78*(4), 675-688.

Darling-Hammond, L. (2006). Constructing 21st-century teacher education. *Journal of Teacher Education, 57*(3), 300-314.

Jardine, D., Clifford, P., & Friesen, S. (2003). *Back to the basics of teaching and learning: Thinking the world together.* Mahwah, N. J.: Lawrence Erlbaum Associates.

Jardine, D., Clifford, P., & Friesen, S. (2008). *Back to the basics of teaching and learning: Thinking the world together* (2nd ed.). New York: Routledge.

Jardine, D., Friesen, S., & Clifford, P. (2006). *Curriculum in abundance.* New York: Routledge.

Instant Messaging: 즉시 메시지 교환

(TECHNOLOGICAL COMMUNICATION: 테크놀로지 활용 커뮤니케이션 참조)

Institutional Ethics: 기관 윤리

(ETHICS: 윤리 참조)

Institutional Repositories: 기관 정보 보관소

(INFORMATION STORAGE: 정보 저장 참조)

Instruction: 교수

(CONDITIONS OF LEARNING: 학습의 조건 참조)

교수는 적어도 두 가지 의미를 가지고 널리 사용된다. 첫 번째 의미는 지시한다 혹은 명령한다와 유사하게 사용된다. 예를 들면, 치료전문가의 행동에 대한 연구에서 Iwata와 동료들(2000)은 주의집중과 교수를 고려하고 이 경우에 교수는 "과제를 수행하기 위한 언어적 지시로서, 부수적인 자극과 함께 혹은 자극 없이 전달되는 것으로 간주된다."(p. 184)고 하였다.

좀 더 넓은 의미로, 교수는 목적지향적인 학습 과정을 향상시키는 관점에서 학생들을 지원하도록 설계된 외적인 행동으로 여겨진다. 시간이 지나면서 이것은 조금 다르게 해석되었다. Gagné, Briggs와 Wager(1988)는 『Principles of Instructional Design』의 제3권에서 "교수는 내적인 과정을 지원하기 위하여 설계된 외적인 사건의 정교한 배열"(p. 11)로 해석했다. 같은 의미로 Driscoll(2005)도 "교수는 학생들이 어떤 목적을 습득하도록 지원하는 사건의 정교한 배열을 의미한다."(p. 23)고 하였다. Smaldino, Lowther와 Russell(2008)은 이러한 외적인 사건의 관점을 약간 수정하여 목적지향성으로 재해석하였다. 그들은 교수는 "학생들이 의도한 능력의 변화를 성취하도록 돕기 위한 활동의 정교한 배열에 의하여 학습을 자극하는 의도적인 노력으로 간주되고, 교수는 학습을 이끈다는 것을 의미한다(p. 25)."고 하였다. 구성과 교수의 관계를 논의하면서, Reigeluth와 Carr-Chellman(2009)은 모든 학습은 구성을 의미하므로 교수는 구성을 가능하게 할 때에만 효과적일 수 있다고 주장하였다. 그 결과, 그들은 "학습을 촉진하기 위하여 교수를 의도적으로 수행된 모든 것"(p. 6)으로 정의하였다. 교수에 대한 이러한 설명은 가르침에 대한 설명과 매우 유사한데, 예를 들면, Loewenberg Ball과 Forzani(2009)는 "학생들이 주제에 대한 확실한 능력과 지식을 개발하고 이것이 좀 더 큰 교육목적에 연계되도록 지원하는 다양한 활동"(p. 503)으로 정의한다.

전반적으로 교수의 의미와 기능에 대하여 합의를 하는 반면에, 이러한 합의가 교수의 실제적인 품질, 목적 지향성 혹은 그 지원을 제공하는 주체의 본질로 확대되지는 않았다. 이러한 논의의 핵심은 학습목적의 본질과 학습자 통제의 양과 질에 관련된다. 교수 자체에 대한 의미에 내포된 교수자와 학습자에 대한 강조를 피하기 위하여 많은 저자는 '교수' 대신에 '학습환경'에 대한 논의를 더 많이 해오고 있다(예: Wilson, 1995).

Jan Elen

참고문헌

Driscoll, M. P. (2005). *Psychology of learning for instruction* (3rd ed.). International Edition. Boston, MA: Pearson.

Gagné, R. M., Briggs, L. J., & Wager, W. W. (1988). *Principles of Instructional Design* (3rd ed.). New York: Holt, Rinehart, & Winston.

Iwata, B. A., Wallace, M. D., Kahng, S. W., Lindberg, J. S., Roscoe, E. M., Conners, J., Hanley, G. P., Thompson, R. H., & Worsdell, A. S. (2000). Skill acquisition in the implementation of functional analysis methodology. *Journal of Applied Behavior Analysis, 33*(2), 181–194.

Loewenberg Ball, D., & Forzani, F. M. (2009). The work of teaching and the challenge for teacher education. *Journal of Teacher Education, 60*(5), 497–511.

Reigeluth, C. M., & Carr-Chellman, A. A. (2009). Understanding Instructional Theory. In C. M. Reigeluth & A. A. Carr-Chellman (Eds.), *Instructional-design theories and models: Building a common knowledge base. Volume III* (pp. 3–26). New York: Routledge.

Smaldino, S. E., Lowther, D. L., & Russell, J. D. (2008). *Instructional Technology and Media for Learning* (10th ed., international ed.). Boston, MA: Pearson.

Wilson, B. G. (1995). Metaphors for instruction: Why we talk about learning environments. *Educational Technology, 35*(5), 25–30.

Instructional Agent: 교수 에이전트

(AGENT: 에이전트 참조)

Instructional Analysis: 교수분석

(ANALYSIS: 분석 참조)

Instructional Context: 교수 맥락

(CONTEXT: 맥락 참조)

Instructional Design: 교수설계
(INSTRUCTIONAL DESIGN MODELS: 교수설계 모형 참조)

교수설계(ID)는 수년 동안에 다양한 방법으로 정의되어 왔다. 이러한 정의들은 과정 혹은 기능을 강조하는 경향이 있다. 그러나 모든 정의는 교수설계를 "명확성, 배려, 전문성의 수준에서 이루어지는"(Smith & Ragan, 2005, p. 6) 교수계획 활동으로 설명한다.

과정 지향적 정의의 사례들은 "학습과 교수의 원리를 교수자료, 활동, 정보자원과 평가를 위한 계획으로 전환하는 체계적이고 성찰적인 과정"(p. 4)이라고 설명한 Smith와 Ragan(2005)의 정의를 포함한다. 이 정의는 교수설계의 과학적인 기반과 교수설계 프로젝트에서 만들어지는 산출물들의 범위를 강조한다. 하지만 대부분의 과정 지향적 정의들은 전통적인 교수 시스템 설계 과정(예: 분석, 설계, 개발, 수행, 평가)과 밀접하게 관련되어 있다. Dick, Carey와 Carey(2009)는 한마디로 교수설계를 교수 시스템 설계라고 하였다. 다른 정의들은 직접적으로 언급하지는 않았지만, 본질적으로 이 접근에 동의하고 있다(Morrison, Ross, Kalman, & Kemp, 2011; Piskurich, 2006, Seels & Glasgow, 1998 참조).

어떤 교수설계 정의는 과정보다는 기능을 강조한다. Gustafson과 Branch(2007)는 "교수설계는 지속적이고 신뢰로운 방법으로 교육과 훈련 프로그램을 개발하는 체계적인 과정이다."(p. 11)라고 하였다. Piskurich(2006)는 근본적으로 교수설계는 "효율적인 방법으로 효과적인 훈련을 만들도록 도와주는 과정이다."(p. 1)라고 하였다. 교수설계에 대한 또 다른 기능적인 해석은 Reigeluth(1983)로부터 제시되었다. 그는 교수설계를 "성취 혹은 정서와 같이 의도한 성과를 최대화하기 위하여 교수 활동을 처방하는 지식의 집합체"(p. 5)로 설명하였다.

Richey, Klein과 Tracey(2011)는 과정과 기능의 관점을 통합한 정의를 제안하였는데, 즉 교수설계는 "학습과 수행을 촉진하기 위한 상황의 개발, 평가, 유지를 위한 상세한 명세서를 개발하는 과학과 예술"(p. 3)이라고 정의하였다. 이러한 정의 또한, 수행 향상이나 설계자의 비교수적 처치의 사용을 강조하는 현재의 추세와 관련된다.

Rita C. Richey

참고문헌

Dick, W., & Carey, L., & Carey, J. O. (2009). *The systematic design of instruction* (7th ed.). Upper Saddle River, NJ: Merrill.

Gustafson, K. L., & Branch, R. M. (2007). What is instructional design? In R. A. Reiser & J. V. Dempsey (Eds.), *Trends and issues in instructional design and technology* (pp. 10–16). Upper Saddle River, NJ: Pearson/Merrill Prentice Hall.

Morrison, G. R., Ross, S. M., Kalman, H. K., & Kemp, J. E. (2011). *Designing effective instruction* (6th ed.). Hoboken, NJ: John Wiley & Sons, Inc.

Piskurich, G. M. (2006). *Rapid instructional design: Learning ID fast and right* (2nd ed.). San Francisco, CA: Pfeiffer.

Reigeluth, C. M. (1983). Instructional design: What is it and why is it? In C. M. Reigeluth (Ed.), *Instructional-design theories and models: An overview of their current status* (pp. 3–36). Hillsdale, NJ: Lawrence Erlbaum Associates, Publishers.

Richey, R. C., Klein, J. D., & Tracey, M. W. (2011). *The instructional design knowledge base: Theory, research, and practice*. New York: Routledge.

Seels, B., & Glasgow, Z. (1998). *Making instructional design decisions.* Upper Saddle River, NJ: Merrill.

Smith, P. L., & Ragan, T. J. (2005). *Instructional design* (3rd ed.). Hoboken, NJ: John Wiley & Sons, Inc.

Instructional Design Models: 교수설계 모형

(FEEDBACK: 피드백, GAME DESIGN: 게임 설계, INSTRUCTIONAL DESIGN: 교수설계, RAPID PROTOTYPING: 래피드 프로토타이핑, SYSTEMS APPROACH: 체제적 접근 참조)

교수설계(ID) 모형은 교수설계 절차를 단순화하여 소개한 것이다. 이 모형들은 일반적으로 과정의 흐름도를 이용하여 시각적으로 제시되는데, 설계 과제에서 수행되어야 하는 단계들을 설명하고 있다. 모든 모형은 "어느 정도의 구조와 순서를 가지고 제시된 실재의 재현"이다. 그리고 이들은 일반적으로 주제의 이상적인 관점을 보여준다(Richey, Klein, & Tracey, 2011, p. 9). 교수설계 모형도 마찬가지이다.

다양한 많은 교수설계 모형이 존재하는데, 대부분 전체적인 설계 과제를 기술하고 있다. 즉, 교수설계의 개발을 설명하고 있다. 첫 번째 교수설계 모형은 1960년대 미시간 주립 대학교의 John Barson의 연구에서 비롯되었다(Gustafson & Branch, 1997). 이 모형은 고등교육의 교수설계를 위한 지침을 제공한다. 그러나 처음으로 널리 알려지기 시작한 모형은 Dick과 Carey(1978)의 모형이며, 이 모형은 지속적으로 발전되어 왔고, 현재에도 사용되고 있다. 이러한 모형들은 시스템 접근을 기반으로 하고 있으며 일반적으로 ADDIE 모형으로 알려져 있다. ADDIE(분석, 설계, 개발, 수행과 평가)는 체계적 교수설계의 주요 5단계를 요약한 것이다.

오늘날에는 더 많은 모형이 있다. 예를 들면, Morrison, Ross, Kalman과 Kemp (2011)의 모형은 교수설계 모형이 너무 직선적이고 실제적인 설계 과정을 반영하기 어렵다는 비판에 대응하기 위하여 순환적인 방법으로 제시되었다. 또한, Keller(2010)의 ARCS 모형과 같은 동기설계 모형도 있다. 이 모형이 강조하는 동기 유발 행동의 주의집중, 관련성, 자신감은 전통적인 교수설계 모형에 접목된다. 최근에는 4C-ID 모형(van Merriënboer & Kirschner, 2007)도 개발되었다. 이 10단계 모형은 복잡한 학습을 구성하는 능력의 통합과 연결에 초점을 두고 있다. 이것은 실재이든 가상의 상황이든 실제적인 학습을 지향하고, 학생들의 인지적인 학습 전략, 스키마 구성, 규칙학습을 촉진하는 전략을 포함하고 있다.

아직까지 사람들은 교수설계 과정을 교수 시스템 설계 관점으로 생각하는 반면에, 그들은 교수설계 과정에 다양한 접근을 포함한다. 예를 들면, Cennamo와 Kalk(2005)은 구성주의적 입장을 고려하고 래피드 프로토타이핑 과정과 연계한 교수설계 모형을 제시하였다. 이들은 다양한 관점으로 교수를 설계하고 사회적 합의를 사용하는 과정을 포함한다.

비록 교수설계 모형의 가치에 대한 우려의 목소리가 있을지라도, 수업 설계의 실천에 기본적인 영역으로 남아 있을 것이다. 모형들은 "지침을 제공하고 적정 수준의 품질과 일관성을 보장할 수 있다(Brown & Green, 2006, p. 9)." 더욱이 모형들은 실제 업무를 하게 될 교수설계자를 양성하는 대부분의 프로그램의 중요한 요소로서 기여하고 있다.

Rita C. Richey

참고문헌

Brown, A., & Green, T. D. (2006). *The essentials of instructional design*. Upper Saddle River, NJ: Pearson.

Cennamo, K., & Kalk, D. (2005). *Real world instructional design*. Belmont, CA: Thomson/Wadsworth.

Dick, W., & Carey, L. (1978). *The systematic design of instruction*. Glenview, IL: Scott Foresman and Company.

Gustafson, K. L., & Branch, R. M. (1997). *Survey of instructional development models* (3rd ed.). Syracuse, NY: ERIC Clearinghouse on Information & Technology.

Keller, J. M. (2010). *Motivational design for learning and performance: The ARCS model approach*. New York: Springer.

Morrison, G. R., Ross, S. M., Kalman, H. K., & Kemp, J. E. (2011). *Designing effective instruction* (6th ed.). Hoboken, NJ: John Wiley & Sons, Inc.

Richey, R. C., Klein, J. D., & Tracey, M. W. (2011). *The instructional design knowledge base: Theory, research, and practice*. New York: Routledge.

van Merriënboer, J. J. G., & Kirschner, P. A. (2007). *Ten steps to complex learning: A systematic approach to four-component instructional design*. Mahway, NJ: Lawrence Erlbaum Associates, Publishers.

Instructional Development: 교수개발

(DEVELOPMENT: 개발 참조)

Instructional Media: 교수매체

(AUDIO-VISUAL INSTRUCTION: 시청각 교수법, CONE OF EXPERIENCE: 경험의 원추 참조)

Instructional Objectives: 교수목표

(COMPLEX LEARNING: 복잡한 학습, CRITERION REFERENCED MEASUREMENT: 준거 참조 측정, EVALUATION MODELS: 평가 모형 참조)

교수목표는 "미리 설정된 수업을 끝낸 후에 학생들이 할 수 있게 되는 것을 기술한 진술문"이다(Kibler, Cegala, Barker, & Miles, 1974, p. 2). 그들은 또한 '행동목표' '수행목표' '학습목표' 혹은 단순히 '목표'로 불려 왔다. 이름과 관계없이 그들은 관찰 가능하고 측정 가능한 행동을 포함하고 있는데, 이것은 적어도 행동, 그 행동이 보이는 조건, 그 행동의 판단 기준의 세 가지 요소를 가지고 있다(Mager, 1962). 목표는 모든 유형의 교수와 내용을 위하여 작성될 수 있다. 목표는 다양한 역할을 한다. 기본적으로 목표는 학생들에게 수업의 목적-수업 후에 학생들이 할 수 있게 되는 것을 알려 주고, 학생평가와 평가 항목 구성의 기본이 된다. 그러나 목표는 또한 설계자를 위한 중요한 도구가 된다. 그들은 교수-학습 활동의 선택과 배열, 교수자원의 조직에 영향을 준다(Morrison, Ross, Kalman, & Kemp, 2011).

요즘에 많은 사람은 교수목표의 사용을 행동주의와 교수설계의 시스템적 접근과 연계한다. 그러나 교수목표는 이러한 입장들보다 훨씬 먼저 소개되었다. 20세기 초에 John Franklin Bobbitt(1918)이 처음으로 교육과정 개발에 대한 과학적 접근의 하나로, 목표 기술을 주장하였다. 또한, Tyler(1949)는 목표 설정, 목표 달성을 위한 전략의 선택과 조직 그리고 목표 달성 여부를 기반으로 한 교육과정 기술을 설명하였다.

교수목표의 사용은 여전히 현재의 다양한 교수설계 모형과 연계되어 있다(Dick, Carey, & Carey, 2009; Morrison, Ross, Kalman, & Kemp, 2011; Smith & Ragan, 2005 참조). 그러나 교수와 교수설계에서 좀 더 구성주의적 접근을 주창하는 사람들은 종종 목표 설정 과정에 학생들과 관계자들이 참여할 수 있는 좀 더 협력적이고 융통성 있는 접근을 사용한다(Cennamo & Kalk, 2005).

Rita C. Richey

참고문헌

Bobbitt, J. F. (1918). *The curriculum.* Boston, MA: Houghton Mifflin Company.

Cennamo, K., & Kalk, D. (2005). *Real world instructional design.* Belmont, CA: Thomson/Wadsworth.

Dick, W., & Carey, L., & Carey, J. O. (2009). *The systematic design of instruction* (7th ed.). Upper Saddle River, NJ: Merrill.

Kibler R. J., Cegala, D. J., Barker, L. L., & Miles, D. T. (1974). *Objectives for instruction and evaluation*. Boston, MA: Allyn and Bacon, Inc.

Mager, R. F. (1962). *Preparing instructional objectives.* Palo Alto: CA: Fearon Publishers.

Morrison, G. R., Ross, S. M., Kalman, H. K., & Kemp, J. E. (2011). *Designing effective instruction* (6th ed.). Hoboken, NJ: John Wiley & Sons, Inc.

Smith, P. L., & Ragan, T. J. (2005). *Instructional design* (3rd ed.). Hoboken, NJ: John Wiley & Sons, Inc.

Tyler, R. W. (1949). *Basic principles of curriculum and instruction*(originally published as *Syllabus for Education 305*). Chicago: The University of Chicago Press.

Instructional Systems Design: 교수체제설계

(INSTRUCTIONAL DESIGN: 교수설계, INSTRUCTIONAL DESIGN MODELS: 교수설계 모형 참조)

Instructional Technology: 교수공학

(EDUCATIONAL TECHNOLOGY: 교육공학 참조)

Instructional Television: 교수 텔레비전

(TECHNOLOGY-ENABLED LEARNING: 테크놀로지 활용 학습 참조)

Instructor-Centered Instruction: 교수자 중심 교수

(GENERATIVE AND SUPPLANTIVE INSTRUCTIONAL STRATEGIES: 생성적-주입식 교수전략 참조)

Integrated Technologies: 통합공학

(MULTIMEDIA LEARNING: 멀티미디어 학습 참조)

『Instructional Technology: Definition and Domains of the Field』에서 개발 영역의 교수공학은 다음과 같은 네 가지 영역으로 나누어진다. 인쇄공학, 시청각공학, 컴퓨터기반공학, 통합공학(Seels & Richey, 1994). 인지과학과 구성주의의 원리를 기반으로 통합공학은 통합된 환경에서 학습자, 자료, 테크놀로지 간의 빈번한 상호작용을 통하여 인지적 의미 학습을 지원하기 위해 학습자의 의도에 따라 비순서적인 혹은 선형의 전통 방식으로 실제적인 학습과 관련된 정보를 제시한다.

통합공학을 통하여 학습내용은 학습자 경험의 맥락에서 매우 실제적으로 제시될 수 있다. 높은 수준의 학습자 상호작용(Seels & Richey, 1994)과 학습자의 요구에 최적으로 부합하는 학습자료의 유연한 제시 형식을 기반으로 통합공학은 전통적인 교수공학보다 더 효과적이고 매력적이다.

Tomei(2005)는 통합공학의 핵심 기능은 학습자가 새로운 지식 구성과 개인적인 이해 과정에 참여하고 교육기관의 전문적인 생산성을 증진할 수 있도록 의미 있는 학습을 증진하는 것이라고 하였다. Carver, Lehrer, Connell과 Ericksen(1992)은 통합공학의 역할을 구성주의적 관점을 기반으로 실제 대상에게 매체를 설명하는 상황에서 학생들이 적극적으로 지식을 설계하는 것의 가치에 통합할 것을 제안하였다.

통합공학은 종종 학습을 위한 멀티미디어 환경을 구축하는 많은 기관에서 사용된다(Elmore, 1992). 특히, '테크놀로지 활용을 위한 미래 교사 양성(Preparing Tomorrow's Teachers to Use Technology)', 보통 PT3 (Rhine & Bailey, 2005)로 알려진 교사 양성 프로그램에서 사용된다. 1990년에 CD, DVD, 컴퓨터 회의 시스템, 저작 시스템, 학습관리 시스템은 교수-학습 실제에서 통합공학으로 광범위하게 사용되었다. 최근에 많이 사용되는 최신 통합공학은 웹 2.0이다. 이 시스템은 웹 기반 자료, 소셜 네트워킹, 가상 학습환경(예: Second Life), 즉각적인 메시지 교환 도구(예: Skype) 등을 포함한 서비스와 적용을 위한 플랫폼으로 인터넷을 사용한다.

통합공학이 교수-학습을 위하여 다양한 방법으로 자료를 개발하고 보급하기 위해 컴퓨터를 사용하면서 다양한 매체의 유형과 연계되기 때문에 멀티미디어 학습의 핵심이 되었다. 1990년 미국의 교육심리학자인 Richard Mayer가 제안한 이 개념은 최적의 학습은 시각과 언어적 자료가 동시에 제시될 때 일어난다고 가정한다(Mayer, 2001).

Xinmin Sang
Xudong Zheng

참고문헌

Carver, S. M., Lehrer, R., Connell, T., & Ericksen, J. (1992). Learning by hypermedia design:

Issues of assessment and implementation. *Educational Psychologist, 27*(3), 385–404.

Elmore, G. C. (1992). Integrated technologies: An approach to establishing multimedia applications for learning. *Educom Review, 27*(1), 20–26.

Mayer, R. E. (2001). *Multimedia learning.* New York: Cambridge University Press.

Rhine, S., & Bailey, M. (Eds.) (2005). *Integrated technologies, innovative learning: Insights from the PT3 program.* Eugene, OR: International Society for Technology in Education.

Seels, B. B., & Richey, R. C. (1994). *Instructional technology: The definition and domains of the field.* Washington, DC: Association for Educational communications and technology.

Tomei, L. A. (2005). *Taxonomy for the technology domain.* Hershey, PA: Information Science Publishing.

Integrated Learning Systems: 통합학습체제

(COMPUTER-BASED TRAINING: 컴퓨터 기반 훈련, MANAGEMENT SYSTEMS: 관리 시스템 참조)

통합학습체제(ILS)는 컴퓨터 네트워크에 연결된 코스웨어와 학습관리프로그램을 통합한 시스템이다(Becker & Hativa, 1994; Brown, 1997; Brush, 1998). 이 시스템의 코스웨어 부분은 교수 내용, 처방과 강화를 제공하고, 학습관리 시스템은 활동, 학습기록을 모니터하고 후속 과정을 관리한다.

ILS의 교육과정 내용이 다양하지만, 일반적으로 읽기, 언어, 수학, 과학, 컴퓨터와 사회 과학과 같은 과목 내에서 다양한 수준을 제공한다(Kulik, 2003; Mills, 1994). ILS 코스웨어 내용의 전달은 행동주의적 학습 이론에 기반을 두고 있는 반복연습 혹은 튜토리얼을 사용한 컴퓨터 기반으로 이루어진다(Becker & Hativa, 1994; Wood, Underwood, & Avis, 1999). 교수전략은 보통 안내된 피드백과 실습(Wood et al., 1999) 그리고 내용의 반복과 연습을 포함한다(O'Byrne, Securro, Jones, & Cadle, 2006). 좀 더 발전된 시스템은 시뮬레이션(Kulik, 2003), 다중 경로 그리고 문제해결과 의사결정을 위한 기회를 제공한다(O'Byrne et al., 2006). 워크북, 조작물, 코스웨어, 도구 소프트웨어(워드프로세서, 데이터베이스 등)와 같은 온라인과 오프라인 보충 자료들도 ILS를 통하여 얻을 수 있

A B C D E F G H I J K L M N O P R S T U V W Z

다(Brush, 1998; Mills, 1994). ILS 안에서 학생평가는 컴퓨터를 기반으로 이루어지며 컴퓨터에 의하여 평가될 수 있는 기준을 이용하여 진행된다(O'Byrne et al., 2006). 측정의 전통적인 본질은 학습자의 지식을 측정하는 모델에 국한되는 경향이 있다. 이것은 "ILS가 지원하는 학습목적과 경로의 제한된 범위에서 가능하다(Wood et al., 1999, p. 103)."

Mills(1994)가 기술한 것처럼 보편적인 ILS 과정은 가능한 코스웨어의 모듈 혹은 단원 내의 적절한 수준에 학생들을 배치하는 진단평가에서 시작된다. 학생들이 자신의 속도에 맞게 ILS의 교수 내용을 공부할 수 있으므로 관리 시스템은 학생들의 활동, 선택과 진척에 대한 기록을 유지한다. 형성평가는 교사, 학생과 ILS에게 지속적인 모니터링을 제공한다(Becker & Hativa, 1994). 피드백은 즉각적이다. 처지 전략과 강화 자료는 시스템 안에서 사용가능하다(Brush, 1998). 통제 소재는 교사, 학생, ILS 시스템 간에 공유된다. 예를 들면, 평가 결과에 따라 교사 혹은 학습관리 시스템은 내용의 난이도, 순서, 반복 횟수 등을 조절할 수 있다. 많은 시스템에서 학생들은 숙달 수준이 될 때까지 계속 시도하고 자신들이 원하는 도움의 분량과 유형을 조절할 수 있다. 다른 예를 통한 연습은 실습을 증진하기 위하여 만들어질 수 있다(O'Byrne et al., 2006).

비록 ILS의 설계가 학습은 "개별 학습자의 요구에 부합하는 것이 중요하다"(Brush, 1998, p. 5)는 이론에 기반을 두고 있을지라도, 많은 연구자는 지식의 사회적 구성을 지원하는 시스템의 설계를 요구하고 있으나(Becker, 1992; Brush, 1998; Wood et al., 1999), 단지 몇몇 학자들만 이러한 노력을 기울이고 있다(Kulik, 2003; Mevarech, 1994).

Gail Kopp

참고문헌

Becker, H. J. (1992). Computer-based ILSs in the elementary and middle grades: A critical review and synthesis of evaluation reports. *Journal of Educational Computing Research, 8,* 1-42.

Becker, H. J., & Hativa, N. (1994). History, theory and research concerning integrated learning systems. *International Journal of Educational Research, 21*(1), 5-12.

Brown, J. (1997). When is a system an ILS? In J. Underwood, & J. Brown (Eds.), *Integrated learning systems: Potential into practice* (pp. 6-14). London: Heinemann.

Brush, T. A. (1998). Embedding cooperative learning into the design of integrated learning systems: Rationale and guidelines. *Educational Technology Research and Development, 46*(3), 5–18.

Kulik, J. A. (2003). *Effects of using instructional technology in elementary and secondary schools: What controlled evaluation studies say.* Arlington: SRI International.

Mevarech, Z. R. (1994). The effectiveness of individualized versus cooperative computer–based integrated learning systems. *International Journal of Educational Research, 21*(1), 39–52.

Mills, S. C. (1994). Integrated learning systems: New technology for classrooms of the future. *Tech Trends, 39*(1), 27–31.

O'Byrne, B., Securro, S., Jones, J., & Cadle, C. (2006). Making the cut: The impact of an integrated learning system on low achieving middle school students. *Journal of Computer Assisted Learning, 22*(3), 218–228.

Wood, D., Underwood, J., & Avis, P. (1999). Integrated learning systems in the classroom. *Computers & Education, 33*(2–3), 91–108.

Integrative Goals: 통합적 목적

(COMPLEX LEARNING: 복잡한 학습, LEARNING TYPES: 학습유형 참조)

Integrative Objectives: 통합적 목표

(COMPLEX LEARNING: 복잡한 학습 참조)

Intellectual Property: 지적 재산

간단하게 말하면, 지적 재산은 "저작권, 특허, 상표, 기업 비밀 등을 포함하여 법에 의하여 보호를 받는 모든 재산"으로 정의될 수 있다(Lipinski, 2006, p. xxx). 또는 공개성과 비밀 보장의 권한, 지리적 정보, 통합된 회로 설계 등도 포함된다(Goldstein & Hugenholtz, 2010; Hirtle, Hudson, & Kenyon, 2009). 그러나 이러한 자료들은 종종 국제 저작권법과 연계된다.

미국 헌법(1787)은 부분적으로 "국회는 제한된 기간 동안에 저자와 발명가가 자신의 저작물에 대하여 가지는 권한을 보호함으로써 과학과 응용 예술의 진보를 이루는 힘을 가지고 있어야 한다."(Art. 1, Sec. 8)고 기술하였다. 이것은 저자, 발명가, 설계자, 창작자에게 적어도 한동안은 그들이 창작한 것에 대한 주인이라는 점을 보장한다. 이 부분은 "오늘날 다른 나라의 지적 재산권의 기반이 되었고, 필요에 따라 개정되어 왔다(Butler, 2011, p. 8)." 지적 재산의 일반적인 유형인 저작권, 특허, 상표, 기업 비밀은 다음과 같이 정의된다.

저작권은 교육공학자들에게 가장 일반적이고 중요한 것 중의 하나이다. 교육공학자들은 특정한 작업의 사용자이거나 저작자이기 때문이다. 미국 법전(2010)에 따르면, 저작권법은 "구체적인 표현 매체로 나타낸 창작물"(p. 102)에 대하여 저작자의 권리를 보호한다. 저작권법으로 보호될 수 있는 것에는 논문, 책, 음악 자료, 오디오 자료, 컴퓨터 소프트웨어, 게임, 사진, 비디오, 블로그, 팟캐스트 등이 포함된다(Butler, 2011).

새로운 발명품으로 지정된 특허는 미국의 Patent and Trademark 기관에서 저작자에게 주는 저작권이다. 이 권리는 판매를 위한 제작, 사용 및 제공과는 다른 것이며(Lamoureux, Baron, & Stewart, 2009, pp. 94-95), 주로 20년 동안 지속된다(Lamoureux et al., 2009). 교육공학에서는 특허의 사례로 새로운 프린터 혹은 컴퓨터 소프트웨어의 발명이 포함된다.

"상표는 단어, 슬로건, 디자인, 심벌 혹은 색, 냄새, 개발명세서, 혹은 특별한 물건 혹은 서비스를 만들어 내기 위하여 이런 것들을 통합한 것이다. 이것은 다른 사람들의 상품 및 서비스와 구별하기 위함이다(Wherry, 2008, p. 78)." 소프트웨어와 컴퓨터를 위한 애플 마크와 google.com과 같은 인터넷 주소가 상표의 사례이다.

기업 비밀은 어떤 작업의 주인에게 경쟁적, 전략적 이득을 주는 정보의 유형으로서 "공식, 패턴, 프로그램, 장치, 방법, 기술 혹은 절차"(Uniform Trade Secrets Act, 1985, p. 1) 등을 포함한다. 소프트웨어가 어떻게 코딩되었는가가 기업 비밀에 해당한다.

Rebecca P. Butler

참고문헌

Butler, R. P. (2011). *Copyright for teachers & librarians in the 21st century*. New York: Neal-Schuman.

Goldstein, P., & Hugenholtz, B. (2010). *International copyright: Principles, law, and practice*. New York: Oxford University Press.

Hirtle, P. B., Hudson, E., & Kenyon, A. T. (2009). *Copyright & cultural institutions: Guidelines for digitization for U.S. libraries, archives & museums*. Ithaca, NY: Cornell University Library.

Lamoureux, E. L., Baron, S. L., & Stewart, C. (2009). *Intellectual property law & interactive media: Free for a fee*. New York: Peter Lang.

Lipinski, T. A. (2006). *The complete copyright liability handbook for librarians and educators*. New York: Neal-Schuman.

Uniform trade secrets act. (1985). Chicago, IL: National Conference of Commissioners on Uniform State Laws.

U.S. Code. (2010). *Circular 92: Copyright law of the United States of America and related laws*. Washington, DC: U.S. Copyright Office, Library of Congress.

United States Constitution. (1787). Article 1. Section 8.

Wherry, T. L. (2008). *Intellectual property: Everything the digital-age librarian needs to know*. Chicago, IL: American Library Association.

Intellectual Skills: 지적 기술

(LEARNING TYPES: 학습유형 참조)

Intelligent Tutoring Systems: 지능적 교수 시스템

(EXPERT SYSTEMS: 전문가 시스템 참조)

Interaction: 상호작용

(COMMUNICATION THEORY AND MODELS: 커뮤니케이션 이론과 모형, DISTANCE EDUCATION AND LEARNING: 원격교육 및 학습, DISTRIBUTED COGNITION: 분산인지 참조)

Battalio(2007)는 상호작용에 대하여 문헌에서 지속적으로 사용해 온 단 한 가지의 정의는 없다고 하였다. 실제로는 그 용어 자체보다는 학생과 교사의 특별한 상호작용의 실체에 더 초점을 두고 있다. Wanstreet(2006)는 이를 학습자-교수자 상호작용, 학습자-내용 상호작용 그리고 학습자-학습자 상호작용으로 정의하였다.

Nuriddin(2011)은 교수적 상호작용을 "학습자와 학습환경 간에 서로 영향을 주는 상호 교환적 사건"(p. 32)으로 정의한다. 이 정의는 환경을 학습자와 교수자에 이어 세 번째 상호작용의 주체로 간주한다. 이러한 관점은 상호작용의 네 번째 유형인 학습자-인터페이스에 대한 인식을 이끌고 있다(Wanstreet, 2006).

또한, 상호작용을 정의하기 위하여 자주 사용되는 접근은 상호작용이 이끌어 내는 의사소통과 협력의 유형에 근거한 것이다. 동시적 상호작용은 실시간으로 학습자와 교수자 간에 일어나는 상호작용을 말한다. 즉, 그들은 서로 만나거나 다양한 통신도구를 이용하여 같은 시간대에 존재한다. 비동시적 상호작용은 시간의 한계에 구애받지 않는 상호작용을 말한다. 이러한 비동시적 환경에서 학습자와 교수자는 자신들이 편하게 사용할 수 있는 도구를 정하고 정보를 보내고 받고 반응을 하기 위하여 시간을 설정한다(Simonson, Smaldino, Albright, & Zvacek, 2009).

Simonson과 동료들(2009)은 상호작용을 원격교육에서 "필요하고 가능해야 하지만 학습의 전부는 아니다."(p. 82)라고 하였다. 그들은 "강요된 상호작용은 효과적인 학습에 상호작용이 없는 것만큼의 손상을 줄 수 있다."(p. 82)고 덧붙였다. Nuriddin(2011)은 "상호작용은 협력과정을 통하여 지식 구성을 지원하도록 설계되어야 한다."(p. 33)는 주장으로 이를 뒷받침하고 있다.

Wanstreet(2006)는 상호작용에 대하여 하나로 합의된 정의는 없지만, "개념적 정의에 대하여 많은 사람이 합의하는 것이 있다."고 하였다(p. 405). 즉, 상호작용은 동시적이고 비동시적인 상황에서 학습을 지원하도록 설계된 학습자와 교수자, 내용, 교수 인터페이스, 다른 학습자 간의 의사소통이다.

Nancy B. Hastings

참고문헌

Battalio, J. (2007). Interaction online: A reevaluation. *The Quarterly Review of Distance Education, 8*(4), 339−352.

Nuriddin, H. (2011). Building the right interaction. *T+D, 65*(3), 32−35.

Simonson, M., Smaldino, S., Albright, M., & Zvacek, S. (2009). *Teaching and learning at a distance* (4th ed.). Upper Saddle River, NJ: Pearson Education.

Wanstreet, C. (2006). Interaction in online learning environments, a review of the literature. *The Quarterly Review of Distance Education, 7*(4), 2006, 399−411.

Internal Conditions of Learning: 학습의 내적 조건

(CONDITIONS OF LEARNING: 학습의 조건 참조)

Intrinsic Cognitive Load: 내재적 인지부하

(COGNITIVE LOAD: 인지부하 참조)

Intrinsic Motivation: 내적 동기

(MOTIVATION: 동기 참조)

J

Job Aid: 직무보조

(ELECTRONIC PERFORMANCE SUPPORT SYSTEM: 전자수행지원 시스템, JUST-IN-TIME LEARNING: 적시학습 참조)

직무보조는 '수행을 증진하기 위한 도구'(Tilaro & Rossett, 1993, p. 13)이다. 이것은 특정한 과제를 즉각적으로 수행하는 방법 혹은 과제 수행을 위해 계획을 수립하는 방법에 대한 정보 혹은 안내의 외적인 자원이다(Rossett & Schaffer, 2007). 직무보조는 개인에게는 외적인 도구로서 정보 제공, 절차 지원, 의사결정 안내의 세 가지 기능을 지원한다(Rossett & Gautier-Downes, 1991). 적어도 직무보조는 고용인들이 작업을 수행하기 전에 혹은 수행하는 과정에서 도와주는 의미로 정의된다. 이것은 수행보조가 직무에 직접적이고 실시간으로 지원하는 것과는 다르다(Rothwell, 1996).

직무보조는 과업이 어떤 요구사항에 부합한다면 좀 더 선호하는 효과적인 비교수적 지원이 될 것이다. 직무보조는 과제가 복잡하고 자주 일어나지 않지만 잘못된다면 비용이 많이 드는, 혹은 훈련이 적합하지 않을 때 좀 더 효과적으로 사용될 수 있다. 직무보조가 효과적인 교수전략으로 사용되어 왔고 특히 수행이 복잡하고 다양할 때, 실수를 하면 비용이 많이 드는 경우에 효과적으로 활용될 수 있다(Spaulding & Dwyer, 2001). 직무보조는 업무, 학습, 정보가 잘 통합되고, 상대적으로 수행하기가 쉽고, 수행에 관련된 설계와 잘 연계되므로 계속 사용될 것이다(Rossett & Schaffer, 2007).

Kathryn Ley

참고문헌

Rossett, A., & Gautier-Downes, J. (1991). *A handbook of job aids.* San Diego, CA: Pfeiffer & Company.

Rossett, A., & Schaffer, L. (2007). *Job aids & performance support: Moving from*

knowledge in the classroom to knowledge everywhere. San Francisco, CA: John Wiley & Sons, Inc.
Rothwell, W. J. (1996). *Beyond training and development: State-of-the art strategies for enhancing human performance.* New York, NY: Amacom.
Spaulding, K., & Dwyer, F. (2001). The effect of time-on-task when using job aids as an instructional strategy. *International Journal of Instructional Media, 28,* 437-447.
Tilaro, A., & Rossett, A. (1993). Creating motivating job aids. *Performance & Instruction, 32*(9), 13-20.

Job Analysis: 직무분석
(ANALYSIS: 분석 참조)

Just-in-time Learning: 적시학습
(JOB AID: 직무보조 참조)

적시학습은 종종 비계열적이고 전통적 계열적인 학습과는 다르다. 미래에 언젠가는 사용 가능한 기술과 능력을 학습하는 전통적인 방법과 달리, 적시학습은 학습자들에게 요구가 있을 때 필요한 정보를 제공한다. Lave와 Wenger(1991)는 효과적인 학습은 그것이 활동, 맥락과 실제에 내재되어 있을 때 일어난다고 하였다. 이러한 환경에서 학습은 주어진 시점에 국한되며 비의도적일 것이다. 주어진 상황에 부합하는 그런 학습의 실제적인 요구는 합법적인 주변적 참여와 연관된 과정을 통하여 일어난다(Lave & Wenger, 1991).

실천공동체는 같은 요구와 흥미를 가진 학습자들에게 상호작용과 협력의 기회를 제공한다(Lave & Wenger, 1991). 직무보조와 수행지원이 잠재적인 협력이 필요 없는 개인들에게 주는 적시학습이라면, 소셜 네트워킹 도구와 서비스의 교육적 활용은 학습자들이 온라인 실천공동체에 참여할 수 있는 수단을 제공한다. 전통적인 교수 혹은 학습관리 시스템을 통하여 가르치는 교수자들은 아직도 전통적이고 계열적인 접근으로 가르칠 것이다. 그러나 그들은 이와 똑같은 환경에서 적시학습을 제공할 수도 있다.

교실 환경 내에서 발생할 수 있는 적시학습을 위한 상황을 만들기 위하여 블로그와 위키는 수업 전 활동으로 사용되어 왔다. Higdon과 Topaz(2009)가 설명한 프레임워크는 학생들이 블로그에서 학습 내용에 대하여 그들이 접하는 어려움, 내용의 적절성 등을 공유하도록 지원한다. 이 정보는 수업 위키에서 공유되고 수합되며 다음 수업을 위하여 사용된다. 학생의 학습에 관련된 특정한 문제는 이 프레임워크 내에서 적시학습을 통하여 언급된다.

Ostashewski, Moisey와 Reid(2011)는 전문성 개발을 위한 전달 플랫폼으로써 온라인, 소셜 네트워킹, 프레임워크의 세 가지 이점을 기술하였다. 이들은 ① 전문성 개발 활동의 접근과 참여 관리, ② 동료 관계 개발, ③ 소셜 네트워크를 제공하는 도구를 이용한 학습경험 기회를 포함한다. 교사들은 자신의 학습경험을 한 번의 워크숍을 넘어 그 학습이 적용될 수 있는 실제적인 환경으로 확대할 수 있다. 이러한 프레임워크의 설계는 적시학습을 위한 지원과 기반을 제공한다.

학습자 통제접근은 학습자들에게 요구가 있을 때에 필요한 학습을 제공할 수 있다(Adams & Morgan, 2007). Brill과 Park(2011)은 온라인 교원교육에 대한 연구를 기반으로 이러닝 자원의 제2세대를 설명하였다. 내용은 언제 어디서나 사용 가능한 반면에, 이러한 2차적 지원은 더 많은 협력과 유연성을 위하여 제공된다. 이를 기반으로, "사용자 공동체는 지식 생성, 습득과 공유에서 좀 더 뛰어난 역할을 하고 사회성은 미래의 이러닝을 위한 새로운 차원이 될 것이다(Brill & Park, 2011, p. 440)."

Byron Havard

참고문헌

Adams, J., & Morgan, G. (2007). Second generation e-learning: Characteristics and design principles for supporting management soft-skills development. *International Journal on E-Learning, 6*(2), 157-185.

Brill, J., & Park, Y. (2011). Evaluating online tutorials for university faculty, staff, and students: The contribution of just-in-time online resources to learning and performance. *International Journal on E-Learning, 10*(1), 5-26.

Higdon, J., & Topaz, C. (2009). Blogs and wikis as instructional tools: A social software adaptation of just-in-time teaching. *College Teaching, 57*(2), 105-110.

Lave, J., & Wenger, E. (1991). *Situated learning: Legitimate peripheral participation.*

Cambridge, MA: Cambridge University Press.

Ostashewski, N., Moisey, S., & Reid, D. (2011). Applying constructionist principles to online teacher professional development. *The International Review of Research in Open and Distance Learning, 12*(6), 143–156.

A B C D E F G H I J K L M N O P R S T U V W Z

K

Knowledge Management: 지식경영

(EXPERT SYSTEM: 전문가 시스템, LEARNING ORGANIZATION: 학습조직, MANAGEMENT SYSTEMS: 관리 시스템 참조)

상대적으로 새로운 분야인 지식경영(KM)은 글로벌 경쟁을 고려하여 1990년대에 인지과학의 발전과 인간학습 및 메타인지에 대한 이해의 결과(Ausubel, 1963; Novak & Gowin, 2002; Polanyi, 1967 참조), 비즈니스 경영 분야(Argyris, 1991)와 통합되기 시작하였다. 이러한 발달의 결과로서, 조직은 지적자본의 중요성을 인식하고 비즈니스의 혁신과 경쟁적 우위를 위한 핵심 동력으로 물리적인 자산보다는 인간 자산에 더 많은 가치를 두기 시작하였다(Werner & DeSimone, 2012).

현재 KM의 정의는 과정/결과 관점을 반영한다. KM은 경쟁적 우위를 얻고 유지하기 위하여 조직 내에서 지식을 수집, 개발, 공유, 적용하기 위한 일련의 활동과 과정이다(Mihalca, Uta, Andreescu, & Intorsureanu, 2008; Petersen & Poulfelt, 2002). KM은 부분적으로 노화된 인력과 '두뇌 유출'과 같은 인재 유출에 대한 해결책으로 보이면서 더 많은 관심을 받게 되었다(Hoffman, Ziebell, Fiore, & Becerra-Fernandez, 2008).

KM은 몇 가지 기반으로부터 출발하였다. 전문가 시스템(Expert-systems)은 지식을 가시화하는 기술과 지식 기반을 만드는 프레임워크를 제공한다(Hoffman et al., 2008). 조직이론(Organizational theory)은 시스템적 관점, 사회적 요소의 중요성, 조직 문화에 대한 연구를 KM에 가져다주었다(Firestone, 2008). 인지과학은 정보처리, 사이버네틱스, 조직학습을 제공한다(Despres & Chauvel, 1999).

지식은 종종 데이터, 정보와는 구별된다. 데이터는 일반적으로 어떤 방법에 의하여 측정될 수 있는 분절된 사실을 나타낸다. 정보는 데이터에 맥락을 부여하면서 어떤 수준의 의미를 가진 것이다. 그러나 지식은 정보가 경험, 의사소통, 추론에 의하여 처리되는 고차원 수준의 것이다(Zack, 1999).

KM의 근본적인 한계는 암묵적 지식과 명시적 지식의 관리이다. 암묵적 지식은 무의식적이며 명료하게 만들기가 어려운 반면에, 명시적 지식은 의식적이며 명확하고 형식적으로 나타낼 수 있다(Mihalca et al., 2008). 명시적 지식을 설명할 수 있는 가장 일반적인 방법은 선언적(예: 개념 혹은 명세서), 절차적(예: 어떤 것이 어떻게 수행되는가), 혹은 인과적(예: 왜 어떤 것이 발생하는가)으로 보는 것이다. 암묵적 지식의 관리는 특히 습득의 경우에, KM에 한계를 가져온다.

여기에는 많은 연구가 있다. Firestone(2008)에 따르면, 가장 일반적인 것이 생태학적 접근을 하는 것이다. 이것은 사회적이며, 개인이 사회적 관계망, 집단, 더 큰 조직에서 존재한다는 생태학을 기반으로 한다. 지식은 궁극적으로 개인의 수준에서 생성되고 소비되며, 정보공학의 지원을 받는다. 생태학적 접근의 비판은 지식을 구하고 습득하는 개인의 동기에 의존하며, 지속적인 의사소통과 홍보의 노력이 필요하며 비즈니스의 요구와는 잘 맞지 않는다는 것이다. 대안적인 접근으로는 결정 실행 사이클(Decision Execution Cycle Interruption)(Firestone, 2008), 공학적/경영적/행위적 '학교' 접근(technocrat/economic/behavioral 'Schools' approach)(Earl, 2001) 그리고 개인화 대 체계화 접근(the personalization versus codification approach)(Hansen, Nohria, & Tierney, 1999)과 같은 의사결정 접근이 있다.

실제적으로 한 분야로서 KM의 성장은 지식 브로커, 지식 엔지니어, CKO(chief knowledge officer)와 같은 새로운 직업군을 형성하는 데 기여한다. 또한, 실천공동체, 개념지도, 지식 습득과 같은 실제적인 방법론의 발달을 가져온다. KM의 교육적 활용은 2005년 이래로 진행되어 왔다(Uzunboylu, Eriş, & Ozcinar, 2011). 그 예로, 교수 도구와 피드백 메커니즘을 교사에게 제공하는 지원체제로 사용되었다(Bain & Swan, 2011).

KM은 아직도 많은 이슈를 가지고 있다. 그중의 핵심은 KM의 성공과 실패에 궁극적인 영향을 미치는 정의에 대한 합의가 부족하다는 것이다(Firestone, 2008). 더욱이 KM과 정보경영의 구별에도 혼동이 있다(Vasconcelos, 2008). KM은 조직에서 활용된 이래로 혼합된 결과를 낳고, 미완성된 분야이며, 다양한 방법을 일관성 없이 사용하고 있다. KM에 대한 진정한 의미에 대하여 학계와 실천가들 사이에서 합의가 부족하다.

William L. Solomonson

참고문헌

Argyris, C. (1991). Teaching smart people how to learn. *Harvard Business Review, 69*(3), 99–109.

Ausubel, D. P. (1963). *The psychology of meaningful verbal learning.* Oxford, England: Grune & Stratton.

Bain, A., & Swan, G. (2011). Technology enhanced feedback tools as a knowledge management mechanism for supporting professional growth and school reform. *Educational Technology Research and Development, 59*(5), 673–685. doi: 10.1007/s11423-011-9201-x.

Despres, C., & Chauvel, D. (1999). Knowledge management(s). *Journal of Knowledge Management, 3*(2), 110–120.

Earl, M. (2001). Knowledge management strategies: Toward a taxonomy. *Journal of Management Information Systems, 18*(1), 215–233.

Firestone, J. M. (2008). On doing knowledge management. *Knowledge Management Research & Practice, 6*(1), 13–22. doi: 10.1057/palgrave.kmrp.8500160.

Hansen, M. T., Nohria, N., & Tierney, T. (1999). What's your strategy for managing knowledge? *Harvard Business Review, 77*(2), 106–116.

Hoffman, R. R., Ziebell, D., Fiore, S. M., & Becerra-Fernandez, I. (2008). Knowledge management revisited. *Intelligent Systems, IEEE, 23*(3), 84–88. doi: 10.1109/MIS.2008.51.

Mihalca, R., Uta, A., Andreescu, A., & Intorsureanu, I. (2008). Knowledge management in e-learning systems. *Informatica Economicǎs, 2*(46), 60–65.

Novak, J. D., & Gowin, D. R. (2002). *Learning how to learn.* New York: Cambridge University Press.

Petersen, N. J., & Poulfelt, F. (2002). Knowledge management in action: A study of knowledge management in management consultancies. In A. F. Buono (Ed.), *Developing knowledge and value in management consulting. Volume 2: Research in management consulting* (pp. 33–60). Greenwich, CT: Information Age Publishing.

Polanyi, M. (1967). *The tacit dimension.* Garden City, NY: Anchor.

Uzunboylu, H., Eriş, H., & Ozcinar, Z. (2011). Results of a citation analysis of knowledge management in education. *British Journal of Educational Technology, 42*(3), 527–538.

doi: 10.1111/j.1467-8535.2009.01018.x.

Vasconcelos, A. C. (2008). Dilemmas in knowledge management. *Library Management, 29*(4), 422-443. doi: 10.1108/01435120810869165.

Werner, J. M., & DeSimone, R. L. (2012). *Human resource development* (6th ed.). Mason, OH: South-Western.

Zack, M. H. (1999). Managing codified knowledge. *Sloan Management Review, 40*(4), 45-58.

Knowledge Object: 지식객체

(LEARNING OBJECT: 학습객체 참조)

L

Lean Media: 텍스트 기반 미디어

(RICH MEDIA: 리치 미디어 참조)

Learner Analysis: 학습자 분석

(ANALYSIS: 분석 참조)

Learner-Centered Instruction: 학습자 중심 수업

(COLLABORATIVE LEARNING: 협력학습, CONSTRUCTIVISM: 구성주의, DIFFERENTIATED INSTRUCTION: 수준별 수업, GENERATIVE AND SUPPLANTIVE INSTRUCTIONAL STRATEGIES: 생성적-주입식 교수전략, INDIVIDUAIZED INSTRUCTION: 개별화 수업, OPEN EDUCATION: 공개교육, PROBLEM-BASED LEARNING: 문제 기반 학습, PROJECT-BASED LEARNING: 프로젝트 기반 학습, SELF-DIRECTED LEARNING: 자기주도학습 참조)

'학습자 중심'이라는 말은 단일의 교수방법이라기보다는 교수 패러다임의 하나이다. 이것은 교수자 중심의 교수 패러다임의 반대되는 의미를 가진다. 이것은 McCombs와 Whisler(1997)에 의하여 "개별 학습자와 학습에 초점을 둔 관점"(p. 9)으로 정의되었다. 학습자 중심 패러다임은 구성주의(Hannafin & Land, 1997)를 기반으로 하는데, 이것은 학습자에 의하여 개별적으로(Driscoll, 2005), 혹은 사회적 합의(Littleton & Hiikkinen, 1999; Palincsar, 1998; Vygotsky, 1978)를 통하여 지식은 구성되며, 실제 맥락에 연계될 때 쉽게 습득된다(Brown, Collins, & Duguid, 1989)고 하였다. 학습자 중심 교수에서 학습자는 교수자의 내용 전달과 학습자의 수동적인 수용 대신에 학습 과정에 능동적으로 참여하여 자신의 지식을 구성하도록 지원된다.

교육의 심리학에 대한 미국심리학회의 특별 팀[The American Psychological Association Presidential Task Force on Psychology in Education(1993)]은 인지적/메타인지적, 동기유

발적/정의적, 발달적/사회적 그리고 개별적 차별화 요인을 포함하는 14개의 학습자 중심의 심리학적 원리를 규명하였다. 학습자 중심 패러다임의 가장 핵심적인 원리는 학습의 통제가 교사에서 학생으로 전환된다는 것이다. 전통적으로 교사는 교수목적, 내용, 교수전략을 선정하는 역할을 해왔다. 그러나 학습자 중심 패러다임에서 학습자는 자신의 학습에 대하여 더 많은 통제 권한을 얻으며 무엇을 어떻게 학습하는가에 대한 더 많은 책임을 지게 된다(Reigeluth & Moore, 1999). 이러한 개별 학습자에 대한 강조는 Bransford, Brown과 Cocking(2000)에 의해서도 두드러지게 나타난다. 그들은 학습자가 자신의 학습을 잘 관리하고 진행하도록 도우면서 교수를 개별 학습자에 맞게 변환시키는 것이 중요하다고 하였다.

이러한 학습자 중심 원리에 부합하는 교수방법은 탐구학습, 문제 중심 학습, 프로젝트 기반 학습, 협력학습, 협동학습, 실제적 학습, 능동적인 학습, 자기주도적 학습, 개인화 학습, 개별화 학습과 수준별 학습을 포함한다. Reigeluth(1999)는 교수설계이론은 학습자 중심 패러다임에 적합하다고 하였다.

최근에 학습자 중심 패러다임에 대한 연구들은 학습자 중심 교수를 지원하기 위한 공학기술의 역할에 초점을 두고 있다. 교육공학에서 잘 알려진 몇몇 학자들은 학습자 중심 교수에서 공학기술의 중요성(Bransford et al., 2000; Hannafin & Land, 1997; Jonassen, 2008; Reigeluth et al., 2008)을 강조하고, 공학기술이 지원하는 학습자 중심 환경(technology-enabled learner-centered environments)을 구성하기 위하여 많은 시도를 하고 있다.

Dabae Lee
Yeol Huh
Charles M. Reigeluth

참고문헌

American Psychological Association Presidential Task Force on Psychology in Education. (1993). *Learner-centered psychological principles: Guidelines for school redesign and reform.* Washington, D.C.: American Psychological Association and the Mid-Continent Regional Educational Laboratory.

Bransford, J. D., Brown, A. L., & Cocking, R. R. (2000). *How people learn: Brain, mind, experience, and school.* Washington, D.C.: National Academies Press.

Brown, J. S., Collins, A., & Duguid, P. (1989). Situated cognition and the culture of learning. *Educational Researcher, 18*(1), 32–42.

Driscoll, M. P. (2005). *Psychology of learning for instruction* (3rd ed.). Boston, MA: Allyn & Bacon.

Hannafin, M. J., & Land, S. M. (1997). The foundations and assumptions of technology-enhanced student-centered learning environments. *Instructional Science, 25*(3), 167–202.

Jonassen, D. H. (2008). *Meaningful learning with technology.* Upper Saddle River, NJ: Pearson Education, Inc.

Littleton, K., & Hiikkinen, P. (1999). Learning together: Understanding the processes of computer based collaborative learning. In P. Dillenbourg (Ed.), *Collaborative-learning: Cognitive and computational approaches* (pp. 20–30). Oxford: Elsevier.

McCombs, B. L., & Whisler, J. S. (1997). *The learner-centered classroom and school: Strategies for increasing student motivation and achievement.* San Francisco, CA: Jossey-Bass.

Palincsar, A. (1998). Social constructivist perspectives on teaching and learning. *Annual Review of Psychology, 49*(1), 345–375.

Reigeluth, C. M. (1999). *Instructional-design theories and models* (Vol. 2). Mahwah, NJ: Lawrence Erlbaum Associates.

Reigeluth, C. M., & Moore, J. (1999). Cognitive education and the cognitive domain. In C. M. Reigeluth (Ed.), *Instructional-design theories and models* (Vol. 2, pp. 51–68). Mahwah, NJ: Lawrence Erlbaum Associates.

Reigeluth, C. M., Watson, W. R., Watson, S. L., Dutta, P., Chen, Z., & Powell, N. D. P. (2008). Roles for technology in the information-age paradigm of education: Learning management systems. *Educational Technology, 48*(6), 32–39.

Vygotsky, L. S. (1978). *Mind in society: The development of higher psychological processes.* Cambridge, MA: Harvard University Press.

Learner Characteristics and Traits: 학습자 특성 및 성향

(ANALYSIS: 분석, MOTIVATION: 동기, PREREQUISITE SKILLS: 선수 기능 참조)

학습자 분석은 수업을 설계하기 전에 대상 학습자에 대한 특성 및 성향을 규명하기 위하여 데이터를 수집하고 분석하는 과정이다. 학습자 분석은 설계과정에서 설계자가 대상 학습자의 능력과 선호도에 적합한 교수방법, 전략, 활동을 선택할 수 있도록 정보를 제공한다. Morrison, Ross, Kalman과 Kemp(2011)는 "학생들은 셀 수 없이 다른 다양성을 가지고 있다(p. 57)." 효과적인 학습자 분석의 핵심은 학습 상황에서 가장 중요하게 고려해야 하는 특성 및 성향을 분석하는 것인데, 다양한 제한으로 인하여 모든 정보를 다 수집할 수는 없다.

학습자 특성은 다양한 방법으로 구별되어 왔다. Heinich, Molenda, Russell과 Smaldino (1999)는 일반적인 특성, 특정한 출발점 특성과 학습스타일의 세 가지를 제안하였다. Morrison과 동료들(2011)은 "학습정보, 개인적이고 사회적인 특성, 문화적 차이, 장애가 있는 학습자 그리고 성인학습자"(p. 57) 등의 다섯 가지로 구별하였다. Dick, Carey와 Carey(2009)는 학습자 특성에 대하여 여덟 가지 분류를 제공하였다. 처음의 여섯 가지는 Heinich와 동료들, Morrison과 동료들이 제안한 분류 방법과 같고, 출발점 행동, 선수지식, 내용과 전달매체에 대한 태도, 학습동기, 교육과 능력 수준, 일반적인 학습선호도를 덧붙였다. 그들은 두 가지 독특한 구분을 포함하였는데, "수업을 진행하는 기관과 집단의 특성에 대한 태도"이다(Dick, Carey & Carey, 2009, p. 93). 여기에서는 이러한 논의를 위하여 학습자의 특성 및 성향을 Heinich와 동료들(1999)이 제안한 세 가지 분류를 채택한다. 다른 특성들은 이들의 하위 영역으로 논의될 것이다.

일반적인 특성은 종종 인구통계와 관련된다. 즉, 나이, 성별, 직업 경험, 교육과 민족성 등이 포함된다(Morrison et al., 2011). 문화적 다양성, 개인적이고 사회적인 특성, 신체적 학습 장애 또한 일반적인 특성 영역에 포함된다.

출발점 특성은 "학습자가 수업을 시작하기 전에 반드시 가지고 있어야 하는 선수능력과 태도"(Morrison et al., 2011, p. 58)이다. 그 주제에 대하여 학습자가 이미 알고 있는 것을 확인하는 것은 설계자가 대상에게 수업이 너무 어렵거나 쉽지 않다는 것을 보장하게 한다. 출발점 특성은 또한 테크놀로지 사용 기술을 포함한다. 테크놀로지에 관련되어 고려해야 할 선수 능력은 특히 온라인학습에서, 도구 사용 능력과 자기주도적인 학습 성향이다. 만약에 학습자들이 이 부분에 대하여 부족하다면 이에 대한 처치가 수업 전에 이루어져야 한다(del Valle & Duffy, 2009).

학습스타일은 학습자가 선호하는 혹은 이상적인 학습양식이다. Sampson, Karagiannidis와 Kinshuk(2002)은 "학습스타일 연구에서 가장 두드러진 구별은 시각적/청각적/감각적 구분"(p. 27)이라고 하였다. 다른 일반적인 방법은 Myers-Briggs Type Indicator, the Multiple Intelligences Inventory, and the Felder and Silberman Index of Learning Styles와 같은 측정도구를 기반으로 개인적인 강점과 약점을 파악하는 것이다(Sampson et al., 2002). 이러한 측정은 선호도에 따라 학습자를 구별한다. 그러나 수업이 학습자가 선호하는 방법과 일치한다면 더 효과적이지만, 신체적 학습 장애가 없는 한, 모든 학습자는 모든 방법으로 배울 수 있다는 것이 중요하다.

학습자의 특성 및 성향을 규명하는 것은 효과적이고 효율적인 학습자 중심 교수의 설계를 촉진한다. 중요한 것은 어떤 특성이 적절한지, 어떤 데이터가 수집 가능한지, 어떻게 학습자 분석 결과를 동질적, 이질적 학습집단을 위한 설계과정에 활용할 것인지를 결정하는 것이다.

Nancy B. Hastings

참고문헌

del Valle, R., & Duffy, T. (2009). Online learning: Learner characteristics and their approaches to managing learning. *Instructional Science, 37*(2), 129-149. doi: 10.007/s11251-007-9039-0.

Dick, W., Carey, L., & Carey, J. O. (2009). *The systematic design of instruction* (7th ed.). Upper Saddle River, NJ: Pearson.

Heinich, R., Molenda, M., Russell, J., & Smaldino, S. (1999). *Instructional media and technologies for learning* (6th ed.). Englewoods Cliffs, NJ: Prentice Hall.

Morrison, G. R., Ross, S. M., Kalman, H., & Kemp, J. E. (2011). *Designing effective instruction* (6th ed.). Hoboken, NJ: John Wiley & Sons.

Sampson, D., Karagiannidis, C., & Kinshuk. (2002). Personalised learning: Educational, technological and standardisation perspective. *Interactive Educational Multimedia, 4*, 24-39.

Learning: 학습

(COGNITIVE PROCESSES: 인지과정, CONSTRUCTIVISM: 구성주의, LEARNING WITH INFORMATION: 정보를 활용한 학습, SITUATED COGNITION: 상황인지 참조)

학습은 교육공학 분야에서 매우 중요한 개념이라서, 때때로 미리 상정된다. 그 대신에 학습이론은 "교수설계의 기본 목적이 학습을 촉진하고 수행을 향상시키는 것이다. 그러므로 학습을 설명하는 이론은 설계자에게 매우 필요하며 이 분야의 기반이 된다"는 점에서 논의된다(Richey, Klein, & Tracey, 2011, p. 51).

예를 들면, Morrison과 그의 동료들(Morrison, Ross, Kalman, & Kemp, 2011)은 학습이론이 주어진 상황에 맞게 교수전략을 선택할 때 좀 더 일관성 있는 도움을 준다는 점에서 이러한 이론을 강조한다. 학습이론은 인간이 어떻게 학습하는가에 대한 연구에 기반한 설명을 제공하며(Mayer, 2009), 그들의 적용은 학습이 효과적이고 효율적으로 일어날 수 있는 가능성을 증진한다. 그러나 Morrison과 동료들(2011)은 결코 학습 그 자체를 정의하지는 않았다. 학습의 의미를 학습과 관련된 문제의 유형과 그에 대한 교수설계 과정으로부터 유도하도록 남겨두었다.

비슷하게 Spector(2008)는 인간 행동, 인지, 감정에 대한 이해가 변화되면서 교수를 어떻게 생각하는지에 대한 연구자들과 개발자들의 인식이 바뀌어 왔다고 지적하면서 학습의 심리학을 강조하였다. 비록 학습이론이 지속적으로 발달되고 있지만, 학습에 대한 정의는 상대적으로 일관성이 있으며 주로 학습이란 **무엇인가**와 학습은 **어떻게** 일어나는가에 초점을 두고 있다.

'학습이란 무엇인가'는 학습의 성과에 관련된다. 학습은 '지식과 능력의 습득'(Donovan & Bransford, 2005, p. 1)이다. 학습은 '학습자의 성향과 능력의 변화'(Gagné as cited by Gagné, Wager, Golas, & Keller, 2005, p. 3)이다. 학습은 '인간의 수행 혹은 수행의 잠재성의 지속적인 변화'(Driscoll, 2005, p. 9)이다. 학습은 '지식의 변화'(Mayer, 2009, p. 59)이다. 이러한 정의들은 모두 학습자가 학습한 후에 학습하기 전과 비교하였을 때, 그들이 아는 것과 할 수 있는 것이 달라진다는 점을 지적하고 있다. 또한 이 정의들은 약간의 차이점도 있는데, Gagné(1985)는 학습 성과의 명확한 가지 영역으로 성향 혹은 태도를 포함시켰다.

'학습은 어떻게 일어나는가'는 학습자에게서 변화가 일어나는 과정에 대한 것이다.

여기에도 물론 의도적으로 미리 설계된 학습 환경이든(Mayer, 2009), 단순히 외부 세계와의 상호작용(Donovan & Bransford, 2005; Driscoll, 2005)에서 비롯되든 간에 학습이 학습자의 경험을 통하여 일어난다는 합의가 있다.

"학습은 경험을 요구하지만, 어떤 경험이 중요하고 어떻게 이러한 경험들이 학습을 일으키는지에 대한 것이 모든 학습이론의 초점이 된다(Driscoll, 2005, p. 9)." 교수 설계자들이 설계를 위하여 사용하는 학습이론이 다른 관점을 가지고 있을지라도, 세 가지 근본적인 원리에 대해서는 대체로 합의를 하고 있다. 학습자들이 이미 알고 있는 것은 새로운 학습에 참여하기 위하여 중요하다. 사실적 지식과 개념적 구조는 역량을 개발하기 위하여 중요하며, 학습과정에 대한 자아성찰도 중요하다(Donovan & Bransford, 2005).

Marcy P. Driscoll

참고문헌

Donovan, M. S., & Bransford, J. D. (2005). *How students learn.* Washington, D.C.: The National Academies Press.

Driscoll, M. P. (2005). *Psychology of learning for instruction* (3rd ed.). Boston, MA: Pearson Education, Inc.

Gagné, R. M. (1985). *Conditions of learning* (4th ed.). New York: Holt, Rinehart, & Winston.

Gagné, R. M., Wager, W. W., Golas, K. C., & Keller, J. M. (2005). *Principles of instructional design* (5th ed.). Belmont, CA: Wadsworth/Thomson Learning.

Mayer, R. E. (2009). *Multimedia learning* (2nd ed.). New York: Cambridge University Press.

Morrison, G. R., Ross, S. M., Kalman, H. K., & Kemp, J. E. (2011). *Designing effective instruction* (6th ed.). Hoboken, NJ: John Wiley & Sons, Inc.

Richey, R. C., Klein, J. D., & Tracey, M. W. (2011). *The instructional design knowledge base: Theory, research and practice.* New York: Routledge.

Spector, J. M. (2008). Theoretical foundations. In J. M. Spector, M. D. Merrill, J. van Merriënboer, & M. P. Driscoll (Eds.), *Handbook of research on educational communications and technology* (3rd ed., pp. 21–28). New York: Lawrence Erlbaum Associates.

Learning by Doing: 행함으로써 배움

(PROBLEM-BASED INSTRUCTION: 문제 기반 학습, PROJECT-BASED INSTRUCTION: 프로젝트 기반 학습, SELF-DIRECTED LEARNING: 자기주도학습 참조)

행함으로써 배움 방식은 수행 기반 수업에 대한 관심이 늘어나고(Schank, Berman, & MacPherson, 1999), 학습에 대한 구성주의적 접근이 유행하면서 더 많은 관심을 받게 되었다. 사례기반추론(case-based reasoning) 이론은 행함으로써 배움에 대한 이론적인 기반을 제공한다(Schank et al., 1999). 이 이론은 사람은 '목적, 계획, 기대, 실패와 실패에 대한 설명'(p. 170) 과정을 통해 자신의 경험에 대하여 생각함으로써 배운다고 가정한다. 그들은 이러한 경험을 기억의 '도서관'에 저장하고, 새로운 과제를 수행하기 위하여 그들이 필요할 때, 그 과제에 적합한 비슷한 사례를 찾아내어 이용한다(Schank et al., 1999). 경험을 통하여 배운 맥락, 목적, 교훈은 적절한 기억을 검색하기 위한 단서가 된다(Schank, 1982). 그러므로 교수는 목적으로 하는 능력을 실습할 수 있도록 관련된 경험을 제공해야 한다.

프로젝트 기반 학습(Blumenfeld et al., 1991), 문제 중심 학습(Norman & Schmidt, 1992), 액션러닝(Revans, 2011), 목표 기반 시나리오(Schank et al., 1999) 등과 같은 교수방법들은 행함으로써 배움을 증진하기 위하여 고안되었다. 이러한 방법들 중에서 여기에서는 사례 기반 학습과 주제 기반 학습의 두 가지 방법을 소개한다.

사례 기반 학습(Case-based instruction)(Merseth, 1991; Williams, 1992) 혹은 사례방법(case methods)(Patterson, 1951)은 적절한 맥락과 의미 있는 문제를 제공하는 사례에 대한 분석과 논의에 학습자를 참여시킨다(Merseth, 1991; Williams, 1992). Merseth(1991)에 따르면, 사례방법의 목적은 '원리에 대한 폭넓은 이해를 위하여 특별한 결정을 내리는 것'(p. 243)이다. 그러므로 사례 기반 학습은 학습자가 추상적인 관계를 개념적으로 이해할 필요가 있는 경우에 적합하다(Savery, 2009).

사례 기반 학습은 1870년 하버드 법대 교수인 Christopher Langdell에 의하여 고안되었고(Patterson, 1951), 법관이나 비즈니스인들에게 요구되는 사고능력과 지식을 가르치기 위하여 유용하기 때문에 법과 비즈니스 교육에서 널리 활용되었다(Patterson, 1951). 최근에 사례 기반 학습은 교사교육에서도 많이 활용되고 있다(Andrews, 2002; McNaughton, Hall, & Maccini, 2001).

잘 구조화된 사례는 특정한 목적, 계획, 기대하는 성과를 포함해야 한다(Schank et al., 1999). 문제 중심 학습과 달리, 사례 기반 학습은 학생들이 개방적이고 다양한 결론에 도달하는 것보다는 이미 결정된 결론에 도달되도록 유도한다(Savery, 2009). 이 과정에서 학습자는 자신의 사고 과정과 자신의 결정에 대한 이유를 설명한다.

주제 기반 학습(Theme-based instruction)(Beatty, 2009) 혹은 통합된 주제학습(Kovalik & Olsen, 1997)은 학생들이 탐구를 통하여 과제를 수행하도록 준비시킨다(Kovalik & McGeehan, 1999). Beatty(2009)는 주제 기반 학습을 "융합된 주제를 지원하기 위하여 학습의 다양한 영역을 통합하도록 지원하는 것"(p. 278)으로 정의하였다. 주제 기반 학습의 핵심은 교육과정이 융합된 주제로 통합된다는 것이다. 그 주제는 학습을 위한 실제적인 맥락을 제공하고, 학생들의 흥미를 유발하고, 학생들이 주제 안에서 하위 요소와 소재들 간의 상호관계를 만들어 낼 수 있도록 지원한다(Beatty, 2009).

주제 기반 학습은 영역을 넘어 확대될 수 있고 종종 학교 수준에서 수행된다. 1년간 지속할 수 있는 주제를 선정한 후에 교육과정과 수업은 그 주제에 따라 조직된다. 예를 들면, 학교는 힘과 같은 주제를 학년 초에 선정한다. 그리고 수학, 과학, 사회과학과 같은 교과 담당교사들은 소재를 선택하고 힘이라는 주제와의 연관성에 초점을 둔다. 과학 교사는 전기라는 소재를 선택할 수 있다. 사회 교사는 사람은 어떻게 만들어지는가, 힘, 권력, 지도성의 구조는 어떻게 변화하는가 등과 같은 소재를 선택한다. 범교과 수업도 가능하다. 예를 들면, 힘이라는 주제 아래에 선거라는 소재를 사용하여 통계, 사회과학 분야는 서로 통합되어 가르칠 수 있다. 이러한 방법에서 학습자들은 목적으로 정해진 능력과 지식이 실제 생활에서 활용되는 실제적인 사례를 경험할 수 있고 주제와 교과영역 간의 상호관계를 이해할 수 있다.

Dabae Lee

Yeol Huh

Charles M. Reigeluth

참고문헌

Andrews, L. (2002). Preparing general education pre-service teachers for inclusion: Web-enhanced case-based instruction. *Journal of Special Education Technology, 17*(3), 27-35.

Beatty, B. J. (2009). Fostering integrated learning outcomes across domaians. In C. M. Reigeluth (Ed.), *Instructional-design theories and models* (Vol. 3, pp. 275-299). New York: Routledge.

Blumenfeld, P. C., Soloway, E., Marx, R. W., Krajcik, J. S., Guzdial, M., & Palincsar, A. (1991). Motivating project-based learning: Sustaining the doing, supporting the learning. *Educational Psychologist, 26*(3-4), 369-398.

Kovalik, S. J., & McGeehan, J. R. (1999). Integrated thematic instruction: From brain research to application. In C. M. Reigeluth (Ed.), *Instructional-design theories and models* (Vol. 2, pp. 371-396). Mahwah, NJ: Lawrence Erlbaum Associates.

Kovalik, S. J., & Olsen, K. (1997). *ITI: The model* (3rd ed.). Kent, WA: Susan Kovalik & Associates.

McNaughton, D., Hall, T. E., & Maccini, P. (2001). Case-based instruction in special education teacher preparation: Practices and concerns of teacher educator/researchers. *Journal of the Teacher Education, 24*(2), 84-94.

Merseth, K. K. (1991). The early history of case-based instruction: Insights for teacher education today. *Journal of Teacher Education, 42*(4), 243-249.

Norman, G., & Schmidt, H. G. (1992). The psychological basis of problem-based learning: A review of the evidence. *Academic Medicine, 67*(9), 557-565.

Patterson, E. W. (1951). Case method in American legal education: Its origins and objectives. *Journal of Legal Education, 4*(1), 1-24.

Revans, R. (2011). *ABC of action learning.* Burlington, VT: Gower Publishing Company.

Savery, J. R. (2009). *Problem-based approach to instruction Instructional-design theories and models* (Vol. 3, pp. 143-165). New York: Routledge.

Schank, R. C. (1982). *Dynamic memory*. New York: Cambridge University Press.

Schank, R. C., Berman, T. R., & MacPherson, K. A. (1999). Learning by doing. In C. M. Reigeluth (Ed.), *Instructional design theories and models: A new paradigm of instructional theory* (Vol. 2, pp. 161-181). Mahwah, NJ: Lawrence Erlbaum Associates.

Williams, S. M. (1992). Putting case-based instruction into context: Examples from legal and medical education. *Journal of The Learning Sciences, 2*(4), 367-427.

Learning Contract: 학습계약

(BEHAVIORISM: 행동주의 참조)

Learning Hierarchy: 학습위계

(PREREQUISITE SKILLS: 선수 기능, SEQUENCING: 계열화 참조)

1968년에 Robert Gagné는 그의 대표작 중의 하나인『학습위계(Learning Hierarchies)』라는 책을 출판하였다. 여기에서 그는 학습 결과를 차트로 표시하였고, 이것이 서로 선수지식과 어떻게 연계되는지를 설명하였다. 이것이 교수설계와 교육과정 개발의 근간이 되었다(Richey, 2000). 학습위계는 지적 기술들 간에 존재하는 위계적인 관계를 나타내며, 학생들은 다음 학습을 성공적으로 진행하기 전에 미리 알고 있어야 하는 하위 내용을 잘 알아야 한다(Reiser, 2001).

지적 기술 결과를 계열화하기 위한 도구로 알려져 있는 학습위계는 이 분야에서 다양한 방법으로 적용되어 왔다(Fields, 2000). 교수설계자들은 학생들의 출발점 지식과 능력을 평가하면서 분석을 실시하고 이 사전지식을 습득하기 위한 교수사태를 계획한다. 어떤 내용이 제시되는지에 대한 설계자의 결정은 학습위계를 기반으로 한다. 선수지식에 대한 강조는 새로운 능력의 개발을 위하여 사전지식이 갖는 역할에 대한 연구를 이끌어 왔다(Woodward & Galagedera, 2006). 지적 기술의 위계적 계열에 대한 연구는 지식 구조에 대한 새로운 연구에도 영향을 미쳤다(Ifenthaler, 2011). 지식 구조에 대한 연구는 교육과정 설계를 향상시킨 지식 매핑에 영향을 주었다(Chong, 2009; Hay & Kinchin, 2008).

어떤 연구들은 학습위계가 수업 계획을 위한 결정을 내리기 위해서는 불완전한 도구라는 점을 지적하였다(Reigeluth, 1979). 또 다른 연구들은 선수지식에 대한 학습위계에 대한 강조는 설계자들이 학습자 중심이 아닌 접근으로 수업을 계획하도록 한다는 점을 지적하였다. 그러나 학습위계를 학습과제 분석과 함께 사용하는 것은 교수설계가 학습자의 요구에 부합하도록 한다. 학습위계는 개념을 가르치고 복잡하고 덜 구조화된 문제를 해결하는 분야에도 지속적으로 영향을 미치고 있다(Jonassen, 2006). 온라인 과정이 늘어나면서, 학습위계는 선수지식의 부족을 설명하기 위하여 사용되었고 가상환경에서 내용이 풍부한 학습객체를 조직하는 데 도움을 주었다(Laverde, Cifuentes, & Rodriguez, 2007).

Lynn Wietecha

참고문헌

Chong, C. (2009). Instructional effect of knowledge mapping on south Australian matriculation biology achievement in Malaysian students. *Teaching Science, 55*(3), 54–57.

Fields, D. C. (2000). The impact of Gagné's theories on practice. In R. C. Richey (Ed). *The Legacy of Robert M. Gagné* (pp. 183–209). Syracuse, NY: ERIC Clearinghouse on Information & Technology.

Gagné, R. M. (1968). Learning hierarchies. *Educational Psychologist, 6,* 1–9.

Hay, D., & Kinchin, I. (2008). Using concept mapping to measure learning quality. *Education & Training, 50*(2), 167–182.

Ifenthaler, D. (2011) Identifying cross–domain distinguishing features of cognitive science. *Educational Technology Research and Development, 59*(6), 817–840.

Jonassen, D. H. (2006). On the role of concepts in learning and instructional design. *Educational Technology Research and Development, 54*(2), 177–193.

Laverde, A. C., Cifuentes, Y. S., & Rodriguez, H. Y. (2007). Toward an instructional design model based on learning objects. *Educational Technology Research and Development, 55*(6), 671–681.

Reigeluth, C. M. (1979). In search of a better way to organize instruction: The elaboration theory. *Journal of Instructional Development, 2*(3), 15.

Reiser, R. A. (2001). A history of instructional design and technology: Part II: A history of instructional design. *Educational Technology Research and Development, 49*(2), 57–68.

Richey, R. C. (2000). The future role of Robert M. Gagné in instructional design. In R. C. Richey (Ed.), *The Legacy of Robert M. Gagné* (pp. 255–281). Syracuse, NY: ERIC

Clearinghouse on Information & Technology.
Woodward, G., & Galagedera, D. (2006). Does prior mathematics knowledge really lead to variation in elementary statistics performance?: Evidence from a developing country. *International Journal of Educational Development, 26*(6), 639.

Learning Management System: 학습관리 시스템

(FEEDBACK: 피드백, INTEGRATED LEARNING SYSTEMS: 통합학습체제, MANAGEMENT SYSTEMS: 관리 시스템 참조)

Learning Object: 학습객체

문헌에서 학습객체(LO)의 정의가 다양하게 소개되고 있다. 가장 광범위한 정의는 Wiley (2000)가 제안한 것인데, "학습객체는 학습을 지원하기 위하여 공학기술을 통해 사용될 수 있고 재사용될 수 있고 참고할 수 있는, 디지털 혹은 디지털이 아닌 모든 형식"(p. 4)을 말한다. 많은 저자(예: Parrish, 2004; Wiley, 2008)는 이 정의의 일반적인 특성을 지적하였다. 무엇이든지 학습객체가 될 수 있다. 이러한 다양성을 가진 정의와는 달리, 충분하게 포괄적이지만 제한적인 정의를 내리기 위하여 많은 시도가 있었다. 예를 들어, ICALT 학술대회에 발표되었던 많은 연구 중에서 Rossano, Joy, Roselli와 Sutinen(2005)은 학습객체를 위하여 어떤 정의가 사용될 수 있을지를 찾고자 하였다. 그들은 진보적(특정한 해결법을 구함), 기술적(LO를 만들기 위한 기술적인 해결법을 지향함) 혹은 교육적(학습의 관점을 고려함) 관점에 따라 다양한 의미를 가지고 있음을 설명하였다.

McGreal(2004)은 정의에 포함된 두 범주를 구별하기 위하여 설명하였다. 첫 번째 범주는 디지털 요소가 있는가 없는가에 관련된다. 두 번째 범주는 학습에 관련된 특정한 질문에 관련되는가를 말한다. 이 두 번째 범주는 학습객체를 설명하는 다양한 개념과 연관된다. 예를 들면, Merrill(1999)은 지식객체를 선호한다. McGreal(2004)은 다음과 같이 정의하였다.

> LO는 단원, 모듈, 코스, 프로그램의 단위로 수업을 묶거나 수업 안에서 사용될 수 있는 재사용 가능한 디지털자원으로 정의할 수 있다. 여기에서 수업은 학습목적을 가지

고 있는 하나의 단위를 말한다(p. 28).

McGreal의 정의는 무엇이든지 학습객체가 될 수 있다는 비생산적인 입장을 피한다. 동시에 이 정의는 좀 더 광범위한 의미를 준다. 그러므로 학습객체에 대한 특정한 연구에서 정의가 실제 연구 문제에 직접적으로 연계되어 만들어지는 것이 놀라운 일은 아니다. 예를 들어, Kay와 Knaack(2009)은 학생들을 위한 '학습객체 평가 도구'를 정교화하고 타당화하고자 하였다. 이것을 위하여 그들은 학습객체를 "학습자의 인지 과정을 증진하고 확대하고 안내하면서 특정한 개념을 학습하도록 지원하는 상호작용적 웹 기반 도구"(p. 147)로 정의하였다. 앞으로도 더 특정하고 다양한 정의가 만들어질 것이다.

Jan Elen

참고문헌

Kay, R., & Knaack, L. (2009). Assessing learning, quality and engagement in learning objects: The Learning Object Evaluation Scale for Students(LOES-S). *Educational Technology Research and Development, 5*(2), 147-168.

McGreal, R. (2004). Learning objects: A practical definition. *International Journal of Instructional Technology and Distance Learning, 1*(9), 21-32.

Merrill, M. D. (1999). Instructional Transaction Theory(ITT): Instructional design based on knowledge objects. In C. M. Reigeluth (Ed.), *Instructional-design theories and models: A new paradigm of instructional technology* (pp. 397-424). Mahwah, NJ: Lawrence Erlbaum.

Parrish, P. (2004). The trouble with learning objects. *Educational Technology Research and Development, 52*(1), 49-67.

Rossano, V., Joy, M., Roselli, T., & Sutinen, E. (2005). A taxonomy for definitions and applications of LOs: A meta-analysis of ICALT papers. *Educational Technology & Society, 8*(4), 148-160.

Wiley, D. A. (2000). Connecting learning objects to instructional design theory: A definition, a metaphor, and a taxonomy, in *The instructional use of learning objects: Online version*, [Online, last retrieved on April 20, 2011] http://reusability.org/read/chapters/wiley.doc.

Wiley, D. A. (2008). The Learning Objects Literature. In M. Spector, D. Merrill, J. van Merriënboer, & M. Driscoll (Eds.), *Handbook of Research on Educational Communications and Technology* (3rd ed., pp. 346–353). Mahwah, NJ: Lawrence Erlbaum.

Learning Organization: 학습조직

(KNOWLEDGE MANAGEMENT: 지식경영, PERFORMANCE IMPROVEMENT: 수행 향상 참조)

학습조직은 개념적으로 "사람들이 진실로 원하는 결과를 만들고, 새로운 혹은 확장된 사고방식이 길러지고, 협력적인 노력이 가능하고 함께 학습하는 방법을 지속적으로 알게 되는 조직"(Senge, 1990, p. 1)으로 정의된다. 전략적 개발의 관점에서 학습조직은 모든 구성원의 학습을 촉진한다(Garvin, 1993). 조직의 수행의 관점에서 보면 King(2001)이 기술한 것과 같이, 학습조직은 "높은 가치를 가진 정보와 지식을 생산하고 행동을 바꾸고 최종 결과물을 향상시키기 위하여 정보와 지식을 발달시키고 사용하는 곳"(p. 14)이다. 학습조직은 문제의 근원에 초점을 두면서 단기간의 성과가 아닌 장기간의 지속성에 투자를 해야 한다(Müller, 2011). Samad(2010)에 따르면, 학습조직에 영향을 미치는 세 가지 주요 요인은 다음과 같다.

- 교수자나 관리자와 같이 학습과정에 영향을 미칠 수 있는 사람
- 미션과 정책을 안내하는 운영 절차
- 조직의 행동을 만드는 문화와 공유된 가치

작업 현장의 인력자원개발을 강조하는 입장에서 Kontoghiorghes, Awbrey와 Feurig (2005)은 학습조직이 수행 수준에서 갖추어야 할 특성을 다음과 같이 규명하였다.

- 개방적인 의사소통
- 위험 감수
- 학습을 위한 지원과 인식
- 작업을 수행하기 위한 자원

- 집단
- 학습을 위한 보상
- 사고와 학습환경
- 지식 관리

학습조직에 대한 현재의 관점을 고려하여 Watkins와 Marsick(1993, 1996)은 개인, 팀, 조직 학습을 조직의 미션과 수행에 포함시키면서 모든 수준의 학습을 지원하는 '통합적인 관점'을 제안한다. 이를 위하여 다음과 같이 기술하였다. "학습조직은 지속적으로 스스로 학습하고 변형한다…… 이것은 개인, 팀, 전체 조직, 기관, 그들이 속한 공동체의 성장을 지원하고 유도하는 통합된 방법으로 학습을 능동적으로 사용한다(p. 8)." 학습조직에 대한 이러한 통합적인 관점은 계속학습, 탐구와 대화, 팀학습, 내재된 시스템, 임파워먼트, 시스템 연결과 전략적 리더십 등의 일곱 가지 특성을 가진다. 성인학습의 원리와 연계하여, 이를 지원하는 Merriam과 Caffarella(1999, p. 44)는 다음과 같이 결론을 지었다.

> 학습조직에서 학습은 이것이 개인, 집단, 조직 전체에 의하여 일어나든 간에 조직생활의 중심이 되고 가치를 가지며 핵심이 된다. 학습조직의 핵심은 고용인과 조직에 관련된 이해당사자들에게 그들이 만드는 가정에 대하여 질문하고 의심을 갖게 하며, 조직의 문제를 해결하고 운영하는 새로운 방법을 고안하도록 하는 조직의 의지이다. 이 과정은 조직의 모든 위치에 있는 사람들이 협력적 탐구, 대화, 행동을 강조하는 시스템 관점 내에서 생각하는 의지를 가질 것을 요구한다. 학습조직을 만드는 것은 형식적 혹은 비형식적 상황에서 성인 교육자들이 준거로 변화가 받아들여지고 혁신적인 실천이 허용되는 학습공동체를 개발하도록 하는 것을 말한다.

Wenhao Huang
Tristan Johnson
Sun Joo Yoo

참고문헌

Garvin, D. (1993). Building a learning organization. *Harvard Business Review, 71*(4),

78–92.
King, W. R. (2001). Strategies for creating a learning organization. *Journal of Information System Management, 18*(1), 12–20.
Kontoghiorghes, C., Awbrey, S. M., & Feurig, P. L. (2005). Examining the relationship between learning organization characteristics and change adaptation, innovation, and organizational performance. *Human Resource Development Quarterly, 16*(2), 185–211.
Merriam, S. B., & Caffarella, R. S. (1999). *Learning in adulthood* (2nd ed.), San Francisco: Jossey–Bass.
Müller, C. (2011). *Ebay's approach towards organizational learning: How ebay has adopted principles of the learning organization.* Norderstedt, Germany: Books on Demand GmbH.
Samad, S. (2010). The role of creative organizational climate on learning organization–A key component of knowledge management, *Proceedings of 2010 Second International Conference on Computer Engineering and Applications(ICCEA),* 2, 404–409. doi: 10.1109/ICCEA.2010.229.
Senge, P. (1990). *The fifth discipline: The art and practice of the learning organization.* New York: Doubleday.
Watkins, K. E., & Marsick, V. J. (1993). *Sculpting the learning organization: Lessons in the art and science of systemic change.* San Francisco: Jossey–Bass.
Watkins, K. E., & Marsick, V. J. (1996). *In action: Creating the learning rganization.* Alexandria, VA: American Society for Training and Development.

Learning Path: 학습경로

학습경로는 학습자 혹은 에이전트에게 의미가 있으며, 전체로 연결된 학습활동의 집합으로 정의될 수 있다(Poell & Van der Krogt, 2010). 학습경로는 학습자 혹은 에이전트가 다양한 학습 기회에 의미를 부여하면서 가능해진다. 일반적으로 학습경로는 학습자 혹은 에이전트가 일련의 활동을 통하여 만들어진 선택된 순서로 기술되는데, 이것은 지식을 진보적으로 구성할 수 있도록 지원한다(Scott, 1991). Niedderer와 Goldberg (1995)는 학습경로를 선개념화(preconception)에서 목적한 모형 사이에 있는 중간 단계의 계열로 정의한다. 학습경로에 대한 의미의 중심에는 학습자 혹은 에이전트의 학습 경험이 있다. 학습경로의 개념은 학습을 하나의 사태가 아닌 완성된 과정으로 해석하게 하며, 교수와 훈련에서 다양하지만 시간을 낭비하지 않고 비용을 줄이면서 수행을 향상하는 대안적인 방안을 찾을 수 있도록 도와준다(Williams & Rosenbaum, 2004). 학습경로에 대한 연구는 학습과정에서 일어나는 인간 행동을 탐색하고 설명하도록 도와준다.

학습경로는 지식구성 과정의 결과인 지식 구조와 연결된다. 학습경로가 학습과정 동안의 처음과 끝을 연결하는 트랙이기 때문에 지식 구조에서 다양한 링크를 제시해 준다(Nakamura, Tsuji, Seta, Hashimoto, & Albert, 2011). Clement(2000, p. 1043)는 "그런 경로는 교사와 교육과정 개발자 모두에게 교수 이론과 지침을 제공한다."고 하였다.

이러닝에서의 연구는 학습자를 위한 학습경로를 자동적으로 생성하는 것에 초점을 두고 있다. Yangs, Liu와 Huang(2010)은 어떻게 의미망이 학습자의 서로 다른 학습스타일에 따라 개별화된 자신의 학습경로를 구성하도록 지원하는지를 탐색하였다. 실제로 학습자 혹은 에이전트는 의미망을 통해 학습활동의 핵심과 함께 다양한 방법으로 학습경로를 개발할 수 있으며, 그들은 인지와 처리를 경험한다. 부가적으로 Jih(1996)는 멀티미디어 환경에서 학습 수행에 대한 학습경로의 영향을 논의하고, 코스웨어의 난이도 수준, 학습자 능력, 학습하는 동안의 학습경로의 연속성을 동시에 고려하여 개인화된 교육과정 계열화를 위한 웹 기반 교수시스템의 프로토타입을 제시하였다. Kong, Ge와 Luo(2006)는 웹 기반 학습환경에서 학습경로를 설명하고 이행할 수 있는 테크놀로지를 소개하고, 학습경로 생성을 위한 과정 통제 모델을 개발하였다.

Xinmin Sang
Xudong Zheng

참고문헌

Clement, J. (2000). Model based learning as a key research area for science education. *International Journal of Science Education, 22*(9), 1041–1053.

Jih, H. J. (1996). The impact of learners' pathways on learning performance in multimedia computer-aided learning. *Journal of Network and Computer Applications, 19*(4), 367–380.

Kong, W., Ge, L., & Luo, J. (2006). Process control model in web-based e-learning.

In W. Liu, Q. Li, & R. Lau (Eds.), *ICWL 2006 Proceedings of the 5th International Conference on Advances in Web-Based Learning* (pp. 276–289). Heidelberg, Germany: Springer.

Nakamura, Y., Tsuji, H., Seta, K., Hashimoto, K., & Albert, D. (2011). Visualization of learner's state and learning paths with knowledge structures. Paper presented at the 15th International Conference, KES 2011, Kaiserslautern, Germany, September 12–14, 2011.

Niedderer, H., & Goldberg, E. (1995). Learning pathway and knowledge construction in electric circuits. Paper presented at the First European Conference on Research in Science Education, Leeds, UK, April 7–11, 1995.

Poell, R. F., & Van der Krogt, F. J. (2010). The role of social networks in managing organizational talent, knowledge and employee learning. In V. Vaiman & C. Vance (Eds.), *Smart talent management* (pp. 99–118). London: Edward Elgar.

Scott, P. H. (1991). Conceptual pathways in learning science: A case study of the development of one student's ideas relating to the structure of matter. In R. Duit, F. Goldberg & H. Niedderer (Eds.), *Research in physics learning: Theoretical issues and empirical studies* (pp. 203–224). Kiel: IPN.

Williams, J., & Rosenbaum, S. (2004). *Learning paths increase profits by reducing the time it takes employees to get up-to-speed.* San Francisco, CA: Pfeiffer.

Yang, J., Liu, H. T., & Huang, Z. X. (2010). Smap: To generate the personalized learning paths for different learning style learners. *Edutainment, 2010,* 13–22.

Learning Style: 학습스타일

(FIELD DEPENDENCE AND INDEPENDENCE: 장의존과 장독립, LEARNER CHARACTERISICS AND TRAITS: 학습자 특성 및 성향 참조)

Learning Types: 학습유형

(COMPLEX LEARNING: 복잡한 학습 참조)

학습은 다양한 방법으로 분류될 수 있다. 심리학자들은 학습이 어떻게 일어나는가에 따라 학습을 정의한다. 예를 들면, 자극-반응 학습 혹은 주입식 교육 등이 있다. 교육자들은 멀티미디어학습 혹은 완전학습과 같이 학습을 지원하기 위하여 사용되는 교수방법의 의미로 학습을 바라본다. 그러나 교수설계와 공학 분야에서 학습유형에 대한 일반적인 해석은 학습하는 것을 분류하는 것과 같이 내용의 관점으로 해석한다. 이를 고려하면, 학습유형은 교육과정 구성과 교수설계를 위한 기본이 된다.

1949년과 1953년 사이에 내용의 입장에서 학습의 유형을 구별하고자 하는 초기의 노력 중의 하나가 교육의 목적을 인지적, 정의적, 심체적 영역으로 분류하고자 하는 학자들에게서 나타났다. 이것이 오늘날의 Bloom의 교육목표 분류체계이다. 각 영역은 복잡성의 의미에 따라 위계적으로 계열화된 학습목적의 하위 영역을 가지고 있다(Richey, Klein, & Tracey, 2011). 예를 들면, 인지적 영역은 지식, 이해, 적용, 분석, 종합, 평가와 같은 6개의 주요 영역을 가지고 있다(Bloom, 1956).

Bloom과 동료들의 영향을 많이 받았지만, Gagné는 학습과제의 다른 분류를 제시하였다. 그의 관점에서 학습은 여러 해에 걸쳐 지속적으로 일어난다. 그가 제안하는 영역은 언어적 정보, 지적 기술(구체적 개념, 규칙, 개념, 고차적 기술, 문제해결을 포함함), 인지적 전략, 운동기술, 태도를 포함한다(Gagné, 1965, 1972/2000; Gagné, Wager, Golas, & Keller, 2005).

Merrill과 Boutwell(1973) 그리고 Merrill(1983)은 역시 내용의 관점에서 학습의 다른 관점을 제안하였다. 그들은 학습과제를 내용 영역(사실, 개념, 절차, 원리)과 교수목적에 부합될 때 나타나는 학습자의 행동(기억, 사용 혹은 발견)의 매트릭스로 제시하였다. 이것은 Gagné의 연구를 확장한 것이다.

Gagné와 Merrill(1990)은 공통의 목적을 지향하는 다중 목적과 다중 학습 유형을 포함하는 통합적인 목적을 포함시켜 그들의 연구를 함께 확대하였다. 일반적으로 이러한 학습과제는 상당히 복잡한 활동과 연계된다.

학습유형에 대한 내용 지향적 관점은 "한 가지 이상의 학습이 가능하며 기억 구조도 다양할 것"이라는 추측을 가능하게 한다(Merrill, 1983, p. 300). 그래서 학습의 내적 조건이 있고 교수설계(특히 전략 선택에 관련된 단계)는 학습과제의 유형에 따라 다양해져야 한다.

Rita C. Richey

참고문헌

Bloom, B. S. (Ed.) (1956). *Taxonomy of educational objectives: The classification of educational goals, Handbook I: Cognitive domain.* New York: David McKay Company, Inc.

Gagné, R. M. (1965). *The conditions of learning.* New York: Holt, Rinehart, & Winston, Inc.

Gagné, R. M. (1972/2000). *Domains of learning. Interchange,* 3, 1–8. (Reprinted in R.C. Richey (Ed.), *The Legacy of Robert M. Gagné.* Syracuse, NY: ERIC Clearing house on Information & Technology).

Gagné, R. M., & Merrill, M. D. (1990). Integrative goals for instructional design. *Educational Technology Research and Development, 38*(1), 23–30.

Gagné, R. M., Wager, W. W., Golas, K. C., & Keller, J. M. (2005). *Principles of instructional design* (5th ed.). Belmont, CA: Wadsworth/Thomson Learning.

Merrill, M. D. (1983). Component display theory. In C. M. Reigeluth (Ed.), *Instructional–design theories and models: An overview of their current status* (pp. 279–333). Hillsdale, NJ: Lawrence Erlbaum Associates, Publishers.

Merrill, M. D., & Boutwell, R. C. (1973). Instructional development: Methodology and research. In F. N. Kerlinger (Ed.), *Review of research in education, Vol. 1*(pp. 95–131). Itasca, NY: Peacock.

Richey, R. C., Klein, J. D., & Tracey, M. W. (2011). *The instructional design knowledge base: Theory, research, and practice.* New York: Routledge.

Learning with Information: 정보를 활용한 학습

(INFORMATION–RICH ENVIRONMENTS: 정보가 풍부한 환경, LEARNING: 학습 참조)

'정보를 활용한 학습'은 정보 자체인 사실적, 개념적, 절차적, 메타인지적 지식(Anderson과 Krathwohl의 2001년 개념)이 인간 학습을 위한 기본 건물 블록이 된다는 것을 가정한다. "정보에 접근하고 평가하고 사용하는 전문성을 개발하는 것이 현대교육이 증진시키고자 하는 실제적 학습"이라는 신념을 기반으로 했을 때(American Association of School Librarians and Association for Educational Communications and

Technology, 1998, p. 2), 이 용어는 학습을 가능하게 하는 모든 형식의 정보조직과 제시에 관련되는 방법으로 설명된다.

Marchionini(1995)는 정보를 "개인의 지식을 변화시킬 수 있는 모든 것"이라고 정의하고, "현실에 있는 대상, 사람 혹은 그 대상을 개인의 인지적 시스템으로 전환시킬 수 있는 것 그리고 사람의 마음속에 내재된 지식의 구성요인"(p. 5)을 포함한다고 하였다. 정보과학자들로부터 나온 '정보'에 대한 이러한 정의는 인지과학자들이 말한 '학습'에 대한 현재의 정의와 놀랍게도 유사하다. 사실상 Marchionini의 정의에 따라 학습은 쉽게 정의될 수 있는데, '세계 속의 대상'과의 만남을 통해 구조를 생성하고, 이것을 개인의 '인지적 시스템'으로 전환하고, '내적 지식의 요소'로 만들어 내는 '지식의 변화'를 말한다. 그래서 학습은 기본적으로 정보를 기반으로 한 구조를 만드는 것이다.

이것은 의미 구성을 위하여 정보를 이용하는 과정과 결과 모두를 말한다. 학습과 정보에 대한 의미가 명확하게 드러나는 반면에, 교수설계와 정보과학과 직접적으로 연계된 분야에서 이론과 연구를 함께하는 경우는 드물다. Eisenberg와 Small(1993), Large, Beheshti, Breuleux와 Renaud(1994, 1995) 그리고 Neuman(1993, 1995)이 이런 이슈를 다룬 초기 연구자들이다. 학습과 정보 사용을 직접적으로 연결하지는 않았지만, Mayer(1999)의 교수설계 모형은 정보 기반이다.

좀 더 최근에 Cromley와 Azevedo(2009), Hill과 Hannafin(2001), Lee, Lim과 Grabowski(2008), Lim과 Tay(2003), Hannafin, Hannafin과 Gabbitas(2009), Hannafin과 Hill(2008) 그리고 Neuman(2011a, 2011b)이 이 분야를 개척하고자 노력하고 있다. Kuhlthau, Maniotes와 Caspari(2007)의 '안내된 탐구' 또한 정보가 학습의 핵심이라는 점을 가정한다. 1996년에 처음 출판된『Education and Information Technologies』는 이러한 주제에 관련되어 만들어진 단 하나의 학술지다. Ford의 '교육정보학'이라는 2008년의 선언은 교수설계와 정보과학의 관계를 더욱 밀접하게 만들었다.

최근에 많은 연구는 연구자와 실천가 모두가 학습과 정보 사용의 관계에 대하여 깊이 있게 이해해야 한다고 제안한다. Common Core State Standards Initiative(2010, p. 4)는 다음의 문단으로 '주요 설계 명세'를 설명하였다.

> 공학적 사회에서 대학, 직업, 삶을 준비하기 위하여 학생들은 정보와 아이디어를 수집, 이해, 평가, 종합, 기록하고, 질문에 답하고 문제를 해결하기 위하여 연구를 수행하

A
B
C
D
E
F
G
H
I
J
K
L
M
N
O
P
R
S
T
U
V
W
Z

고, 새롭거나 오래된 매체로 제시되는 인쇄 혹은 인쇄가 아닌 텍스트를 분석하고 생성하는 능력을 가져야 한다. 연구를 수행하고, 매체를 생성하고 소비하는 요구는 오늘날 교육과정의 모든 영역에 내재되어 있다.

Delia Neuman

참고문헌

American Association of School Librarians and Association for Educational Communications and Technology. (1998). *Information power: Building partnerships for learning.* Chicago: ALA Editions.

Anderson, L. W., & Krathwohl, D. R. (Eds.) (2001). *A taxonomy for learning, teaching, and assessing: A revision of Bloom's* Taxonomy of Educational Objectives. New York: Addison Wesley Longman.

Common Core State Standards Initiative. (2010). *Common core state standards for English language arts and literacy in history/social studies, science, and technical subjects.* Available at www.corestandards.org/assets/CCSI_ELA%20Standards.pdf.

Cromley, J., & Azevedo, R. (2009). Locating information within extended hypermedia. *Educational Technology Research & Development, 57*(3), 287–313.

Eisenberg, M. B., & Small., R. V. (1993). Information–based education: An investigation of the nature and role of information attributes in education. *Information Processing & Management, 29*(2), 263–275.

Ford, N. (2008). Educational informatics. *Annual review of information science and technology, 42*, 497–546.

Hannafin, M. J., Hannafin, K., & Gabbitas, B. (2009). Re–examining cognition uring student–centered, web–based learning. *Educational Research and Technology, 57*(6), 767–785.

Hannafin, M. J., & Hill, J. R. (2008). Resource–based learning. In J. M. Spector, M.D. Merrill, J. van Merrienboer, & M. P. Driscoll (Eds.), *Handbook of research on educational communications and technology* (3rd ed., pp. 525–536). Mahwah, NJ: Erlbaum.

Hill, J. R., & Hannafin, M. J. (2001). Teaching and learning in digital environments: The resurgence of resource–based learning. *Educational Technology Research &*

Development, 49(3), 37–52.

Kuhlthau, C. C., Maniotes, L. K., & Caspari, A. K. (2007). *Guided inquiry: Learning in the 21st century.* Westport, CN: Libraries Unlimited.

Large, A., Beheshti, J., Breuleux, A., & Renaud, A. (1994). Multimedia and comprehension: A cognitive study. *Journal of the American Society for Information Science, 45*(7), 515–528.

Large, A., Beheshti, J., Breuleux, A., & Renaud, A. (1995). Multimedia and comprehension: The relationship between text, animation, and captions. *Journal of the American Society for Information Science, 46*(5), 437–448.

Lee, H. W., Lim, K. Y., & Grabowski, B. L. (2008). Generative learning: Principles and implications for making meaning. In J. M. Spector, M. D. Merrill, J. van Merriënboer, &. M. P. Driscoll (Eds.), *Handbook of research on educational communications and technology* (3rd ed., pp. 111–124). Mahwah, NJ: Erlbaum.

Lim, C. P., & Tay, L. Y. (2003). Information and communication technologies(ICT) in an elementary school: Students' engagement in higher–order thinking. *Journal of Educational Multimedia and Hypermedia, 12*(4), 525–451.

Marchionini, G. (1995). *Information seeking in electronic environments.* Cambridge, MA: Cambridge University Press.

Mayer, R. (1999). Designing instruction for constructivist learning. In C. M. Reigeluth (Ed.), *Instructional–design theories and models, Vol. II: A new paradigm of instructional design theory* (pp. 141–159). Mahwah, NJ: Erlbaum.

Neuman, D. (1993). Designing databases as tools for higher–level learning: Insights from instructional systems design. *Educational Technology Research & Development, 41*(4), 25–46.

Neuman, D. (1995). High school students' use of databases: Results of a national Delphi study. *Journal of the American Society for Information Science, 46*(4), 284–298.

Neuman, D. (2011a). *Learning in information–rich environments: I–LEARN and the construction of knowledge in the 21st century.* New York, Dordrecht, Heidelberg, London: Springer.

Neuman, D. (2011b). Constructing knowledge in the twenty–first century: I–LEARN and using information as a tool for learning. *School Library Media Research.* Available at http://www.ala.org/aasl/aaslpubsandjournals/slmrb/slmrcontents/volume14/contents/neuman.

Libraries: 도서관

(INFORMATION STORAGE: 정보 저장 참조)

Line: 직선

(VISUAL MESSSAGE DESIGN: 시각적 메시지 설계 참조)

Literacy: 리터러시

(VISUAL COMPETENCY: 시각 역량 참조)

런던의 시장인 William Curtis(1752~1829)는 '읽기, 쓰기, 셈하기'를 강조하면서 학교 저녁 식사에서 토스트를 주었다(ca. 1825)는 출처가 불분명한 이야기가 있다. 이후에 이 문구는 1906년에 미국의 유명한 노래가 되었다(Edwards & Cobb, 1907).

> School days, school days,
> Dear and golden rule days,
> Readin', 'ritin, and 'rithmetic,
> Taught to the tune of a hickory stick.

아이러니하게도 '읽기, 쓰기, 셈하기'는 리터러시를 말하는 유명한 정의가 되었지만, 대부분 교육자는 현대 리터러시의 정의에는 위배된다고 생각한다. 그럼에도 불구하고 반대로 그 단어들을 기호학적으로 생각해 보면, 읽기는 좀 더 광범위하게 암호해독으로, 쓰기는 암호화로 해석된다. 이러한 의미에서 과거의 정의는 놀랍게도 오늘날과도 연계되어 보인다. 단지 그 용어가 암호 해독과 암호화에만 적용되는 것이 아니라, '셈하기'는 문명인의 핵심 요소인 수학적, 과학적 문해를 인지시킨다.

UNESCO(United Nations Educational, Scientific and Cultural Organization)는 리터러시에 대한 표준화된 정의를 다음과 같이 제시하였다.

> …… 다양한 맥락에 따라 인쇄된 자료를 규명하고 이해하고 해석하고 창조하고 의사소통하고 계산하고 사용하는 능력이다. 리터러시는 개인이 자신의 목적을 달성하고 자신의 지식과 잠재성을 개발하고 더 넓은 사회에 온전히 참여하는 학습의 연장으로 간주한다(UNESCO, 2008, p. 18).

리터러시의 의미와 영역은 의미 있게 확대되어 왔다. 비주얼 리터러시, 미디어 리터러시, 텔레비전 리터러시, e-리터러시, 디지털 리터러시, 21세기 리터러시와 같은 용어들은 리터러시를 의사소통의 다른 형식들과 연계하고자 하는 노력의 산물이다(Hoechsmann & Poyntz, 2012). 물론 리터러시 의미의 확대는 비주얼 리터러시, 필름 리터러시, 라디오 리터러시, 텔레비전 리터러시와 같이 20세기에도 있었기 때문에 21세기에만 나타난 현상은 아니다.

최근에 웹 2.0 기술은 '읽기'와 '쓰기'의 개념을 저자, 생산자, 편집자로 구성된 소규모 엘리트 집단의 전통적인 모형에서 모든 독자와 저자가 참여하는 민주적인 형식으로 전환시키고 있다. 사회는 아직 모든 사람이 독자와 저자가 되고 과거의 편집자가 없어졌을 때 어떤 일이 일어나는지를 명확하게 예측하지 못하고 있다.

최근에 거의 모든 학자는 리터러시 개념의 지속적인 확장에 대하여 말하고 있다. '다중형식(multimodalities)'(Kress, 2010)과 '트랜스리터러시(transliteracies)'가 그 예다. 후자는 "손으로 글쓰기, 인쇄, TV, 라디오, 영화를 통하여 신호를 보내고 말하는 것에서부터 디지털 소셜 네트워크에 이르기까지 다양한 플랫폼과 도구, 미디어를 이용하여 읽고, 쓰고, 상호작용하는 능력"으로 정의된다(Ipri, 2010, p. 4).

비슷한 경향으로 North Central Regional Educational Laboratory는 '기본적, 과학적, 경제적, 기술적, 시각적, 정보, 다문화적, 글로벌'이라는 여덟 가지 디지털시대 리터러시를 규명했다(NCREL, 2003). 이 목록에서 빠진 것은 지역적 글로벌 문제에 반향하는 '정치적 리터러시'이다.

Denis Hlynka
Karen Smith

참고문헌

Edwards, G., & Cobb, W. (1907). *School Days*. Popular song.

Hoechsmann, M., & Poyntz, S. (2012). *Media Literacies: A critical introduction*. Wiley-Blackwell.

Ipri, T. (2010). Introducing transliteracy: What does it mean to academic libraries? *College & Research Libraries News 71*(10), 532-567. Retrieved from http://crln.acrl.org/content/71/10/532.full.

Kress, G. (2010). *Multimodality: A social semiotic approach to contemporary communication*. London: Routledge.

NCREL (2003). *21st century skills for 21st century learners*. Retrieved from www.metiri.com/21/meteri-NCREL21st Skills.pdf.

UNESCO (2008). *The global literacy challenge: A profile of youth and adult literacy at the mid-point of the United Nations Literacy Decade, 2003-2012*. Available online at http://unesdoc.unesco.og/images/0016/001631/163170e.pdf.

Localized Instruction: 지역화된 교수

(CULTURE-SPECIFIC DESIGN: 문화 특수적 설계 참조)

Locus of Control: 통제 소재

(ATTRIBUTION THEORY: 귀인이론 참조)

Lurking: 잠복

(ON-LINE BEHAVIOR: 온라인 행동 참조)

Management System: 관리 시스템

(KNOWLEDGE MANAGEMENT: 지식경영 참조)

국제표준기구(2011)에 의하면, 관리 시스템은 "기관이 고객의 품질에 대한 요구를 만족시키거나 규칙을 준수하거나 혹은 환경적 목표를 달성하는 것과 같이 기관의 생산물 혹은 서비스가 기관 스스로 정해놓은 목표들을 충족할 수 있도록 기관의 절차, 활동을 관리하기 위한 행위"를 의미한다(관리 시스템 부분, 3절). 이러한 측면에서 관리 시스템은 기관이 그들의 목적을 보다 잘 달성할 수 있도록 설계된 적극적인 수단이다.

관리 시스템은 산업 전반에서 교육에 이르기까지 보편적으로 활용되는데, 특히 폐기물, 환경, 에너지, 위험, 품질과 같은 분야에서 가장 뚜렷하게 나타난다. 이러한 높은 수준의 관리 시스템을 개발하는 데 있어서는 표준이 "해당 분야의 전문가들이 국제적으로 최첨단이라고 합의한 특성을 포함하는" 모델을 제공하는 중요한 역할을 한다(국제표준기구, 2011, 관리 시스템 부분, 4절). 이러한 표준은 관리 시스템의 기능을 한 분야나 영역에서 보다 세밀한 수준에서 운영할 수 있도록 돕는다. 예를 들면, 품질 관리 활동의 유행은 Six Sigma, 효율적 생산방식, 품질 관리 서클, 통합적 품질 관리 등의 품질 향상 도구의 활용으로 이어졌다.

교육공학과 밀접한 관련이 있는 구체적인 관리 시스템은 조직의 학습 기능에 부합하는 것들로 학습 관리 시스템(Learning Management System: LMS), 코스 관리 시스템(Course Management System: CMS), 지식경영(Knowledge Management: KM) 등을 포함한다.

학습 관리 시스템은 기관 내외의 이슈, 행정, 교수법, 비용, 인증, 평가, 수강등록뿐만 아니라 진도의 유연성 등을 관리하는 것을 지원하기 위해 온라인 교육의 필수적인 요소가 되어 왔다(Virkus, 2004). Watson과 Lee, Reigeluth(2007)는 LMS의 주요 역할뿐만 아니라 부차적인 역할을 정의하면서 새로운 관점을 제공하였는데, 주요 역할은 기록관리, 설계, 수업, 그리고 평가이다. 부차적인 역할은 커뮤니케이션, 일반적인 학생

데이터, 교직원 정보, LMS 운영 등이다.

코스 관리 시스템은 코스 웹사이트를 만드는 도구를 제공하고, 수강생만 접근할 수 있도록 통제할 뿐만 아니라 토론방, 퀴즈, 성적 처리와 같은 수업 도구를 제공해 주는 웹 애플리케이션이다(Cole & Foster, 2007). 이러한 애플리케이션은 일반적으로 대학과 같은 교육 기관들이 사용할 수 있는 제품으로 패키징 되고 Blackboard나 Moodle과 같은 제품이 대표적이다.

지식경영은 경쟁우위를 선점하고 유지하기 위해 조직 내에서 지식을 수집하고 개발하고 공유하고 적용하기 위한 절차와 활동의 세트이다(Mihalca, Uta, Andreescu, & Intorsureanu, 2008; Petersen & Poulfelt, 2002). 지식경영은 실천공동체, 콘셉트 맵, 지식 획득과 같은 실제적인 방법의 발달에 기여하였다. 지식경영의 교육적 활용은 2005년부터 시작되었는데(Uzunboylu, Eriş, & Ozcinar, 2011), 교사에게 교수적 도구 및 피드백 장치를 제공하기 위한 지원 장치로 지식경영을 적용한 것이 하나의 예이다(Bain & Swan, 2011).

William L. Solomonson

참고문헌

Bain, A., & Swan, G. (2011). Technology enhanced feedback tools as a knowledge management mechanism for supporting professional growth and school reform. *Educational Technology Research and Development, 59*(5), 673–685. doi: 10.1007/s11423-011-9201-x.

Cole, J., & Foster, H. (2007). *Using Moodle: Teaching with the popular open source course management system*. O'Reilly. Retrieved from http://books.google.com/books?hl=en&lr=&id=wfPPb1m0G6EC&oi=fnd&pg=PR5&dq=course+management+system&ots=vQzhDc2CJE&sig=0IoraXV0lGI4rs8jqGlcR7F6r3U#v=onepage&q=course%20management%20system&f=false.

International Organization for Standards. (2011). Management and leadership standards—understand the basics. Retrieved from http://www.iso.org/iso/iso_catalogue/management_and_leadership_standards/management_system_basics.

Mihalca, R., Uta, A., Andreescu, A., & Intorsureanu, I. (2008). Knowledge management in e-learning systems. *Informatica Economică, 2*(46), 60–65.

Petersen, N. J., & Poulfelt, F. (2002). Knowledge management in action: A study of knowledge management in management consultancies. In A. F. Buono (Ed.), *Developing knowledge and value in management consulting. Volume 2: Research in management consulting* (pp. 33–60). Greenwich, CT: Information Age Publishing.
Uzunboylu, H., Eriş, H., & Ozcinar, Z. (2011). Results of a citation analysis of knowledge management in education. *British Journal of Educational Technology, 42*(3), 527–538. doi: 10.1111/j.1467-8535.2009.01018.x.
Virkus, S. (2004). Review of: *Online education and learning management systems: global e-learning in a Scandinavian perspective, by M. F. Paulsen. Information Research, 9*(2). Retrieved from http://informationr.net/ir/reviews/revs126.html.
Watson, W. R., Lee, S., & Reigeluth, C. M. (2007). Learning management systems: An overview and roadmap of the systemic application of computers to education. In F. M. M. Neto & F. V. Brasileiro (Eds.), *Advances in computer-supported learning* (pp. 66–96). London: Information Science Publishing.

Mashups: 매시업

(SOCIAL COMPUTING: 소셜 컴퓨팅, WEB 2.0: 웹 2.0 참조)

Massively Multiplayer Online Games: 대규모 다중 사용자 온라인 게임 (MMOG)

(DIGITAL GAME-BASED LEARNING: 디지털 게임 기반 학습 참조)

Mastery Learning: 완전학습

(INDIVIDUALIZED INSTRUCTION: 개별화 수업 참조)

완전학습은 적절한 학습 상황, 질 높은 수업, 충분한 시간이 주어지면 거의 모든 학생이 높은 수준의 학업성취를 이룰 수 있다고 제안하고 있다(Bloom, 1976; Carroll, 1963; Guskey, 2010).

Bloom(1976)은 "학습에 사용된 순수한 시간이 학습의 수준을 설명한다."고 주장하였다. 더 나아가 그는 학습을 위해 필요한 시간의 양은 "학생의 적성과 언어 능력, 학생이 교실 안팎에서 받은 수업의 질의 영향을 받을 수 있다."고 말하였다(p. 51).

Carroll(1989)은 완전학습에 영향을 미치는 다섯 가지 요소를 제시하였다. 첫째, 적성은 특정 과제를 학습하는 데 학습자가 필요로 하는 시간으로 정의되며, 둘째, 기회는 학습에 사용할 수 있는 시간의 양을 의미하며, 셋째, 끈기는 학습자가 기꺼이 학습에 활용하고자 하는 시간으로 정의되며, 넷째, 수업의 질이고, 다섯째, 수업을 이해하는 학습자의 능력을 제시하였다. Carroll(1963)은 학습에서 요구되는 시간과 동일하거나 혹은 많은 시간이 사용되었다면 완전학습은 이루어질 것이라고 말하였다. 하지만 그는 여기서 시간을 적성, 수업의 질, 학습자가 수업을 이해하는 능력의 함수로 보았다.

Zimmerman과 Dibenedetto(2008)는 완전학습을 개별화 수업 척도와 관련하여 논의하였다. 그들은 다른 학생과의 비교보다는 수행에 기반해 개별 학습자의 성장을 평가하는 준거 지향 완전학습 모델의 사용을 제안하였다. Zimmerman과 Dibenedetto (2008)는 "준거 지향 완전학습 모델의 목적은 학습자들의 안정적인 개인 차보다는 그들의 학업적 성장을 측정하는 것"이라고 설명하고 있다(p. 207). Carroll과 Bloom과 같이 그들의 접근도 개별 학습자의 능력과 학습에 필요한 시간, 학습에 배정된 시간 그리고 수업의 질 간의 관계에 초점을 두고 있다.

Nancy B. Hastings

참고문헌

Bloom, B. S. (1976). *Human characteristics and school learning.* New York, NY: McGraw Hill Company.

Carroll, J. B. (1963). A model of school learning. *Teachers College Record, 64*(8), 723–733.

Carroll, J. B. (1989). The Carroll model: A 25–Year retrospective and prospective view. *Educational Researcher, 18*(1), 26–31.

Guskey, T. R. (2010). Lessons of mastery learning. *Educational Leadership, 68*(2), 52–57.

Zimmerman, B. J., & Dibenedetto, M. K. (2008). Mastery learning and assessment: Implications for students and teachers in an era of high–stakes testing. *Psychology in Schools, 45*(3), 206–216.

Mathematical Model of Communication: 수학적 커뮤니케이션 모형

(COMMUNICATION THEORY AND MODEL: 커뮤니케이션 이론과 모형 참조)

커뮤니케이션 이론은 전신 · 전화 메시지를 한 곳에서 다른 곳으로 전송하는 문제, 즉 A지점에서 B지점으로 모든 메시지를 하나도 빠짐없이 전송하거나 혹은 축약되었지만 여전히 우수한 전송 품질을 유지하면서 송신하는 문제에서부터 시작되었다. 전신 전송 속도와 관련한 문제는 Harry Nyquists의 1924년 논문에서 언급되었고, Ralph Hartley(1928)는 측정 가능한 수치로서 정보라는 단어를 사용하였다. 이러한 연구들이 Claude E. Shannon의 연구들을 앞서고 있기는 하지만 1948년 그의 연구논문「수학적 커뮤니케이션 모형(A Mathematical Theory of Communication)」에서 정보 엔트로피로 알려진 개념이 소개되었다. 확률과 결정론적 개념에 기초하여 정보이론은 전송에 있어서 불확실성의 양을 측정하기 위해 고안되었다. 이 불확실성은 송신자, 수신자, 혹은 그들 사이의 매체가 원인이 될 수 있다. Bell 연구소는 제2차 세계대전 이후 유럽과 북미 간을 연결하는 해저 전화 케이블을 설치하는 중이었고, Shannon은 두 대륙 간 완전한 통화를 위해 필요한 케이블의 양을 줄이는 일을 하고 있었다. 정보 엔트로피는 전송에 있어서 불확실성을 계산하기 위해 개발되었다. 만약 불확실성의 양이 확인된다면, 전화회사는 통화에 필요한 케이블의 양을 조정할 수 있었기 때문이다. 낮은 불확실성은 적은 가닥 수의 케이블로도 전화통화 전송이 가능하다는 의미이다.

Shannon(1951)은 이후 문화적 인식과 확률적 직관에 관한 논문을 발표하였다. Moser (1971)는 과학교육 수강생들 간의 대화를 조사하기 위해 정보이론을 사용하기 시작하였다. 그는 대화에서 불확실성의 양을 측정하기에 정보 엔트로피가 유용한 도구라는 점을 찾아내었다. 이후 그는 Shannon의 엔트로피 개념을 확장한 일련의 개념들을 개발하였고 정보(커뮤니케이션)이론의 관점을 확장하였다(Moser, 1972).

David D. Carbonara

참고문헌

Hartley, R. (1928). Transmission of information. *Bell Systems Technical Journal, 7*(3), 535-564.

Moser, G. W. (1971, March). *An information theoretic interpretation of science interaction dialogues.* Paper presented at the meeting of the National Association for Research in Science Education, Silver Spring, Maryland.

Moser, G. W. (1972, April). *An information theoretic model for the human processing of cognitive tasks.* Paper presented at the meeting of the National Association for Research in Science Education, Chicago, IL.

Nyquists, H. (1924). Certain factors affecting telegraph speed. *Bell Systems Technical Journal, 3*(2), 324–346.

Shannon, C. E. (1948). A mathematical theory of communication. *Bell Systems Technical Journal, 27*(3), 379–423.

Shannon, C. E. (1951). Prediction and entropy of printed English. *Bell System Technical Journal, 30*(1), 50–64.

Media: 매체

(INFORMATION RESOURCES: 정보자원, MULTIMEDIA LEARNING: 멀티미디어 학습, RICH MEDIA: 리치 미디어 참조)

교육공학의 맥락에서 매체에 대한 전통적인 해석이면서도 가장 많이 인용되는 문구는 Clark(1983)이 제시한 "현재의 증거로 매체는 한낱 수업을 전달하는 수단에 불과하고 우리의 식료품을 배달하는 트럭 자체가 우리의 영양 변화에 영향을 미치지 못하는 것과 마찬가지로 학생들의 성취에 더 이상 영향을 미치지 못한다."(p. 446)이다.

매체 요소는 일반적으로 단어와 설명을 제시하기 위한 시청각기술로 정의된다. 매체 요소는 텍스트, 음성 내레이션, 음악, 그래픽, 애니메이션, 사진, 비디오를 포함한다. 효과적인 교수 방법과 통합된 매체 요소는 학습자가 새로운 지식과 기술을 효과적으로 처리하고 동화시키도록 안내한다(Clark & Mayer, 2008).

인터넷을 통해 전달되기도 하고 혹은 스마트폰이나 태블릿 pc와 같은 모바일 기기를 통해 접속이 가능한 컴퓨터 디지털 매체 기술은 매체 요소를 일반적으로 멀티미디어라고 여겨지는 것과 같이 혼합할 수 있는 능력을 제공해 주고 있다. 가장 기본적인 정의로 Mayer(2009)는 멀티미디어를 글자와 그림을 사용하여 상응하는 언어적 그리고 회화적(시각적) 정보를 이중채널로 부호화할 수 있도록 제시하는 것으로 정의하고 있다.

뉴미디어는 웹 2.0의 맥락에서 인터렉티브 멀티미디어에 적용되는 용어이다. 뉴미디어의 특이성은 학습자 혹은 사용자가 제시 형식이나 문맥을 조작함으로써 매체와 직접적으로 상호작용할 수 있는 기능과 메타데이터의 층과 태그를 사용하여 실시간으로 메시지를 수정할 수 있는 기능이다.

Timothy C. Boileau

참고문헌

Clark, R. E. (1983). Reconsidering research on learning from media. *Review of Educational Research, 53*(4), 445-459.

Clark, R. C., & Mayer, R. (2008). *e-Learning and the science of instruction: Proven guidelines for consumers and designers of multimedia learning* (2nd ed.). San Francisco, CA: Pfeiffer.

Mayer, R. (2009). *Multimedia learning* (2nd ed.). New York: Cambridge University Press.

Media Planning: 매체 계획

(MEDIA UTILIZATION: 매체 활용 참조)

Media Utilization: 매체 활용

(MEDIA: 매체, TECHNOLOGY-ENABLED LEARNING: 테크놀로지 활용 학습, TECHNOLOGY-ENHANCED LEARNING ENVIRONMENTS: 테크놀로지 기반 학습 환경 참조)

매체 선택 결정은 교수설계 과정에서 방법의 선택과 동시에 이루어지며, 학습환경이라는 맥락에서 효과성뿐만 아니라 실행가능성과 현실성을 고려하여야 한다. 매체의 활용은 계열화, 상호작용성의 증대, 학습에 대한 정서적인 미적 요소의 제공을 위한 수단이 된다(Seels, 2011). 따라서 효과적인 매체의 활용은 학습자가 자신의 능력을 탐구하고 확장하고 강화하도록 하는 지식 창출의 자극제가 되어야 한다. 효과적인 매체의 활용은 Merrill(2009)의 수업의 으뜸원리에서도 논의되고 있는데, 구체적으로 시연 원리는 "시연을 통한 학습은 학습자가 콘텐츠와 관련된 매체를 관찰할 때 강화된다."(p. 44)고 명시하고 있다.

교수를 위한 효과적인 매체의 계획과 활용에 관한 지침은 다음의 기본적인 원리와 같이 Merrill(2009, pp. 46-47)에 의해 정리되어 있다.

- 그림이 단순한 장식을 위한 것이 아니라 가르치는 정보를 전달한다면 글자와 그림 둘 다를 포함하라.
- 관련된 내용과 그림을 서로 가깝게 배치하라.
- 화면에 보이는 글자보다는 내용을 음성 내레이션으로 제시하라.
- 글자와 음성 내레이션으로 내용을 동시에 제공하면 학습을 방해할 수 있다.
- 흥미롭지만 불필요한 자료를 추가하는 것은 학습을 방해할 수 있다.

Clark과 Lyons(2004)는 매체 계획과 활용에 관한 추가적인 지침을 제시하였다. 한 매체와 다른 매체 간의 학습 성과를 비교하는 것은 당연한 궁금증이다. 매체 비교 연구에서 주요 독립변인은 콘텐츠를 전달하기 위해 사용된 매체이고, 주요 종속변인은 학습 성과와 관련이 있다. 많은 매체 비교 연구를 살펴본 Clark(2001)은 이러한 매체 비교는 유익하지 않은 연구라고 결론지었다. 왜냐하면 학습을 일으키는 것은 방법이지 매체 자체가 아니기 때문이다. Mayer(2009)는 이 원리를 일반화하여 종이책 기반의 매체에서 효과적이었던 교수방법은 컴퓨터 기반의 매체에서도 효과적이라는 결과를 보여 주었다.

요약하면, 우리는 효과적인 교수를 설계하는 데 있어서 매체에 대한 결정은 방법의 선택과 연결되어 있음을 알고 있다. 학습자의 특성과 환경 역시 반드시 고려해야 하는 추가 요인이다. 매체 활용을 위한 지침은 실천가를 위한 추가적인 자원과 함께 이러한 정의를 기반으로 제시되고 있다.

Timothy C. Boileau

참고문헌

Clark, R. E. (2001). Media are mere vehicles. In R. E. Clark (Ed.), *Learning from media: Arguments, analysis, and evidence* (pp. 1-12). Greenwich, CT: Information Age Publishing, Inc.

Clark, R. C., & Lyons, C. (2004). *Graphics for learning: Guidelines for planning, designing, and evaluating visuals in training materials*. New York: Pfeiffer.

Mayer, R. E. (2009). *Multimedia learning* (2nd ed.). New York: Cambridge University Press.

Merrill, D. M. (2009). First principles of instruction. In C. M. Reigeluth & A. A. Carr-Chellman (Eds.), *Instructional-design theories and models: Building a common knowledge base* (pp. 41-68). New York: Routledge.

Seels, B. (2011). From Dale to delivery systems: The problem of media selection theory. In G. J. Anglin (Ed.), *Instructional technology: Past, present, and future* (3rd ed., pp. 55-68). Santa Barbara, CA: ABC-CLIO, LLC.

Memory: 기억

(INFORMATION PROCESSING THEORY: 정보처리이론, MNEMONIC: 기억술, SCHEMA THEORY: 스키마이론 참조)

인간의 기억은 심리학이나 생리학과 같은 다양한 관점에서 흥미로운 연구주제이다. 이 용어 자체는 과거의 경험을 저장하고, 유지하고, 회상해 내는 것을 종합적으로 의미하기 위해 사용된다. 더 나아가서 기억되는 것은 반드시 먼저 학습되어야 한다. 즉, 경험이 저장되기 위해서는 이 경험이 지각적, 인지적으로 분석되어야 한다. 이론가들에 따라 이러한 상호 관련된 다양한 과정의 특정한 측면에 관심을 갖고 있다(예: Ashcraft & Radvansky, 2009; Baddeley, Eysenck, & Anderson, M. C., 2009).

일반적인 정의는 전반적으로 세 가지 단계에 집중하고 있다.

첫째, 경험은 감각, 지각, 분석, 이해하는 과정을 포함하는 **부호화**가 반드시 이루어져야 한다. 이 과정은 즉각적인 의식 또는 컴퓨터와 유사한 작동기억이라고 하는 제한된 용량의 처리 시스템에서 주로 일어난다.

둘째, 작동기억의 일부 경험은 보다 영구적인 기억의 형태로 **저장**된다. 이러한 인간의 기억을 개념화하기 위한 비유는 시대에 따라 다양하게 변화해 왔는데, 주로 정보를 저장하기 위한 그 당시의 테크놀로지, 예를 들면 밀랍을 칠한 서자판, 종이와 연필, 교환대, 도서관, 파일 캐비닛, 카메라, 컴퓨터 디스크와 하드 디스크 드라이브와 같은 테크놀로지에 의지하고 있다.

결정적인 질문은 저장되는 것의 형식이다. 구체적으로는 경험의 정확한 복사라고 할 수 있는 **문자 그대로**의 저장이냐 아니면 경험의 **도식화된** 요약이냐이다. 최근의 상당한 증거들은 도식화된 지식의 묘사와 일치한다.

셋째, 기억은 의도적인 노력 또는 자동화된 실행을 통해 일정한 시간이 지난 뒤에 성공적인 회상과 함께 수행으로 시연되어야 한다. 이 성공은 책에서 사진을 선택하는 것과 같이 복제품을 **다시 만들어 내는** 것으로 그리고 본래의 인지를 완전히 재경험하는(실제로 인식하는) 것으로 해석될 수 있다. 하지만 상당한 증거들은 회상은 저장된 요약에 필요한 만큼 접속하여 만들어 내는 세부사항으로 종종 **재구성**하는 것임을 보여 주고 있다(예: Loftus & Palmer, 1974).

기억은 Ebbinghaus(1885/1913)의 중대한 연구로부터 시작되어 한 세기에 걸쳐서 방대한 연구가 이루어진 분야이다. 일부 연구는 기억을 잃는 문제, 즉 왜 망각이 일어나는지에 초점을 맞추었다면, 다른 연구들은 유지되는 기억에 관심을 두었다. 탐구된 주제들은 공유된 언어로부터 나오는 의미기억과 개인적인 경험으로부터 나오는 일화기억(예: Tulving, 1972), 우리가 의도적으로 접근할 수 있는 외현기억과 자동화된 암묵기억(또는 서술기억과 절차기억, 예: Schacter & Tulving, 1994), 그리고 미래의 어느 시점에 무언가를 하기 위한 미래 계획 기억과 과거 사건을 위한 통상의 회상기억(예: McDaniel & Einstein, 2007) 같은 다양한 기억의 유형을 포함하고 있다. 또한 감성적 경험과 연관된 자서전적 기억과 섬광기억과 같은 특별한 관심 주제들도 있다.

더 나아가서 기억술과 메타기억 등을 포함하는 기억의 증진과 관련된 많은 주제도 있다. 마지막으로 신경심리학자들은 최근의 뇌 기능 영상 기법의 발달과 함께 기억에 대해 다시 관심을 갖기 시작했다.

John Mueller

참고문헌

Ashcraft, M. H., & Radvansky, G. A. (2009). *Cognition.* Upper Saddle River, NJ: Prentice Hall.

Baddeley, A. D., Eysenck, M., & Anderson, M. C. (2009). *Memory.* London, UK: Psychology Press.

Ebbinghaus, H. (1885/1913). *Memory: A contribution to experimental psychology.* New York: Teachers College, Columbia University.

McDaniel, M. A., & Einstein, G. O. (2007). *Prospective memory: An overview and synthesis of an emerging field.* Thousand Oaks, CA: Sage Publications.

Loftus, E. F., & Palmer, J. C. (1974). Reconstruction of automobile destruction: An example of the interaction between language and memory. *Journal of Verbal Learning and Verbal Behavior, 13,* 585-589.

Schacter, D. L., & Tulving, E. (Eds.). (1994). *Memory systems.* Cambridge, MA: The MIT Press.

Tulving, E. (1972). Episodic and semantic memory. In E. Tulving & W. Donaldson (Eds.), *Organization of memory* (pp. 381-403). New York: Academic Press.

Mental Effort: 인지적 노력

(COGNITIVE LOAD: 인지부하 참조)

Mental Model Progression: 정신모형 진전

(ELABORATION SEQUENCING: 정교화 계열, SEQUENCING: 계열화 참조)

정신모형의 진전은 거시적 수준의 교수전략 또는 중간적 수준의 계열화 전략으로 간주될 수 있다(van Merriënboer, 1997). 정신모형의 진전은 '사례 유형 또는 문제와 완성된 예제의 범주가 점진적으로 보다 정교화된 형태의 지원 지식(개념적 모형, 인과적 모형, 목표계획 모형, 또는 정신모형)이 되는 중간적 수준의 계열화 접근법'이다(van Merriënboer, 1997, p. 317).

사례 유형(모듈 또는 레슨)은 일반적으로 단순한 것에서 복잡한 것으로 계열화되기 때문에 정신모형의 진전은 Reigeluth의 정교화이론과 그의 전체-부분 접근법과 밀접한 관련이 있다(Reigeluth, 1987). 전체 그림에서 확대해서 보거나 축소해서 보는 것은 학습자가 점진적으로 요구되는 상세하고 폭넓은 습득 둘 다를 도와줄 수 있다.

사례 유형(모듈 또는 레슨)의 계열화는 점점 더 정교화된 형태의 지원 지식을 수반한 정신모형의 계열에 근거를 두고 있다(van Merriënboer, 1997). 정신모형의 진전은 가장 단순하고 대표적이며 기본적이고 구체적인 아이디어로부터 시작한다. 그 뒤에 다음 모형들이 이전 모델에 복잡성과 상세함을 추가하고 정교화해 간다. 이러한 정교화 또는 진전 과정은 학습자가 요구되는 행동에 도달할 때까지 계속된다. 모형은 보통 인과적 모형이지만 개념적 모형 또는 목표-계획 모형이 되기도 한다.

White와 Frederiksen(1990)은 전기회로의 설계와 문제해결 분야의 정신모형 진전 예시를 제시하였다(〈표 1〉 참조).

Yeol Huh

Dabae Lee

Charles M. Reigeluth

〈표 1〉 정신모형의 진전으로부터 추론된 사례 유형

정교화 수준	사례 유형
모형 수준 1: 전압에 관한 추론	
1.1 0차 모형 – 기본적인 0차 회로 원리 – 전도성 유형	1. 전압이 회로에 나누어지는지에 대한 이해를 요구하는 사례
1.2 1차 모형 – 되먹임의 개념 – 아날로그 회로	2. 되먹임을 감지하고 이해하는 것을 요구하는 사례
1.3 정량적 모형 – Kirchov의 전압 법칙 – 분압기	3. 학습자가 여러 지점에 걸쳐 전압을 계산하도록 요구하는 사례
모형 수준 2: 전류 흐름에 관한 추론	
2.1 0차 모형 – 전류의 기본 원리 – 전류와 저항의 유무	4. 병렬회로에서 전류의 흐름에 관해 추론하는 것을 요구하는 사례
2.2 1차 모형 – 전압, 전류, 저항의 관계 – 트랜지스터 회로에서의 전달	5. 직렬회로와 병렬회로에서 전류의 변화에 관해 직접적으로 추론하는 것을 요구하는 사례
2.3 정량적 모형 – Ohm의 법칙 – Kirchov의 전류 법칙	6. 공식의 대수적 연산을 요구하는 사례

참고문헌

Reigeluth, C. M. (1987). Lesson blueprints based on the elaboration theory of instruction. In C. M. Reigeluth (Eds.), *Instructional theories in action: Lessons illustrating selected theories and models* (pp. 245-288). Hillsdale, NJ: Lawrence Erlbaum.

van Merriënboer, J. J. G. (1997). *Training complex cognitive skills.* Englewood Cliffs, NJ: Educational Technology Publications.

White, B. Y., & Frederiksen, J. R. (1990). Causal model progressions as a foundation for intelligent learning environments. *Artificial Intelligence, 42,* 99-157.

Message Design: 메시지 설계

(CHUNKING: 청킹, COGNITIVE LOAD: 인지부하, VISUAL MESSAGE DESIGN: 시각적 메시지 설계 참조)

Fleming과 Levie(1978)는 메시지를 "한 사람 또는 보다 많은 사람의 인지적, 정서적, 심동적 행위를 수정할 목적으로 만들어진 신호 양식(글자와 그림)"(p. ix)이라고 정의하고 있다. 더 나아가서 그들은 설계를 "의사소통 문제로 시작해서 가능한 해결책에 대한 계획으로 끝나는 분석과 종합의 계획적인 과정"(p. ix)이라고 정의하고 있다. 결과적으로, Fleming과 Levie는 교수 메시지 설계는 "학습을 위한 조건을 제공해 주는 신호와 부호의 양식을 조작 또는 조작을 위한 계획의 과정(p. ix)"이라고 결론지었다.

보다 복잡하고 역동적인 교수 메시지를 창출하기 위해 새로운 테크놀로지를 활용하는 우리의 역량은 정보처리 및 멀티미디어 이론 영역에서의 중요한 연구들을 촉진해왔다. 이를 통해 메시지 설계에 대한 새로운 원리들이 도출되었지만 그렇다고 기본적으로 본래의 정의가 달라지지는 않았다. Morrison, Ross, Kalman과 Kemp(2011)는 메시지 설계를 "학습자와 교수 자료 간의 적절한 인터페이스를 만드는"(p. 180) 과정이라고 말한다. Seels과 Richey(1994)는 적절한 인터페이스는 일정하지 않고 전달 매체와 학습과제에 기반한다고 언급하였다.

정보처리와 인지부하 관련 연구는 교수 메시지가 어떻게 개발되어야 하는지에 크게 의미 있는 영향을 미쳐왔다. Farrington(2011)의 최근 연구는 작동기억이 주어진 시간에 단지 세 개에서 네 개의 개별 혹은 청크된 항목을 처리할 수 있다고 제안하고 있음을 언급하였다. 이러한 한계를 넘어서는 교수 메시지는 인지 과부하, 즉 제한된 학습을 야기한다. Farrington(2011)은 "정보가 제시되는 방식을 간소화하고 전통적인 학습과제의 본질을 변화시키는"(p. 115) 메시지 설계로 대체함으로써 인지부하를 감소시킬 수 있다고 첨언하고 있다. Kalyuga(2011)는 "학습자의 전문성 수준에 비해 너무 복잡하지 않은 학습과제를 선택함으로써"(p. 3) 메시지를 바꾸는 것을 제안하고 있다.

Nancy B. Hastings

참고문헌

Farrington, J. (2011). From the research: Myths worth dispelling, Seven plus or minus two. *Performance Improvement Quarterly, 23*(4), 113–116.

Fleming, M., & Levie, W. H. (1978). *Instructional message design: Principles from the behavioral sciences.* Englewood Cliffs, NJ: Educational Technology Publications.

Kalyuga, S. (2011). Cognitive load theory: How many types of load does it really need? *Educational Psychology Review, 23,* 1–19.

Morrison, G. R., Ross, S. M., Kalman, H. K., & Kemp, J. E. (2011). *Designing effective instruction* (6th ed.). Hoboken, NJ: John Wiley & Sons, Inc.

Seels, B. B., & Richey, R. C. (1994). *Instructional technology: The Definition and domains of the field.* Washington, DC: Association for Educational Communications and Technology.

Metacognition: 메타인지

(COGNITIVE PROCESS: 인지과정, COGNITIVE STRATEGIES: 인지전략, SELF-REGULATION: 자기조절 참조)

메타인지는 '자신의 인지과정에 대해 사람이 가지고 있는 지식'이다(Thiede, 2002, p. 1470). 즉, '자신의 생각에 대한 모니터링과 통제'이다(Martinez, 2006). 중요한 정의는 메타인지를 인지적 모니터링과 평가 그리고 자기 지식, 과제 지식, 전략 지식의 세 가지 지식 요인을 포함하는 인지 현상에 대한 이해와 지식이라고 설명하고 있다(Flavell, 1979). 보다 최근의 정의는 자기조절을 포함하는 개념으로 확장되고 있다. 메타인지는 문제해결과 비판적 사고를 사용하는 이성적 인지과정과 자기조절을 사용하는 감성적 인지과정을 포괄하고 있다(Martinez, 2006). 유사하게 다른 학자들도 메타인지를 '정서적, 동기적, 사회적 요소를' 포함하는 자기조절의 인지 부분으로 정의하고 있다(Whitebread et al., 2009, p. 64). 메타인지(예를 들면, 학생이 자료를 어떻게 처리하고 구성하고 이해하는지)는 "정보를 처리하거나, ……의미를 구성하거나, …… 학습을 지속하고자 하는 학생의 의지"인 동기 조절과 대비되는 인지 조절이다(Wolters, 2003, p. 192).

일부 정의는 메타인지가 자기조절의 요소인가라는 질문을 던지고 있다(Schunk, 2008). 더 나아가서 메타인지의 조작적 정의 또는 구성 요인의 조합이 고유함에도 불구하고, 메타인지가 자기조절 또는 자기조절학습과 같은 의미로 문헌에서 종종 사용되고 있다(Dinsmore, Alexander, & Loughlin, 2008). 그래도 메타인지 정의를 포함하고 있는 2006년 이후 발표된 39편의 논문 중 절반 이상이 모니터링, 통제, 조절이라는 세 개의 주요 구성요소를 동일하게 포함하고 있다(Dinsmore et al., 2008).

Kathryn Ley

참고문헌

Dinsmore, D. L., Alexander, P. A., & Loughlin, S. M. (2008). Focusing the conceptual lens on metacognition, self-regulation, and self-regulated learning. *Educational Psychology Review, 20*(4), 391–409.

Flavell, J. H. (1979). Metacognition and cognitive monitoring: A new area of cognitive developmental inquiry. *American Psychologist, 34*(10), 906–911.

Martinez, M. E. (2006). What is metacognition? *Phi Delta Kappan, 87*(9), 696–699.

Schunk, D. H. (2008). Metacognition, self-regulation, and self-regulated learning: Research recommendations. *Educational Psychology Review, 20*(4), 463–467.

Thiede, K. (2002). Learning to learn and metacognition. In J. W. Guthrie (Ed.), *Encyclopedia of Education* (Vol. 4, pp. 1470–1472). New York: Macmillan Reference USA. Retrieved from http://go.galegroup.com/ps/i.do?id=GALE%7CCX3403200371&v=2.1&u=txshracd2589&it=r&p=GVRL&sw=w.

Whitebread, D., Coltman, P., Pasternak, D. P., Sangster, C., Grau, V., Bingham, S., & Almeqdad, Q. (2009). The development of two observational tools for assessing metacognition and self-regulated learning in young children. *Metacognition and*

Learning, 4(1), 63–85.
Wolters, C. (2003). Regulation of motivation: Evaluating an underemphasized aspect of self-regulated learning. *Educational Psychologist, 38*(4), 189–205.

Meta-Evaluation: 메타 평가

(EVALUATION: 평가 참조)

Microcast: 마이크로캐스트

(TECHNOLOGICAL COMMUNICATION: 테크놀로지 활용 커뮤니케이션 참조)

Mixed-Mode Learning: 혼합학습

(BLENDED LEARNING: 블렌디드 러닝 참조)

MMORPGs: 대규모 다중 사용자 온라인 롤 플레이 게임

(VIRTUAL WORLDS: 가상세계 참조)

Mnemonic: 기억술

(COGNITIVE STRATEGIES: 인지전략, MEMORY: 기억 참조)

기억술 또는 연상기호는 Bloom의 학습목표 분류체계상의 기억 수준의 학습을 위한 미시 전략이다(Bloom, Engelhart, Furst, Hill, & Krathwohl, 1956; Krathwohl, 2002). Bellezza (1981)에 의하면 "기억술은 정보를 보다 기억하기 용이하도록 만드는 것을 유일한 목적으로 정보를 조직 그리고/또는 부호화하기 위한 전략으로 고려된다(p. 252)." 예를 들어, 무지개의 색깔들을 암기하기 위해서는 각 색깔의 첫 글자를 활용해서 보다 외우기 쉽게 조직할 수 있다. "빨주노초파남보." 기억술은 기억술을 회상하는 것을 돕기 위해 종종 시각적 이미지를 동반한다(Bower, 1970).

수많은 기억법이 고안되어 왔다. 널리 활용되고 있는 방법으로는 쐐기어법, 첫 글자 기록법, 이야기구성법, 운문법, 노래 만들어 부르기 등이 있다. Bellezza(1981)는 다양한 기억술을 요약하여 정리했다.

1960년대에서 1970년대에 걸쳐 다양한 기억술 전략들이 고안되어 검증되었고, 회상 수행에 있어서 급격한 향상이 있는 것으로 나타났다(Bellezza, 1981 참조). 이러한 놀라운 결과에도 불구하고, 기억술은 개념적 이해보다는 단순 암기만을 고려했기 때문에 기억술에 대한 관심은 점점 줄어들었다. 하지만 외국어 교육에서 단어학습(예: Gu & Johnson, 1996)과 의학교육에서 사람의 장기 암기와 같이 기억이 학습에서 중요한 단계 중 하나인 분야에서는 널리 자주 활용되어 왔다.

Dabae Lee
Yeol Huh
Charles M. Reigeluth

참고문헌

Bellezza, F. S. (1981). Mnemonic devices: Classification, characteristics, and criteria. *Review of Educational Research, 51*(2), 247–275.

Bloom, B. S., Engelhart, M. D., Furst, E. J., Hill, W. H., & Krathwohl, D. R. (1956). *Taxonomy of educational objectives: The classification of educational goal. Handbook 1: Cognitive domain.* Harlow, Essex, England: Longman Group.

Bower, G. H. (1970). Analysis of a mnemonic device: Modern psychology uncovers the powerful components of an ancient system for improving memory. *American Scientist, 58*(5), 496–510.

Gu, Y., & Johnson, R. K. (1996). Vocabulary learning strategies and language learning outcomes. *Language learning, 46*(4), 643–679.

Krathwohl, D. R. (2002). A revision of Bloom's taxonomy: An overview. *Theory into Practice, 41*(4), 212–218.

Mobile Devices and Functions: 모바일 기기와 기능

(MOBILE LEARNING: 모바일 학습 참조)

모바일 기기는 물리적 특징과 기능이라는 측면에서 정의될 수 있다. 가장 중요한 특징은 휴대성이고, 가장 중요한 용도는 언제 어디서나 데이터에 접속할 수 있다는 점이다. 모바일 기기는 일반적으로 휴대전화, 웹을 사용할 수 있는 스마트폰, 개인 휴대용 정보단말기(PDA), 미디어 플레이어, 무선 호출기, 개인용 내비게이션, 전자책 기기, 디지털 카메라, 교실 응답 시스템(clickers), 휴대용 게임기, 초경량 랩탑, 태블릿 pc 등을 포함한다(Chuang, 2009; El-Hussein & Cronje, 2010; Park, 2011).

모바일 기기는 사이즈와 무선 기능이라는 두 가지 측면에서 휴대가 용이하다. 대부분의 모바일 기기는 디스플레이 화면과 사운드 출력 기능을 포함하고 있다. 통상은 키보드, 전자펜(stylus) 또는 터치스크린 입력 방식을 사용한다. 휴대전화가 가장 인기 있는 모바일 기기이고, 『Pew Internet & American Life reports』(Horrigan, 2009; Smith, 2011) 최근 호에 따르면 미국 성인의 83%가 휴대전화를 보유하고 있고, 미국 성인 전체의 35%가 사용하고 있다고 한다. 또한 스마트폰 사용자 중 25%는 인터넷 접속을 위해 컴퓨터를 사용하지 않고 자신의 휴대전화만을 사용한다고 한다. 모바일 테크놀로지의 대중화는 모바일 학습을 교육에 적용하는 것의 중요성을 강조하고 있다(Jeng, Wu, Huang, Tan, & Yang, 2010; Kukulska-Hulme, Shaples, Milrad, Arnedillo-Sánchez, & Vavoula, 2009; Shih, Chu, Hwang, & Kinshuk, 2011).

모바일 기기는 소셜 네트워킹, 생산성, 커뮤니케이션, 엔터테인먼트, 인터넷 사용이라는 다양한 기능을 수행한다. 일부 모바일 기기의 추가적인 기능으로는 RFID(전파식별), 바코드, OCR(광학문자인식), 지오 태깅*, 스마트카드 등이 있다. 데이터 수집 기술 또는 '임베디드 인텔리전스(embeded intelligence)'는 학생들이 그들의 환경과 상호작용할 수 있는 학습 기회를 제공해 준다(Laine, Vinni, Sedano, & Joy, 2010, p. 4). 예를 들면, 학생들은 식물의 종류를 확인하기 위해 모바일 기기를 활용하여 RFID 태그를 읽을 수도 있고, 예술작품을 작가와 연결 지을 수도 있고, 흔한 물건들을 다른 언어로 확인할

* 역자 주. 사진 촬영 시 내장된 GPS 수신기를 통해 사진에 촬영한 위치를 자동적으로 표시해 주는 기능. (출처: 한경 경제용어사전)

수도 있다. 데이터 수집 기술은 상황 대응 학습 환경과 능동적 학습을 가능하게 한다(Liu & Hwang, 2010). 모바일 기기의 휴대성과 기능성은 학습자가 동기를 가질 수 있도록 통제감 또는 소유감을 제공할 뿐만 아니라 학습을 교실 밖의 학습자의 일상생활로 통합시킨다(Jones & Issroff, 2007; Traxler, 2009; Wali, Winters, & Oliver, 2008).

Elizabeth K. Anderson

참고문헌

Chuang, K.-W. (2009). Mobile technologies enhance the e-learning opportunity. *American Journal of Business Education, 2*(9), 49-54.

El-Hussein, M. O., & Cronje, J. C. (2010). Defining mobile learning in the higher education landscape. *Educational Technology & Society, 13*(3), 12-21.

Horrigan, J. (2009, March). The mobile difference: Wireless connectivity has drawn many users more deeply into digital life. In *The Pew Internet & American Life Project*(Rep. No. 202-419-4500, pp. 1-129). Retrieved from http://pewinternet.org/Reports/2009/5-The-Mobile-Difference-Typology.aspx.

Jeng, Y.-L., Wu, T.-T., Huang, Y.-M., Tan, Q., & Yang, S. J. (2010). The add-on impact of mobile applications in learning strategies: A review study. *Educational Technology & Society, 13*(3), 3-11.

Jones, A., & Issroff, K. (2007). Motivation and mobile devices: Exploring the role of appropriation and coping strategies, *Association for Learning Technology Journal, 15*(3), 247-258.

Kukulska-Hulme, A., Sharples, M., Milrad, M., Arnedillo-Sánchez, I., & Vavoula, G. (2009). Innovation in mobile learning: A European perspective. *International Journal of Mobile and Blended Learning, 1*(1), 13-35.

Laine, T. H., Vinni, M., Sedano, C. I., & Joy, M. (2010). On designing a pervasive mobile learning platform. *Research in Learning Technology, 18*(1), 3-17.

Liu, G.-Z., & Hwang, G.-J. (2010). A key step to understanding paradigm shifts in e-learning: Towards context-aware ubiquitous learning. *British Journal of Educational Technology, 41*(2), E1-E9. doi: 10.1111/j.1467-8535.2009.00976.x.

Park, Y. (2011). A pedagogical framework for mobile learning: categorizing educational applications of mobile technologies into four types. *International Review of Research in Open and Distance Learning, 12*(2), 78−102.

Shih, J.−L., Chu, H.−C., Hwang, G.−J., & Kinshuk, D. (2011). An investigation of attitudes of students and teachers about participating in a context−aware ubiquitous learning activity. *British Journal of Educational Technology, 42*(3), 373−394.

Smith, A. (2011, July 11). Smartphones. In *Pew Internet & American Life Project*(Rep. No. 202−419−4500). Retrieved from http://pewinternet.org/Reports/2011/Smartphones.aspx.

Traxler, J. (2009). Learning in a mobile age. *International Journal of Mobile and Blended Learning, 1*(1), 1−12.

Wali, E., Winters, N., & Oliver, M. (2008). Maintaining, changing and crossing contexts: an activity theoretic reinterpretation of mobile learning. *Research in Learning Technology, 16*(1), 41−57.

Mobile Learning: 모바일 학습

(DISTANCE EDUCATION AND LEARNING: 원격교육 및 학습, MOBILE DEVICES AND FUNCTIONS: 모바일 기기와 기능 참조)

모바일 학습(m−러닝)의 정의는 아직도 개발 중이고, 정의하는 목적에 따라 다양한 속성을 강조해 오고 있다(Belshaw, 2010; Peng, Su, Chou, & Tsai, 2009). 지난 한 세기 동안의 문헌 속에서 정의는 기술 중심에서 맥락 중심으로 그 뒤에 학습자 중심으로 발전되어 왔다. 이러한 것들을 망라하는 하나의 정의는 아마도 "기술의 유동성, 학습자의 이동성, 학습의 이동성을 감안한 학습 환경과 공간에서 일어나는 모든 유형의 학습"을 포함할 것이다(El−Hussein & Cronje, 2010, p. 20). 마침내 모바일 학습의 통일된 정의에 가까워짐에 따라 유비쿼터스 학습 또는 U 러닝이라는 새로운 용어가 문헌에 자주 등장하고 있다(Jeng, Wu, Huang, Tan, & Yang, 2010; Peng et al., 2009).

모바일 학습의 최초 정의는 이러닝의 경계에서 모바일 기기를 사용하는 것으로 구분했다(Chuang, 2009; Park, 2011; Shih, Chu, Hwang, & Kinshuk, 2011; Traxler, 2009; Wali, Winters, & Oliver, 2008). 종래의 이러닝의 제한점은 고정되어 있는 컴퓨터로 인한 학습에 대한 접근이 자유롭지 못하다는 것이다. 모바일 학습은 자료를 언제 어디서나 이용할 수 있도록 하여 학습자의 경험을 확장해 줄 수 있다(Dyson, Litchfield, Lawrence, Raban, & Leijdekkers, 2009; Laine, Vinni, Sedano, & Joy, 2010). 이러한 기술 중심의 관점은 기존의 학습 환경과 자료를 요구에 따라 휴대가 쉬운 모바일 기기를 통해 제공하는 도구를 강조한다.

다른 정의는 비형식 학습을 포함해서 물리적 장소, 사회적 상황의 관점에서 맥락을 강조한다(Traxler, 2007; Wali et al., 2008). Sharples와 Taylor, Vavoula(2007)는 커뮤니케이션이 모바일 학습의 중심 초점이고 그렇기 때문에 모바일 학습을 정의하는 데 있어서 맥락이 핵심 속성이라고 제안했다. 이러한 관점에서 모바일 학습은 "다양한 맥락에 걸쳐 사람들과의 소통과 개인용 상호작용 기술을 통해 알아가는 과정"으로 이루어진다(para. 12). 맥락 중심 정의는 학습자가 학습을 목적으로 다양한 일상의 맥락을 연결하는 것을 돕는 모바일 학습을 강조한다(Kukulska-Hulme, Sharples, Milrad, Arnedillo-Sánchez, & Vavoula, 2009; Park, 2011).

개인용 모바일 기술의 빠른 발달과 적용은 퍼베이시브(pervasive)* 사용을 이끌었다(El-Hussein & Cronje, 2010; Sharples et al., 2007). 모바일 기술의 유비쿼터스(ubiquitous) 속성은 교육 연구 문헌에서 강조되어 왔고 모바일 학습을 정의하는 데 있어서 유비쿼터스 학습 또는 U 러닝이라고 불리는 최신의 방향으로서 관심을 받기 시작했다(Liu & Hwang, 2010). U 러닝은 RFID 리더, 태그, GPS와 같은 센서 기술 간의 상호작용을 모바일 학습 정의에 추가한다. 다른 모델과 마찬가지로, U 러닝은 모바일 기술의 '언제 어디서나'라는 이점뿐만 아니라, 학습자의 일상생활에 매끄럽게 통합되는 것 또한 강조한다(Chuang, 2009; Looi et al., 2010; Yang, Okamoto, & Tseng, 2008). U 러닝은 유비쿼터스 기술을 통해 학습자가 교실을 벗어나서 자기 스스로의 학습을 촉진하고, 다양한 맥락에서의 커뮤니케이션, 풍부한 관련된 콘텐츠를 생성하고 접근하는 분산학습을 장려한다(Jeng et al., 2010; Shih et al., 2011). 이 정의의 강조점은 이동성보다는 연결성에 있고 이동성이 있어야 하는 것은 기기가 아니라 학습자라는 점이다(Belshaw, 2010; Liu & Hwang, 2010; Woodill, 2010).

Elizabeth K. Anderson

* 역자 주. '구석구석 스며드는'이라는 뜻으로 퍼베이시브 컴퓨팅이라는 용어도 있음.

참고문헌

Belshaw, D. (2010, November 29). *Mobile and wireless technologies.* Retrieved from JISC website: http://www.jiscinfonet.ac.uk/mobile/jisc-mobile-review.pdf.

Chuang, K.-W. (2009). Mobile technologies enhance the e-learning opportunity. *American Journal of Business Education, 2*(9), 49-54.

Dyson, L. E., Litchfield, A., Lawrence, E., Raban, R., & Leijdekkers, P. (2009). Advancing the m-learning research agenda for active, experiential learning: Four case studies. *Australasian Journal of Educational Technology, 25*(2), 250-267.

El-Hussein, M. O., & Cronje, J. C. (2010). Defining mobile learning in the higher education landscape. *Educational Technology & Society, 13*(3), 12-21.

Jeng, Y.-L., Wu, T. T., Huang, Y.-M., Tan, Q., & Yang, S. J. (2010). The add-on impact of mobile applications in learning strategies: a review study. *Educational Technology & Society, 13*(3), 3-11.

Kukulska-Hulme, A., Sharples, M., Milrad, M., Arnedillo-Sánchez, I., & Vavoula, G. (2009). Innovation in mobile learning: A European perspective. *International Journal of Mobile and Blended Learning, 1*(1), 13-35.

Laine, T. H., Vinni, M., Sedano, C. I., & Joy, M. (2010). On designing a pervasive mobile learning platform. *Research in Learning Technology, 18*(1), 3-17.

Liu, G. Z., & Hwang, G. J. (2010). A key step to understanding paradigm shifts in e-learning: Towards context-aware ubiquitous learning. *British Journal of Educational Technology, 41*(2), E1-E9. doi: 10.1111/j.1467-8535.2009.00976.x.

Looi, C. K., Seow, P., Zhang, B., So, H. J., Chen, W., & Wong, L. H. (2010). Leveraging mobile technology for sustainable seamless learning: A research agenda. *British Journal of Educational Technology, 41*(2), 154-169. doi: 10.1111/j.1467-8535.2008.00912.x.

Park, Y. (2011). A pedagogical framework for mobile learning: categorizing educational applications of mobile technologies into four types. *International Review of Research in Open and Distance Learning, 12*(2), 78-102.

Peng, H., Su, Y. J., Chou, C., & Tsai, C. C. (2009, May). Ubiquitous knowledge construction: mobile learning re-defined and a conceptual framework. *Innovations in Education and Teaching International, 46*(2), 171-183.

Sharples, M., Taylor, J., & Vavoula, G. (2007). A theory of learning for the mobile age. In

R. Andrews & C. Haythornthwaite (Eds.), *The SAGE handbook of e-learning research* (pp. 221–248). London: SAGE Publications Ltd. doi: 10.4135/9781848607859.n10.

Shih, J. L., Chu, H. C., Hwang, G. J., & Kinshuk, D. (2011). An investigation of attitudes of students and teachers about participating in a context-aware ubiquitous learning activity. *British Journal of Educational Technology, 42*(3), 373–394.

Traxler, J. (2007). Defining, discussing, and evaluating mobile learning: The moving finger writes and having writ……. *International Review of Research in Open and Distance Learning, 8*(2), 1–12.

Traxler, J. (2009). Learning in a mobile age. *International Journal of Mobile and Blended Learning, 1*(1), 1–12.

Wali, E., Winters, N., & Oliver, M. (2008). Maintaining, changing and crossing contexts: an activity theoretic reinterpretation of mobile learning. *Research in Learning Technology, 16*(1), 41–57.

Woodill, G. (2010). *The mobile learning edge: Tools and technologies for developing your teams*. New York, NY: McGraw-Hill.

Yang, S. H., Okamoto, T., & Tseng, S. S. (2008). Context-aware and ubiquitous learning. *Educational Technology & Society, 11*(2), 1–2.

MOOs: 다중 사용자 롤플레잉 게임

(VIRTUAL WORLD: 가상세계 참조)

Motivation: 동기

(ATTRIBUTION THEORY: 귀인이론, CONTEXT: 맥락, LEARNER CHARACTERISTICS AND TRAITS: 학습자 특성 및 성향, SELF-EFFICACY: 자기효능감, SELF-REGULATION: 자기조절 참조)

교육학에서 잘 연구되어 온 구인 중의 하나인 동기는 "행동을 규제하고 영향을 주는 서로 밀접하게 관련되어 있는 신념과 감정의 모음"으로 정의될 수 있다(Martin & Dowson, 2009, p. 328). 또한 동기는 단순히 "사람들이 그렇게 생각하고 행동하는 이유"로 정의되어 왔고(Graham, Lepper, Henderlong, & Pintrich., 2002, p. 1690), 그런 식으로 동기는 사람이 특정한 생각, 행동 또는 활동을 시작하고 규제하고 참여하도록 하는 외재적이고 내재적인 상태 또는 상황을 포함한다. 보다 구체적으로, 학습자의 동기는 노력과 끈기를 통해 나타나는 내재적 성향으로 정의되어 왔다(Klein, Spector, Grabowski, & de la Teja, 2004). 동기는 개인적이고, 활동적이고, 열정적이며, 규제된다. 즉, 학습자가 자신의 목표를 달성하기 위해 자신의 행동을 부추기고 끈기를 촉진하는 내재적 과정이다(Mayer, 2011).

교육학자들은 동기를 설명하는 모형에 다양한 구인들을 결합하여 동기를 정의하고 있다. 간결하면서도 조작적인 정의는 보통 학습자의 태도, 끈기 그리고 관찰되는 행위를 넌지시 언급하고 있지만, 동기 모형은 전형적으로 과정과 밀접하게 관련된 요인의 관점에서 동기를 설명한다. 이러한 모형은 자기효능감, 귀인, 통제, 가치화, 목표지향, 자기결정성, 성취 욕구, 자아존중감, 자기조절을 포함한다(Martin, 2007). 보다 포괄적인 모형 중 하나는 Vallerand(2011)의 맥락 속에서의 위계적 성격 모형인데, 동기의 다양한 사회심리학적 그리고 성격 결정요인을 중심으로 만들어진 모형이다. 이 요인들은 내재적, 외재적 요소를 모두 포함하고 있고 상황 맥락적이고 포괄적으로 존재한다.

교수환경은 학습자의 동기를 다루는 독특한 맥락적, 상황적 요소를 포함한다. 하지만 외재적 요소가 동기를 충분히 설명하지 못할 때는 학습자의 동기를 설명하기 위해 이러한 요소에 대한 학습자의 인식과 해석이 필요하다(Hamachek, 1987). 동기는 과제특수적 동기를 설명하는 하나의 단일 구인으로 측정되어 왔다. 이 측정도구의 예로는 컴퓨터에 대한 자기효능감이 학습자의 행동과 인지과정에 미치는 효과를 지지하는 많은 연구에서 사용된 측정도구이다(Moos & Azevedo, 2009).

동기는 설계과정에서 중요한 부분으로 여겨진다(Cheng & Yeh, 2009; Small, 2011). 동기를 유발하는 선행조건이나 성과는 교수설계와 테크놀로지에 의해 촉진되기도 하고 방해를 받기도 한다(Chen, Jang, & Branch, 2010; Guthrie, Wigfield, & VonSecker, 2000; Mayer, 2011). Keller(1987, 2010)는 교수적 동기 속성을 정제하여 ARCS 교수설계 모형을 만들었고, 이 모형은 자기보고식으로 측정이 되는 주의집중, 관련성, 자신감, 만족감이라는 네 가지 동기 측면을 강조하고 있다. 네 가지 동기 측면은 동기유발을 위한 인터벤션으로 검증되어 온 구체적인 교수전략과 일치한다(Bolliger, Supanakorn, & Boggs, 2010; Huett, Young, Huett, Moller, & Bray, 2008).

Kathryn Ley

참고문헌

Bolliger, D. U., Supanakorn, S., & Boggs, C. (2010). Impact of podcasting on student motivation in the online learning environment. *Computers & Education, 55*(2), 714–722.

Chen, K. C., Jang, S. J., & Branch, R. M. (2010). Autonomy, affiliation, and ability: Relative salience of factors that influence online learner motivation and learning outcomes. *Knowledge Management & E-Learning: International Journal, 2*(1), 30–50.

Cheng, Y. C., & Yeh, H. T. (2009). From concepts of motivation to its application in instructional design: Reconsidering motivation from an instructional design perspective. *British Journal of Educational Technology, 40*(4), 597–605.

Graham, S., Lepper, M. R., Henderlong, J., & Pintrich, P. R. (2002). Motivation. In J. W. Guthrie (Ed.), *Encyclopedia of Education* (Vol. 5, pp. 1690–1701). New York: Macmillan Reference USA.

Guthrie, J. T., Wigfield, A., & VonSecker, C. (2000). Effects of integrated instruction on motivation and strategy use in reading. *Journal of Educational Psychology, 92*(2), 331–341. doi: 10.1037/0022-0663.92.2.331.

Hamachek, D. E. (1987). Humanistic psychology: Theory postulates, and implications for educational processes. In J. A. Glover & R. Ronning (Eds.), *Historical foundations of educational psychology* (pp. 159–180). New York: Plenum.

Huett, J. B., Young, J., Huett, K. C., Moller, L., & Bray, M. (2008). Supporting the distant student: The effect of ARCS-based strategies on confidence and performance. *Quarterly Review of Distance Education, 9*(2), 113–126.

Keller, J. M. (1987). Development and use of the ARCS model of instructional design. *Journal of Instructional Development, 10*(3), 2–10.

Keller, J. M. (2010). *Motivational design for learning and performance: The ARCS model approach*. New York: Springer.

Klein, J. D., Spector, J. M., Grabowski, B., & de la Teja, I. (2004). *Instructor competencies: Standards for face-to-face, online, and blended settings*. Greenwich, CT: Information Age Publishing.

Martin, A. J. (2007). Examining a multidimensional model of student motivation and engagement using a construct validation approach. *British Journal of Educational*

Psychology, 77(2), 413–440.

Martin, A. J., & Dowson, M. (2009). Interpersonal relationships, motivation, engagement, and achievement: Yields for theory, current issues, and educational practice. *Review of Educational Research, 79*(1), 327–365.

Mayer, R. E. (2011). Towards a science of motivated learning in technology–supported environments. *Educational Technology Research and Development, 59*(2), 301–308. doi: 10.1007/s11423–011–9188–3.

Moos, D. C., & Azevedo, R. (2009). Learning with computer–based learning environments: A literature review of computer self–efficacy. *Review of Educational Research, 79*(2), 576–600.

Small, R. (2011). Motivation and new media: An introduction to the special issue. *Educational Technology Research & Development, 59*(2), 177–180. doi: 10.1007/s11423–011–9189–2.

Vallerand, R. J. L. (2011). The MPIC Model: The perspective of the hierarchical model of intrinsic and extrinsic motivation. *Psychological Inquiry, 22*(1), 45–51. doi: 10.1080/1047840X.2011.545366.

Motivation Design Models: 동기 설계 모형

(INSTRUCTIONAL DESIGN MODELS: 교수설계 모형 참조)

MUDs: 다중 사용자 던전

(VIRTUAL WORLD: 가상세계 참조)

Multicast: 다중 캐스트

(TECHNOLOGICAL COMMUNICATION: 테크놀로지 활용 커뮤니케이션 참조)

Multichannel Instruction: 다중채널 교수

(COGNITIVE LOAD: 인지부하, DUAL CODING THEORY: 이중부호화이론, MULTIMEDIA LEARNING: 멀티미디어 학습 참조)

Richey, Klein과 Tracey(2011)는 다중채널 교수를 "하나 이상의 수단 또는 매체, 통상적으로는 청각과 시각 둘 다를 통해 메시지를 전달하는 교수-학습 활동"으로 정의하고 있다(p. 192). Krippel, McKee와 Moody(2010)는 다중채널 커뮤니케이션이론이 "한 개 이상의 채널을 통해 정보가 제시되면 추가적인 강화가 일어나고 결과적으로 보다 많은 기억과 학습이 향상된다는 것을 확인해 준다."고 추가했다(p. 62). 이중부호화이론, 단서종합이론, 인지부하이론 등 많은 이론이 다중채널 교수의 이점과 한계를 제시하고 있다.

Paivio의 이중부호화이론은 "생각이 어떻게 정보를 처리하는지를 설명하려고" 시도하고 있다(Akbiyik & Akbiyik, 2010, p. 332). Akbiyik과 Akbiyik(2010)은 이 이론을 사람의 기억이 하나는 언어적 정보를 처리하고 또 다른 하나는 비언어적 정보를 처리하는 두 개의 채널로 구성되어 있음을 제안하고 있다고 설명한다. 하지만 Paivio는 시각과 청각을 구분하지는 않았다는 점에 주목할 필요가 있다. 그는 구어와 문어 모두 언어적 채널을 통해 처리된다고 주장했다. 더 나아가서 Akbiyik과 Akbiyik(2010)은 이중부호화이론은 두 개의 채널 모두로 받아들여지고 처리된 정보는 한 채널 혹은 다른 채널로 독립적으로 받아들여진 정보보다 더 효과적으로 학습된다고 언급하고 있다고 설명하고 있다. 따라서 이중부호화이론은 다중채널 교수를 사용하는 것을 뒷받침한다.

Moore, Burton과 Myers(2004)는 다중채널 교수와 단서종합이론 간의 관계를 다루고 있다. 그들은 "학습이론의 단서종합 원리는 가용한 단서 또는 자극의 수가 증가할수록 학습이 증진됨을 예측한다."고 주장한다(p. 984). Dwyer(1978) 역시 "학습상황에서 단서의 수가 증가함에 따라 학습이 보다 완성될 것이라고" 말함으로써 이에 동의하고 있다(p. 6). 단서종합의 이점은 교수에서 적용된 단서의 유형과 직접적으로 관련이 된다는 점에 주목할 필요가 있다. 다수의 조화롭지 않은 단서를 보여 주었을 때는 학습의 효과가 감소되는 반면에, 다수의 상호보완적이거나 반복적인 단서의 사용은 학습을 증가시킨다고 증명되어 왔다(Moore et al., 2004). 단서종합이론은 적합한 단서가 사용되었을 때만 다중채널 교수를 뒷받침한다.

Chang과 Hsu, Yu(2011)는 "인지구조에 대한 다중채널 처리가 갖는 시사점을 이해하기 위해서는 인지부하이론"을 살펴보는 것이 필요하다고 말한다(p. 188). 인지부하이론은 정보처리를 위한 자원이 한정되어 있다는 생각에 기반하고 있다. Sweller(1999)는 "교수는 작동기억에 주는 불필요한 부담을 최소화할 수 있도록 설계되어야 한다."라고 설명하고 있다(p. 37). 그는 "교수가 학습자로 하여금 관련없는 인지 처리를 하도록 한다면 교수설계에 결함이 있는 것"이라고 덧붙였다(p. 37). 인지부하이론도 다중채널 교수의 사용에 반대하지 않는다. 이중부호화이론이나 단서종합이론처럼 목적에 맞게 사용되었을 때만 다중채널 교수의 이점을 지지하고 있다.

기술의 발전은 교수설계자가 학습활동에 다중채널 교수를 적용하는 능력을 증진시켜 왔고 앞으로도 그럴 것이다. 과제는 학습자의 정보처리 능력을 초과하지 않고 교수 콘텐츠를 다중채널로 제시하는 것의 이점을 극대화하는 것이다. 다중채널 교수가 주의를 산만하게 하는 것이 아니라 교수 메시지를 강화할 때에만 사용되어야 한다.

Nancy B. Hastings

참고문헌

Akbiyik, C., & Akbiyik, G. A. (2010). Different multimedia presentation types and students' interpretation achievement. *World Academy of Science, Engineering and Technology, 66,* 332–335.

Chang, T.-W., Hsu, J.-M., & Yu, P.-T. (2011). A comparison of single- and dualscreen environment in programing language: Cognitive loads and learning effects. *Educational Technology & Society, 14*(2), 188–200.

Dwyer, F. M. (1978). *Strategies for improving visual learning.* State College, PA: Learning Services.

Krippel, G., McKee, A. J., & Moody, J. (2010). Multimedia use in higher education: Promises and pitfalls. *Journal of Instructional Pedagogies, 2,* 61–68.

Moore, D. M., Burton, J. K., & Myers, R. J. (2004). Multiple-channel communication: The theoretical and research foundations of multimedia. In D. H. Jonassen (Ed.), *Handbook of research on educational communications and technology* (2nd ed., pp. 979–1006). New York: Routledge/Taylor & Francis Group.

Richey, R. C., Klein, J. D., & Tracey, M. W. (2011). *The instructional design knowledge*

base: *Theory, research and practice.* New York: Routledge.
Sweller, J. (1999). *Instructional design in technical areas.* Camberwell, Victoria, Australia: Acer Press.

Multimedia: 멀티미디어

(MEDIA: 매체 참조)

Multimedia Learning: 멀티미디어 학습

(INTEGRATED TECHNOLOGIES: 통합공학, MEDIA: 매체, MULTICHANNEL INSTRUCTION: 다중채널 교수, VISUAL AND PICTORIAL LEARNING: 시각 및 이미지 활용 학습 참조)

멀티미디어 학습은 지난 몇 세기 동안 다양한 방식으로 정의되어 왔다. Clark과 Fledon(2005)은 이 단어가 학습과 연결된 의미를 이해하기 위해서 멀티미디어의 정의를 살펴보는 것이 중요하다고 말하고 있다.

Mayer(2005)는 멀티미디어라는 단어를 이해할 수 있는 세 가지 시나리오를 제시하고 있다. 스피커에서 흘러나오는 음악과 사운드와 함께 스크린에 투사되는 영상, 온라인 학습과 같이 스피커를 통한 음성 안내와 그래픽을 보여 주는 컴퓨터에 앉아 있는 모습, 스피커를 통해 음성을 들으면서 파워포인트 프레젠테이션을 보고 있는 상황을 상상해 볼 수 있다. 이 세 가지 시나리오는 멀티미디어라는 단어를 이해할 수 있는 모든 가능한 해석을 아우르고자 Mayer가 사용한 폭넓은 정의를 강조한다. 따라서 멀티미디어는 음성 또는 인쇄된 텍스트와 같은 언어와 삽화, 사진, 애니메이션, 비디오와 같은 그림 모두를 통해 제시하는 것을 의미한다.

Mayer(2005)에 의하면 학습은 지식을 구성하는 능력이다. 멀티미디어라는 단어가 학습환경에 적용되면 몇 가지의 해석이 가능해진다. 이러한 관점에서 멀티미디어 학습은 학생이 배우기 위해 텍스트와 이미지를 결합시킬 때 일어난다고 추론할 수 있다.

Mann(2006)은 멀티미디어로부터의 학습은 "성인이나 아동이 그래픽 또는 애니메이션을 보고, 강연, 음악, 사운드 효과를 듣고, 텍스트를 읽고, 학습을 위해 자신의 주의를 기울이고 정보를 장기기억으로 보내거나 회상해내거나" 하는 것으로부터 출발한다고 말하고 있다(para1).

Wiley와 Ash(2005)는 멀티미디어 학습의 역사에 관한 저술에서 멀티미디어 학습은 보통 학습자가 텍스트, 그림, 영화 등 정보를 제공하기 위해 사용되는 매체의 결합을 찾을 수 있는 CD-ROM이나 인터넷과 관련된다고 적고 있다.

Mayer(2003)는 멀티미디어 학습의 잠재력은 이러한 글자와 그림의 결합을 통해서 이루어진다고 말하고 있다. 하지만 학습이 일어나기 위해서는 학습자가 세 가지 필수 과정, 즉 선택(그림 또는 글자를 언어적 표상으로 전환), 조직화(언어적, 영상적 모델의 제시), 통합화(보고 들은 것을 사전지식과 연결)를 사용하여 반드시 글자와 그림을 조합해야 한다. 즉, '사람을 학습으로 유혹하기' 위해 강화된 멀티미디어 환경에서 자원의 통합이다(Moos & Marroquin, 2010, p. 265). 따라서 멀티미디어 학습은 학습자가 선택, 조직화, 통합화의 과정으로 처리하는 시각, 텍스트, 소리의 결합을 통한 지식의 습득이다.

Pamela W. Wicks

참고문헌

Clark, R., & Fledon, D. (2005). Five common but questionable principles of multimedia learning. In Mayer, R. (Ed.), *The Cambridge Handbook of Multimedia Learning* (pp. 97-116). Cambridge: Cambridge University Press.

Mann, B. L. (2006). Making your own materials, part 2: Multimedia design for learning. *International Journal of Instructional Technology and Distance Learning, 3*(10), 17-28.

Mayer, R. (2003). The promise of multimedia learning: using the same instructional design methods across different media. *Learning and Instruction, 13*(2), 125-139.

Mayer, R. (2005). Introduction to Multimedia Learning. In Mayer, R. (Ed.), *The Cambridge Handbook of Multimedia Learning* (pp. 1-16). Cambridge: Cambridge University Press.

Moos, D., & Marroquin, E. (2010). Multimedia, hypermedia, and hypertext: Motivation considered and reconsidered. *Computers in Human Behavior, 26,* 265-276.

Wiley, J., & Ash, I. (2005). Multimedia learning in history. In R. Mayer (Ed.), *The Cambridge handbook of multimedia learning* (pp. 375-391). Cambridge, UK: Cambridge University Press.

Multimedia Representations of Research, Teaching, and Learning: 연구, 교수, 학습의 멀티미디어 표상

연구, 교수, 학습으로부터 얻은 결과물의 멀티미디어 표상에 관한 관심이 최근 들어 증가하고 있다. 왜냐하면 디지털화된 글로벌 시대에서 전통적인 텍스트 기반의 연구, 교수, 학습의 표상은 더 이상 이를 보급하고 공유하는 데 충분하지 않기 때문이다(Goodyear, 2005; Sharpe, Beethham, & Ravenscroft, 2004). 이러한 관점에서 연구, 교수, 학습의 멀티미디어 표상은 이러한 차이를 극복하고 연구, 교수, 학습으로부터 얻은 결과들을 학자들, 교육자들 그리고 학습자들이 보다 쉽게 접근하고 사용할 수 있도록 하기 위해 부각되고 있다. 어떤 의미에서는 "표상이 없으면 멀티미디어도 없다"고 할 수 있다(Davis, Russell, Baudin, & Kedar, 1994, p. 181).

연구, 교수, 학습의 멀티미디어 표상은 심리학, 인공지능과 정보공학과 같은 다양한 분야로부터 많은 아이디어와 방법론, 도구들을 차용한 지식 표상에 관한 연구와 적용의 한 분야로 간주될 수도 있다. 멀티미디어 표상은 연구, 교수, 학습으로부터 얻은 지식을 다양한 기호로 표상해서 지식의 구성요소로부터 추론하고, 이를 멀티미디어를 통해 관련된 사람들에게 제공하고 공유하게 해서 새로운 지식의 구성요소를 생성하도록 촉진하는 것을 목표로 한다.

일반적으로 연구, 교수, 학습으로부터의 결과물을 많은 사람에게 제시하는 가장 직접적인 방법은 매스미디어를 통하는 것이다. Davis, Shrobe와 Szolovits(1993)의 지식 표상 개념에 따르면 연구, 교수, 학습의 멀티미디어 표상은 대용, 존재론적 개입, 지능적 추론의 부분적 이론, 효율적인 계산을 위한 도구, 멀티미디어를 통한 인간 표현의 매체로 이해될 수 있다. 존재론적 개입의 측면에서 연구, 교수, 학습의 멀티미디어 표상에 관한 중요한 쟁점은 우리가 어떻게 멀티미디어를 통해 경험과 결과들을 보다 현명하게 제시할 수 있느냐, 어떻게 평가되어야 하느냐, 왜곡을 어떻게 피할 수 있느냐이다(Hammersley, 2003).

교수-학습의 멀티미디어 표상과 관련하여 가장 유명한 방법 중 하나는 전통적인 교수설계와 보다 최근의 지능적 교수시스템(Intelligent Tutoring Systems: ITS)을 통한 학습 설계 그리고 멀티미디어로 제시되는 형식이다(Agostinho, 2011). 2000년 이후, 보

A B C D E F G H I J K L M N O P R S T U V W Z

다 많은 연구자가 사회적 혹은 의미 네트워크를 통한 학습객체의 존재론적 표상에 관심을 보이고 있다(Bick, Pawlowski, & Veith, 2001; Ng, 2005; Qin & Finneran, 2002; Sánchez-Alonso & Frosch-Wilke, 2005 참조).

Xudong Zheng

참고문헌

Agostinho, S. (2011). The use of a visual learning design representation to support the design process of teaching in higher education. *Australasian Journal of Educational Technology, 27*(6), 961-978.

Bick, M., Pawlowski, J., & Veith, P. (2001). The Essen learning model-A step towards a representation of learning objectives. In C. Montgomerie & J. Viteli (Eds.), *Proceedings of World Conference on Educational Multimedia, Hypermedia and Telecommunications 2001* (pp. 145-150). Chesapeake, VA: AACE.

Davis, M., Russell, D., Baudin, C., & Kedar, S. (1994). No multimedia without representation. In *Proceedings of Second ACM International Conference on Multimedia* (pp. 181-182). San Francisco, CA: ACM Press.

Davis, R., Shrobe, H., & Szolovits, P. (1993). What is a knowledge representation? *AI Magazine, 14*(1), 17-33.

Goodyear, P. (2005). Educational design and networked learning: Patterns, pattern languages and design practice. *Australasian Journal of Educational Technology, 21*(1), 82-101.

Hammersley, M. (2003). Media representation of research: The case of a review of ethnic minority education. *British Educational Research Journal, 29*(3), 327-343.

Ng, L. (2005). *Ontological model representation of learning objectives* (Unpublished master's thesis). Simon Fraser University, Burnaby, B.C., Canada.

Qin, J., & Finneran, C. (2002). Ontological representation of learning objects. In *Proceedings of the Workshop on Document Search Interface Design and Intelligent Access in Large-Scale Collections,* July 18, Portland, OR. http://xtasy.slis.indiana.edu/jcdlui/uiws.html.

Sánchez-Alonso, S., & Frosch-Wilke, D. (2005). An ontological representation of learning objects and learning designs as codified knowledge. *The Learning Organization, 12*(5), 471-479.

Sharpe, R., Beetham, H., & Ravenscroft, A. (2004). Active artifacts: Representing our knowledge of learning and teaching. *Educational Developments, 5*(2), 16–21.

Multiplayer Games: 다중 사용자 게임

(DIGITAL GAME-BASED LEARNING: 디지털 게임 기반 학습 참조)

N

Near Transfer: 근전이

(TRANSFER: 전이 참조)

Need: 요구

(NEEDS ASSESSMENT: 요구사정 참조)

요구는 결과상의 차이로 정의되는 기술적인 용어로(Kaufman & Thiagarajan, 1987), 현재 상태와 바람직한 상태 간의 차이를 의미한다. 요구는 요구되는 상태와 실제 상태의 비교로 정의되기 때문에 둘 모두에 대한 결과 측면에서의 측정 가능한 차이가 명시적으로 기술되는 것이 필수적이다(Dick, Carey, & Carey, 2009). 교수설계 맥락에서는 '요구'라는 용어가 종종 학습자 성취의 차이를 의미하기도 하고(Kaufman & Thiagarajan, 1987), 조직 또는 수행 분석 맥락에서 요구는 조직 간 혹은 조직 내 수준의 결과 차이로 정의되기도 한다(Kaufman, Rojas, & Mayer, 1993; Rossett, 1987). 데이터 기반의 선험적인 성과 차이는 요구의 속성을 정의한다. 요구가 정의되고 나면 성과 차이를 극복하기 위해 가장 효과적인 교수적 또는 비교수적 처방이 내려진다.

체계적 교수설계에 있어서 요구는 데이터 기반의 측정 가능한 성취에 있어서 차이이다. 양적으로 수행의 차이를 분석하는 요구사정은 시간과 비용을 절약할 수 있을 뿐만 아니라 교육대상자의 요구를 교육목표와 일치시킬 수 있도록 해 준다(Lucier, 2008). 요구와 맥락은 현재의 성과와 바람직한 성과 간의 차이를 해결하거나 개선하는 가장 적합한 개입을 결정하도록 안내한다. 교수적 뿐만 아니라 비교수적 개입을 통해 개인적 혹은 조직적 차원의 결과 또는 수행 성과의 차이를 다룰 수 있다. 각각의 차이가 요구를 정의하게 된다.

Kathryn Ley

참고문헌

Dick, W., Carey, L., & Carey, J. O. (2009). *The systematic design of instruction* (7th ed.). Upper Saddle River, NJ: Pearson.

Kaufman, R., Rojas, A. M., & Mayer, H. (1993). *Needs assessment: A user's guide.* Englewood Cliffs, NJ: Educational Technology Publications.

Kaufman, R., & Thiagarajan, S. (1987). Identifying and specifying requirements for instruction. In R. M. Gagné (Ed.), *Instructional Technology: Foundations* (pp. 113–140). Hillsdale, NJ: Lawrence Erlbaum.

Lucier, K. H. (2008). A consultative training program: Collateral effect of a needs assessment. *Communication Education, 57,* 482–489.

Rossett, A. (1987). *Training needs assessment.* Englewood Cliffs, NJ: Educational Technology Publications.

Need Analysis: 요구분석

(ANALYSIS: 분석, ASSESSMENT: 사정 참조)

Need Assessment: 요구사정

(ANALYSIS: 분석, NEED: 요구, PERFORMANCE IMPROVEMENT: 수행 향상 참조)

요구사정은 현재의 성과와 바람직한 성과 간의 차이를 확인하고, 그 차이를 좁히는 데 필요한 비용과 그 차이를 무시했을 때의 비용에 근거하여 우선순위를 정하는 절차다. 이러한 차이를 요구라고 하고, 해결하기로 선정된 요구를 '문제'라고 한다(Kaufman, 2000, 2006). 요구사정 방법과 관련하여 많이 인용되는 주요 학자로는 Roger Kaufman, Joe Harless, Tom Gilbert, Ron Zemke, Bob Mager 등이 있다(Rossett, 1987).

이 절차의 변형된 형태인 수행분석(Pershing, 2006), 또는 전단분석의 일부(Harless in Geis, 1986), 혹은 *figuring things out*(FTO) 연구(Zemke & Kramlinger, 1982)도 요구사정으로 간주되어 왔다. 하지만 Kaufman(2000)은 사정은 성과에 있어서의 차이를 확인하려는 것인 반면에, 분석은 그 차이의 주요 요소와 근본원인을 이해하려는 것으로 사정과 분석을 모호하게 사용하는 것에 주의를 주고 있다. Webster 사전에 따르면, 분

A B C D E F G H I J K L M N O P R S T U V W Z

석은 어떤 것의 본질을 연구하거나 그것의 필수 특징과 특징들 간의 관계를 결정하는 과정이라고 할 수 있다. 이런 의미에서 요구사정과 요구분석 둘 다 모든 학습과 수행 향상 노력에 있어서 초기 단계의 필수적인 과정이라고 할 수 있다.

요구사정은 성과에 있어서 차이에 관한 데이터를 제공해 주기 때문에 그 차이를 좁히기 위해 실행된 해결책을 평가할 때 사용될 수 있는 평가틀을 제공해 준다(Guerra-López, 2008). 다음으로 요구분석은 그 차이를 유발했던 요인에 관한 데이터를 제공해 주므로 그 차이를 좁히기 위해 어떤 대안을 고려해야 하는지에 관한 필수적인 조언을 제공해 준다.

또한, 수행 기반 요구사정과 훈련 요구사정을 구분하는 것도 필요하다. 훈련 요구사정의 목적은 "훈련시키기 전에 꼭 알아야 하는 것"(Rossett, 1987, p. 14)을 확인하는 것으로, 이는 수행 문제에 대한 해결책이 훈련이라는 것을 이미 알고 있음을 가정하고 있다. 수행의 관점에서 요구사정은 전략적(외부 영향), 전술적(전반적인 조직 성과), 운영상(내부 결과물)의 독립적으로 이미 실행된 방안을 포함하는 다양한 수준에서 실행될 수 있다.

교수적 맥락에서 요구사정은 학습자 수준에서 이루어질 수 있는데, 지식에 있어서 차이를 살펴보거나, 가급적이면 인간 수행과 행동의 차이를 먼저 살펴본 뒤 관련된 지식의 차이를 확인하여 바람직한 결과를 보다 잘 목표로 세울 수 있다. 이러한 점에 대해 Dick, Carey와 Carey(2009) 역시 같은 주장을 하고 있는데, 그들은 교수설계 맥락에서의 요구사정은 학습자가 무엇을 알고 있는지 보다는 학습자가 무엇을 수행할 수 있어야 하는지를 묻는 것에서부터 시작해야 한다고 제안하고 있다.

Ingrid Guerra-López

참고문헌

Dick, W., & Carey, L., & Carey, J. O. (2009). *The systematic design of instruction* (7th ed.). Upper Saddle River, NJ: Merrill.

Geis, G. L. (1986). Human performance technology: An overview. In M. E. Smith (Ed.), *Introduction to performance technology* (Vol. 2) (pp. 185-209). Washington, D.C: National Society for Performance and Instruction.

Guerra-López, I. (2008). *Performance evaluation: Proven approaches for improving*

program and organizational performance. San Francisco: Jossey Bass.
Kaufman, R. A. (2000). *Mega planning: Practical tools for organizational success.* Thousand Oaks, CA: Sage Publications.
Kaufman, R. A. (2006). *Change, choices and consequences: A guide to mega thinking and planning*. Amherst, MA: HRD Press Inc.
Pershing, J. (Ed.). (2006). *Handbook of Human Performance Technology: Principles, practices, potential.* San Francisco, CA: John Wiley & Sons.
Rossett, A. (1987). *Training needs assessment.* Englewood Cliffs, N.J.: Educational Technology.
Zemke, R., & Kramlinger, T. (1982). *Figuring things out: A trainer's guide to needs and task analysis.* Reading, MA: Addison Wesley Publishing Company.

Negative Reinforcement: 부적 강화

(REINFORCEMENT: 강화 참조)

New Media: 뉴미디어

(MEDIA: 매체 참조)

Nonprint Information Resources: 비인쇄 정보자원

(INFORMATION RESOURCES: 정보자원 참조)

Norm-Referenced Measurement: 규준 참조 측정

(ASSESSMENT: 사정, CRITERION-REFERENCED MEASUREMENT: 준거 참조 측정 참조)

O

Objective: 목표

(INSTRUCTIONAL OBJECTIVES: 교수목표 참조)

On-Line Behavior: 온라인 행동

온라인 행동은 웹 기반의 개념으로 사이버공간에서의 활동을 묘사하기 위해 사용되는 개념이다. 서핑, 럭킹, 스푸핑, 섹스팅, 그리핑, 래깅, 트롤링, 스팸밍, 이모티콘 보내기 등 다양한 온라인 행동이 있다. 이러한 행동들은 용인되거나, 바람직하거나, 적절하거나, 심지어는 적법할 수도 있고 그렇지 않을 수도 있다.

서핑(surfing)은 World Wide Web을 검색하는 것을 말한다. 럭킹(lurking)은 온라인상에서 응답 없이 다른 사람들의 대화를 들여다보기만 하는 행위를 의미한다. 스푸핑(spoofing)은 온라인상에서 다른 사람인 것처럼 속이고 바이러스 이메일을 보내는 행위이다. 섹스팅(sexting)은 '섹스(sex)'와 '문자메시지(text messaging)' 단어의 조합으로 성적으로 자극적인 메시지나 시각적 이미지를 전송하는 행위이다. 그리핑(griefing)은 의도적으로 짜증나게 하는 것을 의미한다. 래깅(raging)은 분노에 찬 참여자의 행위를 의미하고, 래깅과 유사하게 트롤링(trolling)은 공격적이거나 불필요한 게시물과 메시지를 보내서 의도적으로 반응을 유도해내는 것을 의미한다. 바싱(bashing)이라고도 하는 플래밍(flaming)은 인터넷 사용자 간의 적대적이고 모욕적인 대응이다. 스팸밍(spamming)은 개인 또는 회사가 다른 사람들이 원하지 않는 이메일을 보내는 것이다. 이모티콘(emoticons) 역시 온라인 커뮤니케이션에서 폭넓게 사용되고 있는데, 이모티콘은 사람의 기분을 표현하기 위해 문장부호와 문자를 사용하여 얼굴의 표정을 그림으로 표현하는 것이다.

많은 차이가 있기는 하지만 온라인 행동은 실생활에서의 습관과도 관련이 높다

(Singleton, 2010). 온라인 행동은 온라인과 오프라인 채널의 가격차이라든가(Devaraj, Fan, & Kohli, 2002), 참여 비용(Chen & Hitt, 2002), 연령대, 성별 그리고 문화와 같은 다양한 요인들의 영향을 받는다.

윤리는 오프라인뿐만 아니라 온라인 행동에서도 중요한 관심거리이다. 온라인 행동과 관련된 중요한 윤리적 이슈들이 많이 있는데, Johnson(1997)은 온라인에서의 사회적 행위를 규정하는 세 가지 일반적인 원리를 제시하였다.

- 커뮤니케이션의 규칙을 알고 따르기
- 다른 사람들의 프라이버시와 재산권을 존중하기
- 공손하고 예의바른 방식으로 행동하기

온라인 행위의 역동성을 연구하기 위해서는 다양한 연구방법이 활용될 수 있는데, 예를 들어 컴퓨터 중재 담화 분석은 효과적인 방법 중에 하나이다(Herring, 2004). 행동 연구자들은 인스턴스 메시지(IM), 소셜 네트워킹 그리고 다른 소셜 미디어 분석을 통해 온라인상에서의 행동 현상에 관한 데이터를 추적할 수 있다(Gosling & Johnson, 2010). 교수-학습 연구에서는 온라인 행동이 인지발달에 미치는 영향이 대단히 복잡한 것으로 나타났지만(Dawley, 2007; Johnson, Code, & Zaparyniuk, 2007; Preece, Nonnecke, & Andrews, 2004), 그럼에도 불구하고 사이버공간에서 학습자의 경험을 어떻게 향상시킬 것인지를 결정하는 것이 온라인 학습 행동을 정상화시키는 핵심이다. 설계 및 개발 전문가들은 이러한 연구 결과를 바탕으로 온라인 커뮤니티 환경에서 학습자의 경험을 증진시킬 수 있도록 노력해야 하고, 이러한 점이 교육공학 전문가에게는 큰 도전이다.

Xinmin Sang
Xudong Zheng

참고문헌

Chen, P.-Y., & Hitt, L. M. (2002). Measuring switching costs and the determinants of customer retention in internet-enabled businesses: A Study of the online brokerage industry. *Information Systems Research, 13*(3), 255-274.

Dawley, L. (2007). *The tools for successful online teaching.* Hershey, PA: Information Science Publishing.

Devaraj, S., Fan, M., & Kohli, R. (2002). Antecedents of B2C channel satisfaction and preference: Validating e-commerce metrics. *Information Systems Research, 13*(3), 316-333.

Gosling, S. D., & Johnson, J. A. (Eds.). (2010). *Advanced methods for conducting online behavioral research.* Washington, DC: American Psychological Association.

Herring, S. C. (2004). Computer-mediated discourse analysis: An approach to researching online behavior. In S. A. Barab, R. Kling, & J. H. Gray (Eds.), *Designing for virtual communities in the service of learning* (pp. 338-376). New York: Cambridge University Press.

Johnson, D. G. (1997). *Ethics On-Line*. Communications of the ACM, 40(1), 60-69.

Johnson, G., Code, J., & Zaparyniuk, N. (2007). Online behavior and cognitive development. In C. Montgomerie & J. Seale (Eds.), *Proceedings of World Conference on Educational Multimedia, Hypermedia and Telecommunications 2007* (pp. 3279-3288). Chesapeake, VA: AACE.

Preece, J., Nonnecke, B., & Andrews, D. (2004). The top 5 reasons for lurking: Improving community experiences for everyone. *Computers in Human Behavior, 2,* 201-223.

Singleton, A. D. (2010). Virtual geodemographics: Consumer insight in online and offline spaces. In B. Daniel (Ed.), *Handbook of research on methods and techniques for studying virtual communities: Paradigms and phenomena* (pp. 233-247). Hershey, PA: IGI Global.

On-line Learning: 온라인 학습

(DISTANCE EDUCATION AND LEARNING: 원격교육 및 학습 참조)

Open Courseware: 오픈 코스웨어

(INTELLECTUAL PROPERTY: 지적 재산 참조)

Open Education: 공개교육

(DISCOVERY LEARNING: 발견학습, DISTANCE EDUCATION AND LEARNING: 원격교육 및 학습, INDIVIDUALIZED INSTRUCTION: 개별화 수업, LEARNER-CENTERED INSTRUCTION: 학습자 중심 수업, SELF-DIRECTED LEARNING: 자기주도학습 참조)

공개교육은 모든 단계의 교육에서 형식적이고 비형식적인 학습을 포함하는 느슨하면서도 폭넓은 개념으로 학습의 방법으로서는 학습자 중심의 유연한 공동의 요소를 공유하고 있다.

미국에서 공개교육은 Plowden 보고서(1967)에 기초한 영국의 초등교육 개혁으로부터 영감을 받은 초등학교의 개혁 사례들을 설명하기 위해 매우 자주 사용되는 개념이다. 이러한 개혁은 Piaget의 인지발달이론에 따른 활동적인 발견 형태의 학습 과정과 맥을 같이하는 학교 환경을 만들어가는 것을 목적으로 한다. 미국에서의 적용은 오픈 플랜 형식의 구조, 복합연령 집단, 팀 교수 등 모두 능동적인 학습 상황에서의 개인의 진전을 증진시키는 것을 목적으로 하는 특징을 보인다(Giaconia, 1985). Walberg와 Thomas(1972)는 보다 구체적인 특징을 제시하였는데, 유연한 그룹핑, 학습자 존중, 개인 요구 진단, 진단에 기초한 교수, 아동의 활동에 대한 아주 많은 기록에 따른 평가 그리고 온화하고 아동친화적인 분위기 등이다.

영국과 캐나다에서는 대개 중등교육 이후와 성인 교육을 기존의 대학에 비해 보다 덜 제한적인 방식으로 제공하는 기관을 통틀어서 의미한다. '공개'라는 명칭을 사용하는 기관들은 보다 접근이 용이하고, 공식적인 자격에 상관없이 학생들의 입학을 허가하고, 학생들이 그들이 가장 편안한 시간과 장소에서 학습할 수 있도록 해 주고, 가능한 학생들의 비용을 절감시켜 준다(Paul, 1993). 학생들은 보통 자신들의 교육적 성취에 대한 일종의 자격과 증명을 원하기 때문에 공개 학교와 대학들은 그 목적을 위한 시험을 진행한다. 많은 이가 학생들로 하여금 공식적인 학습이 있었든 없었든지 역량 테스트 통과 여부에 기초해 인정을 받을 수 있는 '역량 기반'의 접근을 강조한다.

공개교육은 원격교육과 동의어는 아니다. 원격교육은 선생님과 학습자가 위치적으로 그리고 가능하다면 시간적으로도 분리되어 있고, 교수적 자원이 전통적인 교실의 교수를 대신한다. 요즘 들어 공개교육은 보통 원격학습의 많은 요소를 수반하지만, 캠퍼스 밖에 위치한 교실에서 자유로운 시간에 이루어질 수도 있는 면대면 교실 수업 역시 포함할 수 있다. '열린 학습'이라는 용어가 원격 또는 면대면으로 접근에 대한 장벽을 줄여 줘서 학습에 대한 기회를 넓히고, 다양한 교수-학습 전략을 포함하고, 시간과 장소에 대한 유연성을 용인하는 모든 프로그램을 포괄하는 용어로 제안되어 왔다(Kember, 1995; Rowntree, 1992).

모든 형태의 공개교육은 웹 튜토리얼과 같은 자기 교수적 형태로 교사 주도의 교수를 대신하기 위한 수단을 제공하는 교육공학에 의존하고 있다. 기술의 발달, 특히 오디오와 시각적 자원의 디지털 전송기술의 발달은 공개교육의 가능성을 기하급수적으로 확장시켜 오고 있다.

Michael Molenda

참고문헌

Giaconia, R. M. (1985). Open versus formal instruction. In T. Husen & T. N. Postlethwaite (Eds.), *The international encyclopedia of education: Research and studies* (pp. 3670–3682). Oxford UK: Pergamon.

Kember, D. (1995). *Open learning courses for adults.* Englewood Cliffs, NJ: Educational Technology Publications.

Paul, R. H. (1993). Open universities—the test of all models. In K. Harry, J. Magnus & D. Keegan (Eds.), *Distance education: New perspectives* (pp. 114–125). New York: Routledge.

Plowden, Lady, B. et al. (1967). *Children and their primary schools: A report of the Central Advisory Council for Education.* London: Her Majesty's Stationery Office.

Rowntree, D. (1992). *Exploring open and distance learning.* London: Kogan Page.

Walberg, H. J., & Thomas, S. C. (1972). Open education: An operational definition and validation in Great Britain and United States. *American Educational Research Journal 9*(2), 197–208.

Open Educational Resources: 공개교육자료

공개교육자료(OER)는 전통적인 저작권 제한에 비해 보다 자유롭게 교수와 연구에 사용할 수 있는 방식으로 준비되고 허가된 디지털 자료이다. 이 자료들은 소프트웨어 도구, 교육용 콘텐츠, 행정적 지원을 포함한다. 소프트웨어 도구는 콘텐츠의 제작 및 전송, 콘텐츠의 구성, 검색하기, 학습관리시스템(LMS)의 운영 등을 지원한다. 교육용 콘텐츠는 텍스트, 그림, 애니메이션 등의 학습 객체, 자기교수적 모듈, 전체 레슨, 전체 과정, 또는 자료들의 모음 등을 포함하고 있다(Atkins, Brown, & Hammond, 2008).

본질적으로 이러한 디지털 자료들이 매우 가변적이기는 하나, 핵심은 이것들은 자유롭게 교수, 학습 그리고 연구에 활용할 수 있도록 공개되어 있다는 것이다(Hylén, 2007). Downes(2011)는 공개교육자료를 특징짓는 것은 특정 자료의 특성보다는 지원되는 기능이라고 말하고 있다. 여기서 기능이란 자원에 대한 접근, 사용, 수정 그리고 공유할 수 있는 능력을 말한다.

Caswell과 Henson, Jensen, Wiley(2008)는 오픈코스웨어(OCW) 컨소시엄의 성장을 공개교육자료의 성공스토리 중 하나로 설명하고 있다. 이 컨소시엄은 2007년에 28개 대학의 1,800개 이상의 과정으로 구성되었다. 오픈코스웨어 컨소시엄 웹 사이트에 의하면 2012년까지 수백 개의 기관이 참여하고 있고, 수천 개의 자료가 등록된 것으로 나와 있다. 이러한 성장에도 불구하고 Wiley와 Hilton(2012)은 공개교육자료가 아직 그들이 이전에 예측했던 초·중등교육에 미칠 영향에 도달하지 못했다고 믿고 있다. 그들은 더디고 관료적인 교과서 선정 절차를 주된 문제로 제시하면서 측정 가능한 효과를 보여 주는 실증적인 연구가 부족한 점도 지적하고 있다.

유네스코는 International Institute of Educational Planning을 통해 공개교육자료를 교육에 대한 접근성, 평등성과 질을 증진시키는 도구로 보고 국제원조를 제공해 오고 있다. 유네스코 본부가 있는 파리에서 개최된 2012 공개교육자료 세계대회는 OER에 대한 지원을 선언하였다. 이 선언은 교육을 인간의 권리로 주장하고 공개교육자료의 적용, 더 많은 접속과 연구를 모든 참여국에 요구하는 이전의 발표에 힘을 실어 주었다.

Rovy Branon

참고문헌

2012 Paris OER Declaration. (2012). Retrieved July 6, 2012, from http://www.unesco.org/new/fileadmin/MULTIMEDIA/HQ/CI/CI/pdf/Events/Paris OERDeclaration_01.pdf.

Atkins, D., Brown, J., & Hammond, A. (2008). *A review of the open educational resources (OER) movement: Achievements, challenges, and new opportunities*. The William and Flora Hewlett Foundation. Retrieved from http://www.hewlett.org/uploads/files/ReviewoftheOERMovement.pdf.

Caswell, T., Henson, S., Jensen, M., & Wiley, D. (2008). Open educational resources: Enabling universal education, *International Review of Research in Open and Distance Learning, 9*(1), 1-11.

Downes, S. (2011). *Open Educational Resources: A Definition*. Retrieved July 6, 2012, from http://halfanhour.blogspot.com/2011/07/open-educational-resources-definition.html.

Hylén, J. (2007). *Giving knowledge for free: The emergence of open educational resources.* Paris: OECD Publishing.

Wiley, D., & Hilton, J. L. (2012). A preliminary examination of the cost savings and learning impacts of using open textbooks in middle and high school science classes. *The International Review of Research in Open and Distance Learning, 13*(3), 262-276. Retrieved from http://www.irrodl.org/index.php/irrodl/article/view/1153/2259.

Open-Ended Assessment: 개방형 사정

(ASSESSMENT: 사정 참조)

Open Learning: 열린 학습

(OPEN EDUCATION: 공개교육 참조)

Open Source Software: 오픈 소스 소프트웨어

(OPEN EDUCATIONAL RESOURCES: 공개교육자료 참조)

Open Universities: 개방 대학

(OPEN EDUCATION: 공개교육 참조)

Organizational Analysis: 조직 분석

(ANALYSIS: 분석 참조)

Organizational Change: 조직 변화

(CHANGE: 변화, CHANGE MODELS: 변화 모형, PERFORMANCE IMPROVEMENT: 수행 향상 참조)

변화는 사회, 조직, 개인 모두에게서 일어난다. 조직이 생산성과 같은 성과를 향상시키기 위해 현재의 상태에서 새로운 최적의 상태(U.S. Legal, Inc., 2012)로 변화하도록 하는 요인은 국제화, 직무현장의 다양성, 기술, 사회적 · 경제적 요인 등(Robbins & Judge, 2010) 다양하다(Brown, 2011). 변화와 함께 조직 자체와 구성원들로부터 변화에 대한 자연스러운 저항이 발생한다(Robbins & Judge, 2010).

조직 변화는 조직 개발과 관련이 있는데, 주로 변화에 대한 계획과 관리로 설명된다(Brown, 2011; Spector, 2012). 계획된 변화(planned change)는 다양한 조직 체계 내의 구성원들의 참여를 통해 변화에 대한 요구가 인식되고, 착수되고, 실행되고, 관리되는 것이다. 혁신적 변화(transformational change)는 조직의 비전, 전략, 프로세스, 문화 등의 조정과 같은 중요한 변화에 대한 대응으로 발생한다. 지속적인 변화(Continuous change)는 전략 수립, 조직 개발과 변화 실행을 통해 혁신적 변화를 확장하여 지속적이고 역동적인 과정이 되도록 하는 것이다(Cummings & Worley, 2008).

변화를 실행하고 관리하는 사람을 변화관리자(change agent)라고 한다. 변화관리자는 변화의 정도에 따라(Robbins & Judge, 2010) 조직 내부 혹은 외부의 컨설턴트일 수 있다(Spector, 2012).

변화 계획 및 관리를 위한 일반적인 방법으로는 Lewin의 3단계 모형, Kotter의 8단계 계획, 액션리서치, 긍정 모형 등이 있다(Cummings & Worley, 2008; Robbins & Judge, 2010).

초기 모형 중 하나인 Lewin의 3단계 모형은 현재의 상황을 유지하려고 하는 힘(억

제력: restraining force)과 변화를 요구하는 힘(추진력: driving force)의 두 가지 중요한 힘을 제시하였다(Cummings & Worley, 2008; Robbins & Judge, 2010). 만약 두 힘이 같다면 조직의 규범과 행동은 유지되거나 '준정상평형(quasi-stationary equilibrium)' 상태가 된다(Cummings & Worley, 2008, p. 23).

성공적인 조직 변화는 현재 상태를 유지하려는 힘을 줄이는 해빙(unfreezing), 조직을 새로운 수준으로 바꾸는 변화(moving), 조직을 일정 기간 새로운 평형 상태에 있도록 하는 재동결(refreezing)의 세 단계로 일어난다. 변화는 추진력이 증가하거나 억제력이 감소되었을 때 발생한다. 억제력을 감소시키는 것은 조직 내의 긴장과 저항을 줄일 수 있는 효과적인 전략이다(Cummings & Worley, 2008). Robbins와 Judge(2010)는 두 접근을 혼합한 세 번째 대안을 제안하고 있다.

Kotter의 8단계 계획은 Lewin의 모델을 바탕으로 변화를 착수할 때 생기는 문제들을 해결하기 위해 개발되었다. 8단계는, ① 위기감 조성, ② 변화선도 팀 구성, ③ 비전과 전략 수립, ④ 변화 비전에 대한 의사소통(해빙과 유사), ⑤ 변화를 실천할 수 있는 권한 부여, ⑥ 단기적 성과 창출(변화와 유사), ⑦ 성과의 통합과 조직 변화의 재평가 및 조정, ⑧ 조직 내 변화 풍토 조성을 포함한다(Cummings & Worley, 2008; Robbins & Judge, 2010).

액션리서치는 변화를 초기 연구가 실행을 유도하는 정보를 제공하고 새로운 실행을 위한 추가적인 정보를 얻기 위한 평가가 이어지는 방식의 순환 과정으로 본다. 액션리서치는 변화관리자와 고객이 변화과정에서 동료 학습자가 되도록 한다. 액션리서치의 주요 과정은, ① 문제 확인, ② 행동과학 전문가의 자문, ③ 자료 수집 및 예비진단, ④ 핵심 고객 또는 집단에 대한 피드백, ⑤ 공동 문제 진단, ⑥ 공동 실행 계획 수립, ⑦ 실행, ⑧ 실행 후 자료 수집으로 구성된다. 액션리서치는 조직 변화의 주요 방법으로 대두되고 있다(Cummings & Worley, 2008).

긍정 모형은 긍정적 탐구(Appreciative Inquiry)를 기반으로 하는 상대적으로 새로운 방식이다(Cummings & Worley, 2008; Robbins & Judge, 2010). 핵심은 여전히 조직이 무엇을 잘하고 옳은지에 있기 때문에 출발점은 다른 모형과 같다. 긍정 모형의 목적은 조직의 강점과 독특한 특징을 찾아서 그 위에 변화를 만들어가는 것이다. 구성원들과의 의미 공유와 동의를 바탕으로 긍정적인 변화가 계획되고 관리된다.

산업심리 및 조직심리에 기초하고 있는 조직 변화(Spector, 2012)는 조직개발, 인적 자원개발 및 관리 분야(Burke, 2001) 및 수행공학(Stolovitch, Keeps, & Rodrigue, 1999) 분야와 관련이 있다.

Gayle V. Davidson−Shivers

참고문헌

Brown, D. R. (2011). *An experiential approach to organization development* (8th ed.). Boston: Pearson Education/Prentice Hall.

Burke, W. W. (2001). The broad band of organization development & change: An introduction by W. Warner Burke. In L. Carter, D. Giber, M. & Goldsmith, M. (Eds.) *Best practices in organization development and change: Culture, leadership, retention, performance coaching* (pp. 3−10). San Francisco: Jossey−Bass/Pfeiffer.

Cummings, T. G., & Worley, C. G. (2008). *Organization development & change* (9th ed.). Mason, OH: South−Western Cengage Learning.

Robbins, S. P., & Judge, T. A. (2010). *Essentials of organizational behavior* (10th ed.). Upper Saddle River, NJ: Pearson Education/Prentice Hall.

Spector, P. E. (2012). *Industrial and organizational psychology: Research and practice* (6th ed.). Hoboken, NJ: John Wiley & Sons, Inc.

Stolovitch, H. D., Keeps, E. J., & Rodrigue, D. (1999). Skill sets, characteristics, and values for the human performance technologist. In H. D. Stolovitch & E. J. Keeps (Eds.) *Handbook of human performance technology: Improving individual and organizational performance worldwide* (pp.651−697). San Francisco: Jossey−Bass/Pfeiffer.

U.S. Legal, Inc. (2012). Managing Organizational Change Law & Legal Definition. Retrieved from http://definitions.uslegal.com/m/managing−organizational−change/.

Orienting Context: 지향 맥락

(CONTEXT: 맥락 참조)

P

Part-Task Practice: 부분 과제 연습

(PRACTICE: 연습 참조)

Pattern: 패턴

(VISUAL MESSAGE DESIGN: 시각적 메시지 설계 참조)

Pedagogical Agent: 교육용 에이전트

(AGENT: 에이전트 참조)

Pedagogy: 교육학

(TECHNOLOGICAL PEDAGOGICAL CONTENT KNOWLEDGE: 테크놀로지 활용 교수내용지식 참조)

'교육학'이라는 용어는 아동을 인도한다는 그리스어에서 유래됐다. 교사들은 교육과정을 구성하고 전달하여 그들의 학생들을 안내한다. 교육과정은 학생들이 꼭 배워야 하는 지식과 기술 그리고 그 학습이 어떻게 사정되고 평가되어야 하는지를 내포하고 있다. Myers(2003)가 문장 구성에 관한 교육학을 논했다면, Webb(2002)은 정보와 컴퓨터, 테크놀로지 주제와 관련한 교육학을 탐색하였다. 우리는 배워야 하는 각각의 주제에 따라 교육학이 다를 수 있다는 점을 확인할 수 있다.

최근의 문헌들은 테크놀로지를 가르치는 교육학에 관해 논하고 있다. Harris, Mishra와 Koehler(2009) 그리고 Schmidt, Baran, Thompson, Mishra, Koehler 및 Shin(2009)은 다양한 주제들을 각기 다른 전략과 테크놀로지를 활용해서 어떻게 다르게 가르칠 수 있는지에 대해 논하고 있다. TPCK는 테크놀로지 활용 교수내용지식(technological pedagogical contents knowledge)에 관한 연구를 의미하는 약어이다. Lee Schulman,

Harris와 Mishra, Koehler(2009)의 초기 연구를 생각해 보면 교사의 교육학적 지식은 시간이 지남에 따라 성장한다고 결론지을 수 있다. 이러한 지식의 분야는 학생들이 어떻게 배우고, 교수전략을 어떻게 만들고 전달하며, 학생들의 지식 습득을 어떻게 측정할 것인지에 관한 영역을 포함한다.

David D. Carbonara

참고문헌

Harris, J., Mishra, P., & Koehler, M. (2009). Teachers' technological pedagogical content knowledge and learning activity types: Curriculum-based technology integration reframed. *Journal of Research on Technology in Education, 41*(4), 393-416.

Myers, S. A. (2003). Remembering the sentence. *College Composition and Communication, 54*(4), 610-628.

Schmidt, D. A., Baran, E., Thompson, A. D., Mishra, P., Koehler, M. J., & Shin, T. S. (2009). Technological pedagogical content knowledge(TPACK): The development and validation of an assessment instrument for presservice teachers, *Journal of Research on Technology in Education, 42*(2), 123-149.

Webb, M. E. (2002). Pedagogical reasoning: Issues and solutions for the teaching and learning of ICT in secondary schools, *Education and Information Technologies, 7*(3), 237-255.

Perceptual Modality: 지각 양식

(VISUAL COMPETENCY: 시각 역량 참조)

지각 양식은 감각의 물리적 구조뿐만 아니라 감각으로부터 뇌로 전달되는 정보의 모형이다. 각각의 감각은 각자의 양식을 갖고 있고, 이 양식은 해부학적이고 신경학적인 그리고 상징적인 구조와 활동을 포함한다.

J. J. Gibson(1966)은 그의 주요 연구에서 지각을 감각기관으로 간주하였다. 시각체계, 청각체계, 운동감각 체계 각각은 뇌에 다른 정보 환경을 제공한다. Howard Gardner (1993)는 '다중지능'이라는 용어를 제시하고 있다. 이는 기존에 고수되던 전반적인 지능지수라고 하는 패러다임과는 대조되는 일련의 감각양식에 관한 연구의 기초를 확

장하게 된다. 그는 개인의 특정한 감각 다양성에 기초한 학습스타일의 다양성에 관한 기초를 확립했다.

감각양식은 부호화(symbol-bearing) 능력을 갖고 있다. 정보에 대한 각 감각의 특정한 유형의 구체적인 성질을 상세화한 후, 감각에 의한 본연의 상징기능에 대한 평가가 설명될 수 있다. 지각의 상징적 구성요소는 지각을 분석하기 위해 사용되는 개인과 체제의 문화적 가정에 의해 조형될 수 있다. 예를 들면, De Saussure(1915/1959)는 나무를 묘사하기 위해서 문화에 따라 다른 용어를 사용한다고 설명하고 있다. 각 용어는 감각을 통해 전달되는 상징적 의미를 묘사하면서 그것을 아우르고 있는 세상과 다양하게 연결되어 있다.

지각 양식은 다양한 학습 전략의 효능을 분석하기 위해 사용될 수 있다. 예를 들어, Cockerline과 Yearwood(2009)의 연구는 감각양식을 웹 기반 학습과 관련하여 평가하고 있다. McCurry(1996)의 델파이 연구는 마케팅 교육을 위한 상이한 감각양식과 학습자료를 시험하고 있다. 감각양식에 관한 연구 동향을 보려면 옥스포드 대학교의 웹사이트가 연단위의 출판물 개요를 제공하고 있다(추가 참고문헌 참조).

Diane R. Voss

참고문헌

Cockerline, G., & Yearwood, D. (2009). Perceptual modalities: The interface between the students and Web-based learning. *Proceedings of EDULEARN09 Conference*. Barcelona, Spain: ERIC. faculty.ksu.edu.sa/7338/pdf/69.pdf.

De Saussure, F. (1959). *Course in general linguistics*. (C. Bally, A. Sechehaye, Eds. & W. Baskin, Trans.). New York: Mc-Graw Hill Book. (Original work published 1915).

Gardner, H. (1993). *Multiple intelligences.* New York: Basic Books.

Gibson, J. J. (1966). *The senses considered as perceptual systems.* Boston, MA: Houghton Mifflin.

McCurry, P. (1996). A Delphi study for perceptual modality classification of effective instructional activities in Tennessee marketing education. *Proceedings of the Annual Meeting of American Educational Research Association*. New York: ERIC. http://www.eric.ed.gov/ERICWebPortal/contentdelivery/servlet/ERICServlet?accno=ED393975.

Performance Analysis: 수행 분석

(ANALYSIS: 분석 참조)

Performance Context: 수행 맥락

(CONTEXT: 맥락 참조)

Performance Improvement: 수행 향상

(COMPETENCY MODELING AND DEVELOPMENT: 역량 모델링과 개발, CONTEXT: 맥락, ELECTRONIC PERFORMANCE SUPPORT SYSTEM: 전자수행지원 시스템, FEEDBACK: 피드백, LEARNING ORGANIZATION: 학습조직, ORGANIZATIONAL CHANGE: 조직 변화 참조)

'수행 향상(PI)'이라는 용어는 이 분야의 많은 사람에 의해 '수행공학(HPT)'과 동의어로 여겨지고 있다. 하지만 일부는 '수행 향상'이 도구보다는 성과에 초점을 맞추고 있기 때문에 '수행공학'보다는 '수행 향상'을 더 선호한다(이 용어에 관한 논의는 Stolovitch, 2007을 참조). 수행 향상은 측정 가능한 수행과 결과지향적인 체제 안에서 요소를 어떻게 구조화할 것이냐에 관심이 있다(Stolovitch & Keeps, 1999). 수행 향상은 조직, 절차 그리고 개인의 수행을 향상시키기 위해 사용된다(Rummler & Brache, 1995). 수행 향상은 수행 기회와 문제를 다루면서 체제적 접근을 사용함으로써 교수설계(ID)를 확장하고 있다.

조직, 절차, 개인의 수행을 어떻게 향상시킬지를 다루기 위해 다양한 모형들이 개발되어 왔다. 그중 가장 포괄적인 수행 향상 모형은 본래 Deterline과 Rosenburg(1992)에 의해 고안되었고, International Society for Performance Improvement(ISPI)에 의해 수정된 모형이다. Stolovitch(2007, p. 142)에 의하면 그 모형은 다른 수행 향상 모델보다 "아마도 국제적으로 가장 많이 공개되었을 것이다." 그 모형은 수행 분석, 원인 분석, 인터벤션 선정, 설계 및 개발, 실행, 변화 관리 및 평가의 다섯 가지의 서로 연결된 구성요소를 포함하고 있다(Van Tiem, Moseley, & Dessinger, 2004).

수행 향상을 정의하는 한 가지 방법은 분야에 속한 사람들이 수행을 어떻게 보고 있는지를 살펴보는 것이다. Rosenberg, Coscarelli와 Hutchison(1999)에 의하면 "수행공학은 궁극적으로 행동주의자들의 연구에서 기인했다는 점에 대한 일반적인 동의가 있다(p. 26)." 결과적으로 수행 향상에 대한 초기 접근은 개인과 개인 과제나 업무를 완수하기 위해 사용하는 절차에 주로 초점을 맞추었다. 수행 향상을 이런 방식으로 보고 있는 사람들은 하위체제 수행에 관심을 갖는다(Swanson, 1999). 비록 개인의 성취에 관심을 갖고 있지만, 이제 수행 향상은 전 체제와 관련되는 향상에 초점을 두고, 이 분야의 많은 사람이 조직의 수행이라는 측면을 중심에 두고 있다(Rummler & Brache, 1995; Swanson, 1999). 더 나아가서, 복잡한 집단과 조직의 구조를 반영하기 위해 수행 향상의 사회문화적 측면을 중심에 두는 새로운 프레임워크들이 최근 들어 이 분야에 소개되고 있다(Schwen, Kalman, & Evans, 2006).

James D. Klein

참고문헌

Deterline, W. A., & Rosenberg, M. J. (1992). *Workplace productivity: Performance technology success stories.* Washington, DC: International Society for Performance Improvement.

Rosenberg, M. J., Coscarelli, W. C., & Hutchison, C. S. (1999). The origins and evolution of the field. In H. Stolovitch & E. Keeps (Eds.), *Handbook of human performance technology* (2nd ed., pp. 24–46). San Francisco: Jossey–Bass.

Rummler, G. A., & Brache, A. P. (1995). *Improving performance: How to manage the white space on the organization chart* (2nd ed.). San Francisco: Jossey–Bass.

Schwen, T. M., Kalman, H. K., & Evans, M. A. (2006). A framework for new scholarship in human performance technology. *Performance Improvement Quarterly, 19*(2), 5–26.

Stolovitch, H. (2007). The development and evolution of human performance improvement. In R. A. Reiser & J. V. Dempsey (Eds.), *Trends and issues in Instructional Design and Technology* (2nd ed., pp. 134–146). Upper Saddle River, NJ: Merrill/Prentice–Hall.

Stolovitch, H. D., & Keeps, E. J. (1999). What is human performance technology? In H. Stolovitch & E. Keeps (Eds.), *Handbook of human performance technology* (2nd ed., pp. 3–23). San Francisco: Jossey–Bass.

Swanson, R. A. (1999). The foundations of performance improvement and implications for practice. In R. J. Torraco (Ed.), *Performance improvement: Theory and practice* (pp. 1–25). Baton Rouge, LA: Academy of Human Resource Development.

Van Tiem, D. M., Moseley, J. L., & Dessinger, J. C. (2004). *Fundamentals of performance technology: A guide to improving people, process, and performance* (2nd ed.). Silver Springs, MD: International Society for Performance Improvement(http://www.ispi.org).

Performance Measurement: 수행 측정

(ASSESSMENT: 사정, COMPETENCY MODELING AND DEVELOPMENT: 역량 모델링과 개발, CRITERION-REFERENCED MEASUREMENT: 준거 참조 측정, e-PORTFOLIO: e-포트폴리오, EVALUATION MODELS: 평가 모형, PERFORMANCE IMPROVEMENT: 수행 향상 참조)

Personal Digital Assistant: 개인 휴대 정보 단말기

(MOBILE DEVICES AND FUNCTIONS: 모바일 기기와 기능 참조)

Personalized System of Instruction: 개별화 교수 체제

(BEHAVIORISM: 행동주의 참조)

Perspective: 관점

(VISUAL MESSAGE DESIGN: 시각적 메시지 설계 참조)

Podcast: 팟캐스트

(TECHNOLOGICAL COMMUNICATION: 테크놀로지 활용 커뮤니케이션 참조)

Positive Reinforcement: 정적 강화

(REINFORCEMENT: 강화 참조)

Post-Modernism: 포스트모더니즘

(SEMIOTICS: 기호학 참조)

Practice: 연습

(COMPLEX LEARNING: 복잡한 학습, EXPERTISE: 전문성, REINFORCEMENT: 강화 참조)

연습은 학습자가 특정 기술의 일부분 또는 전체를 반복적으로 수행하도록 하는 교수 기법으로, 효과적인 연습이 되기 위해서는 수행에 대한 피드백이 동반되어야 한다. 대부분의 교수이론들은 비록 같은 이유는 아닐지라도 연습의 중요성을 강조하고 있다. 행동주의는 학습자의 행동을 강화하기 위한 강화물을 제공하기 위해서는 반드시 학습자가 관찰이 가능한 반응을 보여야만 한다는 점, 즉 학습의 과정은 반복되는 반응과 이 반응에 대해 강화 계획에 따라 제공되는 강화물로 구성된다는 점을 가정하고 있다. 정보처리이론은 학습자들이 '폭넓고 다양한 연습'을 통해 새로운 지식을 장기기억장치에 저장한다고 제시하고 있다(Driscoll, 2005, p. 105). 구성주의의 기본 원리에서 학습은 복잡하고 실제적이며 연관성이 있는 환경(Driscoll, 2005)을 요구한다는 점에서 연습은 문제 기반의 환경에서의 활동—아마도 활동적인—의 형태를 갖게 된다. 태도 학습 역시 구조화된 연습을 통해 촉진될 수 있는데, Kamradt와 Kamradt(1999)에 의하면 핵심적인 교수전략은 목표하는 태도로 나아간다고 여겨지는 반응을 유발하는 것이다.

연습이 매우 중요한 교수전략으로 활용되는 분야는 운동, 음악 연주 혹은 일터에서 흔히 접할 수 있는 심동적 영역의 학습이라고 할 수 있다. Romiszowski(1999)는 새로운 신체 기능을 숙달하는 데 있어서 연습과 피드백을 핵심 교수전략으로 요구하는 일련의 다섯 단계를 제안하고 있다.

최근의 학습에 관한 연구의 가장 권위 있는 정리에 따르면, "가장 단순한 원칙은 연습은 학습을 증진시킨다는 것이고, 복잡한 환경에서의 경험의 양과 뇌의 구조적 변화의 양 간에는 상응하는 관계가 있다는 점이다(Bransford, Brown, & Cocking, 1999, 10절)."

연습의 활용과 관련한 주요 이슈 중 하나는 전체 과제 연습 혹은 부분 과제 연습에 대한 질문이다. 신체 기능 영역에서의 대답은 명료하다. 전체 과제를 통상적인 방식으로 단순히 반복하는 것으로는 전문성을 개발할 수 없고, 그보다는 Ericsson(2006)이 주장한 바와 같이 '주도면밀한 연습'을 통해서만 개발될 수 있다.

주도면밀한 연습은 학습자에게 초기에는 그들이 현재로서는 안정적으로 수행할 수 없는 영역이지만, 몇 시간 내에 주요 측면에 집중하면서 피드백에 이은 반복을 통해 점진적으로 수행을 다듬어가면서 숙달할 수 있는 과제를 제시한다(p. 694).

더 나아가 고도의 기능을 유기하기 위해서는 농구에서 자유투 연습을 하는 것과 같이 구성요소 기능에 대한 지속적이고 반복적인 연습이 필요하다.

개념, 절차, 심지어는 신체 기능까지 포함하는 매우 복잡한 학습과제는 전체 과제 연습이 적절하다. 먼저, 정교화 이론(Reigeluth, 2004)은 전체 과제의 가장 단순한 형태이지만 여전히 궁극의 과제를 충분히 대표하는 수행으로 시작해서 학습자가 보다 복잡한 형태의 과제를 연습하고 요구되는 복잡한 단계에 도달할 때까지 반복된다. 다음으로, 인지부하이론 역시 Reigeluth의 방법을 지지하면서 전제 과제 연습에 '스캐폴딩', 즉 학습자에게 힌트와 코칭을 제공하기 위해 교수체제에 내재된 수행 지원을 추가할 것을 제안하고 있다(van Merriënboer, Kirschner, & Kester, 2003).

Michael Molenda

참고문헌

Bransford, J. D., Brown, A. L., & Cocking, R. R. (Eds.). (1999). *How people learn: Brain, mind, experience, and school*. Washington DC: National Academy Press. "Executive Summary" retrieved October 13, 2003, from http://www.nap.edu/html/howpeople1/es.html.

Driscoll, M. P. (2005). *Psychology of learning for instruction* (3rd ed.). Boston: Pearson Allyn and Bacon.

Ericsson, K. A. (2006). The influence of experience and deliberate practice on the development of superior expert performance. In K. A. Ericsson, N. Charness, P. J. Feltovich, & R. R. Hoffman (Eds.), *The Cambridge handbook of expertise and expert performance* (pp. 685–705). New York: Cambridge University Press.

Kamradt, T. F., & Kamradt, E. J. (1999). Structured design for attitudinal instruction. In C. M. Reigeluth (Ed.), *Instructional–design theories and models: A new paradigm of instructional theory, vol. II* (pp. 563–590). Mahwah, NJ: Lawrence Erlbaum.

Reigeluth, C. M. (2004). Elaboration theory of instruction. In A. Kovalchick & K. Dawson

(Eds.), *Education and technology: An encyclopedia* (pp. 248–261). Santa Barbara, CA: ABC–CLIO.

Romiszowski, A. J. (1999). The development of physical skills: Instruction in the psychomotor domain. In C. M. Reigeluth (Ed.), *Instructional–design theories and models: A new paradigm of instructional theory, vol. II*(pp. 460–481). Mahwah, NJ: Lawrence Erlbaum.

van Merriënboer, J. J. G., Kirschner, P. A., & Kester, L. (2003). Taking the load off a learner's mind: Instructional design for complex learning. *Educational Psychologist, 38*(1), 5–13.

Prerequisite Skills: 선수 기능

(ANALYSIS: 분석, LEARNER CHARACTERISTICS AND TRAITS: 학습자 특성 및 성향, LEARNING HEIRARCHY: 학습위계, SEQUENCING: 계열화 참조)

Smith와 Ragan(2005)은 선수 기능을 "사람이 뭔가 새로운 것을 배우려고 하는 상황에서 알고 있거나 할 수 있어야 하는 것"이라고 정의하고 있다(pp. 76–77). 이들은 더 나아가서 일부 설계자들이 선수 기능의 분석과 고도로 구조화되고 위계적인 교수전략의 개발을 동일시하고 있지만, 실제로는 "목표를 달성할 수 있도록 해 주는 지식의 모형을 구성하는 것은 어떠한 전략이 됐든지 간에 좋은 수업에 기여"한다는 점에서 선수 기능의 분석은 모든 접근 방식에서 중요하다고 말하고 있다(p. 77).

사전 역량 또는 사전 특성은 학습자가 수업을 시작하기 전에 반드시 가지고 있어야 하는 지식, 스킬, 태도이다. Morrison, Ross, Kalman과 Kemp(2011)는 이러한 역량을 분석하는 것은 설계 과정 중 두 가지 시점에서 중요하다고 말하고 있다. 첫 번째 시점은 교수설계 이전의 학습자 분석 과정이다. 이 단계에서 선수 기능의 확인은 어느 수준에서 수업을 시작할 것인지를 결정하는 데 도움을 준다. 또한 학습자의 동기와 태도적 측면에서의 준비도를 촉진시키기는 데 필요할 수 있는 외재적 지원을 확인할 수 있도록 해 준다. Morrison과 그의 동료들(2011)은 설계과정에서 선수 기능의 분석이 중요한 두 번째 시점은 수업의 시작점이라고 확인하였다. 그들은 개별 학습자가 실제로 기대되는 선수 기능을 갖추었는지를 판단하기 위해 사전 검사를 활용할 것을 권하고 있다. 만약 하나 이상이 기대수준에 미치지 못할 때, 학습자들은 수업을 진행하기 전에 선수 과정을 마치도록 안내될 수 있다.

Richey, Klein과 Tracey(2011)는 선수 기능을 "특정한 교수사태 이전에 숙달되어 있어야 하는 의도하는 교수 목표에 종속되는 지식과 기능"으로 정의하고 있다(p. 193). 이 정의는 선수 기능을 사전 또는 선수 과정으로서의 지식과 기능으로만 제한하지 않았다는 점에서 Morrison과 그의 동료들(2011) 그리고 Smith와 Ragan(2005)의 정의와는 다르다. 이는 선수 기능에 두 가지 수준이 있음을 인정하는 것으로, 수업의 시작 시점에 반드시 제시되어야 하는 것과 수업 중에 개발이 되면서 학습자가 다음 단계로 진행하기 전에 점진적으로 숙달되어야 하는 것이다. 수업의 구조 내에서 개발되어야 하는 개별 구성 단위 또는 요소 수준의 선수 기능은 종속되는 콘텐츠의 수업을 시작하기 전에 모든 선수 기능이 습득되었음을 보장할 수 있는 콘텐츠에 대한 세심한 위계적 배열에 의존한다(Richey et al., 2011).

또한 선수 기능은 콘텐츠 전달 방식에도 영향을 준다. Smith와 Ragan(2005)은 학생들은 "이미 장기기억 속에 가지고 있는 가용한 관련된 내용 지식, 가치, 신념 그리고 전략에 따라" 수업을 받아들인다고 말하고 있다(p. 129). 교수설계자는 Gagné의 아홉 가지 수업사태에 제시된 바와 같이 선수 지식의 재현을 통해 이러한 과정을 촉진해야 한다. Richey와 그의 동료들(2011)은 인지학습이론의 핵심 요소인 시연의 목적은 "학습자의 (장기기억 속에 있는) 사전 경험과 지식을 작동기억에 있는 새로운 정보와 연계시키는 것"이라고 덧붙였다(p. 59).

선수 기능의 확인은 설계자가 수업에 어떤 콘텐츠를 포함시키거나 포함시키지 않을지를 결정하는 것을 도와준다. 과정의 여러 단계에서 학습되는 지식과 기능들 간의 선수 관계는 콘텐츠의 배열 결정에 영향을 준다. 더 나아가 수업 안에서 선수 지식과 기능의 확인 및 재현은 학습을 촉진한다.

Nancy B. Hastings

참고문헌

Morrison, G. R., Ross, S. M., Kalman, H., & Kemp, J. E. (2011). *Designing effective instruction* (6th ed.). Hoboken, NJ: John Wiley & Sons.

A B C D E F G H I J K L M N O P R S T U V W Z

Richey, R. C., Klein, J. D., & Tracey, M. W. (2011). *The instructional design knowledge base: theory, research and practice.* New York, NY: Routledge.
Smith, P. L., & Ragan, T. J. (2005). *Instructional design* (3rd ed.). Hoboken, NJ: John Wiley & Sons.

Print Information Resources: 인쇄 정보자원

(INFORMATION RESOURCES: 정보자원 참조)

Prior Experience: 사전 경험

(LEARNER CHARACTERISTICS AND TRAITS: 학습자 특성 및 성향 참조)

Prior Knowledge: 사전지식

(LEARNER CHARACTERISTICS AND TRAITS: 학습자 특성 및 성향, PREREQUISITE SKILLS: 선수 기능 참조)

Problem: 문제

(PROBLEM-BASED LEARNING: 문제 기반 학습, PROBLEM SOLVING STRATEGIES: 문제해결전략 참조)

문제에는 결정적인 두 가지의 속성이 있다. 첫째, 문제는 어떤 맥락에서 모르는 것이다. 즉, 하나의 상황이 있고 그 안에 모르는 어떤 것이 있는 것이다. Newell과 Simon(1972)에 따르면, 모든 문제는 문제 공간을 정의하는 초기 상태와 목표 상태를 갖는다. 문제를 해결하기 위해서 사람들은 초기 상태에서 목표 상태로 가는 최적의 경로를 찾아간다. 둘째, 모르는 것에 대한 발견 또는 해결은 사회적, 문화적, 또는 지적인 가치를 반드시 갖는다. 다시 말해서, 누군가는 모르는 것을 찾는 일을 의미 있는 일로 여긴다. 만약 어느 누구도 모르는 것 또는 모르는 것을 판단할 필요를 인식하지 못한다면, 인식된 문제가 존재하지 않는 것이다. 모르는 것을 찾아가는 것이 문제해결 과정인 것이다.

문제는 여러 가지의 가변적인 속성도 가지고 있다. 이러한 가변성 중에 가장 중요한 것은 구조화된 문제와 비구조화된 문제 간의 연장선에 있다(Jonassen, 1997, 2000; Voss & Post, 1988). 형식 교육에서 접하게 되는 문제들은 대부분 구조화된 문제이다. 일반적으로 구조화된 문제는 문제의 모든 구성요소를 제시한다. 구조화된 문제는 예측 가능하고 처방적인 방식으로 구성된 한정된 법칙과 원리만 활용하며, 수렴되는 정답이 있고, 선호하는 미리 정해진 해결 과정을 가지고 있다는 것이다.

반면에 비구조화된 문제는 우리가 일상에서 접하게 되는 문제 유형이다. 비구조화된 문제는 문제에 대한 많은 대안을 가지고 있고, 모호하게 정의되거나 혹은 명확하지 않은 목표와 제한점을 갖으며, 복수의 해결 경로와 해결 방안을 평가하는 다양한 기준을 갖는다. 그래서 비구조화된 문제를 해결하는 것은 더 어렵다. 복잡한 시스템의 문제를 해결하는 것, 정책적 결정을 내리는 것, 회계 기법을 활용하는 법을 배우는 것 등이 비구조화된 문제이다.

또한 문제는 복잡성에 있어서도 차이가 있다. 문제의 복잡성은 그 문제를 해결하기 위해 필요한 지식의 범위, 사전 지식의 수준, 문제 해결 과정의 복잡성 그리고 문제 해결 과정에 관련된 복잡성, 즉 문제 해결 과정과 동시에 진행되어야 하는 관계의 수의 함수이다(Jonassen & Hung, 2008). 비구조화된 문제가 보다 복잡한 경향은 있지만, 체스 게임이나 컴퓨터 프로그램을 개발하는 것과 같은 매우 복잡하지만 구조화된 문제도 많이 있다.

문제들은 또한 정적에서 동적으로 이어지는 연속선상에서 다양하게 존재한다. 교과서에 있는 것과 같은 정적인 문제는 문제의 요소와 조건이 변하지 않는다. 역동적인 문제는 변수 또는 요소 간의 관계가 시간이 지남에 따라 종종 변하게 된다. 한 요인의 변화는 종종 다른 요소를 변화시켜 역동적인 문제를 더욱 어렵게 만드는 문제의 본질을 종종 실질적으로 변화시킨다. 이러한 상호작용이 복잡해질수록 해결 방법을 알아내기가 더 어려워진다. 비구조화된 문제가 구조화된 문제보다 더 역동적인 경향이 있다.

Jonassen(2000)은 이러한 변인의 특징들을 바탕으로 알고리즘, 스토리 문제, 규칙 사용 문제, 의사결정, 고장처리, 진단 솔루션 문제, 전략적 수행, 정책 분석 문제, 디자인 문제 및 딜레마를 포함하여 11가지 종류의 문제로 구분하고 있다. 여러 종류의 문제들은 주로 구조화/비구조화의 연속선상에서 다양하게 존재한다.

David H. Jonassen

참고문헌

Jonassen, D. H. (1997). Instructional design model for well-structured and illstructured problem-solving learning outcomes. *Educational Technology: Research and Development 45*(1), 65-95.

Jonassen, D. H. (2000). Toward a design theory of problem solving. *Educational Technology Research & Development, 48*(4), 63-85.

Jonassen, D. H., & Hung, W. (2008). All problems are not equal: Implications for problem-based learning, *Interdisciplinary Journal of Problem-based Learning, 2*(2), 6-28.

Newell, A., & Simon, H. A. (1972). *Human problem solving.* Englewood Cliffs, NJ: Prentice Hall.

Voss, J. F., & Post, T. A. (1988). On the solving of ill-structured problems. In M. T. H. Chi, R. Glaser, & M. J. Farr (Eds.), *The nature of expertise.* Hillsdale, NJ: Lawrence Erlbaum Associates.

Problem Analysis: 문제 분석

(ANALYSIS: 분석 참조)

Problem-Based Learning: 문제 기반 학습

(AUTHENTIC ACTIVITY: 실제적 활동, CONSTRUCTIVIST APPROACH: 구성주의적 접근, LEARNER-CENTERED INSTRUCTION: 학습자 중심 수업, LEARNING BY DOING: 행함으로써 배움, PROBLEM: 문제, PROBLEM SOLVING STRATEGIES: 문제해결전략 참조)

문제 기반 학습(PBL)은 교육과정 개발, 교수 및 학습에 대한 접근 방식으로, 해당 분야의 실제 환경에서 찾을 수 있는 문제를 대표하는 실제적이고 복잡하며 도전적인 문제에 사람들을 처하게 한다. 캐나다의 맥매스터 대학교 의과대학에서 1970년대에 처음 개발된 PBL은 학생들이 강의를 통해 얻은 지식을 임상 실습으로 전이시키지 못하는 문제를 해결하기 위해 창안된 교육학적 접근법이었다. PBL은 유능한 의학적 임상 수행에 요구되는 복잡하고 실제적인 문제 속에 학생들을 직접적으로 위치시킨다.

K-12 학교교육에서 PBL을 적용해 가는 것은 상대적으로 느리게 진행되어 왔다 (Hung, Jonassen, & Liu, 2008; Januszewski & Pearson, 1999). 그러나 1990년대와 현재

21세기에 들어서면서 교육과정, 교수 및 평가에 대한 새로운 접근법을 요구하는 학습에 관한 연구 결과들은(Bransford, Brown, & Cocking, 2000, Sawyer, 2006, Schwartz & Fischer, 2003, 2006) 교육 연구자와 실무자들 사이에서 PBL에 대한 관심을 증가시키고 있다.

PBL은 구성주의적 학습이론에 이론적 근거를 두고 있으며 복잡하고 실제적인 비구조화된 문제들을 해결하는 과정을 통해 깊은 이해를 개발하는 탐구 중심의 접근법이다(Barrows & Tamblyn, 1980; Bereiter & Scaradmalia, 2010; Clifford & Friesen, 1993; Clifford & Marinucci, 2008; Darling-Hammond et al., 2008; Dumont, Istance, & Benavides, 2010; Friesen, 2009; Hmelo-Silver, 2004; Hung, Jonassen, & Lui, 2008; Savery & Duffy, 1995; Scardamalia & Bereiter, 2003, 2006; Vardi & Ciccarelli, 2008). PBL 내에서 이해는 문제, 이슈 및 질문을 통해 획득된다(Darling-Hammond et al., 2008; Savery & Duffy, 1995).

PBL의 다양한 특성은 다른 분야와 맥락으로 확장됨에 따라 개발되어 왔다. 하지만 다음의 특징들은 다양한 분야와 맥락에 걸쳐 나타난다.

- 학생들이 다양한 문제해결 경로를 탐색하도록 하는 비구조화된 문제
- 핵심 이슈를 도출하고, 지식의 격차를 확인하고, 부족한 지식을 습득하고, 다른 사람들과 아이디어를 만들어 가고, 뒷받침할 증거를 제시하고, 전반적인 지식의 발달에 공동의 책임을 짐으로써 문제 해결을 향해 나아감에 따라 학생들이 요구에 기반해서 지식을 개발해 가는 학생 중심
- 학문 분야와 전문적인 실무 분야가 정련되어 내재되어 있는 학습에 속한 문제와 그 문제 맥락 속에서 학생들이 일하도록 요구된 사항의 실제성
- 모든 참여자를 그룹에 의해 성취된 지식의 향상에 대한 합법적인 참여자로 보는 참여를 독려하는 교수(Barrows, 1985, 2002; Hmelo & Evensen, 2000; Hmelo-Silver & Barrows, 2006; Hung, Jonassen, & Lui, 2008; Januszewski & Pearson, 1999; Scardamalia, 2001; Walker & Leary, 2009).

1970년대부터 1992년까지의 PBL과 전통적인 의학 교육 방법을 비교한 평가 연구는 PBL이 학생들의 임상 수행 능력을 향상시키는 데 크게 뛰어나다는 것을 알아냈다

(Vernon & Blake, 1993). PBL에 대한 일부 비판적인 사람들은 인지부하에 크게 영향을 미치기 때문에 초보 학습자에게는 덜 효과적인 전략이라고 제안한다(Sweller, 2006). Hattie(2009)는 PBL을 교육의 재난 중 하나라고 주장하고 있지만, 중요한 점은 PBL이 상대적으로 새로운 접근법이기 때문에 아직 K-12 상황에서의 경험적 연구가 희박하다는 것이다. 보다 최근의 메타분석에 따르면, PBL은 다양한 맥락에 걸쳐 학습을 촉진하고 있다(Walker & Leary, 2009).

아마도 PBL은 단순히 전통적인 관행에 문제를 겹치거나 추가하는 것이 아니라는 점이 충분히 강조되지 못한 것일 수 있다. PBL은 교육과정 설계, 교수 및 평가에 대한 새로운 접근 방식을 필요로 한다.

Sharon Friesen

참고문헌

Barrows, H. (1985). *How to design a problem-based curriculum for the preclinical years.* New York: Springer.

Barrows, H. (2002). Is it truly possible to have such a thing as dPBL? *Distance Education, 23*(1), 119-122.

Barrows, H., & Tamblyn, R. (1980). *Problem-based learning: An approach to medical education.* New York: Springer Publishing Company.

Bereiter, C., & Scardamalia, M. (2010). Can children really create knowledge? *Canadian Journal of Learning and Technology, 36*(1). Retrieved from http://www.cjlt.ca/index.php/cjlt/article/view/585.

Bransford, J., Brown, A., & Cocking, R. (Eds.). (2000). *How people learn: Brain, mind, experience and school.* Washington, DC: National Academy Press.

Clifford, P., & Friesen, S. (1993). A curious plan: Managing on the twelfth. *Harvard Educational Review, 63*(3), 339-358.

Clifford, P., & Marinucci, S. (2008). Testing the waters: Three elements of classroom inquiry. *Harvard Educational Review, 78*(4), 675-688.

Darling-Hammond, L., Barron, B., Pearson, P., Schoenfeld, A., Stage, E., Zimmerman, T., Cervetti, G., & Tilson, J. (2008). *Powerful learning: What we know about teaching for understanding.* San Francisco, CA: Jossey-Bass.

Dumont, H., Istance, D., & Benavides, F. (Eds.). (2010). *Nature of learning: Using research to inspire practice.* Paris, FR: OECD.

Friesen, S. (2009). *Teaching effectiveness: A framework and rubric.* Toronto, ON: Canadian Education Association.

Hattie, J. (2009). *Visible learning.* London, UK: Routledge.

Hmelo, C., & Evensen, D. H. (2000). Problem-based learning: Gaining insights on learning interactions through multiple methods of inquiry. In Evenson, D. H. & Hmelo, C. E. (Eds.), *Problem-based learning: A Research perspective on learning interactions* (pp. 1-18). New York: Routledge.

Hmelo-Silver, C. (2004). Problem-based learning: What and how do students learn? *Educational Psychology Review, 16*(3), 235-266.

Hmelo-Silver, C. E., & Barrows, H. S. (2006). Goals and strategies of a problem-based learning facilitator. *The interdisciplinary Journal of Problem-based Learning, 1*(1), 21-39.

Hung, W., Jonassen, D., & Liu, R. (2008). Problem-based learning. In Spector, J. M., Merrill, M. D., van Merriënboer, J. & Discoll, M. (Eds.), *Handbook of research on educational communications and technology* (3rd ed., pp. 485-506). New York: Lawrence Erlbaum Associates.

Januszewski, A., & Pearson, R. (1999). Problem-based learning: A historical analysis. In K. E. Sparks & M. Simonson (Eds.), *21st annual proceedings of selected research and development papers presented at the 1999 national convention of the Association for Educational Communications and Technology* (pp. 371-376). Columbus, OH: RTS & Associates, Inc.

Savery, J. R., & Duffy, T. M. (1995). Problem based learning: An instructional model and its constructivist framework. *Educational Technology, 35*(5), 31-38.

Sawyer, R. K. (Ed.) (2006). *The Cambridge handbook of the learning sciences.* New York, NY: Cambridge University Press.

Scardamalia, M. (2001). Getting real about 21st century education. *The Journal of Educational Change, 2,* 171-176.

Scardamalia, M., & Bereiter, C. (2003). Knowledge building. *In Encyclopedia of Education* (2nd ed.). New York: Macmillan Reference, USA.

Scardamalia, M., & Bereiter, C. (2006). Knowledge building: Theory, pedagogy, and technology. In R. K. Sawyer (Ed.), *The Cambridge handbook of the learning sciences.* New York: Cambridge University Press.

Schwartz, M. S., & Fischer, K. W. (2003). Building vs. borrowing. *Liberal Education, 89*(3), 22–29.

Schwartz, M. S., & Fischer, K. W. (2006). Useful metaphors for tackling problems in teaching and learning. *About Campus, 11*(1), 2–9.

Sweller, J. (2006). The worked example effect and human cognition. *Learning and Instruction, 16*(2), 165–169.

Vardi, I., & Ciccarelli, M. (2008). Overcoming problems in problem–based learning: A trial of strategies in an undergraduate unit. *Innovations in Education and Teaching International, 45*(4), 345–354.

Vernon, D., & Blake, P. (1993). Does problem–based learning work? A meta–analysis of evaluative research. *Journal of the Association of American Medical Colleges, 68*(7), 550–563.

Walker, A., & Leary, H. (2009). A problem–based learning meta analysis: Differences across problem types, implementation types, disciplines, assessment levels. *Interdisciplinary Journal of Problem–Based Learning, 3*(1), 12–43.

Problem Solving Strategies: 문제해결전략

(PROBLEM: 문제, SCHEMA THEORY: 스키마이론 참조)

단계 모델로 잘 알려진 전통적인 문제해결 모델(예를 들면, Bransford & Stein, 1983)은, ① 문제를 식별하고, ② 대안들을 만들고, ③ 대안들을 평가하고, ④ 선택한 대안을 실행하고, ⑤ 대안의 효과성을 평가함으로써 모든 문제를 해결할 수 있다고 제안하고 있다. 이러한 프로세스는 다양한 전략들을 필요로 한다.

문제를 해결하는 사람은 분야와 관계없이 모든 종류의 문제를 해결하는 데 사용될 수 있는 일반적인 전략을 주로 적용한다. 이러한 전략들은 약한 전략이라고 한다. 한 가지 예는, 문제해결 연산자를 적용하여 문제의 현재 상태와 목표 상태 간의 불일치를 줄이는 수단–목표 분석이다. 문제해결자는 성취해야 할 목표들을 분리한 다음 각 목표를 달성하기 위한 방법(수단)을 체계적으로 선택한다(Ernst & Newell, 1969). 문제해결자는 분리된 목표의 가장 중요한 차이를 선택하고, 불일치를 줄이기 위한 방법을 선택하고, 문제에 대한 완벽한 해결책이 개발될 때까지 그 다음으로 가장 중요한 차이를 해결해 간다. 수단-목표 분석은 불일치를 확인하고, 불일치를 줄여가기 위한 계획을 세우는 반복적인 과정이다.

문제를 하위 문제들로 분해해 가는 것은 흔히 권장되는 일반적인 전략이다(Polson & Jeffries, 1985). 이 전략에서 학습자는 문제를 작은 하위 문제로 나눈 다음 명확한 해결책을 제시하기에 충분할 정도의 하위 문제로 분해하는 과정을 적용한다. 학습자가 더 적은 단계로 도달할 수 있는 하위 목표 상태를 알고 있으면 가능한 해결 경로의 수가 줄어들어 문제를 보다 쉽게 해결할 수 있다. 이러한 대부분의 일반적인 전략과 같은 분해는 학습자에게 문제 해결 영역과 기법에 대한 완전한 지식을 필요로 한다.

가장 덜 구조화되어 가장 약한 해결책 생성 방법은 생성-평가 방법이다. 본질적으로 문제해결자는 가능한 해결책을 브레인스토밍하고, 문제 해결 가능성에 대해 평가한다. 이 방식은 아마도 훈련받지 않은 문제해결자를 위한 가장 일반적인 방법이고, 해결책을 생성하는 사람의 일반적인 지적 능력에 의존할 것이다.

분야 전반에 적용할 수 있는 수단-목표 분석과 같이 약한 전략을 사용하려는 문제해결자는 그렇지 않은 사람들보다 통상 더 나을 것이 없다. 전문가들은 효과적으로 강력한 전략들을 사용하고 있고, 경험이 부족한 문제해결자도 이를 사용하는 법을 배울 수 있다는 연구들이 있다(Singley & Anderson, 1989).

다양하고 강한 문제해결전략은 문제해결은 영역 특수적인 과정이라고 가정하고 영역의 지식을 이해하고 적용하는 데 초점을 두고 있다. Rumelhart와 Ortony(1977)는 해결되는 문제의 유형을 식별하기 위해 사용된 지식 구조의 한 형태로서 스키마의 개념을 소개했다. 문제 스키마는 의미론적 정보와 그 문제 유형을 해결하기 위한 절차와 관련된 문제에 대한 맥락 정보를 포함한다. 해결되는 문제의 종류에 학습자의 주의를 집중시키는 전략은 전이 가능한 문제 해결 기술을 개발한다.

Polya(1957)에 따르면, 이전에 해결한 문제를 상기하고 해결 방법을 현재의 문제에 적용하는 것은 문제해결에서 사람들이 첫 번째로 사용하는 매우 자연스러운 단계이다. 문제와 직면하면 우리는 자연스럽게 유사한 문제가 있었는지 자문해 본다. 유추적 문제를 사용하는 것은 학습자가 이전과 현재의 문제 사이의 유사점을 인식하고 학습자가 이전의 문제에서 사용한 해결 방법을 상기하도록 한다. 이전에 해결한 문제를 상기시키는 것은 사례기반추론의 한 예이다.

유추적 부호화는 유사한 문제를 해결해야 할 문제에 연관시키는 것을 포함하는데, 이는 양쪽의 세부 객체와는 독립적으로 이전 문제와 현재 문제의 구조를 강조하는 것을 필요로 한다(Gentner, 1983). 비록 유사한 문제의 세부 특성이 다를지라도 고차원의 구조적 관계가 이전 문제와 대상 문제 사이에서 일대일로 비교되어야 한다. 유추적 부호화는 문제 스키마의 유도를 지원한다.

학습자는 해결할 문제를 표현하기 위해 여러 가지 방법을 사용한다. 과학에서는 방정식이 가장 일반적이다. 그러나 콘셉트 맵, 인과관계 맵, 자유물체도, 그림 등과 같은 도식화된 표현을 구성하여 문제를 정성적으로 표현하는 것도 동일하게 중요하다. 이러한 방법은 유추적 부호화와 마찬가지로 문제 스키마의 유도를 지원한다.

David H. Jonassen

참고문헌

Bransford, J., & Stein, B. S. (1983). *The IDEAL problem solver: A guide for improving thinking, learning, and creativity.* New York: W. H. Freeman.

Ernst, G. W., & Newell, A. (1969). *GPS: A case study in generality and problem solving.* New York: Academic Press.

Gentner, D. (1983). Structure-mapping: A theoretical framework for analogy. *Cognitive Science, 7,* 155-170.

Polson, P., & Jeffrics, R. (1985). Instruction in problem solving skills: An analysis of four approaches. In J. W. Segal, S. F. Chipman, & R. Glaser (Eds.), *Thinking and learning skills* (Vol. 1, pp. 417-455). Hillsdale, NJ: Lawrence Erlbaum Associates.

Polya, G. (1957). *How to Solve It.* Garden City, NY: Doubleday.

Rumelhart, D. E., & Ortony, A. (1977). The representation of knowledge in memory. In R. C. Anderson, R. J. Spiro, R. J., & W. E. Montague (Eds.), *Schooling and the acquisition of knowledge* (pp. 99-135). Hillsdale, NJ: Lawrence Erlbaum Associates.

Singley, M. K., & Anderson, J. R. (1989). *The transfer of cognitive skill.* Cambridge, MA: Harvard University Press.

Procedural Learning: 절차 학습

(GENERALITY: 일반성 참조)

Procedural Scaffold: 절차적 스캐폴딩

(SCAFFOLDING: 스캐폴딩 참조)

Process-Oriented Instruction: 과정 중심 교수

(INSTRUCTION: 교수 참조)

Production: 제작

(DEVELOPMENT: 개발, INSTRUCTIONAL DESIGN: 교수설계, RAPID PROTOTYPING: 래피드 프로토타이핑 참조)

교수설계 과정에서 "제작이라는 용어는 창의적 예술과 기술을 적용하여 학습자가 사용하는 실제 자료를 생성하는 것"을 말한다(Molenda & Boling, 2008, p. 81). 제작 활동은 '설계 지침을 물리적 형태로 변환하는 과정'이라 할 수 있는 더 큰 단계인 개발과정의 일환이다(Seels & Richey, 1994, p. 35). 실제로 제작 과제가 개발 단계에서 수행되기 때문에 개발과 제작이라는 용어는 종종 동일하게 사용된다. 프로토타입의 설계, 테스트 및 분석과 같은 기능(개발)에서 프로토타입 또는 완제품의 창출(제작)과 같은 형태 중 어느 것을 강조하느냐의 문제이다.

개발과 제작은 종종 래피드 프로토타이핑(rapid prototyping)이라는 전략을 따른다(Tripp & Bichelmeyer, 1990). 래피드 프로토타이핑 전략은 처음에 요구 조건을 충족할 수 있는 가시적인 형태의 디자인을 생성한 다음, 평가, 수정, 재평가가 이루어지는 충실도가 낮은 프로토타입의 제작으로 개발이 시작된다. 프로토타입의 평가 및 수정이 반복되는 나선형 프로세스를 통해 충실도는 내부의 개발 인력 또는 외부의 자원을 통해 향상된다. 개발 및 제작 단계의 결과물은 학습자를 대상으로 평가를 거쳐 수정된 최종 제품 또는 프로그램이며, 끝으로 대규모 실행을 위해 대량으로 제작된다. 교육공학자들에 의해 장려되어 온 자료의 종류들은 수십 년에 걸쳐 사진 및 손으로 그린 환등기 슬라이드, 짧은 무성 영화, 라이브 라디오 방송, 유성 영화, 웹 기반 문서, 디지털 이미지와 애니메이션 그리고 앞에서 제시된 것들을 통합한 복잡한 양방향 시뮬레이션과 게임으로 변화하였지만, 수십 년 동안 변하지 않은 한 가지는 직사각형 미디어 이미지와 종종 함께 사용되는 오디오이다. 1900년대의 환등기 슬라이드는 20메가픽셀 카메라와 동일한 해상도를 가졌으며, 무성 영화를 위해 연주한 라이브 오케스트라 또는 극장의 오르간 연주는 지금의 CD 음질보다 더 좋았다. 그러나 변한 것이 있다면 그것들을 제작할 수 있는 기술이 가용해졌다는 것이다. 예를 들어, 색을 만드는 데 사용할 수 있는 기술은 처음에는 종이나 캔버스 위에 색연필, 물감, 분필을 사용했지만 이제는 Apple 2E 컴퓨터가 만들던 16가지 색상뿐만 아니라 더 많은 색상을 생성하는 디지털 미디어로의 전환을 통해 지난 20년 동안 전형적으로 기술의 발전이 있어 왔다. 하지만 '더' 또는 '디지털'이 항상 '더 나은'과 같은 것은 아니다. 종이 위에 그려진 혼합된 수채화가 1,600만 가지의 색상과 무수한 도구와 필터를 활용할 수 있는 포토숍과 같은 도구를 사용하는 것보다 더 매력적인 배경을 만들어 낼 수 있다.

성공적인 완성품을 제작하기 위한 방안은 교수설계 전문가와 다양한 개발 기술 전문가(예: 모션 미디어에서 속도, 연속성, 화면 방향 및 카메라 각도 다루기)와의 역동적인 대화를 통해 나타난다(Mascelli, 1998). 결국 제작과정에서 기술적 전문성이나 도구의 정교함은 교육전문가와 기술전문가에 의해서 발현되는 창의성을 대신할 수는 없다.

Robert L. Appelman

참고문헌

Mascelli, J. V. (1998). *The five C's of cinematography: Motion picture filming techniques.* Los Angeles, CA: Silman-James Press.

Molenda, M., & Boling, E. (2008). Creating. In A. Januszewski & M. Molenda (Eds.), *Educational technology: A definition with commentary* (pp. 81-139). New York: Lawrence Erlbaum.

Seels, B. B., & Richey, R. C. (1994). *Instructional technology: The definition and domains of the field.* Washington, DC: Association for Educational Communications and Technology.

Tripp, S. D., & Bichelmeyer, B. (1990). Rapid prototyping: An alternative instructional design strategy. *Educational Technology Research and Development, 38*(1), 31-44.

Professional Ethics: 직업 윤리

(ETHICS: 윤리 참조)

Professional Standards: 전문직 표준

(COMPETENCY: 역량, ETHICS: 윤리 참조)

전문직 표준은 평균 수준의 전문가에 대한 규범을 수립하기 위해 전문기구(일반적으로 국가 수준)에 의해 공식적으로 개발되고 채택된다. 전문직 표준에는 행동 강령, 직무 수행에 대한 일반적인 지침, 조직의 비전이 반영된다(National Science Teachers Association, 2010). 이러한 표준은 전문 지식(교육 요구 사항 포함), 전문직 관계(동료 및 학생과 행동하는 방법) 및 전문적인 실무(현장에서 개인이 해야 할 일과 수행 방법)를 다룬다. 예를 들어, 국가교사교육승인위원회는 예비 교사를 '수용 불가'(분야에 대한 부적절한 이해), '수용 가능'(일반적으로 분야를 이해함), 또는 목표로 하는 대상(분야에 대한 명확한 이해)으로 평가한다(NCATE, 2007).

국제교육공학협회(ISTE, 2011)의 K-12 학교교육 자격을 갖춘 석사 학위 후보자와 미국교육공학회(AECT)의 고등교육(Ed. D와 Ph. D)과 산업계 후보자를 위한 두 종류의 전문직 표준이 교육공학과 관련이 있다. AECT 표준(AECT, 2007)은 개인에 대한(회원은 "소속된 기관 또는 조직을 정직하게 대표해야 하며, 개인적, 기관적 또는 조직적 견해를 구별하기 위한 적절한 예방 조치를 취해야 한다"), 사회에 대한(회원은 "소속된 기관 또는 조직을 정직하게 대표해야 하며, 개인적, 기관적, 또는 조직적 견해를 구별하기 위한 적절한 예방 조치를 취해야 한다"), 전문 분야에 대한(회원은 "전문 지식과 기술을 향상시키기 위해 지속적으로 노력해야 하며, 이러한 전문성의 성취가 고객과 동료에게 도움이 되어야 한다") 조직의 책무를 반영하고 있다.

Wendell G. Johnson

참고문헌

Association for Educational Communications and Technology. (2007). *AECT: Code of professional ethics.* Retrieved from http://www.aect.org/About/Ethics.asp.

International Society for Technology in Education. (2011). *Standards.* Retrieved from http://www.iste.org/standards/nets-for-teachers.aspx.

National Science Teachers Association. (2010). *NSTA position statement: Principles of professionalism for science educators*. Retrieved from http://www.nsta.org/about/positions/professionalism.aspx.

NCATE. (2007). *Unit standards in effect 2008*. Retrieved from http://www.ncate.org/Standards/NCATEUnitStandards.

Programed Instruction: 프로그램 수업

(BEHAVIORISM: 행동주의, FEEDBACK: 피드백, INDIVIDUALIZED INSTRUCTION: 개별화 수업, REINFORCEMENT: 강화, SELF-DIRECTED LEARNING: 자기주도학습 참조)

프로그램 수업은 1950년대 중반 Skinner(1954, 1958)에 의해 여러 논문이 발표되면서 각광을 받게 된 수업 방식이다. Skinner가 규정한 이 방식의 주요 특징은, ① 수업을 '프레임'이라고 하는 매우 작은 단계 또는 정보(종종 한두 문장 정도)로 나누고, ② 학습자가 각 프레임이 끝난 후 주로 괄호형 또는 단답형의 다양한 질문에 응답하도록 요구하고, ③ 각 프레임 이후에 정답을 나열하는 형태로 즉각적인 피드백을 학습자에게 제공하는 것이다. 이러한 교수 방식의 핵심 개념은 필요한 선수학습 기능을 갖춘 학습자에게 아주 작은 단계로 수업을 제시하면 바로 제시되었던 지식을 회상하거나 기술을 적용하는 능력을 측정하는 질문에 올바르게 반응할 수 있고, 반응 직후에 받은 피드백은 학생들이 올바르게 응답하는 긍정적인 강화가 된다는 것이다.

앞에서 설명한 수업 방식은 모든 학생이(프로그램 수업의 또 다른 핵심 기능인) 각자 자신의 페이스에 따르지만 동일한 순서로 진행할 것으로 기대되기 때문에 '선형적' 프로그램 수업이라고 할 수 있다. 하지만 다른 종류의 프로그램 수업을 위한 자료 또한 1950년대에 인기를 끌었는데, 이러한 대안적인 방식 중 가장 인기가 있었던 것은 Norman Crowder(1960)가 처음 제안한 '내재적'('분기형'이라고도 함) 프로그램 수업이다. 분기형 프로그램 수업은 선형적 다양성과 같이 학습자에게 단계별 수업을 제시하고 각 단계마다 질문에 답하도록 하고 난 다음 피드백을 제공한다. 그러나 분기형 자료에서 한 단계의 크기는 일반적으로 더 크고(예: 종종 한두 단락), 학습자에게 묻는 질문은 일반적으로 객관식의 다양한 형태이며, 학습자가 받게 되는 피드백은 응답 내용에 따라 다양하다. 이 마지막 기능은 인쇄된 자료에서 학습자가 선택한 객관식 응답에 따라 학습자에게 다음 페이지를 보도록 함으로써 완성된다. 이러한 형태의 프로그램 수업에서 사용되는 피드백은 문제에 올바르게 대답한 학습자에게는 정적 강화를 제공하고, 틀리게 답한 학습자에게는 교정 수업(종종 '교육적 피드백'이라고 함)과 추가적인 연습 및 피드백을 제공하기 위한 것이다.

프로그램 수업은 1950년대 중반부터 1960년대 중반까지 가장 인기가 있었다. 이 기간 동안 대부분의 프로그램 수업용 교재는 인쇄물의 형태 또는 질문과 피드백의 교육용 프레임을 학생들에게 제공하는 기계적 장치인 '티칭머신'을 통해 제공되었다.

1960년대 중반에 들어서 프로그램 수업용 교재에 대한 열의가 사그러들기 시작했다. Saettler(1990)가 지적했듯이, 이렇게 열의가 줄어들게 된 이유 중 하나는 교육용 교재를 학습한 학생들이 전통적인 교수법을 통해 학습한 학생들보다 더 잘 배우고 있다는 충분한 증거가 부족했다는 것이다. 더욱이 학생들은 종종 프로그램 수업 교재, 특히 선형적 형태의 자료를 지루해 한다고 보고되었다. Skinner(1986)는 이에 대해 프로그램 수업이 효과적이지 못한 주된 이유 중 하나는 프로그램 수업 교재를 개발하는 사람들이 종종 그 수업 접근 방식의 기초가 되는 학습 원리를 따르지 않았기 때문이라고 하였다.

오늘날 교수 프로그램을 설명할 때 '프로그램 수업'이라는 용어를 거의 사용하지 않지만, 여러 저자들은 프로그램 수업의 주요 구성 요소가 수정된 형태(예: 큰 단계로 제공되는 수업)로 여전히 현재 산업체와 군대에서의 많은 교육 프로그램의 기초를 형성하고 있다고 말하고 있다(Jaehning & Miller, 2007; Molenda, 2008).

Robert A. Reiser

참고문헌

Crowder, N. A. (1960). Automatic tutoring by intrinsic programming. In A. A. Lumsdaine & R. Glaser (Eds.), *Teaching machines and programmed learning: A Source Book* (pp. 286–298). Washington, D.C.: Department of Audio-visual Instruction, National Education Association.

Jaehning, W., & Miller, M. L. (2007). Feedback types in programmed instruction: A systematic review. *The Psychological Record, 57,* 219–232.

Molenda, M. (2008). The programmed instruction era: When effectiveness mattered. *Tech*

Trends, 52(2), 52–58.

Saettler, P. (1990). *The evolution of American educational technology.* Englewood, CO: Libraries Unlimited.

Skinner, B. F. (1954). The science of learning and the art of teaching. *Harvard Educational Review, 24,* 86–97.

Skinner, B. F. (1958). Teaching machines. *Science, 128,* 969–977.

Skinner, B. F. (1986). Programmed instruction revisited. *Phi Delta Kappan, 68*(2), 103–110.

Project-Based Learning: 프로젝트 기반 학습

(COLLABORATIVE LEARNING: 협력학습, LEARNER-CENTERED INSTRUCTION: 학습자 중심 수업, LEARNING BY DOING: 행함으로써 배움 참조)

프로젝트 기반 학습은 종합적이고 역동적인 교수 방법으로 학생들은 탐구, 협력, 컴퓨터 기반 실험실, 하이퍼미디어, 그래프 응용 프로그램 및 통신과 같은 인지 도구를 사용하여 실세계의 문제에 기초한 추진 질문에 답하려 노력하고, 이를 통해 학습공동체의 구성원 간에 지식이 공유되고 분산될 수 있다(Blumenfeld et al., 1991; Bransford & Stein, 1993). 프로젝트 기반 수업은 배운 내용을 표현하기 위해 학생들이 자신만의 산출물 제작에 중점을 두고 있다는 점에서 전통적인 탐구와는 다르다. 프로젝트 기반 수업은 협동과 협력 학습에 초점을 두고 있어 탐구기반 활동과도 다르다. 프로젝트 기반 학습에서 학생들은 복잡한 질문, 문제 또는 도전과제에 응답하기 위해 확장된 탐구 프로세스에 참여하게 된다. 학생의 자율성 및 의사결정을 가능하게 하는 공동 프로젝트는 학생들이 주요 학습내용을 학습할 수 있도록 교수자에 의해 계획되고 촉진되고 평가된다. 협업, 의사소통, 문제해결, 비판적 사고와 같은 21세기 역량과 고품질, 고유의 결과물과 프레젠테이션의 창출이 진정으로 유의미하고 효과적인 프로젝트 기반 학습의 특징이다(Buck Institute for Education, 2012).

76개 고등학교 66명의 교사가 가르치는 7,000명의 12학년 학생이 참여한 연방정부 지원 실험 연구에 따르면, 고등학생은 문제 해결 능력 및 실제 경제 과제에 대한 적용 측정에서 전통적인 교육을 받은 학생들보다 높은 점수를 받았다. 교사 역시 통제집단

보다 교재 및 방법에 대한 만족도가 높은 것으로 나타났다(Finkelstein, Hanson, Huang, Hirschman, & Huang, 2010).

Ileana P. Gutierrez

참고문헌

Blumenfeld, P. C., Soloway, E., Marx, R. W., Krajcik, J. S., Guzdial, M., & Palincsar, A. (1991). Motivating project–based learning: Sustaining the doing, supporting the learning. *Educational Psychologist, 26*(3 & 4), 369–398.

Bransford, J. D., & Stein, B. S. (1993). *The IDEAL problem solver* (2nd ed.). New York: Freeman.

Buck Institute for Education. (2012). What is PBL? Retrieved in 2012 from http://www.bie.org/about/what_is_pbl/.

Finkelstein, N., Hanson, T., Huang, C.–W., Hirschman, B., & Huang, M. (2010). *Effects of problem based economics on high school economics instruction.* (NCEE 2010–4002). Washington, DC: National Center for Education Evaluation and Regional Assistance, Institute of Education Sciences, U.S. Department of Education.

Project Management: 프로젝트 관리

'프로젝트 관리(PM)'라는 용어는 프로젝트 팀이 제 시간에, 예산에 맞춰 이해 관계자의 기대에 부응하여 프로젝트를 완료할 수 있도록 하는 다양한 활동을 말한다(Crawford & Pollack, 2007; van Rooij, 2010). 프로젝트 관리 모델은 프로젝트의 산출물 관리에 초점을 둔 전통적인 모델부터 프로젝트 관리를 광범위하고 포괄적인 것으로 인식하는 반복적이고 협력적인 모델에 이르기까지 다양하다. 신속하거나 극단적인 프로젝트 관리를 포함한 후자의 모델은 모든 이해 관계자를 모델 구조에 보다 충분하게 포함하고 있다. 이러한 후자 모델이 다루는 세 가지 주요 영역에는 전통적인 산출물 관리에 더해서 팀 관리 요소와 모든 이해 관계자 간의 견고한 의사소통이 포함된다. 신속한 프로젝트 관리는 교육공학과 같이 역동적인 프로젝트의 요구에 더 적합한 반복적인 접근 방식을 사용한다.

결과물 관리는 전통적으로 프로젝트 관리의 초점으로 간주되어 왔는데, 이는 프로젝트를 계획하고 모니터링하여 프로젝트를 정해진 시점에 동의한 대로 끝내는 것을 보장하는 목적을 포함한다. 이러한 프로세스를 돕기 위해 PM 소프트웨어, 시각적 도구(예: GANTT 차트)와 의사 결정 전략(예: 중요 경로 분석) 등 여러 도구와 전략이 개발되었는데, 이러한 도구 및 전략은 팀 및 의사소통에 대한 강조보다는 프로젝트를 정해진 시간에 끝내는 것에 초점을 두고 있다.

신속한 프로젝트 관리는 프로젝트를 완료하기 위해서는 효과적으로 협력해야만 하는 개인들이 모인 팀에 의해 수행된다는 점을 반영하고 있다. 제대로 작동하는 팀은 프로젝트가 원활하게 진행될 수 있도록 도와준다. '고성능 팀'과 같은 용어는 팀이 최고 수준의 수행을 보여 주는 때를 가리키는 데 사용된다. 제대로 작동하는 팀은 함께 일을 잘하고, 언제 어떤 일을 해야 하는지 알며, 또한 그 일을 할 수 있는 구성원들로 구성되어 있다.

모든 이해 관계자 간의 의사소통은 신속한 프로젝트 관리 프레임워크의 필수 프로세스이다. 팀 구성원 및 고객은 프로젝트의 원활한 진행을 보장하기 위해 어느 때든지 프로젝트의 상태를 파악하고 이해할 필요가 있다. 원활한 의사소통은 프로젝트에 대한 보다 작고 관리가 가능한 조정을 통해 프로젝트의 흐름을 적합하게 조정하는 데 도움이 되는 반복적인 프로세스를 가능하게 한다.

Bullen(2006)은 교육 관련 프로젝트(예: e러닝 프로젝트)를 관리하려면 학술적 공동체 문화와 전통적 프로젝트 관리 문화를 연결하기에 충분히 유연한 프로젝트 관리 전략이 필요하다고 제안하고 있다. Doherty(2010)는 신속한 프로젝트 관리 스타일이 Bullen(2006)이 지적한 문제를 해결하는 데 가장 적합하다고 제안하고 있다. 교수설계자들의 통상적인 업무도 전통적인 방식에 비해 신속한 방식에 더 가깝다. 교수설계자가 일반적으로 수행하는 작업을 검토해 보면 일반적으로 프로젝트 관리, 의사소통 및 팀 감독/협업/팀빌딩이 포함되는 것으로 나타난다(Kenny, Zhang, Schwier, & Campbell, 2005).

Brad Johnson

참고문헌

Bullen, M. (2006). When worlds collide: Project management and the collegial culture. In B. L. Pasian & G. Woodill (Eds.), *Plan to learn: Case studies in elearning project management* (pp. 169–176). Dartmouth, Nova Scotia: Canadian eLearning Enterprise Alliance.

Crawford, L., & Pollack, J. (2007). How generic are project management knowledge and practice? *Project Management Institute, 38*(1), 87–96.

Doherty, I. (2010). Agile project management for e-learning developments. *Journal of Distance Education, 24*(1), 91–106.

Kenny, R., Zhang, Z., Schwier, R., & Campbell, K. (2005). A review of what instructional designers do: Questions answered and questions not asked. *Canadian Journal of Learning and Technology*. Retrieved from http://www.cjlt.ca/index.php/cjlt/article/view/147/140.

van Rooij, S. (2010). Project management in instructional design: ADDIE is not enough. *British Journal of Educational Technology, 41*(5), 852–864.

Prompting: 프롬프팅

(FEEDBACK: 피드백, SCAFFOLDING: 스캐폴딩 참조)

프롬프팅은 원래 Bloom의 분류체계 중 첫 번째 수준인 지식과 기억을 위해 개발된 미시적 수준의 교수전략으로(Bloom, Engelhart, Furst, Hill, & Krathwohl, 1956; Krathwohl, 2002), 이후에(고차적인 그리고 저차적인) 기능 개발에 활용되고 있다.

Bloom의 분류체계의 첫 번째 수준에서, 프롬프팅은 변하지 않는 과제를 가르치기 위한 반복연습 유형의 교수 모델에서 자주 확인할 수 있다(Reigeluth, 1999). 암기는 인식과 회상이라는 두 가지의 주요한 수준이 있고, 프롬프팅은 이 둘 모두에서 자주 사용된다. 프롬프팅은 청킹, 반복 및 기억술 등과 함께 기억하기 어려운 내용을 위한 강화 수단 중 하나로 활용된다.

프롬프트는 종종 힌트나 단서와 동일시되곤 한다. Doenau(1987)는 단서와 프롬프트를 사용하는 것은 인식이나 기억을 촉진하거나 학습자가 자신의 이해력이나 기술의 개발을 돕는 중요한 정보를 암시해 줌으로써 도움이 된다고 지적했다. 또한, 학습자가 자신의 근접발달영역에 있는 경우(Vygotsky, 1978), 요구되는 수준의 수행을 배우기 위해서는 보통 단서 또는 프롬프트(또는 다른 종류의 스캐폴딩)가 필요하다(Huitt, Monetti, & Hummel, 2009).

프롬프팅은 대개 성찰(즉, 메타인지 및 센스 메이킹) 또는 평가 과정에서 주로 활용될 수 있으며, 일반적으로 피드백을 동반한다. 예를 들어, Davis(2003)는 중학교 과학 수업에서 학생들의 생산적인 성찰에 대한 일반적이고 직접적인 프롬프트의 효과를 연구했다. 또한 Kauffman, Ge, Xie와 Chen(2008)은 대학생들의 자기 모니터링 및 문제해결 능력을 향상시키기 위해 메타인지 방식으로 프롬프팅을 사용하는 방법을 연구했다. 프롬프트는 정교화된 피드백의 한 유형으로서 성찰 또는 자기 평가를 유도하는 방법으로 볼 수 있고(즉, 특정 응답이 왜 맞고 틀리는지에 대해 생각하도록 만드는 힌트를 제공), 학습자가 해당되는 수업의 일정 부분을 다시 살펴보도록 한다. 프롬프트는 정답을 노골적으로 제공하는 것은 피해야 한다(Shute, 2008).

Yeol Huh
Dabae Lee
Charles M. Reigeluth

참고문헌

Bloom, B. S., Engelhart, M. D., Furst, E. J., Hill, W. H., & Krathwohl, D. R. (1956). *Taxonomy of educational objectives: The classification of educational goals. Handbook 1: Cognitive domain.* Harlow, Essex, England: Longman Group.

Davis, E. (2003). Prompting middle school science students for productive reflection: Generic and directed prompts. *Journal of the Learning Sciences, 12*(1), 91-142.

Doenau, S. (1987). Structuring. In M. J. Dunkin (Ed.), *International encyclopedia of teaching and teacher education* (pp. 398-407). Oxford: Pergamon.

Huitt, W. G., Monetti, D. M., & Hummel, J. H. (2009). Direct approach to instruction. In C. M. Reigeluth & A. A. Carr-Chellman (Eds.), *Instructional-design theories and models: Building a common knowledge base* (Vol. 3, pp. 73-97). New York, NY: Routledge.

Kauffman, D. F., Ge, X., Xie, K., & Chen, C. (2008). Prompting in web-based environments: Supporting self-monitoring and problem solving skills in college students. *Journal of Educational Computing Research, 38*(2), 115-137.

Krathwohl, D. R. (2002). A revision of Bloom's taxonomy: An overview. *Theory into Practice, 41*(4), 212-218.

Reigeluth, C. M. (1999). *Instructional-design theories and models: A new panadigm of instructional theory*. Mahwah, NJ: Erlbaum.

Shute, V. J. (2008). Focus on formative feedback. *Review of Educational Research 78*(1), 153-189.

Vygotsky, L. (1978). *Mind in society*. Cambridge, MA: Harvard University Press.

Proprietary Software: 특허 소프트웨어

(INTELLECTUAL PROPERTY: 지적 재산 참조)

Prototype: 프로토타입

(RAPID PROTOTYPING: 래피드 프로토타이핑 참조)

Public Domain: 공공영역

(INTELLECTUAL PROPERTY: 지적 재산 참조)

Push and Pull Messaging: 메시지 보내고 받기

(TECHNOLOGICAL COMMUNICATION: 테크놀로지 활용 커뮤니케이션 참조)

R

Rapid Prototyping: 래피드 프로토타이핑

(PRODUCTION: 제작 참조)

프로토타입은 원시 양식을 의미하는 그리스어 *prototypon*에서 파생되었으며, 문자적으로는 첫 번째 인상을 의미하는 접두사 *protos*와 접미사 *typos*로 이루어져 있다. 프로토타입은 새로운 설계, 새로운 시스템 전체 또는 부분의 초기 혹은(실물과 같은 기능을 가진) 실용 모형이다. 프로토타입은 새로운 시스템이 제공할 경험을 전달하는 데 사용될 수 있다(Beyer & Holtzblatt, 1998). 상호작용적 기술 시스템의 설계 사양은 화면 스케치에서부터 스토리보드, 복잡한 소프트웨어, 판지로된 모형, 시스템의 비디오 시뮬레이션, 3D 모델에 이르기까지 프로토타입으로 만들 수 있다(Preece, Rogers, & Sharp, 2007). 프로토타이핑은 설계의 타당성, 적합성 및 기능성 등의 특정 질문에 답하기 위해 제한된 버전의 제품을 생성하는 것을 포함한다(Preece, Rogers, & Sharp, 2007).

프로토타입은 전면적인 실행, 생산, 또는 제조에 앞서 컴퓨터 인터페이스, 절차, 생산품, 시스템의 지속적인 개선 및 보완과 사용자 테스트를 위한 사용자 중심 설계 프로세스의 여러 단계에서 자주 사용된다. 프로세스 또는 사용자 분석 과정에서 새로운 디자인에 대한 요구 사항이 설정된다. 인터페이스가 어떻게 보이는지 보기 위해 디자이너는 스케치, 도면 또는 컴퓨터 기반의 레이아웃을 사용하여 여러 모형 또는 프로토타입을 만든다(Schneiderman, 2002; Schneiderman, Plaisant, Cohen, & Jacobs, 2010). Snyder(2003)는 IBM 및 Microsoft와 같이 잘 알려진 회사에서 사용자 인터페이스의 측면을 브레인스토밍하고, 디자인하고, 창작하고, 시험하고, 전달하기 위해 사용하는 종이방식의 프로토타이핑 방법을 설명하고 있다. 설계가 요구되었던 사항을 어느 정도 잘 수행하는지 여부를 평가하기 위해 시스템의 복잡성에 따라 프로토타입의 반복적인 시리즈가 설계되고 개발되고 사용자의 테스트를 거치게 된다. 프로토타입은 개발

팀의 구성원들 간뿐만 아니라 개발팀과 의도된 사용자 간의 커뮤니케이션을 용이하게 한다(Snyder, 2003). 프로토타입은 설명으로는 할 수 없는 더 나은 사용자의 경험을 제공한다(Preece, Rogers, & Sharp, 2007).

래피드 프로토타이핑은 개념적으로 개발 과정 전반에 걸쳐서 실질적인 피드백을 제공하기 위해 설계 아이디어와 요구 사항을 사용자와 함께 테스트할 수 있는 실용 모형으로 신속하고 반복적으로 개발하는 것으로 정의할 수 있다. 래피드 프로토타이핑에 숨어 있는 아이디어는 사용자와 테스트할 수 있는 실용 모형을 개발하여 시간과 비용을 절약하는 것이다. Nielsen(1993)은 사용성 테스트는 보다 나은 사용자 인터페이스 설계를 위한 신속하면서도 경제적인 방법이라고 주장하면서 저충실도 프로토타입이라는 개념을 소개했다. 저충실도 프로토타입은 최종 시스템의 기능 및 수준을 일부의 사용자가 테스트할 수 있도록 단순화한 것이다(예: 단순화된 알고리즘, 사람에 의한 조작, 충실도가 낮은 미디어, 가상의 데이터 또는 내용의 사용, 종이 모형 또는 구술 시나리오). Preece와 Rogers, Sharp(2007)는 최종 제품과 실제로 유사하지는 않겠지만 간단하고 저렴하면서도 신속하게 제작할 수 있는 유용한 개념 증명 방법으로 저충실도 프로토타입을 옹호한다. 대조적으로 개발 비용이 많이 드는 고충실도 프로토타입은 현장 테스트 또는 실행을 위해 충분한 상호작용이 가능하며, 최종 시스템의 보다 많은 특징과 기능성을 포함하는 실용 모형이다(예: 복잡한 알고리즘, 고충실도 미디어, 실제 데이터 및 내용, 실제 작업 시나리오, 마케팅 및 영업 도구)(Preece, Rogers, & Sharp, 2007).

프로토타이핑 프로세스는 사용자를 설계 프로세스에 참여시켜서 설계 프로세스를 변경한다. 사용자 데이터와 지속적인 피드백은 설계자와 사용자가 시스템을 공동으로 설계할 수 있는 기회를 제공한다. 프로토타이핑을 사용자 중심 디자인 프로세스의 일부로 사용하는 목적은 디자인을 지속적으로 반복하여 개선하고 확장하는 것이다(Beyer & Holtzblatt, 1998, Nielsen, 1993).

D. Michele Jacobsen

참고문헌

Beyer, H., & Holtzblatt, K. (1998). *Contextual design: Defining customer-centered systems.* San Francisco, CA: Morgan Kaufmann Publishers.

Nielsen, J. (1993). *Usability engineering.* San Francisco, CA: Morgan Kaufman Publishers.

Preece, J., Rogers, Y., & Sharp, H. (2007). *Interaction design: Beyond human-computer interaction* (2nd ed.). New York: John Wiley & Sons, Inc.

Schneiderman, B. (2002). *Leonardo's laptop: Human needs and the new computing technologies*. Cambridge, MA: MIT Press.

Schneiderman, B., Plaisant, C., Cohen, M., & Jacobs, S. (2010). *Designing the user interface: Strategies for effective human-computer interaction* (5th ed.). Boston, MA: Addison-Wesley.

Snyder, C. (2003). *Paper prototyping: The fast and easy way to design and refine user interfaces*. San Francisco, CA: Morgan Kaufmann Publishers.

Really Simple Syndication: RSS 피드

(BLOG: 블로그, CLOUD COMPUTING: 클라우드 컴퓨팅 참조)

RSS 피드는 인터넷에서 콘텐츠에 액세스하는 방법과 표준으로 정의할 수 있다. 1997년에 RSS 피드가 처음 만들어졌을 때, RSS 피드는 "블로그의 업데이트를 내보내는 데 사용되는 기술"과 "정기적으로 업데이트되는 데이터 흐름에 따라 맞춤형 넷스케이프 홈페이지를 만드는 기술"로 정의되었다(O'Reilly, 2005, p. 3). RSS 피드는 XML (Extensible Markup Language) 기술을 사용하여 콘텐츠를 작성자로부터 독자 또는 청중에게 전달한다(Beldarrain, 2006). 독자 또는 청중은 제작자의 RSS 피드를 구독하고 콘텐츠가 업데이트되고 게시되면 새로운 콘텐츠를 받게 된다.

1997년 이래로 RSS 피드에 대한 명칭은 많이 변해왔다. Really Simple Syndication 외에도 RSS 피드는 RDF Site Summary, Rich Site Summary 및 Real-time Simple Syndication (Glotzbach, Mordkovich, & Radwan, 2008)으로 명명되어 왔다. RSS 피드의 정의는 2003년에 RSS 2.0 표준과 프로토콜의 개발로 수정되었다. Dan Winer와 Adam Curry는 RSS 피드를 사용하여 사용자의 iPod(즉, MP3 플레이어)에 오디오 파일을 방송하는 방식인 RSS 2.0 및 Podcasting을 개발한 것으로 인정되고 있다(Cebeci & Tekdal, 2006). Hendron(2008)은 RSS 2.0을 "컨텐츠 제작자가 누구나 웹 서버에 게시할 수 있는 RSS 뉴스 피드 파일에 멀티미디어 첨부 파일을 포함할 수 있도록 한 새로운 형식"(p. 6)이라고 정의했다. RSS 2.0 프로토콜을 사용하면 MP3 사용자는 제작자를 구독하고 필요에 따라 새로운 오디오 파일을 제공받을 수 있다. RSS 2.0에 대한 대안 프로토콜인 Atom은 RSS 2.0과 비슷한 기능을 제공하지만 Atom과 RSS 피드 간에는 눈에 띄는 차이점이 있다(예를 들어, Rowse, 2006 참조).

정보들을 모아서 하나의 웹사이트에서 제공하는 사이트는 RSS 피드의 중요한 부분이다. 이 사이트는 "RSS 피드를 수집하여 표시하는 소프트웨어 응용 프로그램"이다(Martindale & Wiley, 2005, p. 56). 핵심 기능은 "여러 블로그에서 RSS 피드를 수집하고 편리하고 일관된 방식으로 피드를 표시하는 기능"(p. 56)이다. 예를 들어, 한 인터넷 세션에서 너무 많은 다양한 뉴스 웹사이트를 탐색하는 사용자는 모든 웹사이트의 RSS 피드를 구독하면 한 페이지에 모든 콘텐츠를 전송하도록 할 수 있다.

연구자들은(Glotzbach et al., 2008; Maag, 2006; West, Wright, Gabbitas, & Graham, 2006) 교육에서 RSS 피드가 교사, 학생 및 수업 내용 간 상호작용의 역동성을 어떻게 변화시키는지를 연구해 왔다. RSS 피드는 학생들에게 유용하고(Glotzbach et al., 2008), 편리하다고 생각되지만(Maag, 2006), West와 그의 동료들(2006)은 수업에서 RSS 피드의 적용과 사용에 있어서 몇 가지의 장벽이 있음을 확인했다. 이 장벽에는 교사가 수업에서 RSS 피드를 사용하기 위한 목적이 불분명한 것(즉, 첫 번째는 가르치는 것, 두 번째는 기술), 학생들이 RSS 피드와 수집 도구의 사용에 대한 기술적 전문성의 부족, 학생들이 RSS 피드를 미래의 상황에서 어떻게, 왜 사용해야 하는지에 대한 이해 부족이 포함된다(West et al., 2006).

오늘날 RSS 피드는 "오늘날의 전자 교육 시스템의 상황을 분산시키는" 도구로 예상되어 왔다(Kim, 2008, p. 1344). RSS 피드는 클라우드 컴퓨팅과 결합하여 많은 RSS 수집기 및 기기에서 동기화를 사용하여 콘텐츠를 구독하는 방식을 더욱 혁신적으로 만들 수 있는 잠재력을 가지고 있다.

Michael M. Rook

참고문헌

Beldarrain, Y. (2006). Distance education trends: Integrating new technologies to foster student interaction and collaboration. *Distance Education, 27*(2), 139-153.

Cebeci, Z., & Tekdal, M. (2006). Using podcasts as audio learning objects. *Interdisciplinary*

Journal of Knowledge and Learning Objects, 2, 47–57.

Glotzbach, R., Mordkovich, D., & Radwan, J. (2008). Syndicated RSS feeds for course information distribution. *Journal of Information Technology Education, 7,* 163–183.

Hendron, J. G. (2008). *RSS for educators: Blogs, newsfeeds, podcasts, and wikis in the classroom.* Washington, D.C.: International Society for Technology in Education.

Kim, H. N. (2008). The phenomenon of blogs and theoretical model of blog use in educational contexts. *Computers & Education, 51*, 1342–1352.

Maag, M. (2006). iPod, uPod? An emerging mobile learning tool in nursing education and students' satisfaction. In *Proceedings of the 23rd Annual Ascilite Conference: Who's learning? Who's Technology?*(pp. 483–492). Sydney, Australia. Retrieved from www.ascilite.org.au/conferences/sydney06/proceeding/pdf_papers/p92.pdf.

Martindale, T., & Wiley, D. (2005). Using weblogs in scholarship and teaching. *Tech Trends, 49*(2), 55–61.

O'Reilly, T. (2005, Sept. 30). What is web 2.0: Design patterns and business models for the next generation of software. Retrieved from http://tim.oreilly.com/pub/a/oreilly/tim/news/2005/09/30/what-is-web-20.html.

Rowse, D. (2006, March 30). RSS vs. atom: What's the big deal? [Web log]. Retrieved from http://www.problogger.net/archives/2006/03/30/rss-vs-atomwhats-the-big-deal/.

West, R. E., Wright, G., Gabbitas, B., & Graham, C. R. (2006). Reflections from the introduction of blogs and RSS feeds into a preservice instructional technology course. *Tech Trends, 50*(4), 54–60.

Real-Time Strategy Games: 실시간 전략게임

(DIGITAL GAME-BASED LEARNING: 디지털 게임 기반 학습 참조)

Rehearsal: 시연

(COGNITIVE STRATEGIES: 인지전략, PRACTICE: 연습 참조)

Reinforcement: 강화

(BEHAVIORISM: 행동주의, FEEDBACK: 피드백, PRACTICE: 연습, PROGRAMED INSTRUCTION: 프로그램 수업 참조)

행동주의 심리학파의 관점에서 볼 때 강화는 행동 직후 적절한 강화자를 제공하여 빈도(예: 더 자주 체스를 두기), 지속 시간(예: 지속적으로 십자말 풀이를 시도하기), 강도(예: 펀칭 백을 더 세게 치기) 또는 대기 시간(예: 큐에 따라 앞의 행동을 더 빨리 수행하기)과 같은 행동의 일정 차원을 증가시키는 과정이다.

이 개념은 강화된 행동은 (빈도, 지속 시간, 크기 또는 대기 시간에서) 강해지는 경향이 있는 반면, 강화되지 않은 행동은 약해질 것이라는 조작적 조건화(operant conditioning)이론의 핵심이다. 이 이론의 가장 유명한 주창자인 Skinner(1953)의 말에 따르면, "조작적 조건화에서 우리는 반응을 보다 가능성 있게 만드는, 실제로는 보다 빈번하게 만든다는 의미에서 행동을 강화시킨다(p. 65)." 강화자가 무엇인지, 다양한 유형의 강화자를 어떻게 분류하고, 학습환경에서 강화자를 어떻게 효과적으로 사용할지에 대한 많은 논쟁과 실험적 연구가 있어 왔다(Driscoll, 2005). 행동주의자들이 동의하고 있는 것은 자극의 일종이라는 것이다. 어떤 사물(예: 음식)이나 어떤 활동(예: 미소)도 그것이 이전 행동의 강도를 증가시키는 경우에만 강화자로 분류될 수 있다. 효과가 있다면 그것은 강화자이고, 그렇지 않다면 강화자가 아니다.

강화이론은 1960년대 교육공학 분야에서 학습에 대한 지배적인 이론이었다. Skinner (1968)는 학습자가 진행하기 위해 반응(예: 답변 작성 또는 버튼 누르기)하고 피드백을받도록 한 장치인 티칭머신에 강화 원리를 통합할 수 있는 가능성을 보여 주었다. 일부 유형의 학습과제의 경우 반응-강화 체인은 프로그램 수업이라고 알려진 책 형태로 내재화될 수 있다. 그는 이 설계방법론을 '교수공학'(1965)이라고 불렀고 다른 사람들도 그를 따랐다. 실제로 『교육공학(Educational Technology)』(DeCecco, 1964)이라는 제목을 가진 첫 번째 책은 프로그램 수업에 대한 논문의 선집이었다.

1960년대에는 시청각교육 분야에 대한 연구의 초점이 티칭머신과 프로그램 수업에 대한 작업으로 급격하게 이동하여 이 분야의 명칭을 교육공학으로의 변경을 유도하였다. Torkelson(1977)은 「AV Communication Review」(Educational Technology Research and Development의 전신)의 논문을 분석하여 1963년과 1967년 사이에 발표된 모든 논문 중 이러한 주제가 가장 많았던 것을 찾아냈다.

최근 몇 년 동안, 교수-학습에 대한 인지주의 위주의 관점은 부분적으로는 행동주의적 방법의 환원주의적 경향을 다루면서 현저하게 두드러지고 있다. Tennyson(2010)에 따르면, 오늘날의 교수설계자들은 "지식과 기술의 집합을 통합하고 종합하는 것을 강조하는 교수이론"을 추구한다(pp. 13-14). 그럼에도 불구하고 학습환경 내에서 반응과 강화를 내재화하려던 1960년대의 모색은 최근의 교육공학 분야를 특징짓는 활동적이고 참여적이고 개별화된 학습시스템으로의 혁명적 전환을 촉발시켰다.

Michael Molenda

참고문헌

DeCecco, J. P. (1964). *Educational technology: Readings in programmed instruction.* New York: Holt, Rinehart, & Winston.

Driscoll, M. P. (2005). *Psychology of learning for instruction* (3rd ed.). Boston: Pearson, Allyn and Bacon.

Skinner, B. F. (1953). *Science and human behavior.* New York: Simon and Schuster.

Skinner, B. F. (1968). *The technology of teaching.* New York: Appleton-Century-Crofts.

Tennyson, R. D. (2010). Historical reflection on learning theories and instructional design. *Contemporary Educational Technology, 1*(1), 1-16.

Torkelson, G. M. (1977). AVCR—One quarter century: Evolution of theory and research. *AV Communication Review, 25*(4), 317-358.

Repetition: 반복

(COGNITIVE STRATEGIES: 인지전략 참조)

반복은 Bloom의 분류체계의 첫 번째 단계인 지식/기억(Bloom, Engelhart, Furst, Hill, & Krathwohl, 1956; Krathwohl, 2002)과 관련된 미시적 교수전략이다. 암기를 돕는 특정 정보나 행동의 재발을 포함하는 연습을 의미한다. 또한 van Merriënboer와 Pass(2003)는 반복은 결합자극(과제의 일부들을 단일 수행으로 결합)과 강화(과제의 부분들 간의 인지적 연결을 보다 튼튼하게 만듦)를 통한 스키마 자동화와 주로 관련된 교수 방법이라고 언급하고 있다.

한편, 반복은 일반적으로 사실 정보나 일상적인 절차를 암기해야 하는 불변 과제를 달성하는 데 사용된다. 불변 과제를 수행하는 데 어떤 이해도 포함되지 않으며, 일반적으로 변형을 처리하는 방법을 학습하는 것을 필요로 하지 않으며, Ausubel(1968)이 언급한 것처럼 '단순 암기' 학습이 필요하다. 단순 암기 기억은 비록 이 분야에서 나쁜 이미지를 얻었지만, 때로는 어느 정도의 암기 없이는 더 고차적인 형태의 학습이 가능하지 않다는 점에서 중요하다(Reigeluth, 1999).

또 한편으로 반복은 복잡한 기술을 배우는 데 활용될 수도 있다. van Merriënboer와 Pass(2003)는 복잡한 기술을 배우기 위한 부분 과제 접근법에 대한 설명에서 부분 과제 반복의 중요성을 강조했다.

반복은 또한 사용 목적에 따라 특징지어질 수 있다. 한때 Craik와 Lockhart(1972)는 유지와 정교화라는 두 가지 유형의 반복을 확인했다. 유지 반복은 새로운 외국어 용어를 반복하는 것과 같이 더 깊은 수준에서 처리하려고 시도하지 않는 이벤트의 반복을 의미한다. 그러나 정교화 반복은 새로운 정보와 중복된 정보를 제공함으로써 더 깊은 수준에서 처리를 촉진하려고 한다. 전형적으로 친숙한 관련 정보를 이미 부호화된 지식과 연결하기 위해 단기기억장치에 있는 명제를 반복하여 강화하거나 수정하게 된다.

Yeol Huh
Dabae Lee
Charles M. Reigeluth

참고문헌

Ausubel, D. P. (1968). *Educational psychology: A cognitive view.* New York: Holt, Rinehart, & Winston.

Bloom, B. S., Engelhart, M. D., Furst, E. J., Hill, W. H., & Krathwohl, D. R. (1956). *Taxonomy of educational objectives: The classification of educational goals. Handbook 1: Cognitive domain*. Harlow, Essex, England: Longman Group.

Craik, F. I. M., & Lockhart, R. S. (1972). Levels of processing: A framework for memory research. *Journal of Verbal Learning and Verbal Behavior, 11,* 671-684.

Krathwohl, D. R. (2002). A revision of Bloom's taxonomy: An overview. *Theory into Practice, 41*(4), 212–218.

Reigeluth, C. M. (1999). *Instructional–design theories and models: A new paradigm of instructional theory.* Mahwah, NJ: Erlbaum.

van Merriënboer, J. J. G., & Paas, F. (2003). Powerful learning and the many faces of instructional design: Towards a framework for the design of powerful learning environments. In E. De Corte, L. Verschaffel, N. Entwistle & J. J. G. van Merriënboer (Eds.), *Powerful learning environments: Unraveling basic components and dimensions* (pp. 3–20). Oxford: Elsevier Science.

Research Ethics: 연구윤리

(ETHICS: 윤리 참조)

Resource–Based Learning: 자원 기반 학습

(INFORMATION RESOURCES: 정보자원 참조)

Rich Media: 리치 미디어

(MEDIA: 매체, TECHNOLOGY–ENABLED LEARNING: 테크놀로지 활용 학습 참조)

리치 미디어 이론은 제시된 메시지의 불확실성과 모호성을 감소시키는 특정 매체의 능력을 평가하기 위한 프레임워크를 제공한다(Daft & Lengel, 1984). 불확실성은 특정 과제를 달성하는 데 필요한 정보량의 차이로 인해 발생하는 반면, 모호성은 정보가 사용될 상황에 대한 다른 해석을 통해 발생한다. 리치 미디어의 주된 용도는 주어진 상황에서의 모호성을 다루는 것이다.

모호성은 명료하지 않은 것으로 여겨지며 리치 미디어를 통해 해결된다. Daft와 Lengel(1984, 1986)의 최초 제안을 바탕으로 리치 미디어의 등급을 결정하는 위계가 수립되었다. 위계에 대한 기준은 "① 즉각적인 피드백의 가용성, ② 비언어적 표현, 음성 톤 및 억양과 같은 다양한 신호를 전달할 수 있는 매체의 능력, ③ 자연어의 사용, ④ 매체에 대한 개인적 지향성"(Banerji & Ghosh, 2010, p. 281)이다. 이 이론을 바탕으로 미디어는 위계적으로 면대면 커뮤니케이션은 가장 풍부한 매체인 반면에, 정적인 텍스트는 가장 빈약한 미디어라 할 수 있다. 모호함이 존재하는 한 미디어가 풍부해짐에 따라 아이디어를 보다 정확하고 의미있게 전달하고 대화할 수 있다(Havard, Du, & Xu, 2008). Havice, Davis, Foxx와 Havice(2010)는 리치 미디어를 "텍스트, 오디오, 비디오 및 동적 움직임의 혼합"이라고 정의하고 있다(p. 54).

모호함이 많을 가능성이 있는 메시지는 일반적으로 리치 미디어가 필요하지만 모호성이 없거나 거의 없는 메시지는 최소한의 미디어만 필요할 수 있다. Liu, Liao와 Pratt(2009)는 학습자의 집중이 특정 미디어의 풍요성에 의해 영향받을 수 있음을 발견했는데, 소프트웨어 개발과 관련한 과정에서 스트리밍 오디오, 텍스트, 비디오로 구성된 미디어가 오디오, 텍스트 또는 오디오, 비디오로 구성된 미디어와 비교할 때 집중도가 더 높았다. 집중도는 또한 사용자의 기술 수용도 및 의도와 긍정적인 상관관계를 가지고 있었다. 이러한 경우 메시지의 세부 특성(코스 내용)을 고려할 때 적절한 선택은 리치 미디어이다. 반면에 메시지의 모호성이 적은 코스에서는 린(lean) 미디어가 더 적절한 선택일 수 있다.

린 미디어 역시 학습에 효과적이다. 요구되는 리치 미디어의 수준에 대한 결정은 메시지의 잠재적 모호성에 기인한다. 리치 미디어를 사용한다고 해서 반드시 학습해야 할 내용을 더 잘 이해하는 것은 아니다. Du와 Hao, Kwok, Wagner(2010)는 학생들이 코스 퀴즈와 연습, 교수자 및 동료 학생들과의 소통을 위해 PDA를 사용하는 것에 대해 연구하였다. PDA, 인스턴트 메시지 및 전화 문자 메시지는 일반적으로 린 미디어(Du et al., 2010)로 불려 왔다. PDA를 사용하지 않는 학생들과 비교했을 때, PDA를 사용하는 학생들은 전반적으로 더 나은 이해와 만족감을 보였다. 두 그룹 모두에게 제공된 정보와 강의는 본질적으로 동일했지만 PDA의 사용이 학습을 위한 리치 미디어 환경을 조성하였다.

Byron Havard

참고문헌

Banerji, A., & Ghosh, A. M. (2010). *Multimedia technologies*. New Delhi: India. Tata McGraw Hill.

Daft, R. L., & Lengel, R. H. (1984). Information richness: A new approach to managerial information processing and organization design. In B. Staw & L. Cummings (Eds.), *Research in organizational behavior* (Vol. 6, pp. 191–233). Homewood, IL: JAI Press.

Daft, R. L., & Lengel, R. H. (1986). Organizational information requirements, media richness and structural design. *Management Science, 32*(5), 554–571.

Du, H., Hao, J., Kwok, R., & Wagner, C. (2010). Can a lean medium enhance largegroup communication? Examining the impact of interactive mobile learning. *Journal of the American Society for Information Science and Technology, 61*(10), 2122–2137.

Havard, B., Du, J., & Xu, J. (2008). Online collaborative learning and communication media. *Journal of Interactive Learning Research, 19*(1), 37–50.

Havice, P. A., Davis, T. T., Foxx, K. W., & Havice, W. L. (2010). The impact of rich media presentations on a distributed learning environment: Engagement and satisfaction of undergraduate students. *Quarterly Review of Distance Education, 11*(1), pp. 53–60.

Liu, S., Liao, H., & Pratt, J. A. (2009). Impact of media richness and flow on e-learning technology acceptance. *Computers & Education, 52*(3), 599–607.

Role Playing Games: 롤플레잉 게임

(DIGITAL GAME-BASED LEARNING: 디지털 게임 기반 학습 참조)

Rote Learning: 암기 학습

(REPETITION: 반복 참조)

RSS 2.0: RSS 2.0

(REALLY SIMPLE SYNDICATION: RSS 피드 참조)

Rule of Thirds: 삼등분 법칙

(VISUAL MESSAGE DESIGN: 시각적 메시지 설계 참조)

Scaffolding: 스캐폴딩

(COGNITIVE APPRENTICESHIP: 인지적 도제, COMPLEX LEARNING: 복잡한 학습, PROMPTING: 프롬프팅 참조)

스캐폴딩은 학습의 사회적 맥락 및 전문가와 학습자 간의 상호작용을 강조하는 인지적 도제이론으로부터 발달하였다(Brown, Collins, & Duguid, 1989; Collins, Brown, & Newman, 1989). 또한 Vygotsky(1978)의 근접발달영역 개념에 그 뿌리를 두고 있다. 교수전략으로서 스캐폴딩은 학습자가 수행에 어려움을 겪는 과제에 대하여 일시적인 지원을 제공하는 것을 강조한다. 지원은 조언을 하거나 직접적인 도움을 주는 형태를 취한다. 안내, 프롬프트, 피드백은 스캐폴딩을 설계하는 데 있어서 필수적인 요소이다(Quintana et al., 2004). 안내된 탐구(guided inquiry)와 같은 지원을 제공할 수도 있는데, 이 경우 학습자는 수행 단계에 대한 시각화된 수업, 실시간 시연, 혹은 비디오 및 오디오를 통해 전문가의 수행을 관찰할 수 있다(Jonassen, Mayes, & McAlesse, 1993; Williams, 1992). 그 다음 교수자는 학습자의 학습 진도를 모니터링하고 그에 부합하는 적절한 처방을 제공하거나, 혹은 결정적인 시기에 스캐폴딩의 양을 조절한다.

전통적으로 스캐폴딩은 교수자에 의해 다이내믹하게 제공되어 왔다. 그러나 최근 테크놀로지를 통해 스캐폴딩은 학습자의 인지적 부하를 줄이기 위해 과제의 일정 부분을 자동화하고, 문제해결 활동의 조직화를 모델링하며, 학습자 간의 협력을 촉진하게 되었다(Manlove, Lazonder, & de Jong, 2006; Quintana et al., 2004). 또한 스캐폴딩은 새로운 학습이나 과제에 대한 학습자의 준비를 지원하고 학습자가 과제나 문제의 특히 중요한 부분에 주의를 기울일 수 있도록 도와준다(Reiser, 2004).

Hannifin, Land와 Oliver(1999)는 탐구, 성찰 및 자기조절, 모델링, 과제 수행을 지원하기 위한 네 가지 유형의 스캐폴딩을 제안하였다. 예를 들면, 과제 수행을 지원하기 위한 절차적 스캐폴딩으로 하이퍼링크를 활용할 수 있는데, 이를 통해 학습자는 심화 정보나 안내에 접근할 수 있다. 따라서 테크놀로지는 학습자가 자신의 문제해결 과정을 향상하기 위해 스캐폴딩에 즉각적으로 접근할 수 있는 수단이 된다(예: 메타인지적 프롬프트, 문제해결 단계).

스캐폴딩은 점차적으로 줄거나 사라져야 한다(Collins, Brown, & Newman, 1989; McNeill, Lizotte, Krajcik, & Marx, 2006; Pea, 2004). 학습자가 스캐폴딩의 도움 없이 스스로 활동 및 과제를 수행할 수 있어야 하기 때문에 이는 매우 중요하다.

Wei-Chen Hung

참고문헌

Brown, J. S., Collins, A., & Duguid, P. (1989). Situated cognition and the culture of learning. *Educational Researcher, 18*(1), 32-41.

Collins, A., Brown, J. S., & Newman, S. E. (1989). Cognitive apprenticeship: Teaching the craft of reading, writing, and mathematics. In L. B. Resnick (Ed.), *Knowing, learning, and instruction: Essays in honor of Robert Glaser* (pp. 453-494). Hillsdale, NJ: Lawrence Erlbaum Associates, Inc.

Hannafin, M., Land, S., & Oliver, K. (1999). Open learning environments: Foundations, methods, and models. In C. M. Reigeluth (Ed.), *Instructional-design theories and models, Volume II: A new paradigm of instructional theory* (pp. 115-140). Mahwah, NJ: Lawrence Erlbaum Associates.

Jonassen, D., Mayes, T., & McAleese, R. (1993). A manifesto for a constructivist approach to uses of technology in higher education. In T. M. Duffy, J. Lowyck, & D. H. Jonassen (Eds.), *Designing environments for constructive learning* (pp. 232-247). Berlin, Germany: Springer-Verlag.

Manlove, S., Lazonder, A.W., & de Jong, T. (2006). Regulative support for collaborative scientific inquiry learning. *Journal of Computer Assisted Learning, 22*(2), 87-98.

McNeill, K. L., Lizotte, D. J., Krajcik, J., & Marx, R. W. (2006). Supporting students' construction of scientific explanations by fading scaffolds in instructional materials. *The Journal of the Learning Sciences, 15*(2), 153-191.

Pea, R. D. (2004). The social and technological dimensions of "scaffolding" and related theoretical concepts for learning, education and human activity. *The Journal of the*

Learning Sciences, 13(3), 423-451.
Quintana, C., Reiser, B. J., Davis, A. E., Krajcik, J., Fretz, E., Duncan, G. R., Kyza, F., Edelson, D., & Soloway, E. (2004). A scaffolding design framework for software to support science inquiry. *The Journal of the Learning Sciences, 13*(3), 337-386.
Reiser, B. J. (2004). Scaffolding complex learning: The mechanisms of structuring and problematizing student work. *The Journal of the Learning Sciences, 13*(3), 273-304.
Vygotsky, L. S. (1978). *Mind in society: The development of higher psychological processes.* London: Cambridge University Press.
Williams, S. M. (1992). Putting case-based instruction into context: Examples from legal and medical education. *The Journal of the Learning Sciences, 2*(4), 367-427.

Schema Theory: 스키마이론

(ADVANCE ORGANIZER: 선행조직자, COGNITIVE DISSONANCE THEORY: 인지부조화이론, COGNITIVE LEARNING THEORY: 인지주의 학습이론, MEMORY: 기억 참조)

현대 심리학에서 '스키마'라는 용어는 환경과의 상호작용 일부를 압축하여 표상한 추상적인 멘탈 구인(construct)이다. 이러한 가설적인 지식 구조에 대한 개념은 고대 및 보다 가까운 근대, 즉 Kant(1781/1990)의 범주에 해당되는 철학자들에 의해 논의되었는데, 이들에 의하면 경험은 과거에 학습된 것을 참조해야만 이해가 가능하기 때문이다. 그러나 현대 심리학에서 스키마의 기원은 영국의 심리학자인 Frederic Bartlett 경, 프랑스의 아동 심리학자 Jean Piaget로 보는 것이 일반적이다.

Bartlett(1932)은 우리가 경험한 것의 세세한 부분까지 그대로 복사하여(완벽한 스냅 사진처럼) 저장하기보다는 멘탈 표상, 즉 스키마를 구성한다고 주장했다. Bartlett에게 학습은 구성적(constructive)이며, 따라서 기억은 재생적(reproductive)이라기보다는 재-구성적(reconstructive)이다. 다시 말하면, 회상은 스키마를 인출하고, 필요할 경우 필요한 시기에 명시적 혹은 암묵적으로 세세한 부분을 재생성(regenerating)한다.

Piaget(1926)는 아동이 다양한 단계를 거쳐 발달한다는 이론을 제시하였다. 아동은 외부적인 경험을 이해하기 위해 스키마를 개발하는데, 이 스키마는 이후의 경험을 통해 두 가지 방법으로 변화하게 된다. 때로는 새로운 경험이 이미 존재하는 스키마를 단순히 보충하며 동화(assimilate)하는 데 반해, 때로는 새로운 경험이 조절(accommodation), 즉 스키마의 변화를 요구하기도 한다. 인지적인 성장을 위해서는 스키마의 형성 그리고 스키마의 사용 및 스키마와의 상호작용을 수반하는 논리적 사고의 향상이 필요하다. 한때 학습과 기억은 자극과 반응 간의 정적인 연합의 구성으로 간주되었다. 따라서 Bartlett과 Piaget의 관점은 상당 기간 동안 인정받지 못하였다. 그러나 오늘날 스키마의 개념은 많은 분야에 널리 퍼져 있으며(비록 스크립트, 플롯, 계획, 주제, 아웃라인, 내러티브, 프레임, 프레임워크, 노드, 멘탈 모형, 스테레오타입, 개념도, 그래픽 조직자 등 서로 다른 명칭으로 불리지만), 이는 외부 경험을 표상하는 멘탈 구조의 네트워크라는 일반적인 아이디어가 유용함을 보여 준다.

이상의 다양한 용어들 가운데 몇몇은 교실 수업의 맥락에서 개발되었다. 예를 들면, Ausubel(1960, 1968, 1978)은 이미 존재하는 스키마를 활성화하고 새로운 학습을 촉진하기 위한 방법으로 '선행조직자'라는 개념을 소개하였는데, 이 과정은 '포섭(subsumption)이론'이라 불린다. 포섭은 교실 학습에서 필요한 특성으로 기계적 학습과는 반대이며, 새로운 인지적 구조를 개발하는 것이 아니라 이미 존재하는 구조를 재조직화하고 새로운 내용을 동화하는 것에 가깝다.

'스키마이론'은 교육심리학자인 Richard Anderson이 읽기 수업의 맥락을 위해 개발한 구체적인 적용이다. Anderson(1977, 1994)은 읽기에서의 이해와 파지는 독자가 이미 가지고 있는 스키마 혹은 세상에 대한 지식의 작용이라고 하였다. 이러한 접근에 대하여 상당량의 연구가 진행되었는데 최근에는 다소 줄어들고 있다. 읽기에서의 스키마 관련 접근은 McVee, Dunsmore와 Gavelek(2005)에 의해 재탐구되었다. Vygotsky(1986)를 포함하여 그들은 리터러시에 대한 사회문화적 접근, 즉 보편적으로 받아들여지지 않는 특성화(characterization) 접근이 부적절함을 연구하였다(Krasny, Sadoski, & Paivio, 2007).

아직 해결되지 않은, 논쟁의 여지가 있는 이슈로는 스키마의 근원(origins)이 무엇인지, 스키마가 얼마나 그리고 어떻게 변화하는지 그리고 수업을 통해 과거와 현재 학습 간의 상호작용을 얼마나 효과적으로 이루어낼 수 있으며, 테크놀로지가 이 상호작용을 어떻게 가능하게 할 것인지 등이 있다.

John Mueller

참고문헌

Anderson, R. C. (1977). The notion of schemata and the educational enterprise. In R. C. Anderson, R. J. Spiro, & W. E. Montague (Eds.), *Schooling and the acquisition of knowledge* (pp. 415–431). Hillsdale, NJ: Lawrence Erlbaum Associates.

Anderson, R. C. (1994). Role of reader's schema in comprehension, learning, and memory. In R. Ruddell & M. Ruddell (Eds.), *Theoretical models and processes of reading* (4th ed., pp. 469–482). Newark, DE: International Reading Association.

Ausubel, D. P. (1960). The use of advance organizers in the learning and retention of meaningful verbal material. *Journal of Educational Psychology, 51,* 267–272.

Ausubel, D. P. (1968). *Educational psychology: A cognitive view*. New York: Holt, Rinehart, & Winston.

Ausubel, D. (1978). In defense of advance organizers: A reply to the critics. *Review of Educational Research, 48,* 251–257.

Bartlett, F. C. (1932). *Remembering: A study in experimental and social psychology.* Cambridge, England: Cambridge Press.

Kant, I. (1781/1990). *Critique of pure reason*(J. M. D. Meiklejohn, Trans.). Amherst, NY: Prometheus.

Krasny, K. A., Sadoski, M., & Paivio, A. (2007). Unwarranted Return: A Response to McVee, Dunsmore, and Gavelek's (2005) "Schema Theory Revisited". *Review of Educational Research, 77,* 245–248.

McVee, M. B., Dunsmore, K., & Gavelek, J. R. (2005). Schema theory revisited. *Review of Educational Research, 75,* 531–566.

Piaget, J. (1926). *The child's conception of the world.* London, England: Routledge and Kegan Paul.

Vygotsky, L. S. (1986). *Thought and language*. Cambridge, MA: MIT Press.

Screenager: 스크린에이저

(DIGITAL NATIVES AND IMMIGRANTS: 디지털 원주민과 이주민 참조)

Screen Design: 화면 설계

(VISUAL MESSAGE DESIGN: 시각적 메시지 설계 참조)

Second Life: 세컨드 라이프

(VIRTUAL WORLDS: 가상세계 참조)

Self-Directed Learning: 자기주도학습

(INDIVIDUALIZED INSTRUCTION: 개별화 수업, LEARNER-CENTERED INSTRUCTION: 학습자 중심 수업, OPEN EDUCATION: 공개교육, PROGRAMED INSTRUCTION: 프로그램 수업, SELF-REGULATION: 자기조절 참조)

자기주도학습은 바람직한 목적, 즉 인간이 자신의 학습 프로젝트를 선택하고 이를 수행해 나갈 수 있도록 스스로 임파워(empower)하는 것인 동시에, 또한 학습자가 교수자로부터 최소한의 안내만을 받으며 학습목표를 달성하도록 하는 교수 기법으로도 볼 수 있다.

이 개념은 Tough(1971)의 서술적 연구에서 시작되었는데, 그는 사람들이 매일의 일상에서 수많은 비형식 학습 프로젝트를 수행하며, 그중 상당수에는 연간 수백 시간 이상을 할애한다는 사실을 발견하였다.

Malcolm Knowles(1975)는 성인의 능력은 성장하며 학습 과정을 스스로 주도해야 한다고 제안하면서, 자신의 성인학습이론의 일부분으로 '자기주도학습'이라는 용어를 대중화하였다.

Knowles의 인본주의적 접근은 성인 교육자의 주목을 끌었고, 1980년대에 관련 연구가 크게 확산되었으며, 그 후 2000년대 초반에 이르러 확산 추세가 진정되었다. 성인교육 분야에서는 상당수의 문헌들이 철학적인 관점을 지향하였다. 자기주도학습의 목적은 학습자로 하여금 비판적으로 성찰할 수 있도록 이끄는 것, 심지어 학습자의 해방(emancipation)을 추구하는 것으로 보았다(Merriam & Caffarella, 1999; Mezirow, 1985). 관련 연구는 효과성보다는 성인학습자의 특성에 초점을 맞추었다(Brookfield, 1985).

이 이론의 성장 시기는 자기교수(self-instruction) 형태의 빠른 확산 시기와 일치한다. 프로그램 수업 운동(programed instruction movement)과 개별화 수업 운동은 인쇄 및 시청각 자료 기반의 프로그램 교과서(programed textbook), 자기학습 모듈 등 새롭고 효과적인 유형의 개발에 기여하였다. 자기주도학습의 지지자들은 형식교육 및 기업교육의 영역에서 새로운 이니셔티브(initiative)를 실행하기 위해 이러한 소프트웨어 기반 처방에 대한 논의를 유도하였다. 자기주도학습이 교육공학의 영역에 들어오게 된 것은 독립적인 학습을 위한 자원의 설계 및 활용 때문이다.

자기주도학습이 기업교육 영역으로 전파된 것은 보다 현실적인 상황에 기인한다. 기업교육에서 다양한 유형의 자기교수를 추진하게 된 계기는 1980년대와 1990년대의 생산성 운동이다. 직원들이 교육훈련에 사용하는 시간은 비효율성을 줄이기 위한 방법을 찾는 과정에서 면밀한 검토의 대상이 되었다. 그때 새로이 떠오른 자기주도학습이라는 개념은 면대면 집합훈련을 위한 예산을 삭감하고, 개별적으로 학습할 수 있는 시간을 직원들이 각자 알아서 찾아내야 하도록 유도하였다. Piskurich(1993)에 따르면, 기업교육에서 자기주도학습은 학습목표 및 자료의 계열화가 사전에 규명된, 최근 형태의 자기교수 프로그램이며, 이는 Knowles가 제안한 원래의 노선에 위배되는 것이었다.

현재 자기주도학습과 관련된 이슈는 원격교육의 영역에서 주로 다루어진다. Garrison(2003, p. 165)이 설득력 있게 지적했듯이, 자기주도학습의 핵심인 인지적 자율성(autonomy) 및 통제(control) 그리고 이상적인 학습환경에 대한 구성주의적, 협력적 관점의 핵심인 '개인적인 의미를 검증(test)하고 사회적 지식을 재구성할 수 있는 기회' 간에는 철학적인 긴장이 내재해 있다.

Michael Molenda

참고문헌

Brookfield, S. (1985). Self-direct learning: A critical review of the research. In S. Brookfield (Ed.), *Self-directed learning: From theory to practice. New directions for continuing education, no. 25*(pp. 5-16). San Francisco: Jossey-Bass.

Garrison, D. R. (2003). Self-directed learning and distance education. In M. G. Moore & W. G. Anderson (Eds.), *Handbook of distance education* (pp. 161-168). Mahwah, NJ: Lawrence Erlbaum Associates.

Knowles, M. S. (1975). *Self-directed learning: A guide for learners and teachers.* New

A
B
C
D
E
F
G
H
I
J
K
L
M
N
O
P
R
S
T
U
V
W
Z

York: Association Press.
Merriam, S. B., & Caffarella, R. S. (1999). *Learning in adulthood*(2nd ed.). San Francisco: Jossey-Bass.
Mezirow, J. (1985). A critical theory of self-directed learning. In S. Brookfield (Ed.), *Self-Directed Learning: From theory to practice. New directions for continuing education, no. 25* (pp. 17-30). San Francisco: Jossey-Bass.
Piskurich, G. M. (1993). *Self-directed learning: A practical guide to design, development, and implementation*. San Francisco: Jossey-Bass.
Tough, A. (1971). *The adult's learning projects: A fresh approach to theory and practice in adult learning.* Toronto: Ontario Institute for Studies in Education.

Self-Efficacy: 자기효능감

(MOTIVATION: 동기 참조)

심리적인 구인인 자기효능감은 과제를 수행하기 위한 자신의 능력에 대한 신념을 의미하며, '인지된 자기효능감(perceived self-efficacy)'으로도 통용된다. 자기효능감은 자기 자신이 얼마나 효과적으로 행동을 실행할 수 있는지에 대한 개인적인 신념 혹은 인식을 나타낸다. 인지된 자기효능감은 "개인적인 숙달(mastery) …… 및 효과성에 대해 스스로 가지고 있는 기대"이다(Bandura, 1977, p. 193). 이는 "설계된 환경(designed setting)에서 발생하며 …… 특정 맥락에서의 개인(person-in-context)과 관련된 구인"이다(Cervone, Mor, Orom, Shadel, & Scott, 2000, p. 190). 과제를 완수하기 위한 인지된 능력인 자기효능감은 과제에 따라 달라진다. 예를 들어, 수학 방정식 풀이에 대해서는 높은 자기효능감을 가지고 있는 학생이 카드놀이에 대해서는 낮은 자기효능감을 가질 수도 있다.

인지된 자기효능감은 학습자가 가지고 있는 스킬과는 관계없이 수행에 영향을 미친다(Bandura, 1997). 매체연구에 의하면, 학습자가 학습에 요구되는 스킬이 무엇인지 이해한다면 그리고 해당 스킬을 습득하기 위해 필요한 기본적인 스킬을 가지고 있고 '이 매체를 활용하여 학습할 수 있는 스킬(the skills to learn from this medium)'을 가지고 있다면 학습자는 과제를 완수하기 위해 노력을 기울인다(Clark & Sugrue, 2001, p. 83).

특정 스킬의 학습에 대한 자기효능감과 특정 매체에 대한 자기효능감은 학습자의 동기에 영향을 준다.

다양한 교수전략은 자기효능감 및 수행에 대하여 영향을 미친다. 어떻게 하면 더 잘할 수 있는지에 대해 피드백을 받은 학생은, 다른 학생들과 비교하여 강약점을 기술한 평가를 받은 학생에 비해 더 높은 자기효능감 및 좋은 수행을 보여 주었다(Chan & Lam, 2010). 다시 말해, 교사의 형성적인 피드백은 학습자의 자기효능감 및 수행을 촉진할 수 있다.

Kathryn Ley

참고문헌

Bandura, A. (1977). Self-efficacy: Toward a unifying theory of behavioral change. *Psychological Review, 84,* 191-215. doi: 10.1037/0033-295X.84.2.191.

Bandura, A. (1997). *Self-efficacy: The exercise of control.* New York: W. H. Freeman and Company.

Cervone, D., Mor, N., Orom, H., Shadel, W. G., & Scott, W. D. (2000). Self-efficacy beliefs on the architecture of personality: On knowledge, appraisal, and selfregulation. In M. E. Boekaerts, P. R. Pintrich, & M. E. Zeidner (Eds.), *Handbook of selfregulation* (pp. 188-210). San Diego, CA: Academic Press.

Chan, J. C. Y., & Lam, S. (2010). Effects of different evaluative feedback on students' self-efficacy in learning. *Instructional Science, 38*(1), 37-58.

Clark, R. E., & Sugrue, B. M. (2001). International views of the media debate. In R. E. Clark, (Ed.), *Learning from media; Arguments, analysis, and evidence* (pp. 71-88). Greenwich, CT: Information Age Publishing.

Self-Regulation: 자기조절

(COGNITIVE PROCESSES: 인지과정, METACOGNITION: 메타인지, MOTIVATION: 동기, SELF-DIRECTED LEARNING: 자기주도학습 참조)

자기조절(SR)에 대한 정의는 그간 자기조절의 과정에 대하여 점진적으로 세밀화되어 왔다. 초기에는 학습자가 스스로의 학습을 진행하기 위해 메타인지, 동기, 행동을 능동적으로 처리하는 과정(Zimmerman, 1989)으로 정의하였으며, 이후 다음과 같이 확장되었다.

> …… 시간을 계획하고 관리하는 것; 수업에 참여하고 집중하는 것; 정보를 조직화, 리허설, 부호화하는 것; 생산적인 환경을 구축하고 사회적 자원을 효과적으로 활용하는 것 …… 자기효능감, 성과 기대, 과제 가치, 학습목표 지향성, 자신의 학습 및 수행에 대한 자기 만족 등이 수반된다(Zimmerman, 2004, pp. 139-140).

자기조절은 목표 지향적 행동을 지속하기 위한 학습자의 인지적, 행동적, 정의적 기제를 의미한다(Bembenutty, 2009). 따라서 자기조절은 인지, 메타인지, 동기, 행동 전략들을 포함하는 일원화된 하나의 구인이 아니다(Kaplan, 2008). 학습자의 자기조절에는 사전에 정의된 명확한 교수 목적을 달성하기 위해 다양한 학습 활동을 계획, 실행, 모니터링, 평가하고, 학습 활동 및 전략을 수정하는 것이 포함된다. 자기조절을 입증하기 위한 노력은 다양한 구성요소를 전제로 하고 있으며, "이 요소들은 개인이나 그룹 수준에서 타당하게 측정될 수 있는 다양한 대응변수(proxy variable)로 표현된다(Cascallar, Boekaerts, & Costigan, 2006, p. 297)."

자기조절에 대한 과다한 이론적, 조작적 정의는 연구의 발전을 촉진하지 못하였으며, 오히려 측정도구와 명시적으로 연결 지을 수 있는 명확하고 일관된 정의에 대한 요구를 불러일으켰다(Schunk, 2008). 자기보고식의 측정은 어떤 상황에서는 적절할 수 있으나(Pintrich, Smith, Garcia, & McKeachie, 1993), 다른 상황에서는 자기조절을 조작적으로 정의하는 데 있어 충분하지 않다. 예를 들어, 자기조절은 일반적으로 "다성분(multicomponent), 다층(multi-level), 순환적, 자기조징(self-steering) 과정의 특징을 지니며, 자신의 목적 달성을 위해 작동하므로 영역 특수적인 측정도구를 활용하는 것이 보다 적절하다(Boekaerts, Maes, & Karoly, 2005, p. 150)."

자기조절 과정에 대한 측정은 "학습에서 자기조절의 역동적 과정"(Cascallar et al., 2006, p. 297)을 이해하는 데 있어 필수적이다. Motivated Learning Strategies Questionnaire (Pintrich et al., 1993)은 자기보고식 측정의 예에 해당되며, 영역 및 맥락 특수적인 자기조절을 측정하기 위해 보완된 인지적, 메타인지적 문항을 포함한다(Lee, Lim, & Grabowski, 2010). 자기조절 전략은 자기보고 방식 및 맥락 특수적인 학습 성과, 즉 학습 및 파지의 정도를 통해 측정해 왔다(Sitzmann & Ely, 2010). 자기조절 과정의 측정을 위해 컴퓨터를 활용하기도 하는데(Schraw, 2010), 자기조절을 위한 상호작용을 기록해 주는 소프트웨어나(Winne, 2010), 혹은 학습자의 자기조절 과정을 감지, 추적, 모델링하고 촉진하는 온라인 도구(Azevedo, Moos, Johnson, & Chauncey, 2010)가 그 예이다.

Kathryn Ley

참고문헌

Azevedo, R., Moos, D. C., Johnson, A. M., & Chauncey, A. D. (2010). Measuring cognitive and metacognitive regulatory processes during hypermedia learning: Issues and challenges. *Educational Psychologist, 45*(4), 210-223. doi: 10.1080/00461520.2010.515934.

Bembenutty, H. (2009). Feeling-of-knowing judgment and self-regulation of learning. *Education, 129*(4), 589-598.

Boekaerts, M., Maes, S., & Karoly, P. (2005). Self-regulation across domains of applied psychology: Is there an emerging consensus? *Applied Psychology An International Review, 54*(2), 149. doi: 10.1111/j.1464-0597.2005.00201.x.

Cascallar, E., Boekaerts, M., & Costigan, T. (2006). Assessment in the evaluation of self-regulation as a process. *Educational Psychology Review, 18*(3), 297-306. doi: 10.1007/s10648-006-9023-2.

Kaplan, A. (2008). Clarifying metacognition, self-regulation, and self-regulated learning: What's the purpose? *Educational Psychology Review, 20*(4), 477-484.

Lee, H., Lim, K., & Grabowski, B. (2010). Improving self-regulation, learning strategy use, and achievement with metacognitive feedback. *Educational Technology Research & Development, 58*(6), 629-648. doi: 10.1007/s11423- 010-9153-6.

Pintrich, P. R., Smith, D., Garcia, T., & McKeachie, W. (1993). Reliability and predictive validity of the motivated strategies for learning questionnaire(MSLQ). *Educational & Psychological Measurement, 5,* 801-813.

Schraw, G. (2010). Measuring self-regulation in computer-based learning environments. *Educational Psychologist, 45*(4), 258-266. doi: 10.1080/00461520.2010.515936.

Schunk, D. H. (2008). Metacognition, self-regulation, and self-regulated learning: Research recommendations. *Educational Psychology Review, 20*(4), 463-467.

Sitzmann, T., & Ely, K. (2010). Sometimes you need a reminder: The effects of prompting self-regulation on regulatory processes, learning, and attrition. *Journal of Applied Psychology, 95*(1), 132-144. doi: 10.1037/a0018080.

Winne, P. H. (2010). Improving measurements of self-regulated learning. *Educational Psychologist, 45*(4), 267-276. doi: 10.1080/00461520.2010.517150.

Zimmerman, B. J. (1989). A social cognitive view of self-regulated academic learning. *Journal of Educational Psychology, 81*(3), 329-339. doi: 10.1037/0022-0663.81.3.329.

Zimmerman, B. J. (2004). Sociocultural influence and students' development of academic self-regulation: A social-cognitive perspective. In D. M. McInerney, & S. Van Eten (Eds.), *Big theories revisited* (pp. 139-164). Greenwich, CT: Information Age Publishing.

Semiotics: 기호학

(COMMUNICATION: 커뮤니케이션, GRAPHICS: 그래픽 참조)

기호학은 기호(sign)에 대한 연구로 정의할 수 있다. 기호학은 대상(object)을 읽고 해석해야 하는 텍스트로 간주한다. 기호학은 인간이 전통적인 언어를 벗어나 시각자료, 광고, 예술, 음악, 연극, 음식, 유행하는 문화 등을 통해 어떻게 커뮤니케이션하는가에 대해 관심을 가진다. 이에 더해 현대 기호학은 인터넷, 트위터 등의 커뮤니케이션 테크놀로지를 주요 기호 체계로 다룬다.

기호학은 'semiology'라는 용어를 선호한 스위스의 언어학자 Ferdinand de Saussure(1857~1913)와 미국의 철학자 Charles Saunders Peirce(1839~1914)에 의해 시작되었다. Saussure(1916)는 기호를 기표(signifier)와 기의(signified)로 구분하였다. 간략히 설명하면 기표는 대상, 기의는 의미이다. Peirce(1991)는 기호학의 체계를 세 가지 구성요소, 즉 대상(sign-기호), 해석체(interpretant-기의), 표상체(representamen-기표)로 범주화하였다. 기호학은 언어학을 기호가 사용되는 방식과 관련된 모든 영역으로 확대하였으며, 은유, 부호, 텍스트 간의 관계(intertextuality), 표현 방식, 명사적 의미(사전적 의미), 함축적 의미(감정적 의미), 텍스트(열린 혹은 폐쇄된), 계열적/통합적(paradigmatic/syntagmatic) 분석을 모두 포함한다.

Thomas Sebeok(1920~2001)은 기호학을 비인간(nonhuman) 커뮤니케이션 체계로 확장하였다(Sebeok, 1976). Umberto Eco(1932~2016)는 (여러 이슈 가운데) 거짓말의 기

호학을 탐색하였고, 『장미의 이름(The Name of the Rose)』(Eco, 1983)과 같은 그의 여러 소설에서 기호학을 근간으로 활용하였다. Roland Barthes(1915~1980)는 이미지의 기호학에 집중하였는데, 특히 광고 이미지나 신화에 관심을 두었다(Barthes, 1977).

Jacques Derrida(1930~2004)의 포스트모던 탐구나 **차이**(difference)와 **해체**(deconstruction)에 대한 개념은 Saussure의 **랑그**(langue)와 **파롤**(parole)에 기인한다(Derrida, 1997). '해체'라는 용어는 이제 대중성을 가지게 되었으며, 종종 분석(analysis)의 의미로 (잘못) 사용된다. 한편 Eco(1994)는 그의 사상을 현실에서 초현실(hyper-reality)로 확장하였으며, 시뮬라크르에 대한 Baudrillard(1991)의 글은 독특하면서도 종종 논란을 불러일으킨다.

기호학은 매체나 매체 부호 연구에 있어 근본적인 통찰을 제공해 왔음에도 불구하고, 교육공학 분야의 경계로 간주되어 왔다. 기호, 상징, 아이콘, 초현실, 시뮬라시옹/시뮬라크르와 같은 기호학 용어는 교육공학의 문헌에서도 흔히 사용된다.

최근의 동향은 매체 기호학에 대한 Danesi(2002)의 글이나 다중기호양식(multimodalities)에 대한 Kress(2010)의 글에서 확인할 수 있다. Chandler(2002)는 텔레비전, 영화, 인터넷 등의 다양한 매체에 대한 분석을 포함하여 기호학의 기초를 요약하였다.

Denis Hlynka

참고문헌

Barthes, R. (1977). *Elements of semiology.* New York: Hill and Wang.

Baudrillard, J. (1991). The precession of the simulacrum. In D. Hlynka & J. Belland (Eds.), *Paradigms regained: The uses of illuminative, semiotic, and postmodern criticism as modes of inquiry in educational technology* (pp. 441-480). Englewood Cliffs, NL: Educational Technology Publications. (Work originally published in 1983).

Chandler, D. (2002). *Semiotics: The basics* (2nd ed.). London: Routledge.

Danesi, M. (2002). *Understanding media semiotics.* London: Arnold Publishers.

Derrida, J. (1997). *Deconstruction in a nutshell: A conversation with Jacques Derrida.* New York: Fordham University Press.

Eco, U. (1983). *The name of the rose.* New York: Harcourt.

Eco, U. (1994). *The limits of interpretation.* Bloomington: Indiana University Press.

Kress, G. (2010). *Multimodality: A social semiotic approach to contemporary communication.* London: Routledge.

Peirce, C. S. (1991). *Peirce on signs: Writings on semiotic by Charles Saunders Peirce.* Chapel Hill, NC: University of North Carolina Press.

Saussure, F. (1916). *Course in general linguistics.* (C. Bally & A. Sechehaye, Eds.). Paris, France: Payot.

Sebeok, T. (1976). *Studies in semiotics: Contributions to the doctrine of signs.* Bloomington, IN: Indiana University and The Peter De Ridder Press.

Sensory Systems: 감각기관

(PERCEPTUAL MODALITY: 지각 양식 참조)

Sequencing: 계열화

(ELABORATION SEQUENCING: 정교화, LEARNING HIERARCHY: 학습위계, MENTAL MODEL PROGRESSION: 정신모형 진전, SIMPLIFYING CONDITIONS METHOD: 단순화 조건법 참조)

Morrison, Ross, Kalman과 Kemp(2011)는 계열화를 "학습자가 학습목표를 달성할 수 있도록 돕기 위해 콘텐츠를 효율적으로 배열하는 것"(p. 136)이라고 정의하였다. Richey, Klein과 Tracey(2011)에 의하면 계열화는 "교수설계자의 가장 큰 관심사"이며, "교수설계 지식기반(instructional design knowledge base)의 여섯 가지 영역 중 하나"(p. 78)이다. Reigeluth(2007)는 "계열화는 콘텐츠를 어떻게 그룹화하여 어떠한 순서로 배열할 것인지 결정(p. 20)"하는 것이며, "주제 간의 관계 및 교수(instruction)의 크기"(p. 21)에 따라 그 중요성이 좌우된다고 하였다.

계열화에 대한 방법론은 매우 다양하다. Morrison과 동료들(2011)은 Gagné의 학습위계, Posner와 Strike의 학습(learning) 관련, 실재(world) 관련, 개념(concept) 관련 전략 그리고 Reigeluth의 정교화 이론을 가장 일반적인 접근법으로 꼽았다. Richey, Klein과 Tracey(2011)는 여기에 Bruner의 나선형 교육과정을 추가하였다.

위계적 계열화는 학습해야 하는 각각의 스킬이 보다 단순하고 덜 복잡한 '구성요소 스킬(component skills)'로 구성되어 있다는 아이디어에 기반하여 콘텐츠를 배열하는 것이다. 여기서 구성요소 스킬은 보다 복잡한 스킬을 학습하기 이전에 숙달해야만 한다(Reigeluth, 2007; Richey et al., 2011; Tennyson, 2010). 정교화 이론은 학습자가 개발해야 하는 전문성 유형에 따라 계열화를 설명한다. 내용 전문성 계열화는 지식 기반의 교수 콘텐츠에 대한 계열화를 의미하며, 상위, 등위, 하위 관계에 따라 개념을 배열한다(Morrison et al., 2011, p. 143). 과제 전문성 계열화는 스킬 기반의 교수 콘텐츠를 계열화하는데, 가장 단순한 과제에서 시작하여 가장 복잡한 과제까지 콘텐츠를 배열한다(Morrison et al., 2011). Richey와 동료들(2011)에 의하면, 나선형 교육과정은 "기본적인 아이디어를 다루는 것에서 시작하여 이 아이디어를 기반으로 점점 발전시켜서 학습자가 완전히 이해할 때까지 반복적으로 다루어야 함"(p. 78)을 강조하였다.

Morrison과 동료들(2011)은 1976년 Strike와 Posner가 제안했던 세 가지 계열화 방안에 대해 논의하였다. 학습 관련 계열화는 학습자의 요구에 기반하며, 다섯 가지 원리가 있다. ① 미리 규명 가능한 선수요소(prerequisites)가 있을 경우 선수지식 및 선수스킬을 먼저 가르친다. ② 학습자에게 가장 친숙한 콘텐츠로부터 덜 친숙한 콘텐츠로 배열한다. ③ 가장 쉬운 콘텐츠에서 가장 어려운 콘텐츠로 배열한다. ④ 가장 흥미로운 콘텐츠에서 덜 흥미로운 콘텐츠로 배열한다. ⑤ "어떤 과제나 주제를 가르치기 전에 학습자가 적절한 발달단계에 도달해 있는지 확인한다(p. 140)." 실재(world) 관련 계열화는 콘텐츠를 실제 세상의 공간적, 시간적, 물리적 속성에 부합하도록 계열화한다. Strike와 Posner의 세 번째 범주인 개념 관련 계열화에는 네 가지의 원리가 있다. ① 부류(class)가 존재할 경우 부류에 해당하는 요소보다는 부류의 특징을 먼저 가르친다. ② 명제보다는 예시를 먼저 제시한다. ③ 구체적인 개념에서 추상적인 개념으로 가르친다. ④ '논리적으로 선수요소에 해당되는 개념을 먼저' 가르친다(Morrison et al., 2011, p. 140).

콘텐츠를 계열화하는 데에는 하나의 '옳은' 방법이 존재하지 않는다. 계열화를 할 때는 가르칠 내용과 학습자의 특성을 함께 고려해야 한다. 계열화 전략을 잘 사용하면 학습자의 인지부하를 최소화하고 학습 성과를 높일 수 있다. 그러나 계열화가 잘못되면 그 반대의 결과를 야기하여 학습자의 인지부하가 높아지는 동시에 학습 및 전이 가능성이 낮아진다(Si & Kim, 2011).

Nancy B. Hastings

참고문헌

Morrison, G. R., Ross, S. M., Kalman, H., & Kemp, J. E. (2011). *Designing effective instruction* (6th ed.). Hoboken, NJ: John Wiley & Sons.

Reigeluth, C. M. (2007). Order, first step to mastery: An introduction to sequencing in instructional design. In F. E. Ritter, J. Nerb, E. Lehtinen, & T. O'Shea (Eds.), *In order to learn: How the sequence of topics influences learning* (pp. 19–40). New York, NY: Oxford University Press, Inc.

Richey, R. C., Klein, J. D., & Tracey, M. W. (2011). *The instructional design knowledge base: Theory, research and practice.* New York, NY: Routledge.

Si, J., & Kim, D. (2011). How do instructional sequencing methods affect cognitive load, learning transfer, and learning time? *Educational Research, 2*(8), 1362–1372.

Strike, K. A., & Posner, G. J. (1976). Epistemological perspectives on conceptions of curriculum organization and learning. *Review of Research in Education, 4,* 106–141.

Tennyson, R. D. (2010). Historical reflection on learning theories and instructional design. *Contemporary Educational Technology, 1*(1), 1–16.

Serious Games: 기능성 게임

(DIGITAL GAME-BASED LEARNING: 디지털 게임 기반 학습, GAME DESIGN: 게임 설계 참조)

Shading: 음영

(VISUAL MESSAGE DESIGN: 시각적 메시지 설계 참조)

Shape: 형태

(VISUAL MESSAGE DESIGN: 시각적 메시지 설계 참조)

Short Message Service: 단문메시지서비스(SMS)

(MOBILE DEVICES AND FUNCTIONS: 모바일 기기와 기능 참조)

Sign: 기호
(SEMIOTICS 기호학 참조)

Simplifying Conditions Method: 단순화 조건법
(ELABORATION SEQUENCING: 정교화 계열 참조)

단순화 조건법(SCM)은 거시 수준의 교수전략으로서, Reigeluth의 정교화 이론과 매우 연관이 높다(Reigeluth, 1987, 1999). SCM의 계열화 접근에 의하면 전체 과제(whole task)를 표상하는 복잡한 과제의 가장 단순한 실제 세계 버전으로부터 학습을 시작하며, 각 과제를 마스터하면 좀 더 어려운 버전으로 넘어가되, 바람직한 복잡도 수준을 달성할 때까지 학습을 진행한다. 이는 마치 대부분의 비디오 게임의 속성과 유사하다.

복잡한 인지 과제의 학습에 있어서 SCM은 학습자가 과제를 전체적으로 이해하고 심지어 학습의 첫 단계에서 전문가의 스킬을 습득할 수 있도록 도와준다. 학습자가 실제 세계의 과제를 수행하기 때문에 SCM은 상황학습, 문제 기반 학습, 컴퓨터 기반 시뮬레이션 등에 적합하다(Reigeluth, 1999). SCM은 인지 스키마의 형성을 촉진하며, 이로 인해 보다 복잡한 이해를 할 수 있게 된다.

SCM에 의하면 과제는 순수히 **절차적**이거나(이 경우 전문가가 단계적으로 생각함), 순수히 **휴리스틱**을 따르거나(이 경우 전문가가 인과모델이나 경험에 의한 짐작에 맞춰 생각함), 혹은 이 두 가지가 **조합**되어 양극단의 연속선상에 존재할 수도 있다(Reigeluth, 1999).

절차적 과제와 휴리스틱 과제를 위한 SCM은 정수화(epitomizing)와 정교화(elaboration)의 두 부분으로 구성되어 있다(Reigeluth, 1999). 정수화의 원리가 전체적 학습(holistic learning)과 스키마 형성을 기반으로 하고 있기 때문에 정수화는, ① 단순한 구성요소 스킬보다는 과제의 전체 버전, ② 인지부하를 야기하는 복잡한 버전보다는 과제의 단순한 버전, ③ 탈맥락화된 과제보다는 실제 세계를 반영하는 과제, ④ 전체 과제를 잘 표상하는 버전을 사용할 것을 제안한다. 이와 유사하게, 정교화 원리가 전체적 학습 및 스키마 동화를 기반으로 하고 있으므로 정교화는, ① 해당 과제의 또 다른 전체 버전, ② 과제의 보다 복잡한 버전, ③ 과제의 실제적인(authentic) 버전, ④ 전체 과제를 잘 표상하는 버전을 사용할 것을 제안한다(Reigeluth, 1999).

절차적인 과제에 있어서, 가장 단순한 버전의 과제란 일반적으로 단계가 적은 것을 의미한다. 계열화의 설계는 주로 Scandura(1973)와 Merrill(1980)의 절차에 대한 경로 분석을 바탕으로 한다(Reigeluth & Rodgers, 1980). 조건이 다르면 어떤 절차에 대한 경로가 다양해지며, 단순한 조건하에서는 경로가 가장 짧다. 짧은 경로가 과제를 대표하지 못한다면, 좀 더 길지만 해당 과제를 보다 잘 대표하는 경로가 사용된다. 휴리스틱 과제에 있어서는(Reigeluth, 1992), 가장 단순한 버전의 실제 세계 과제는 가장 적은 휴리스틱의 학습을 요구하는 것이다. 보다 단순한 버전의 과제와 보다 복잡한 버전의 과제를 구분하는 조건을 결정함으로써 이 버전이 규명된다.

Yeol Huh
Dabae Lee
Charles M. Reigeluth

참고문헌

Merrill, P. F. (1980). Analysis of a procedural task. *NSPI Journal, 19*(2), 11–15.

Reigeluth, C. M. (1987). Lesson blueprints based on the elaboration theory of instruction. In C. M. Reigeluth (Eds.), *Instructional theories in action: Lessons illustrating selected theories and models* (pp. 245–288). Hillsdale, NJ: Lawrence Erlbaum Associates.

Reigeluth, C. M. (1992). Elaborating the elaboration theory. *Educational Technology Research & Development, 40*(3), 80–86.

Reigeluth, C. M. (1999). The elaboration theory: Guidance for scope and sequence decisions. In C. M. Reigeluth (Ed.), *Instructional-design theories and models: A new paradigm of instructional theory* (Vol. 2, pp. 425–453). Mahwah, NJ: Lawrence Erlbaum.

Reigeluth, C. M., & Rodgers, C. A. (1980). The Elaboration Theory of Instruction: Prescriptions for task analysis and design. *NSPI Journal, 19*(1), 16–26.

Scandura, J. M. (1973). Structural learning and the design of educational materials. *Educational Technology, 13*(8), 7–13.

Simulation: 시뮬레이션

(DIGITAL GAME-BASED LEARNING: 디지털 게임 기반 학습, EXPERT SYSTEMS 전문가 시스템 참조)

교육 훈련 분야에서 시뮬레이션의 사용은 그 역사가 길다. 또한 비즈니스(Griffin & Williams, 1964; Mayer, Dale, Fraccastoro, & Moss, 2011; Pasin & Giroux, 2011), 군대(Fletcher, 2009; Macedonia, 2002), 의학(McGaghie, Siddal, Mazmanian, & Myers, 2009; Scalese, Obeso, & Issenberg, 2008), 과학과 같은 전통적인 교과 영역(Rutten, van Joolngen, & van der Veen, 2012) 등은 물론 파일럿 훈련과 같은 특정 응용 분야(Koonce & Bramble, 1998)에서 성공적으로 사용되었다. Gredler(2004)는 시뮬레이션을 "특정 사회적 혹은 물리적 실재(reality)에 대하여 점진적으로 전개되는 사례 연구(evolving case studies)"(p. 573)라고 정의하였으며, 시뮬레이션의 목적은 "참가자로 하여금 진짜와 같은 역할을 수행하고, 시뮬레이션 내에서 제기되는 이슈, 위협 혹은 문제들을 다루며, 자신의 결정이 미치는 영향력을 경험해 볼 수 있도록 하는 것"(p. 573)이라 하였다. De Jong과 van Joolingen(1998)은 컴퓨터 기반 시뮬레이션으로 특정하여 정의하기를, "시스템(자연 혹은 인공)이나 과정에 대한 모델을 포함하는 프로그램"(p. 180)이라 하였다. Aldrich (2004)에 의하면 시뮬레이션은 "시스템이나 과정을 구성하는 요소들 간의 관계를 이해하기 위한 방법"이며, "학습은 모델의 하나 혹은 여러 요인의 변화가 미치는 영향을 이해할 때 발생한다(p. 287)." Gredler(2004)는 더 나아가 경험적(experiential) 시뮬레이션과 상징적(symbolic) 시뮬레이션을 구분한다. 전자는 참여자가 가상의 상황이나 환경에서 어떤 역할을 수행하는 반면, 후자의 경우 참여자는 시스템 내의 변수를 조작하며 그 결과를 관찰하는 등 가상의 시스템과 상호작용한다. Sauvé와 Renaud, Kaufman, Marquis(2007)는 시뮬레이션의 중요한 특징으로 시스템의 충실도(fidelity), 즉 시뮬레이션이 현실을 반영하는 정도에 초점을 맞추었다. 이들에 의하면 시뮬레이션은 "현실에 대한 단순화되고 역동적이며 정밀한 표상"(p. 253)이다.

관련 문헌에서 주요 이슈는 '시뮬레이션'과 '게임'이라는 용어가 동의어로 사용되거나, 혹은 제대로 된 설명이나 정의 없이 혼용되는 것이다(Sauvé et al., 2007). 이들 간에 중복되는 영역이 존재한다는 것을 인지하면서도, Gredler(2004)는 단순하면서도 중요한 차이점이 있음을 언급한다. 게임의 목적은, 적어도 참여자에게는, 이기는 것이다.

게임과 시뮬레이션의 근본적인 속성을 비교하면서 Sauvé와 동료들(2007) 역시 이점을 강조한다. 게임은 "허구의 기발한 혹은 인위적인 상황에서 플레이어들이 갈등 혹은 대립하는 위치에 놓이게" 되는 반면, 시뮬레이션에서는 "대립이나 갈등이 반드시 요구되는 것은 아니다(p. 253)." DiPietro, Ferdig, Boyer와 Black(2007), Rieber(1996)와 같은 학자들에 의하면, 이러한 구분은 Malone과 Lepper(1987)의 제안, 즉 게임은 판타지, 호기심, 도전, 통제(control)와 같이 내적 동기를 유발하는 요소를 가지고 있다는 주장에서 시작된다. 또한 가상세계나 가상환경을 포함하여(Dalgarno & Lee, 2010) 최근의 경험들은 이 둘의 각각의 특징(아마도 이점)을 모두 가지는 상위의 더 큰 경험으로 통합할 수 있다고 강조한다(Hofstede, Caluwé, & Peters, 2010; Warburton, 2009).

Jason Underwood

참고문헌

Aldrich, C. (2004). *Simulations and the future of learning: An innovative approach to Elearning*. San Francisco, CA: Wiley.

Dalgarno, B., & Lee, M. J. W. (2010). What are the learning affordances of 3-D virtual environments? *British Journal of Educational Technology, 41*(1), 10-32.

de Jong, T., & van Joolingen, W. R. (1998). Scientific discovery learning with computer simulations of conceptual domains. *Review of Educational Research, 68*(2), 179-201.

DiPietro, M., Ferdig, R. E., Boyer, J., & Black, E. W. (2007). Towards a framework for understanding electronic educational gaming. *Journal of Educational Multimedia and Hypermedia, 16*(3), 225-248.

Fletcher, J. D. (2009). Education and training technology in the military. *Science, 323*(5910), 72-75.

Gredler, M. E. (2004). Games and simulations and their relationship to learning. In D. H. Jonassen (Ed.), *Handbook of research on educational communications and technology* (2nd ed., pp. 571-582). Mahwah, NJ: Lawrence Erlbaum Associates.

Griffin, C. H., & Williams, T. H. (1964). Simulation in business education. *The Accounting Review, 39*(1), 160-163.

Hofstede, G. J., Caluwé, D. L., & Peters, V. (2010). Why simulation games work, in search of the active substance: A synthesis. *Simulation and Gaming, 41*(6), 824-843.

Koonce, J. M., & Bramble, W. J. (1998). Computer-based flight training devices. *International Journal of Aviation Psychology, 8*(3), 277-292.

Macedonia, M. (2002). Games soldiers play. *IEEE Spectrum, 39*(3), 32-37.

Malone, T. W., & Lepper, M. R. (1987). Making learning fun: A taxonomic model of intrinsic motivations for learning. In R. E. Snow & M. J. Farr (Eds.), *Aptitude, learning, and instruction: III, Conative and affective process analysis* (pp. 223-253). Hillsdale, NJ: Erlbaum.

Mayer, B. W., Dale, K. M., Fraccastoro, K. A., & Moss, G. (2011). Improving transfer of learning: Relationship to methods of using business simulation. *Simulation & Gaming, 42*(1), 64-84.

McGaghie, W. C., Siddal, V. J., Mazmanian, P. E., & Myers, J. (2009). Lessons for continuing medical education from simulation research in undergraduate and graduate medical education: effectiveness of continuing medical education. *Chest, 135*(3), 62S-68S.

Pasin, F., & Giroux, H. (2010). The impact of a simulation game on operations management education. *Journal of Computers & Education, 57*(1), 1240-1254.

Rieber, L. P. (1996). Seriously considering play. *Educational Technology, 44*(2), 43-58.

Rutten, N., van Joolingen, W. R., & van der Veen, J. T. (2012). The learning effects of computer simulations in science education. *Computers & Education, 58*(1), 136-153.

Sauvé, L., Renaud, L., Kaufman, D., & Marquis, J. S. (2007). Distinguishing between games and simulations: A systematic review. *Educational Technology & Society, 10*(3), 247-256.

Scalese, R., Obeso, V. T., Issenberg, S. B. (2008). Simulation technology for skills training and competency assessment in medical education. *General Internal Medicine, 23*(S1), 46-49.

Warburton, S. (2009). Second Life in higher education: Assessing the potential for and the barriers to deploying virtual worlds in learning and teaching. *British Journal of Educational Technology, 40*(3), 414-426.

Situated Cognition: 상황인지

(COGNITIVE APPRENTICESHIP: 인지적 도제, COMMUNITY OF PRACTICE: 실천공동체, CONSTRUCTIVISM: 구성주의 참조)

상황인지에 의하면 학습은 특정 시간과 장소에서 발생하며 맥락화된다(Neville, 2010). 의미는 사회적으로 구성되는 것이므로(Hung & Chen, 2001), 상황 학습은 정의된 사회적 환경(defined social environment)에서 발생한다. 지식은 해당 지식이 속해 있는 상황과 별도로 그 자체로서 존재하는 것이 아니며, 사회문화적 맥락 내에서 존재한다. Hung과 Chen(2001)은 더 나아가 인간은 사회적 환경 내에서 의미를 구성한다고 하였다. 이러한 실천공동체는 지식과 스킬이 구성되는 틀을 규정한다(Woolfolk, 2012). 엔지니어의 공동체, 물리학자의 공동체, 건축가의 공동체는 서로 다른 환경에서 실천한다. 각 그룹은 자신의 지식을 서로 다르게 규정할 것이며, Jonassen(2003)에 의하면 서로 다른 그룹은 문제를 해결하기 위해 다른 접근을 취한다. 더욱이 환경의 속성이 다르면 학습되는 것도 다르다(Pella, 2011). 예를 들어, 해안의 침식 작용에 대한 학습은 바닷가에 거주하는 학생과 내륙에 거주하는 학생에게 다른 맥락을 제공한다. 바닷가에 거주하는 학생은 자신이 학습하는 바로 그 환경에 살고 있지만, 내륙에 거주하는 학생은 바닷가에 갈 기회가 많지 않을 수 있다. 맥락 안으로 들어갈 때 학습자가 습득하는 지식의 범주와 계열에 변화가 생긴다.

David D. Carbonara

참고문헌

Hung, D. W. L., & Chen, D. T. (2001). Situated cognition, Vygotskian thought and learning from the communities of practice perspective: Implications for the design of web-based e-learning. *Educational Media International, 38*(1), 3-11.

Jonassen, D. (2003). Using cognitive tools to represent problems. *Journal of Research on Technology in Education, 35*(3), 362-362.

Neville, D. O. (2010). Structuring narrative in 3D digital game-based learning environments to support second language acquisition. *Foreign Language Annals, 43*(3), 446-470.

Pella, S. (2011). A situative perspective on developing writing pedagogy in a teacher

professional learning community. *Teacher Education Quarterly, 38*(1), 107–125.
Woolfolk, A. (2012). *Educational Psychology* (12th ed.). Upper Saddle River, NJ: Prentice Hall.

Smartphone: 스마트폰

(MOBILE DEVICES AND FUNCTIONS: 모바일 기기와 기능 참조)

Social Computing: 소셜 컴퓨팅

(BLOG: 블로그, COMMUNICATION: 커뮤니케이션, COMMUNICATION MAPPING: 커뮤니케이션 매핑, SOCIAL MEDIA: 소셜 미디어, TECHNOLOGICAL COMMLUNICATION: 테크놀로지 활용 커뮤니케이션, USER-GENRATED CONTENT: 사용자 제작 콘텐츠, WEB 2.0: 웹 2.0 참조)

근본적으로 사회적인 인간의 속성을 바탕으로 하는 소셜 컴퓨팅은 일반적으로 디지털 시스템을 활용한 온라인 사회적 상호작용으로 정의할 수 있다(Erickson, 2011). 컴퓨터공학의 관점에서 보자면, 소셜 컴퓨팅은 팀, 커뮤니티, 조직, 마켓 등의 사회적인 모임(네트워크)에 분산되어 있는 정보를 수집하고, 처리하고, 활용하고, 보급하는 활동을 지원하기 위해 설계된 하드웨어 및 소프트웨어를 의미한다. 가장 최근의 소셜 컴퓨팅 테크놀로지는 그룹이 커뮤니케이션을 지속적으로 유지할 수 있도록 지원한다(Norman, 2011).

최근의 디지털 테크놀로지 및 네트워크가 지원하는 온라인 소셜 컴퓨팅/상호작용의 유형은 방대하다. 이메일을 교환하는 것에서 시작하여 실시간 메신저, 블로그, 소셜 북마킹, 매쉬업, 소셜 네트워킹, 비디오 블로그, 가상세계, 온라인 게임, 위키 등이 모두 해당된다.

역사적인 관점에서 소셜 컴퓨팅은 컴퓨터가 연산뿐만 아니라 커뮤니케이션이나 사회적 상호작용에 있어서도 유용함을 인지했던 1960년대로 거슬러 올라갈 수 있다(Erickson, 2011). 소셜 컴퓨팅의 초기 형태로는 메일링 리스트, 게시판, 비실시간 채팅 등이 있다. 그 이후 프로세싱 속도나 네트워크 용량 및 연결성, 월드와이드웹의 성장 등 커뮤니케이션 테크놀로지의 개선은 온라인 사회적 상호작용을 지원하였으며, 사람들은 콘텐츠를 웹 페이지에 올리고 다른 사람의 웹 사이트를 링크하게 되었다

(Erickson, 2011).

소셜 컴퓨팅은 1990년대 말과 2000년대 초반 큰 인기를 얻으며 확산되었으며, 그 당시 디지털 시스템은 온라인 콘텐츠를 공유하고 대화를 나누기 위한 플랫폼 이상의 기능을 수행하기 시작하였다(Erickson, 2011). 소셜 컴퓨팅에 있어서 주요 발전 중 하나는 사회적 상호작용을 바탕으로 사용자가 생산한 콘텐츠를 처리한 후 그 결과를 시스템에 다시 피드백할 수 있는 디지털 시스템의 설계였다(Erickson, 2011). 초기의 컴퓨터 컨퍼런싱 시스템은 사람 간의 온라인 대화를 지원하기 위한 수동적인 플랫폼이었다. 반면 현대의 소셜 컴퓨팅은 사용자가 생성한 콘텐츠를 처리하기 위한 디지털 시스템으로 정의된다. 이로 인해 종종 사용자를 위한 새로운 기능과 가치가 필요해진다(Erickson, 2011). 특정 페이지가 언급되는(링크되는) 숫자를 바탕으로 해당 페이지의 중요도를 산정하는 알고리즘인 Google의 Pagerank, 사용자가 작성한 리뷰 및 해당 리뷰가 도움이 된 정도를 또 다른 사용자가 평가하는 Amazon의 접근 방식은 적극적인 소셜 컴퓨팅의 예에 해당된다(Erickson, 2011). Donald Norman(2011)은 사회적 상호작용 및 그룹을 위한 테크놀로지 설계가 현 세기의 중요한 이슈가 될 것이라 예측한다.

D. Michele Jacobsen

참고문헌

Erickson, T. (2011). Social Computing. In Soegaard, M. & Dam, R. F. (Eds.), *Encyclopedia of human-computer interaction*. The Interaction-Design.org Foundation. Available online at http://www.interaction-design.org/encyclopedia/social_computing.html.

Norman, D. (2011). *Living with complexity*. Cambridge, MA: MIT Press.

Social Constructivism: 사회적 구성주의

(CONSTRUCTIVISM: 구성주의 참조)

Social Media: 소셜 미디어

(SOCIAL COMPUTING: 소셜 컴퓨팅, TECHNOLOGICAL COMMUNICATION: 테크놀로지 활용 커뮤니케이션, USER-GENERATED CONTENT: 사용자 제작 콘텐츠, WEB 2.0: 웹 2.0 참조)

Kaplan과 Haenlein(2010)에 의하면 소셜 미디어는 “웹 2.0이라는 아이디어 및 테크놀로지를 기반으로 하여 사용자 제작 콘텐츠의 창출 및 교환을 가능하게 하는 인터넷 기반 애플리케이션"(p. 61)이다. Mackey와 Jacobson(2011)은 이에 더해 "소셜 미디어 환경은 유동적이고, 협력적이고, 자유롭게 정보가 흐르며, 다양한 유형의 콘텐츠를 비판적으로 평가하고, 공유하고, 생성하기 위해 정보에 대한 종합적인 이해가 요구된다."(p. 62)고 하였다.

초기 소셜 미디어 웹사이트는 1998년에 등장하는데, 이 시기에 시작된 Open Diary는 지금의 블로그와 유사한 온라인 일기쓰기 커뮤니티이며(Kaplan & Haenlein, 2010), Six Degrees는 "사용자가 개인 프로필을 작성하고 친구 목록을 생성하여 친구 목록을 서핑하는"(Boyd & Ellison, 2008, p. 214), 진정한 의미에서의 첫 소셜 네트워킹 사이트였다. 이후로 소셜 미디어는 급속히 확장되었다. Lightle(2010)은 이제 소셜 미디어의 사용자들이 기존의 콘텐츠를 수정하고, 새로운 콘텐츠를 생산하며, 자신의 학습을 개인화하고, 공통의 관심사를 묶어 온라인 교육 커뮤니티를 구축할 수 있다고 하였다. Kaplan과 Haenlein(2010)은 이에 더해 "사이버공간에는 매일 새로운 사이트가 등장한다."고 하였으며, 애플리케이션을 분류하려면 기존의 애플리케이션과 "향후 등장하게 될"(p. 61) 애플리케이션을 모두 고려해야 함을 강조하였다.

소셜 미디어를 정의하는 것은 애플리케이션을 범주화하는 것보다 덜 복잡하다. 소셜 미디어는 사용자로 하여금 온라인 환경에 보다 적극적으로 참여할 수 있도록 해준다. 소셜 미디어는 정적이기보다는 역동적이다(Kaplan & Haenlein, 2010; Lightle, 2010; Mackey & Jacobson, 2011). Baird와 Fisher(2005)에 의하면 "소셜 미디어를 활용하면 교사들이 더 다양한 교수전략을 실행할 수 있으며, 디지털 테크놀로지를 기반으로 학습스타일을 고려할 수 있다(p. 8)." 또한 "소셜 네트워킹 테크놀로지와 '상시 접속되어 있는' 교육방법의 융합으로 인해 교육의 모습이 급속히 변화하고 있다."(p. 6)고도 하였다.

Nancy B. Hastings

참고문헌

Baird, D. E., & Fisher, M. (2005). Neomillennial user experience design strategies: Utilizing social networking media to support "always on" learning styles. *Journal of Educational*

Technology Systems, 34(1), 5–32.

Boyd, D. M., & Ellison, N. B. (2008). Social network sites: Definition, history and scholarship. *Journal of Computer Mediated Communication, 13*(1), 210–230.

Kaplan, A. M., & Haenlein, M. (2010). Users of the world, unite! The challenges and opportunities of social media. *Business Horizons, 53,* 59–68.

Lightle, K. (2010). Using social media to build an online professional learning network of middle level educators. *Knowledge Quest: STEM for our students, 39*(2), 48–53.

Mackey, T. P., & Jacobson, T. E. (2011). Reframing information literacy as a metaliteracy. *College & Research Libraries, 72*(1), 62–78.

Social Networks: 사회연결망

(SOCIAL COMPUTING: 소셜 컴퓨팅 참조)

Societal Ethics: 사회적 윤리

(ETHICS: 윤리 참조)

Sociocultural Theory: 사회문화적 이론

(COLLABORATIVE LEARNING: 협력학습, CULTURAL HISTORICAL ACTIVITY THEORY: 문화역사적 활동이론 참조)

Sociohistorical Theory: 사회역사적 이론

(CULTURAL HISTORICAL ACTIVITY THEORY: 문화역사적 활동이론 참조)

Spoofing: 위장

(ONLINE BEHAVIOR: 온라인 행동 참조)

Strategy Games: 전략 게임

(DIGITAL GAME-BASED LEARNING: 디지털 게임 기반 학습 참조)

Stop Action Animation: 스톱모션 애니메이션

(ANIMATION: 애니메이션 참조)

Subsumptive Sequencing: 포섭적 계열화

(SEQUENCING: 계열화 참조)

Summative Evaluation: 총괄평가

(ASSESSMENT: 사정, EVALUATION: 평가, EVALUATION MODELS: 평가 모형 참조)

Symbolic Perception: 상징적 인지

(PERCEPTUAL MODALITY: 지각 양식 참조)

Symmetry: 대칭

(VISUAL MESSAGE DESIGN: 시각적 메시지 설계 참조)

Symbols: 상징

(SEMIOTICS: 기호학 참조)

Synchronous Communication: 동시적 커뮤니케이션

(INTERACTION: 상호작용 참조)

System Analysis: 체제 분석

(ANALYSIS: 분석, SYSTEMS APPROACH: 체제적 접근 참조)

Systems Approach: 체제적 접근

(ANALYSIS: 분석, INSTRUCTIONAL DESIGN MODELS: 교수설계 모형 참조)

'체제적 접근'이라는 용어가 교수설계공학(instructional design and technology) 분야

고유의 것은 아니다. 많은 영역에서 체제적 접근에 대한 초기의 접근으로 모형을 구안하고 시뮬레이션을 통해 이를 검증하는 과정의 의미로 사용해 왔다(Putnam, 1964). 학습 체제와 관련하여 Ryan(1975)은 체제적 접근을 다음과 같이 기술하였다.

> ……기존에 존재하는 체제를 연구하고, 문제를 해결하며, 새로운 체제를 개발하거나 기존의 체제를 수정하기 위한 일련의 유관 활동들을 수행함으로써 조직의 산출물을 최적화하기 위한 과학적이고 체계적이며 합리적인 절차이다(p. 121).

체제적 접근은 일반체제이론을 실제에 적용하기 위한 것으로서, 문제해결을 위한 전통적인 과학적 방법과 여러 측면에서 유사하다.

교수설계공학 분야에서 체제적 접근과 관련된 초기 문헌은 이러한 과정의 여러 절차 혹은 단계를 규명하였는데, 대부분 분석(analysis)과 종합(synthesis)의 두 단계로 요약할 수 있다(Richey, Klein, & Tracey, 2011).

분석에는, ① 구성요소들의 규명, ② 구성요소, 즉 부분과 전체 체제 간의 관계 규명이라는 두 개의 명확한 단계가 존재한다(Silvern, 1972).

한편, 종합은 문제를 해결하기 위해 새로운 체제를 설계하는 것이다. 이 새로운 설계물은 이미 존재하는 구성요소 부분들 간의 관계를 새로이 정립하거나, 혹은 새로운 구성요소나 절차를 규명한 것의 결과물이다. 학자들은 종합을 다양하게 정의한다. Banathy(1968)는 이를 체제 개발이라 하였다. Kaufman(1970)에 의하면 종합은 해결책을 선택하고 실행하며 그 효과성을 판단하는 것이다. Romiszowski(1981)는 종합을 해결책의 설계와 개발이라 정의하였다.

체제적 접근은 1960년대 후반 교수설계 모형의 개발에 있어 원동력으로 작용하였으며, 이 모형들은 이후 교수체제설계 모형으로 알려진다.

Rita C. Richey

참고문헌

Banathy, B. H. (1968). *Instructional systems.* Palo Alto, CA: Fearon Publishers.

Kaufman, R. A. (1970). Systems approaches to education: Discussion and attempted integration. In *Social and technological change: Implications for education*. Eugene,

OR: Center for Advanced Study of Educational Administration, University of Oregon.

Putnam, H. (1964). The compleat conversationalist: A "systems approach" to the philosophy of language. In M.C. Mesarović (Ed.), *Views on general systems theory: Proceedings of the Second Systems Symposium at Case Institute of Technology* (pp. 89–105). New York: John Wiley & Sons, Inc.

Richey, R. C., Klein, J. D., & Tracey, M. W. (2011). *The instructional design knowledge base: Theory, research, and practice.* New York: Routledge.

Romiszowski, A. J. (1981). *Designing instructional systems: Decision making in course planning and curriculum design.* London: Kogan Page, Ltd.

Ryan, T. A. (1975). Analysis of the systems approach. In S. D. Zalatimo & P. J. Sleeman (Eds.), *A systems approach to learning environments* (pp. 118–129). Pleasantville, NY: Docent Corporation.

Silvern, L. C. (1972). *Systems engineering applied to training.* Houston, TX: Gulf Publishing Company.

T

Task Analysis: 과제 분석

(ANALYSIS: 분석 참조)

Task Management: 과제 관리

(PROJECT MANAGEMENT: 프로젝트 관리 참조)

Task Management Software: 과제 관리 소프트웨어

(PROJECT MANAGEMENT: 프로젝트 관리 참조)

Taxonomy: 분류체계

(INFORMATION CLASSIFICATION: 정보 분류 참조)

분류체계는 "특정 주제 영역에 대한 탐구로서, 대상(object)이나 개념(concept)들 간의 관계를 고려하여 그룹으로 묶어 정리하고…… 그룹을 체계적으로 구분하고 순서화하여 명명하는 것"(Greenbaum & Falcione, 1980)을 의미한다. 분류체계는 두 가지로 접근할 수 있다. 첫 번째 접근은 범주들이 고정되어 있다고 제안한다. 두 번째 접근에 의하면 범주들은 지속적으로 진화하기 때문에 언제든 바뀔 수 있다고 본다(Lyman, O'Brien, & McKern, 2002). 교수설계공학 분야의 분류체계는 후자에 가까운 편이다. 관련 지식과 과정이 시간이 지남에 따라 변화하기 때문이다.

분류체계의 구성은 대상(object) 및 사건(event)의 유사점과 차이점을 관찰하는 것으로부터 시작된다(Melton, 1964). 이러한 관찰을 통해 다양한 그룹과 하위그룹이 생성된다. 특정 분류체계를 분석하다 보면 범주 간에 중복되는 부분이 보일 수 있다. 이러한 범주들은 서로의 관계를 표현할 수 있도록 위계적으로 분류된다(Russ-Eft, Bober, de la Teja, Foxon, & Koszalka, 2008). 반면에 분류체계는 본질적으로 위계적이지 않을 수도 있다(Sokol, 1974).사건에 대한 이해가 깊어지면 분류체계도 바뀔 수 있다. 따라서 "분류체계는 과학의 발전 단계를 반영한다(Melton, 1964, p. 328)."

분류체계의 주된 목적은 유사한 대상들의 구조 및 유사한 항목으로 구성된 그룹들 간의 관계를 보여 주는 것이지만(Sokol, 1974), 이 외의 목적으로 사용할 수도 있다. 예를 들어, 잘 알려진 Bloom(1956)의 교육목표 분류체계는 원래 교육자들 간의 의사소통을 촉진하기 위해 개발된 것이다. Greenbaum과 Falcione(1980)의 용어사전 분류체계는 조직 커뮤니케이션 분야의 연구 결과들을 통합하기 위해 고안한 것이다.

한편, 분류체계는 다양한 형태로 표현된다. Bloom(1956)의 분류체계는 용어의 개요를 서술한 리스트이다. Carrier와 Sales(1987)의 컴퓨터 기반 교수에 대한 분류체계는 일반적인 변인, 변인에 대한 정의, 예시를 포함하는 표의 형식을 취한다. Caffarella와 Fly(1992)의 교수공학 연구 분류체계는 분야의 다양한 영역을 강조하는 셀로 이루어진 3차원의 정육면체이다. Richey, Klein과 Tracey(2011)의 교수설계 지식 기반 분류체계는 주요 요소 및 각 요소와 관련된 분류(class) 그리고 각 분류에 대한 하위분류(subclass)로 구성되어 있다.

James D. Klein

참고문헌

Bloom, B. S. (Ed.) (1956). *Taxonomy of educational objectives: The classification of educational goals, Handbook I: Cognitive domain.* New York: David McKay Company, Inc.

Caffarella, E. P., & Fly, K. (1992). Developing a knowledge base and taxonomy in instructional technology. In M. R. Simonson & K. Jurasek (Eds.), *14th Annual Proceedings of Selected Research and Development Presentations at the 1992 National Convention of the Association for Educational Communications and Technology* (pp. 95–102). Ames, IA: Iowa State University. (ERIC Document Reproduction Service No. ED 347977).

Carrier, C. A., & Sales, G. C. (1987). A taxonomy for the design of computer-based instruction. *Educational Technology, 27*(10), 15–17.

Greenbaum, H. H., & Falcione, R. L. (1980). Organizational communication research: An exploratory application of a conceptual model for an organized knowledge base. A

paper presented at the 40th Annual meeting of The Academy of Management. (ERIC Document Reproduction Service No. ED 199919).
Lyman, R. L., O'Brien, M. J., & McKern, W. C. (2002). *W. C. McKern and the Midwest Taxonomic Method.* Tuscaloosa, AL: The University of Alabama Press.
Melton, A. W. (1964). The taxonomy of human learning: Overview. In A.W. Melton (Ed.), *Categories of human learning* (pp. 325–339). New York: Academic Press.
Richey, R. C., Klein, J. D., & Tracey, M. W. (2011). *The instructional design knowledge base: Theory, research, and practice.* New York: Routledge.
Russ–Eft, D. E., Bober, M. J., de la Teja, I., Foxon, M., & Koszalka, T. A. (2008). *Evaluator competencies: Standards for the practice of evaluation in organizations.* San Francisco: Jossey–Bass.
Sokol, R. R. (1974). *Classification: Purposes, principles, progress, prospects. Science, 185*(4157), 1115–1123.

Technological Communication: 테크놀로지 활용 커뮤니케이션

(BLOG: 블로그, COMMUNICATION: 커뮤니케이션, COMMUNICATION MAPPING: 커뮤니케이션 매핑, SOCIAL COMPUTING: 소셜 컴퓨팅, SOCIAL MEDIA: 소셜 미디어, WEB 2.0: 웹 2.0 참조)

테크놀로지 활용 커뮤니케이션, 혹은 테크놀로지를 매개로 하는 커뮤니케이션은 지역 및 시간의 경계를 뛰어넘는 정보의 확산 및 대인 상호작용을 지원한다. 가상 공간에서의 업무 수행 및 온라인 학습 영역에 있어서 테크놀로지 활용 커뮤니케이션과 관련된 다양한 방법이 활용되어 왔다. 그 결과 교실의 개념이 확장되어 학습자들로 하여금 교실 밖의 사람들과 상호작용하고, 서로 다른 커뮤니티를 연결하는 지식 중개인으로서 역할을 수행하도록 촉진한다(Dennen, 2012). 테크놀로지 활용 커뮤니케이션은 단순한 텍스트 기반 시스템(예: 메신저, 게시판 등)에서부터 보다 복잡하고, 풍부한 미디어를 활용한 시스템(예: 화상회의, 3D 가상현실 등)까지 다양하다. 테크놀로지 활용 커뮤니케이션의 유형을 구분 짓는 네 가지 주요 속성으로는 커뮤니케이션의 방향성, 동시성, 채널의 유형 및 개수 그리고 커뮤니케이션의 개시(initiation)가 있다.

어떤 커뮤니케이션 도구는 단방향 커뮤니케이션을 위해 사용된다. 이들은(예를 들어, 팟캐스트) 정보의 확산에 초점을 맞추며, 전달적인 학습 모형에 적절하다. 그러나 대부분의 도구는 양방향 혹은 전방위적인(omnidirectional) 커뮤니케이션을 지원하며, 이는 구성주의적인 학습 모형(Mehlenbacher, 2010)뿐만 아니라 협력학습에 있어서도 매우 중요하다.

동시성은 커뮤니케이션의 시점과 관련이 있다. 메신저나 문자, 비디오 화상회의와 같은 테크놀로지는 실시간 상호작용을 지원하는 반면, 게시판이나 블로그는 비동시적 상호작용을 위한 것이다. 동시적 테크놀로지는 즉각적인 활동, 계획세우기, 브레인스토밍 등에 적합하며, 비동시적 테크놀로지는 깊이를 요구하는 활동, 성찰 등에 보다 적합하다(Hrastinski, 2008).

각 테크놀로지는 오디오, 비디오, 문자 기반 커뮤니케이션 채널 및 이들이 조합된 채널을 지원한다. 동시적 복수채널(특히 문자와 오디오 혹은 문자와 비디오) 커뮤니케이션을 지원하는 테크놀로지(예: 웹 컨퍼런싱)는 주 채널(main channel) 및 이면 채널(backchannel) 스레드를 만들어 낼 수 있다. 이면 채널 커뮤니케이션은 시청자들이 실시간으로 상호작용할 수 있는 공간을 제공함으로써 단방향 혹은 확산을 목적으로 하는 주 채널을 확장하는 역할을 수행한다.

푸시(push) 혹은 풀(pull) 모두 테크놀로지 기반 커뮤니케이션을 시작할 수 있다. 풀은 사용자가 정보를 직접적으로 요청할 때 발생한다(예: 게시판에 접근하는 것). 푸시는 이와 반대로 사용자의 요청이 없는 상황에서 메시지가 사용자에게 보내지는 것이다(예: 문자 메시지).

미래에는 학습, 수행 그리고 협력을 지원하기 위한 테크놀로지 기반 커뮤니케이션이 새로운, 특히 모바일 기기의 기능 및 새로운 소셜 소프트웨어와 웹 2.0 기반 도구의 개발에 의해 변화될 것이다. 학습자들은 그간 이러한 도구를 재빠르게 채택해 왔다. 따라서 교수자와 연구자들 역시 이에 신속히 대응해야 한다(Greenhow, Robelia, & Hughes, 2009).

Vanessa P. Dennen

참고문헌

Dennen, V. P. (2012). Activity design and instruction in online learning. In M. G. Moore(Ed.), *Handbook of Distance Education* (3rd ed.). New York: Routledge.

Greenhow, C., Robelia, B., & Hughes, J. E. (2009). Learning, teaching, and scholarship in a digital age: Web 2.0 and classroom research: What path should we take now?

Educational Researcher, 38(4), 246–259. doi: 10.3102/0013189x09336671.
Hrastinski, S. (2008). Asynchronous and synchronous e-learning. *EDUCAUSE Quarterly, 31*(4), 51–55.
Mehlenbacher, B. (2010). *Instruction and technology: Designs for everyday learning*. Cambridge, MA: MIT Press.

Technological Pedagogical Content Knowledge: 테크놀로지 내용교수지식(TPACK)

(PEDAGOGY: 페다고지 참조)

테크놀로지 내용교수지식(TPACK)의 프레임워크는 "교사가 교과 내용에 대한 자신의 이해를, 테크놀로지와 페다고지를 통해 학습자의 이해 및 지식 창출을 지원하는 수업이라는 형태로 전환시킬 때 필요한 지식의 유형을 검토하기 위한"(Kinuthia, Brantley-Dia, & Clarke, 2010, p. 647) 접근이다. 학교에서 컴퓨터를 활용하기 시작했던 당시에는 교사에게 교육학 혹은 교과 내용과는 무관한 기술적 스킬을 가르쳤다(Graham et al., 2009). TPACK는 "내용 영역의 특성이 테크놀로지의 교육적 활용에 큰 영향을 미친다"(Graham et al., 2009, p. 70)는 인식을 바탕으로 하여 개발되었다.

TPACK는 2006년 교육 분야에 소개되었으며, 효과적인 테크놀로지 활용을 위해서 교사들에게 요구되는 지식이 무엇인지 이해할 수 있는 이론적 틀을 제공한다(Mishra & Koehler, 2006). Koehler(2011)가 언급했듯이 TPACK는 "교사가 자신의 수업에 테크놀로지를 통합하기 위해 갖추어야 하는 지식을 규명하기 위한 시도인 동시에, 복잡하고 다면적이며 맥락적인 교사 지식의 속성을 다룬다(p. 2)."

Mishra와 Koehler(2006)는 Shulman(1986)의 교수내용지식(PCK) 프레임워크를 기반으로 TPACK를 제안하였다. TPACK는 교수지식(PK), 내용지식(CK) 그리고 테크놀로지지식(TK)이라는 세 가지 유형 간의 조합 및 상호작용을 다룬다(Koehler, 2011). TPACK 프레임워크는 7개의 구성요소로 이루어져 있다.

- **내용지식**(Content Knowledge: CK) — 가르치고자 하는 혹은 학습하고자 하는 실제 내용에 대한 지식(Koehler & Mishra, 2008, p. 13).

- **교수지식**(Pedagogical Knowledge: PK) — 교수-학습과 관련된 과정과 실제 혹은 방법으로서 교육적인 목적, 가치, 목표를 망라함(Koehler & Mishra, 2008, p. 14).
- **테크놀로지 지식**(Technological Knowledge: TK) — 다양한 테크놀로지에 대한 지식으로, 연필과 종이 등의 low-tech 테크놀로지부터 인터넷, 디지털비디오, 상호작용적 칠판, 각종 소프트웨어를 모두 포함함(Schmidt et al., 2009~2010, p. 125).
- **교수내용지식**(Pedagogical Content Knowledge: PCK) — 다른 사람이 이해할 수 있도록 내용을 구조화하고 표상하는 방법에 대한 이해(Shulman, 1986, p. 9).
- **테크놀로지 내용지식**(Technological Content Knowledge: TCK) — 테크놀로지와 내용이 서로 영향을 미치고 제약하는 방식에 대한 이해(Koehler & Mishra, 2008, p. 16).
- **테크놀로지 교수지식**(Technological Pedagogical Knowledge: TPK) — 특정 테크놀로지를 활용할 때 교수와 학습이 어떻게 달라지는지에 대한 이해(Koehler & Mishra, 2008, p. 16).
- **테크놀로지 교수내용지식**(Technological Pedagogical Content Knowledge, TPACK) — 세 가지 지식 영역의 결합으로, '테크놀로지를 활용한 효과적 교수의 기초'가 됨(Koehler & Mishra, 2008, p. 17).

"TPACK는 테크놀로지, 커리큘럼 내용 그리고 특정 페다고지 관련 접근 간의 연계를 강조하며, 테크놀로지를 활용하여 해당 교과를 효과적으로 가르치기 위해 교사의 테크놀로지, 페다고지, 맥락에 대한 이해가 어떻게 서로 상호작용할 수 있는지를 보여준다(Harris, Mishra, & Koehler, 2009, p. 396)." Koehler(2011)에 따르면, 효과적인 테크놀로지 활용은 "이 세 가지 구성요소 간의 역동적인 관계에 어떻게 민감하게 대응하는가"(p. 5)에 따라 달라진다.

Mishra, Koehler와 Kereluik(2009)는 TPACK 프레임워크가 교육공학에 두 가지의 새로운 접근을 시사한다고 하였다. 첫째, 테크놀로지의 측면만이 아닌 전체적인 교수 수행에 대해 평가해야 함을 강조한다. 둘째, 학습에 도움이 되는 테크놀로지에 대해 교육자들이 의사결정하는 것을 도와준다. "교육자들은 새로운 테크놀로지가 어떻게 내용을 제시하는지 혹은 페다고지를 촉진하는지에 대해 재빨리 평가를 해야 한다(Mishra et al., 2009, p. 51)." 결국, TPACK는 "교사들이 자신의 필요에 따라 실시간으로, 테크놀로지가 구식이 되거나 진부해지지는 않을지에 대한 걱정 없이 교육 환경을 설계하는 과정에서 의사결정자로서의 역할을 수행해야 함"(Mishra et al., 2009, p. 52)을 강조한다.

Jennifer V. Lock

참고문헌

Graham, C. R., Burgoyne, N., Cantrell, P., Smith, L., St. Clair, L., & Harris, R. (2009). TPACK development in science teaching: Measuring the TPACK confidence of inservice science teachers. *Tech Trends, 53*(5), 70–79.

Harris, J., Mishra, P., & Koehler, M. (2009). Teachers' technological pedagogical content knowledge and learning activity types: Curriculum-based technology integration reframed. *Journal of Research on Technology in Education, 41*(4), 393–416.

Kinuthia, W., Brantley-Dias, L., & Clarke, P. A. J. (2010). Development of pedagogical technology integration content knowledge in preparing mathematics preservice teachers: The role of instructional case analyses and reflection. *Journal of Technology and Teacher Education, 18*(4), 645–669.

Koehler, M. J. (2011). TPACK—Technological Pedagogical And Content Knowledge. Retrieved from http://mkoehler.educ.msu.edu/tpack/what-is-tpack/.

Koehler, M. J., & Mishra, P. (2008). Introducing TPCK. In AACTE Committee on Innovation and Technology (Ed.), *Handbook of Technological Pedagogical Content Knowledge (TPCK) for educators* (pp. 1–29). New York, NY: Routledge for the American Association of Colleges for Teacher Education.

Mishra, P., & Koehler, M. J. (2006). Technological pedagogical content knowledge: A framework for teacher knowledge. *Teachers College Record, 108*(6), 1017–1054.

Mishra, P., Koehler, M. J., & Kereluik, K. (2009). The song remains the same: Looking back to the future of educational technology. *Tech Trends, 52(*5), 48–53.

Schmidt, D. A., Baran, E., Thompson, A. D., Mishra, P., Koehler, M. J., & Shin, T. S. (2009-2010). Technological pedagogical content knowledge(TPACK): The development and validation of an assessment instrument for preservice teachers. *Journal of Research on Technology in Education, 42*(2), 123–149.

Shulman, L. S. (1986). Those who understand: Knowledge growth in teaching. *Educational Researcher, 15*(4), 4–14.

Technology: 테크놀로지

(EDUCATIONAL TECHNOLOGY: 교육공학 참조)

테크놀로지가 무엇인지는 누구나 알고 있다. 그러나 이 용어는 사실 다루기 쉽지 않으며 복잡하다. 교육자들이 '테크놀로지'라는 용어를 사용할 때는 많은 경우 '교육 테크놀로지'의 축약 버전이지만, 광의의 '테크놀로지'는 페다고지의 관점에서 정의되기 이전부터 오랜 역사를 지니고 있다. 테크놀로지는 좁은 의미(기기로서의 테크놀로지)부터 넓은 의미(시스템으로서의 테크놀로지)는 물론, 모든 것을 다 포괄하는 의미('신이 창조하지 않은 모든 것이 테크놀로지')로도 정의된다. 프로덕트로서의 정의는 '보편적으로 공감하는' 정의일 것이며, '테크놀로지는 도구일 뿐이다.'라는 주장에서 자주 언급된다. 이러한 접근은 이 모델을 '기기 패러다임(device paradigm)'으로 언급한 Albert Borgmann(1984)의 글에 잘 나타나 있다.

한편, 이제는 고전이 된 John Kenneth Galbraith의 1967년 정의에 의하면 테크놀로지는 "실용적인 과제 수행에 있어 과학적 혹은 기타 지식을 체계적으로 적용하는 것"이다. Galbraith는 이어서 "이러한 시도의 가장 중요한 결과는 …… 해당 과제를 구성요소 과제로 나누어 세분화하는 것이다. 그래야만 조직화된 지식을 활용하여 수행성과를 낼 수 있다."(Galbraith, 1967, p.12)고 하였다. 테크놀로지는 기기뿐만 아니라 방법이기도 하다. 이 정의로부터 테크놀로지를 '과학의 적용(application of science)'이라고 축약하여 (잘못) 이해하는 경향이 생겼다.

오늘날 대부분의 테크놀로지 역사학자들은 테크놀로지가 과학을 앞서고 있으며, 많은 경우에 테크놀로지가 우선시된다고 주장할 것이다. Raymond Williams(1976, p. 315)에 의하면 테크놀로지에 대한 17세기 및 18세기의 역사적인 의미는 '예술에 대한 체계적 연구'였으며, 사실 테크놀로지는 '실용 예술'과 동의어로 간주되었음을 상기시켜 준다.

더 거슬러 올라가면, 고대의 그리스 철학은 *episteme*와 *techne*의 두 가지 앎의 방식으로 나누어진다. 이들은 각각 지식(knowledge)과 기술(craft), 혹은 'knowing that'과 'knowing how'로 번역된다(Aristotle의 니코마코스 윤리학 Nicomachean Ethics 6장 참조).

Jacques Ellul(1964)의 테크놀로지에 대한 분석은 'technique'이라는 단어를 'technology'로 대체하면서 개념을 확장하는 계기가 되었다. 테크놀로지에 대한 철학자인 Frederick Ferre(1995)에 의하면 보다 정교한 테크놀로지에 대한 정의는 "지능의 실제적인 실행

(practical implementations of intelligence)"(p. 26)이다. Val Dusek(2006)은 테크놀로지의 정의에 "하드웨어, 지식, 발명자, 운영자, 유지보수 인력, 사용자, 마케터, 광고인, 정부 행정가 등의 복합체"를 포함시키며 그 범위를 확장하였다(p. 35).

Brian Arthur(2009)는 테크놀로지의 다면적 의미를 강조하였는데, 21세기의 첫 10년이 지나갈 즈음 과거를 돌아보며 하나의 정의로는 충분하지 않음을 주장하였다. 그는 테크놀로지를 범주화하기 위한 세 가지의 방법에 대해 서로 다른 정의를 제안하였다.

- 테크놀로지는 '인간의 목적을 달성하기 위한 수단'이다.
- 테크놀로지는 '실제와 구성요소의 집합(an assemblage of practices and components)'이다.
- 테크놀로지는 '어떤 문화에서 사용 가능한 기기 및 엔지니어링의 전체적 집합(collection)'이다(p. 28).

테크놀로지의 하위 범주로는 여러 가지가 있으며, 하이 테크놀로지, 적합(appropriate) 테크놀로지, 정보 테크놀로지, 커뮤니케이션 테크놀로지 등이 이에 해당된다. 이 중 정보 및 커뮤니케이션 테크놀로지는 ICT로 묶여 언급되곤 한다.

Denis Hlynka

참고문헌

Aristotle (1962). *Nichomachean ethics.* New York: Bobbs-Merrill.

Arthur, B. (2009). *The nature of technology: What it is and how it evolves.* Toronto: Free Press.

Borgmann, A. (1984). *Technology and the character of contemporary life: A philosophic inquiry.* Chicago: University of Chicago Press.

Dusek, V. (2006). *Philosophy and technology.* Blackwell Publishing.

Ellul, J. (1964). *The technological society.* New York: Vintage Books.

Ferre, F. (1995). *Philosophy of technology.* University of Georgia Press.

Galbraith, J. K. (1967). *The new industrial state.* Boston: Houghton Miffl in.

Williams, R. (1976). *Keywords: A vocabulary of culture and society.* London: Flamingo.

Technology Education: 테크놀로지 교육

(EDUCATIONAL TECHNOLOGY: 교육공학 참조)

Technology-Enabled Learning: 테크놀로지 활용 학습

(COGNITIVE TOOLS: 인지도구, COMMUNITY OF PRACTICE: 실천공동체, COMPUTER-BASED TRAINING: 컴퓨터 기반 훈련, DISTRIBUTED COGNITION: 분산인지, MEDIA UTILIZATION: 매체 활용, RICH MEDIA: 리치 미디어, TECHNOLOGY-ENHANCED LEARNING ENVIRONMENT: 테크놀로지 활용 학습 환경, VIRTUAL WORLDS: 가상세계 참조)

교육공학 분야는 학습을 촉진하기 위해 테크놀로지를 활용하기 시작하면서 진화해 왔다. 테크놀로지에 대한 이 분야의 공식적인 정의는 학습을 위한 적절한 환경을 구성하기 위해 실천가들이 적용하는 과정 및 산출물이다. 모바일 및 가상 환경을 포함한 최신의 테크놀로지들을 활용함으로써 전통적인 면대면 상황을 넘어서는 등 환경이 상당히 변화하고 있다. 인터넷은 과거의 정적인 콘텐츠 저장소에서 벗어나 사용자들이 상호작용하고 협력할 수 있는 공간으로 변모하였다. Bell(2011)은 이렇듯 연결된 환경에서 지식은 상품이자 곧 사회적 활동이라고 하였다.

교육공학과 관련된 과정과 산출물은 명확히 구분되는데, 테크놀로지 활용 학습에 대해 논의할 때는 산출물이 보다 강조된다. 테크놀로지 활용 학습을 위해 사용되는 산출물은 컴퓨터, 프로젝터 스크린, 학습자 응답시스템 등을 포함하는 교실 내 테크놀로지에서부터 학습관리 시스템, 휴대형 모바일 기기, 가상세계 등 전통적 의미에서의 교실 밖에서 사용되는 테크놀로지까지 최근 급속도로 발전하였다.

테크놀로지 활용 학습과 관련하여 과정과 산출물의 접근을 모두 보여 주는 예시로는 테크놀로지 활용 문제 기반 학습(PBL)이 있다. 교사를 위한 웹 기반 수업이었던 이 예시에서 PBL 프롬프트는 테크놀로지를 활용하여 제시되었다(Chen & Chan, 2011). 또 다른 예시에서는 사회적 학습을 가상세계에서 진행하였는데, 이를 통해 학습자들은 내용을 학습할 뿐만 아니라 동료 학습자를 이끌고 서로 가르쳐 주는 경험을 하였다. 이러한 유형의 환경에서 학습은 비형식적으로 진행되는 경우가 많으며, 참가자들의 니즈에 의해 조정된다. 그러나 가상세계에서도 명시적인 교수 전략을 기반으로 하는 형식적 학습 경험 역시 가능하다(Jin, Wen, & Gough, 2010). Ryu와 Parsons(2011)는 모바일러닝의 유비쿼터스적 속성을 활용하여 몰입이론의 관점에서 협력학습을 탐색하였는데, 이들은 이를 사회적 몰입이라고 재개념화하였다. 여섯 개의 지역에서 세 가지 유형의 학습 전략을 실행하였으며, 협력을 촉진하기 위한 조건(도전)으로 위험 감수(risk taking)가 사용되었다. 높은 인지적 호기심과 내적 흥미를 가진 사람들은 높은 수준의 위험을 감수하고자 하였으며, 도전을 극복하기 위해 더욱 협력하였다(Ryu & Parsons, 2011).

테크놀로지 활용 학습에 사용되는 과정들은 대부분 행동주의, 인지주의 및 구성주의 학습이론을 바탕으로 한다(Reiser, 2007). 과정 테크놀로지의 예인 교수전략은 대개 이러한 이론들을 기반으로 하고 있다(Hooper & Rieber, 1995). 새로운 테크놀로지가 지속적으로 발달하고 인터넷이 현 문화에 깊숙이 내재됨에 따라 연결주의, 활동이론, 실천공동체, 네트워크이론, 테크놀로지의 사회적 구성 등 테크놀로지를 활용한 학습을 위한 대안적 이론이 등장하고 있다(Bell, 2011; Oliver, 2011). 기존의 이론은 학습을 위한 테크놀로지 활용의 실제에 적용되어 왔으며, 새로운 테크놀로지는 새로운 이론을 고안하고 기존의 이론을 정교화함으로써 대안적인 전략을 적용하기 위한 촉매제의 역할을 수행할 것이다.

Byron Havard

참고문헌

Bell, F. (2011). Connectivism: Its place in theory-informed research and innovation in technology-enabled learning. *International Review of Research in Open and Distance Learning, 12*(3), 98-118.

Chen, C., & Chan, L. (2011). Effectiveness and impact of technology-enabled project-based learning with the use of process prompts in teacher education. *Journal of Technology and Teacher Education, 19*(2), 141-167.

Hooper, S., & Rieber, L. (1995). Teaching with technology. In A. C. Ornstein (Ed.), *Teaching: Theory into practice* (pp. 154-170). Needham Heights, MA: Allyn & Bacon.

Jin, L., Wen, Z., & Gough, N. (2010). Social virtual worlds for technology-enhanced learning on an augmented learning platform. *Learning, Media and Technology, 35*(2), 139-153.

Oliver, M. (2011). Technological determinism in educational technology research: Some alternative ways of thinking about the relationship between learning and technology. *Journal of Computer Assisted Learning, 27*(5), 373-384.

Reiser, R. (2007). History of instructional design and technology. In R. A. Reiser & J. V. Dempsey (Eds.), *Trends and issues in instructional design and technology* (2nd ed., pp. 17–34). Saddle River, NJ: Pearson Education.

Ryu, H., & Parsons, D. (2011). Risky business or sharing the load?—Social flow in collaborative mobile learning. *Computers & Education, 58*(2), 707–720.

Technology-Enhanced Learning Environment: 테크놀로지 기반 학습 환경

(MEDIA UTILIZATION: 매체 활용, TECHNOLOGY ENABLED LEARNING: 테크놀로지 활용 학습 참조)

테크놀로지 기반 학습 환경(TELEs)에 대한 정의는 테크놀로지 자원의 적절한 활용 및 학습 환경의 맥락에 초점을 두어 왔다. TELEs의 정의는 Molenda(2008)가 제안한 교육 테크놀로지의 궁극적 목적, 즉 "학습에 도움을 주기 위해 적절한 테크놀로지 자원을 사용하는 것"(p. 168)을 반영한다. 또한 "풍부한 자원에 대한 접근을 포함하여 학습을 위한 최상의 조건을 제공하기 위한 물리적 혹은 가상의 공간"(Molenda & Boling, 2008, p. 122)에서 이루어지는 형식학습과 비형식학습 맥락을 모두 아우르는, 복잡한 학습 환경의 맥락 역시 강조한다.

TELEs에 대한 몇몇 정의는 학습 환경에서 사용되는 테크놀로지 자원의 적절한 활용을 규명하고 분류하는 것에서부터 출발한다. 예를 들어, Steffens(2008)는 TELEs에 대한 평가결과를 바탕으로 TELEs를, ① 튜터가 있는 저장 공간(container), ② 튜터가 있는 콘텐츠 시스템, ③ 튜터가 없는 콘텐츠 시스템의 세 가지로 분류하였다(p. 224). 높게 평가된 TELEs는 사용자가 콘텐츠를 제공하는 학습관리 시스템 혹은 정보시스템과 같은, 튜터가 있는 저장공간 시스템이었다. 이러한 유형의 TELEs는 상호작용, 피드백, 자기조절학습을 지원한다(Steffens, 2008).

TELEs에 대한 문헌은 학습 환경의 맥락 역시 강조한다. Kim과 Hannafin(2011)은 학습자의 문제해결 및 탐구를 촉진하기 위해 사용되는 동적(dynamic) 스캐폴딩을 위한 형식적 혹은 교실 기반의 지원으로 TELEs를 정의했다. 그러나 한편 많은 연구자는 비형식 TELEs, 즉 동료 학습이나 협력적 지식 구축, 참여적 학습 등과 같이 컴퓨터 기반 동시적 혹은 비동시적 커뮤니케이션을 통해 학습자 협력 및 상호작용을 촉진하고 지원하는 방법에 대해 기술하고 있다(Brown & Hill, 2009; Kok, 2009; Ryberg & Christiansen, 2008).

Kok(2009)은 초기의 정의에서 언급한 속성들을 반영하여 인지적 관점에서 TELEs에 대한 포괄적인 정의를 제공한다.

> 테크놀로지 기반 학습은 학습의 실제를 지원하고 확장하기 위해 테크놀로지를 사용하는 것이다. 테크놀로지 기반 학습 환경은 다양한 자원, 학습 도구 및 커뮤니케이션 도구에 대한 접근을 가능하게 하므로, 학습자로 하여금 자신의 이해를 구성하는 과정에 적극적으로 참여할 수 있도록 하는 이상적인 구성주의적 학습 환경이 될 수 있다 (p. 3).

종합하면, TELEs는 학습을 위한 조건을 지속적으로 증대하기 위해 테크놀로지 자원을 적절히 사용할 수 있도록 지원하는 복잡한 학습 환경으로 정의된다.

Barbara Brown

참고문헌

Brown, C., & Hill, J. (2009). Connecting media specialists, students, and standards through Web 2.0. In M. Orey, V. J. McClendon & R. Branch (Eds.), *Educational media and technology yearbook* (Vol. 34, pp. 211–229). New York, NY: Springer.

Kim, M., & Hannafin, M. (2011). Scaffolding problem solving in technologyenhanced learning environments(TELEs): Bridging research and theory with practice. *Computers & Education, 56,* 403–417.

Kok, A. (2009). Understanding the technology enhanced learning environments. *International Education Studies, 2*(4), 3–9.

Molenda, M. (2008). Using. In A. Januszewski & M. Molenda (Eds.), *Educational technology: A definition with commentary* (pp. 141–173). New York: Lawrence Erlbaum.

Molenda, M., & Boling, E. (2008). Creating. In A. Januszewski & M. Molenda (Eds.), *Educational technology: A definition with commentary* (pp. 81–139). New York, London: Lawrence Erlbaum Associates.

Ryberg, T., & Christiansen, E. (2008). Community and social network sites as technology

enhanced learning environments. *Technology, Pedagogy and Education, 17*(3), 207–219.
Steffens, K. (2008). Technology enhanced learning environments for self–regulated learning: A framework for research. *Technology, Pedagogy and Education, 17*(3), 221–232.

Theme–Based Instruction: 주제 중심 교수

(LEARNING BY DOING: 행함으로써 배움 참조)

Theory–Driven Evaluation: 이론 기반 평가

(EVALUATION MODELS: 평가 모형 참조)

Transfer: 전이

(CONTEXT: 맥락 참조)

학습의 전이(혹은 군대 및 기업교육 분야에서 말하는 훈련의 전이)는 학습자가 새로이 학습한 지식, 기술, 태도를 실제 맥락에 적용하는 정도를 의미한다.

전이 문제는 학습의 과정에 대한 과학적 접근이 시작된 초기부터 제기되었던 이슈 중 하나이며(Thorndike & Woodworth, 1901), 많은 사람이 중요성에 있어서 그 무엇에도 비할 수 없다고 생각한다(Deese, 1958). 교육공학 분야가 전이 문제에 관심을 가지게 된 것은 교육에 대한 투자로부터 더 많은 가치를 이끌어 내고자 하는 접근에 기인한다(Molenda & Pershing, 2008). 즉, 교수와 실제 세상에의 적용 간의 연계를 강화함으로써 교수의 성과를 증진시키고자 하는 것이다.

전이에 대한 초기 연구는 학습한 스킬을 통상적으로, 직접적으로 활용하는 근전이(near transfer)와 학습한 스킬을 새롭고 복잡한 상황에 창의적으로 확장하여 적용하는 원전이(far transfer)를 구별하였다. 절차적 과제의 근전이는 반복적인 연습과 그에 수반되는 교정적 피드백 및 인센티브를 통해 증진될 수 있다. 그러나 원전이는 이보다 달성이 어렵다(Clark, 1992). 상황인지 이론가(혹은 보다 일반적인 의미에서 구성주의자)들이 주장해 온 풍부한, 문제 중심 학습 환경은 원전이에 도움이 되는 보다 전체적이고 다양한 종류의 연습을 촉진하는 학습 조건을 제공하기 위한 것이었다(Barab &

Dodge, 2008).

Baldwin과 Ford(1988)의 직무 전이(workplace transfer) 모형은 보다 체제적인 관점을 제공한다. 성공적인 전이는 잘 설계된 교수 외에도 학습자의 특성과 지원적인 근무 환경의 산물이라는 것이다. 다시 말해, 아무리 좋은 훈련 경험일지라도 전이의 충분조건이 될 수는 없다.

최근의 문헌을 검토한 결과(Blume, Ford, Baldwin, & Huang, 2010)에 의하면, 측정의 문제 때문에 전이에 대한 현장 연구 결과로부터 통계적으로 신뢰할 만한 일반화를 하는 데 제약이 있다고 한다. 그러나 또한 전이는 학습자 특성, 교수 프로그램의 특성, 업무 환경의 요인 등에 의해 영향을 받기 때문에 복잡하고 역동적이라는 체제적 관점 역시 존재한다.

업무에서의 전이를 개선하기 위한 실제적인 제안(예: Broad & Newstrom, 1992)들은 이러한 복잡성을 인지하여 실천가들이 이를 보다 잘 이해할 수 있도록 지원한다. Milheim의 '훈련의 전이를 위한 종합적 모형'(1994)은 학습자들이 현업에서 기대되는 지식, 기술, 태도를 활용할 수 있는 가능성을 극대화하기 위해 교육훈련의 전, 중, 후에 시도할 수 있는 절차를 제안한다.

형식 교육의 상황은 훈련과는 매우 상이하다. 교수자가 실제 적용 상황이 아닌 오직 수업 중에만 학습자에게 접근할 수 있으므로 처방 역시 수업 중에만 제공되기 때문이다. 따라서 전이 관련 제안은 (단순한 전이 혹은 근전이를 위해) 현실적인 연습의 기회를 제공하라는 조언이나 (복잡한 혹은 원전이를 위해) 메타인지적 성찰을 촉진하라는 조언과 같이 매우 제한적이다(Fogarty & Pete, 2004).

Michael Molenda

참고문헌

Baldwin, T. T., & Ford, K. J. (1988). Transfer of training: A review and directions for future research. *Personnel Psychology, 41*, 63-105.

Barab, S. A., & Dodge, T. (2008). Strategies for designing embodied curriculum. In J. M. Spector, M. D. Merrill, J. van Merriënboer, & M. P. Driscoll (Eds.), *Handbook of research on educational communications and technology* (3rd ed., pp. 97-110). New York: Lawrence Erlbaum Associates.

Blume, B. D., Ford, J. K., Baldwin, T. T., & Huang, J. L. (2010). Transfer of training: A meta-analytic review. *Journal of Management, 36,* 1065-1105.

Broad, M. L., & Newstrom, J. W. (1992). *Transfer of training: Action-packed strategies to ensure high payoff from training investments.* New York: Addison-Wesley.

Clark, R. E. (1992). How the cognitive sciences are shaping the profession. In H. D. Stolovitch & E. Keeps (Eds.), *Handbook of human performance technology* (pp. 688-700). San Francisco: Jossey-Bass.

Deese, T. A. (1958). *The psychology of learning*. New York: McGraw-Hill.

Fogarty, R. J., & Pete, B. M. (2004). *A look at transfer: Seven strategies that work.* Thousand Oaks, CA: Corwin.

Milheim, W. D. (1994). A comprehensive model for the transfer of training. *Performance Improvement Quarterly, 7*(2), 95-104.

Molenda, M., & Pershing, J. A. (2008). Improving performance. In A. Januszewski & M. Molenda (Eds.), *Educational technology: A definition with commentary* (pp. 49-80). New York: Lawrence Erlbaum Associates.

Thorndike, E. L., & Woodworth, R. S. (1901). The influence of improvement in one mental function upon the efficiency of other functions. *Psychological Review, 8,* 247-261.

Transfer Context: 전이 맥락

(CONTEXT: 맥락 참조)

Transformative Evaluation: 전환적 평가

(EVALUATION MODELS: 평가 모형 참조)

Turn-Based Strategy Game: 순서 기반 전략 게임

(DIGITAL GAME-BASED LEARNING: 디지털 게임 기반 학습 참조)

Twenty-First Century Literacy: 21세기 리터러시

(LITERACY: 리터러시 참조)

U

Ubiquitous Learning: 유비쿼터스 학습

(MOBILE LEARNING: 모바일 학습 참조)

Unified Communication: 통합 커뮤니케이션

(COMMUNICATION: 커뮤니케이션 참조)

Universal Design for Learning: 보편적 학습설계

(ACCESSIBILITY: 접근성 참조)

건축 분야의 보편적 설계 관점에 따라 학습을 위한 보편적 설계(UDL)는 교육과정에 대한 접근성과 관련된 이슈를 다룬다. UDL의 전형적인 특징은 "해당 혁신으로부터 도움을 받을 것이라고 명시적으로 의도하지는 않았던 학생들을 포함하여"(Meo, 2008, p. 22), 모든 학생이 사용할 수 있는 유연한 교육과정을 만드는 것이다. 예를 들어, 텍스트 음성 변환(text to speech)을 위한 디지털 텍스트, 큰 사이즈의 글자, 본문에 내장된 용어사전 등의 기능은 모든 학생이 사용할 수 있다. UDL은 학습자들이 연속선상에 존재하며, 모든 학습 요구가 명확하게 진단되지는 않는다는 생각을 존중한다. 그렇다고 해서 특수 교육을 위한 요구를 무시하는 것은 아니다(McGuire, Scott, & Shaw, 2006).

개별 학습자의 요구에 부응하는 것은 다양성이 존재하는 교실에서 매우 어려운 이슈이다(Meyer & Rose, 2006). UDL은 Center of Applied Special Technology(CAST)의 창립 멤버들이 제안한 이론적 관점으로서, 학습자의 특정 요구를 충족시키기 위해 '없던 것을 새로 짜 넣기(retrofitted)'보다는 처음부터 다양성을 고려하여 설계해야 한다는 전제를 바탕으로, 학습자의 요구에 대응할 수 있는 '청사진(blueprint)'을 수립하고자 한다(CAST, 2011). UDL은 장애요인을 없애고 유연함을 갖추기 위해 다음의 세 가지 원리를 적용한다. ① 학습자들은 서로 다른 방법으로 동기화되며 다양한 선호를 가지고 있으므로 여러 가지의 참여(engagement) 독려 방법을 사용한다. ② 학습자들이 쓰기, 그리기, 동영상 촬영하기, 드라마 활용하기 등 다양한 방식을 통해 자신이 학습한 것을 시연할 수 있도록 여러 가지의 표현(expression) 수단을 사용한다. ③ 오디오, 텍스트, 시각자료 등 다양한 방식의 자료를 활용하여 프레젠테이션할 수 있도록 여러 가지의 표상(representation) 수단을 활용한다(Meyer & Rose, 2006).

초기에 CAST가 학습을 위해서는 보조적 테크놀로지의 도움이 필요했던 학생들을 지원하기 위해 설립되었다는 점으로 인해 UDL이 특수보조공학(assistive technology)과 혼동될 수도 있다(CAST, 2011). CAST의 창립 멤버들은 특수 요구를 지닌 학생들을 지원하는 과정에서 장애 학생뿐만 아니라 많은 학생이 학습에 어려움을 겪는다는 점을 확인하였다. 장애의 유무를 떠나 모든 학생은 학습 과정에 내재되어 있는 장벽이 제거될 때 학습목표를 보다 잘 성취할 수 있다.

비록 UDL과 특수보조공학이 종종 동일한 환경에서 활용되기는 하지만 특수보조공학은 UDL이 아니다(Coyne et al., 2006; Edyburn, 2010). UDL은 장애를 가지고 있는 학생뿐만 아니라 모든 학생의 요구를 보다 잘 충족시킬 수 있는 환경을 제공하고자 한다(Meyer & Rose, 2006; Messinger-Willman & Marino, 2010). UDL은 학습자가 지원을 받기 위해 자신의 장애를 증명해야 하는 그런 방식이 아니다(Edyburn, 2010). UDL은 "효과적인 학습 환경은 학습자의 적극적인 지식 구성을 스캐폴딩하며, 이는 마치 건물을 세울 때 스캐폴딩(비계)이 수행하는 역할과 같다."(Sawyer, 2006, p. 11)고 주장한 학습과학 이론과 맥을 함께한다. UDL은 교육의 목적을 '균질화(homogenization)'보다는 '다양화(diversification)'에 가치를 둘 수 있도록 변화시키고자 한다(Meyer & Rose, 2006). 집단 내에서의 순위보다는 개인의 성장을 독려하는 것이다(Edyburn, 2006).

Evelyn J. Hickey

참고문헌

Center for Applied Special Technology. (2011). *About UDL*. Retrieved from: http://www.cast.org/udl/index.html.

A B C D E F G H I J K L M N O P R S T U V W Z

Coyne, P., Ganley, P., Hall, T., Meo, G., Murray, E., & Gordan, D. (2006). Applying universal design for learning in the classroom. In D. H. Rose & A. Meyer (Eds.), *A practical reader in universal design for learning* (pp. 1–13). Cambridge, MA: Harvard University Press.

Edyburn, D. (2006). Failure is not an option. *Learning & Leading with Technology, 34*(1), 20–23.

Edyburn, D. (2010). Would you recognize universal design for learning if you saw it? Ten propositions for new directions for the second decade of UDL. *Learning Disability Quarterly, 33*(1), 33–41.

McGuire, J. M., Scott, S., & Shaw, S. (2006). Universal design and its application in educational environments. *Remedial and Special Education, 27*(3), 166–175.

Meo, G. (2008). Curriculum planning for all learners: Applying universal design for learning (UDL) to a high school reading comprehension program. *Preventing School Failure, 52*(2), 21–30.

Messinger–Willman, J., & Marino, M. T. (2010). Universal design for learning and assistive technology: Leadership considerations for promoting inclusive education in today's secondary schools. *NASSP Bulletin, 94*(1), 5–16. doi: 10.1177/0192636510371977.

Meyer, A., & Rose, D. H. (2006). The future in the margins: The role of technology and disability in educational reform. In D. H. Rose, A. Meyer & C. Hitchcock (Eds.), *The universally designed classroom: Accessible curriculum and digital technologies* (pp. 13–35). Cambridge, MA: Harvard Education Press.

Sawyer, R. K. (Ed.) (2006). Introduction. *The Cambridge handbook of the learning sciences* (pp. 1–16). Cambridge, England: Cambridge University Press.

Usability: 사용성

사용성은 일반적으로 인간이 상호작용하는 설계물(designed object)에 대한 측정 가능한 품질로 정의된다. 그러나 The International Standards Organization(ISO)에 의하면, 사용성은 "어떤 산출물이 특정 사용자가 특정 목표를 달성하기 위해 특정 맥락에서 효과적이고 효율적으로 만족스럽게 사용되는 정도"(ISO Concept Database, 2008)를 의미한다. 교육공학에서 사용성은 설계 프로세스와 관련되는 개념으로서, 사용자가 특정 맥락에서 주어진 과제를 수행하기 위해 테크놀로지와 관련하여 경험하는 상호작용의 품질을 최적화하는 것이다. 해당 테크놀로지의 파워와 퍼포먼스가 사용자의 요구 수준에 미치지 못할 때 인터페이스, 테크놀로지, 혹은 기기의 사용성이 낮다고 간주한다(Norman, 1998, 2005; Vicente, 2006). 물론 모든 설계물에는 개선의 여지가 있다. 모든 가공물의 공통된 특성은 바로 결함이 존재한다는 것이다(Petroski, 1992).

사용자 중심 설계(User-centered design: UCD) 과정은 사용자의 스킬, 목표, 선호를 예측하며, 이에 대해 의도적으로 대응한다. 사용성은 일련의 속성, 준거, 규칙 및 목적에 의거하여 정의되는 경우가 많으며, 이를 활용하여 사용자 인터페이스를 평가한다(Nielsen, 1993; Norman, 1988, 1993, 1998, 2005, 2007, 2011; Preece, Rogers, & Sharp, 2007; Schneiderman, Plaisant, Cohen, & Jacobs, 2009). 인터페이스나 기기의 사용성을 개선하기 위해 배우기 쉽고, 효과적으로 사용할 수 있으며, 사용자의 입장에서 즐거운 상호작용적 테크놀로지 및 산출물을 개발하는 것에 초점을 맞추어 순환적인 설계과정 전반에 걸쳐 사용성 검사 및 사용성 연구가 진행된다.

Preece, Rogers와 Sharp(2007)는 다음 여섯 가지의 목적을 준하여 사용성을 정의한다.

- 효과성(Effective to use)
- 효율성(Efficient to use)
- 안전성(Safe to use)
- 활용성/기능성(Good utility/functionality)
- 용이성(Easy to learn)
- 기억편의성(Easy to remember)

사용자 인터페이스의 관점에서 Schneiderman과 동료들(2009)은 몇 가지의 사용성 원칙을 제안하였다. 일관성, 자주 사용하는 사람을 위한 단축 경로 제공, 정보적 피드백 제공 및 단순한 에러 처리, 종결을 위한 안내, 손쉬운 되돌아가기 기능, 내적 통제 소재 지원, 단기기억에 대한 부하 최소화가 그에 해당된다.

사용성은 설계 원리, 즉 설계자가 자신의 설계에 대해 다양한 측면에서 생각해 볼 수 있도록 유도하는 일반화 가능한 추상적 원리에 비추어 개념화할 수 있다(Preece, Rogers, & Sharp, 2007). 가시성(visibility), 매핑(mapping), 일관성(consistency), 행위유발성(affordance) 및 휴리스틱(heuristics)과 같은 설계 원리들은 테크놀로지 기반 시스템이나 상호작용적 산출물을 개발할 때 인간 중심 설계(human-centered design)를 적용할 수 있도록 안내해 준다(Nielsen, 1993; Norman, 1988, 1993, 1998, 2005, 2007, 2011; Preece, Rogers, & Sharp, 2007; Vicente, 2006).

마지막으로, 사용성 검사 및 좋은 설계에 대한 요구는 복잡성을 줄이는 것을 목표로 하지 않는다. Norman(2011)은 복잡성(complexity)과 혼란(confusion)을 구분하며, 인간은 적절하기만 하다면 복잡성을 싫어하지 않는다고 하였다. 뿐만 아니라, Vicente (2006)는 테크놀로지 시스템이 갈수록 더욱 복잡해지고 있지만, 좋은 설계와 사회적 요구에 주의를 기울임으로써 인간과 관련된 요소를 다룰 수 있다고 하였다. 따라서 복잡한 테크놀로지는 특정 상황에 맞춤화될 수 있다. 이것이 바로 사용성의 핵심이다.

D. Michele Jacobsen

참고문헌

ISO Concept Database. (2008). Information technology—Biometrics—Jurisdictional and societal considerations for commercial applications—Part 1: General guidance, Reference: ISO/IEC TR 24714-1:2008. Retrieved Oct 19, 2011, http://www.iso.org/iso/concept_ database_cdb.htm.

Nielsen, J. (1993). *Usability engineering.* San Francisco, CA: Morgan Kaufman.

Norman, D. A. (1988). *The design of everyday things.* New York: Basic Books.

Norman, D. A. (1993). *Things that make us smart: Defending human attributes in the age of the machine.* Cambridge, MA: Perseus Publishing.

Norman, D. A. (1998). *The invisible computer: Why good products can fail, the personal computer is so complex, and information appliances are the solution.* Cambridge, MA: MIT Press.

Norman, D. A. (2005). *Emotional design: Why we love (or hate) everyday things.* New York: Basic Books.

Norman, D. A. (2007). *The design of future things.* New York: Basic Books.

Norman, D. A. (2011). *Living with complexity*. Cambridge, MA: MIT Press.

Petroski, H. (1992). *The evolution of useful things*. New York: Vintage Books.

Preece, J., Rogers, Y., & Sharp, H. (2007). *Interaction design: Beyond human-computer interaction* (2nd ed.). New York: John Wiley & Sons, Inc.

Schneiderman, B., Plaisant, C., Cohen, M., & Jacobs, S. (2009). *Designing the user interface: Strategies for effective human-computer interaction* (5th ed.). Upper Saddle River, NJ: Pearson.

Vicente, K. (2006). *The human factor: Revolutionizing the way people live with technology*. London, England: Taylor and Francis.

User-Centered Design: 사용자 중심 설계

(RAPID PROTOTYPING: 래피드 프로토타이핑, USABILITY: 사용성 참조)

User-Generated Content: 사용자 제작 콘텐츠

사용자 제작 콘텐츠(UGC) 혹은 소비자 제작 콘텐츠(Consumer- Generated Content)는 웹사이트의 최종 사용자가 제작한 웹사이트 자료를 의미한다. UGC의 예로는 위키(아마도 Wikipedia는 가장 잘 알려진 UGC의 예일 것이다), 블로그, 소셜 네트워킹 사이트, 팟캐스트 및 기타 웹 2.0 관련 솔루션에 올라온 콘텐츠가 있다(Hsu, 2007).

사용자 제작 콘텐츠에는 세 가지 특징이 있다. 첫째, UGC에는 창조적 노력이 필요하다. 최종 사용자가 처음부터 모두 제작을 하거나 혹은 이미 존재하는 콘텐츠에 자신만의 가치를 부여하거나 둘 중 하나이기 때문이다. 따라서 비디오의 일부를 복사하여 웹사이트에 올리는 것은 UGC에 해당되지 않는다. 사용자가 자신의 사진을 올리고, 블로그에 글을 쓰고, 혹은 뮤직 비디오를 찍어서 공유한다면 이것은 UGC이다. 둘째, UGC는 대중에게 공개되는 웹사이트 혹은 로그인을 통해 특정 그룹만 접근 가능한 소셜 네트워킹 사이트를 통해 출판(publication)하는 과정이 수반된다(이메일 및 양방향 메신저는 여기서 제외된다). 셋째, UGC는 일반적으로 통용되는 전문적(professional) 절차 및 관행 밖에서 이루어진다(상업적 주체가 개발하는 것과는 대조적이다)(OECD, 2007).

UGC가 교육공학에 제시하는 도전은 교수자가 아니라 학생이 자료를 제작할 수 있다는 점이다. 편집 과정에서의 관리가 생략되기 때문에 UGC의 품질에는 의문의 여지가 있을 수 있으며, 많은 경우 그 안에 포함된 내용에 오류가 있거나 특정 학습 맥락에는 적절하지 않을 수도 있다. 또한 저작권 및 공정 사용, 사생활 침해, 인가(authority) 기록(분류, 색인 및 인출 작업을 위한)과 관련된 이슈도 존재한다(Richards, 2009). 그러나 연구 결과에 의하면 UGC는 학습자 간 협력을 촉진하며, 해당 내용에 대한 참여자 간의 커뮤니케이션 증진에 효과적이다(Terrell, Richardson, & Hamilton, 2011).

Wendell G. Johnson

참고문헌

Hsu, J. (2007). Innovative technologies for education and learning: Education and knowledge-oriented applications for blogs, wikis, podcasts, and more. *International Journal of Information and Communication Technology Education, 3*(3), 70-89.

OECD (2007). *Participative web: User-generated content*. www.oecd.org/dataoecd/57/14/38393115.pdf.

Richards, D. (2009). A social software/Web 2.0 approach to collaborative knowledge engineering. *Information Sciences, 179*(15), 2515-2523.

Terrell, J., Richardson, J., & Hamilton, M. (2011). Using web 2.0 to teach web 2.0: A case study in aligning teaching, learning and assessment with professional practice. *Australasian Journal of Educational Technology, 27*(5), 846-862.

Video Blogs: 비디오 블로그

(SOCIAL COMPUTING: 소셜 컴퓨팅 참조)

Video Conferencing: 화상회의

(TECHNOLOGICAL COMMUNICATION: 테크놀로지 활용 커뮤니케이션 참조)

Virtual Learning: 가상 학습

(DIGITAL GAME-BASED LEARNING: 디지털 게임 기반 학습, VIRTUAL WORLDS: 가상세계 참조)

Virtual Reality: 가상현실

(DIGITAL MAPPING: 디지털 매핑, VIRTUAL WORLDS: 가상세계 참조)

Virtual Worlds: 가상세계

(AVATAR: 아바타, DIGITAL GAME-BASED LEARNING: 디지털 게임 기반 학습, GAME DESIGN 게임 설계 참조)

가상세계에 대한 정의는 학자에 따라 혹은 분야에 따라 다양하다(Bell, 2008). 관련 문헌에 의하면 가상세계는 네트워크로 연결된 컴퓨터들이 그래픽 인터페이스를 통해 접근할 수 있는 공간으로서, 해당 공간에 거주하는(inhabit) 사용자 개인 간뿐 아니라 개인과 환경 간의 동시적 상호작용을 제공한다(Bell, 2008; Ondrejka, 2008; Schroeder, 2008). 가상세계는 지속성을 가지는데, 이는 한번 생성되거나 들어온 객체는 어떤 사람이 로그아웃을 한 후에도 다른 사람을 위해 그대로 유지되기 때문이다. 가상세계는 네트워크 서버에 의존하고 인터넷 연결이 필요하며, 동시적 상호작용을 위한 협력 공간을 제공한다. 이러한 상호작용은 아바타, 즉 움직일 수 있고(예: 웃고 앉고 뭔가를 만드는 등), 음악이나 음향효과를 포함하여 텍스트나 오디오를 기반으로 커뮤니케이션을 할 수 있는 가상적인 표상(representation)을 통해 이루어진다.

가상세계의 초기 버전은 가상현실(virtual reality: VR)이었다. VR은 1960년대 초반 영화 제작자이자 발명가였던 Morton Heilig에 의해 고안되었다(Rheingold, 1991). Heilig은 '센소라마(Sensorama)'라는 VR 아케이드 머신을 개발하였는데, 이를 통해 시청자들은 3D 영화, 스테레오사운드, 바람, 움직임, 냄새 등을 경험할 수 있었다. 1980년대에 접어들어 개인용 컴퓨터의 발달로 인해 VR에 큰 진보가 있었고, 이는 3D 엔지니어링 설계 및 개발 도구로 유용하게 활용되었다. 그러나 VR에 대한 연구는 주로 인터페이스에 대한 것이었으며 협력에 대한 연구는 소수였다(Ondrejka, 2008).

가상세계와 관련된 또 다른 중요한 테크놀로지로는 MUD(multiuser domain/dungeons/dimensions)와 MOO(multiuser domain, object-oriented)가 있다. 이들은 1970년대와 1980년대 인기 있었던 텍스트 기반 가상환경이다(Nelson & Erlandson, 2007; Ondrejka, 2008; Turkle, 1994). Ondrejka(2008)에 의하면 가상세계를 정의하기 어려운 이유 중 하나가 바로 온라인 게임과 같은 테크놀로지 및 용어를 사용한다는 점이다. 예를 들면, 대규모 다중사용자 온라인 롤플레잉 게임(massively multiplayer online role-playing games: MMORPG 혹은 MMO)은 2D 혹은 3D 그래픽 인터페이스를 활용한 온라인 게임으로 사용자를 표상하는 아바타를 통해 상호작용한다(Steinkuehler & Duncan, 2008). MMORPG와 같은 온라인 게임은 강력한 허구의 이야기, 규칙, 점수 획득, 레벨(단계)을 바탕으로 구조화된다(Ondrejka, 2008). Schroeder(2008)는 MMO가 가상세계의 하위 구성요소라고 하였는데, 가상세계가 게임, 역할극, 시뮬레이션 등을 통합하기 때문이다. 많은 경우 가상세계는 집, 동네, 가게, 놀이시설 등 현실에 대한 복제품이 존재하는 사회적 공간이다(Perkins & Arreguin, 2007).

2005년 Linden Labs에서 세컨드라이프(Second Life)라는 명칭의 가상세계를 선보인 후, 가상세계의 교육적 활용에 대한 관심이 증폭되었다(Barab et al., 2005; Nelson & Erlandson, 2007). 가상세계에 거주하는 사람들은 서로 직접적으로 혹은 간접적으로 가르치는 데 많은 시간을 쓴다(Ondrejka, 2008). 가상세계에서는 다른 사람과 함께 '그곳에 존재한다(being there)'는 느낌을 받을 수 있기 때문에 가능한 일이다(Schroeder,

2008). 이는 서로 멀리 떨어져 있는 사람들이 서로 협력학습을 하기 위해 필요한 것으로, 가상세계를 현재 그리고 미래에 주의 깊게 보아야 하는 이유이다.

Aline Click

참고문헌

Barab, S., Thomas, M., Dodge, T., Carteaux, R., & Tuzun, H. (2005). Making learning fun: Quest Atlantis, a game without guns. *Educational Technology Research & Development, 53*(1), 86–107.

Bell, M. W. (2008). Toward a definition of "virtual worlds". *Journal of Virtual Worlds Research, 1*(1), 1–5.

Nelson, B. C., & Erlandson, E. E. (2007). Managing cognitive load in educational multi user virtual environments: Reflection on design practice. *Educational Technology Research & Development, 56*(5/6), 619–641. doi: 10.1007/s11423-007-9082-1.

Ondrejka, C. (2008). Education unleashed: Participatory culture, education, and innovation in Second Life. In K. Salen (Ed.), *The ecology of games: Connecting youth, games, and learning* (pp. 229–252). The John D. and Catherine T. MacArthur Foundation Series on Digital Media and Learning. Cambridge, MA: The MIT Press. doi: 10.1162/dmal.9780262693646.229.

Perkins, R. A., & Arreguin, C. (2007). Real-life migrants on the MUVE: Stories of virtual transitions. *Learning & Leading with Technology, 34*(8), 16–20.

Rheingold, H. (1991). *Virtual reality.* New York: Simon & Schuster.

Schroeder, R. (2008). Defining virtual worlds and virtual environments. *Journal of Virtual Worlds Research, 1*(1). Retrieved from http://journals.tdl.org/jvwr/article/view/294/248.

Steinkuehler, C. A., & Duncan, S. D. (2008). Scientific habits of mind in virtual worlds. *Journal of Science Education and Technology, 17*(6), 530–543.

Turkle, S. (1994). Constructions and reconstructions of self in virtual reality: Playing in the MUDS. *Mind, Culture, and Activity, 1,* 158–167.

Visual and Pictorial Learning: 시각 및 이미지 활용 학습

(CONE OF EXPERIENCE: 경험의 원추, DUAL CODING THEORY: 이중부호화이론, GRAPHICS: 그래픽, MULTIMEDIA LEARNING: 멀티미디어 학습, SEMIOTICS: 기호학, VISUAL COMPETENCY: 시각 역량, VISUAL MESSAGE DESIGN: 시각적 메시지 설계 참조)

우리는 오랫동안 시각적 표상 및 이미지 표상[예를 들어, 그림, 사진, 선화(line drawing), 차트, 그래프, 지도 등]을 통한 학습의 과정이 언어 정보를 통한 학습과는 다를 것이라 가정해 왔다. 과정이 다를 뿐 아니라, 결과도 더 좋을 것이라 믿었다. 시각자료의 가치에 대한 신념은 향후 교육공학으로 진화한 시각 교수(visual instruction) 분야의 기저를 이룬다. 초기에 '교육과정의 시각화(visualizing the curriculum)'(Hoban, Hoban, & Zisman, 1937)를 주창했던 학자들은 이러한 움직임을 19세기의 전환기 당시 강의 및 교과서 중심의 방법에 대한 해결책으로 보았다. Hoban, Jr.가 회고했듯이 "지금도 그렇지만, 그 당시는 언어편중주의(verbalism)와의 전쟁이었다. 그때는 이슈가 좀 더 명확했다는 차이가 있을 뿐이다. 언어편중주의란 구체적이고, 실행에 옮길 수 있고, 감각을 통해 경험할 수 있는 실재(reality)의 의미가 언어이다……(AECT, 1973, p. 22)." Edgar Dale의 "경험의 원추(cone of experience)"(1946)가 설명하듯, 시각 미디어 및 기타 구체적인 유형의 경험은 공허한 추상적 학습에 대한 현대적 대안으로 제안되었다.

그 이후의 연구들은 그림이 말보다 우월하다는 것을 증명하는 방식에서 벗어나 다양한 시각자료의 유형을 명명하고 범주화하고자 하였으며(예: Fleming, 1967), 시각자료가 인간의 학습에서 어떠한 역할을 수행하는지 이해하고자 하였다. 게슈탈트, 기호학, 생리심리학 등 다양한 이론들은 이미지가 어떻게 수용, 인지, 사용되는지 그리고 기억에 저장되는지에 대해 설명하였다(Anglin, Vaez, & Cunningham, 2004).

그러나 교수설계자에게 가장 흥미로운 것은 기억과 관련된 기능이다. 시각 기억이론은 Paivio(1971)의 이중부호화이론을 축으로 하는데, 이는 시각 정보와 언어 정보가 서로 다른 표상을 생성하며 별개의 채널을 통해 처리된다는 것이다. 따라서 학습자들은 언어와 비언어 모두의 형태로 기억에 저장된 것을 더 잘 기억하는 경향이 있다. 이 이론에 대해서는 계속 반론이 제기되고 있지만, 이중부호화라는 아이디어는 최근의 뇌 영상 관련 연구에서 일반적으로 지지를 받고 있다.

또 다른 관련 탐구로 교수설계에 있어서의 일반화를 도출하기 위해 언어 정보와 시각 정보 처치를 비교하는 실험연구가 진행되었다. 펜실베이니아 주립대학교에서 약 40년간 수행된 연구가 그 예이다(Dwyer, 1978; Dwyer, Dwyer, & Canelos, 1989; Munyofu et al., 2007). Dwyer와 동료들은 시각적 요소의 효과성은 사실의 반영도, 내용 제시 방식, 학습자 특성, 학습목표와의 정합성, 주의집중 전략, 성취도 검사 내용 등 다양한 요인에 의해 달라진다고 결론 내었다(Dwyer & Dwyer, 1989). Anglin, Vaez와 Cunningham(2004), Lohr와 Gall(2008)은 시각 학습과 관련된 또 다른 연구 결과들을 제시하고 있다.

멀티미디어 표상과 관련하여 향후 촉망되는 연구는 인지과학적인 접근이다. 예를 들어, Mayer(2005)는 연구 결과를 몇 가지의 범주로 나누어 제시하였는데, 분산인지 효과(split-attention effect), 인지부하이론(cognitive load theory), 중복의 원리(redundancy principle), 인지 처리 관리(cognitive processing management), 외재적 인지부하의 감소(reduction of extraneous processing), 동기에 영향을 미치는 사회적 고려요인(social considerations that affect motivation) 등이 이에 해당된다. 이러한 접근은 행동주의와 인지주의적 접근을 절충하여 교수메시지 설계를 위한 원리를 개발하고자 했던 초기 Fleming과 Levie(1993)의 시도와 일치한다.

Michael Molenda

참고문헌

Anglin, G. J., Vaez, H., & Cunningham, K. L. (2004). Visual representations and learning: The role of static and animated graphics. In D. H. Jonassen (Ed.), *Handbook of research for educational communications and technology* (2nd ed., pp. 865-916). Mahwah, NJ: Lawrence Erlbaum Associates.

Association for Educational Communications and Technology(AECT). (1973). *Our 50 Years … technology in transition 1923-1973*. Washington DC: AECT.

Dale, E. (1946). *Audio-visual methods in teaching*. New York: Dryden Press.

Dwyer, F. M. (1978). *Strategies for improving visual learning*. State College, PA: Learning Services.

Dwyer, F. M., & Dwyer, C. A. (1989). Enhancing visualized instruction: A research overview. In R. A. Braden, D. G. Beauchamp, L. W. Miller & D. M. Moore (Eds.), *About visuals:*

Research, theory, and applications (pp. 117−127). Blacksburg, VA: Virginia Tech University, for International Visual Literacy Association.

Dwyer, F. M., Dwyer, C. A., & Canelos, J. (1989). An overview of Program of Systematic Evaluation(PSE). In R. A. Braden, D. G. Beauchamp, L. W. Miller & D. M. Moore (Eds.), *About visuals: Research, theory, and applications* (pp. 128−142). Blacksburg, VA: Virginia Tech University, for International Visual Literacy Association.

Fleming, M. (1967). Classification and analysis of instructional illustrations. *AV Communication Review, 15*(3), 246−248.

Fleming, M., & Levie, W. H. (1993). *Instructional message design: Principles from the behavioral and cognitive sciences* (2nd ed.). Englewood Cliffs, NJ: Educational Technology Publications.

Hoban, C. F., Hoban, C. F., Jr., & Zisman, S. B. (1937). *Visualizing the curriculum.* New York: The Cordon Company.

Lohr, L. L., & Gall, J. E. (2008). Representation strategies. In J. M. Spector, M.D. Merrill, J. van Merriënboer, & M. P. Driscoll (Eds.), *Handbook of research on educational communications and technology* (3rd ed., pp. 85−96). New York: Lawrence Erlbaum Associates.

Mayer, R. E. (Ed.). (2005). *The Cambridge handbook of multimedia learning.* New York: Cambridge University Press.

Munyofu, M., Swain, W. J., Ausman, B. D., Lin, H., Kidwai, K., & Dwyer, F. (2007). The effect of different chunking strategies in complementing animated instruction. *Learning, Media and Technology 32*(4), 407−419.

Paivio, A. (1971). *Imagery and verbal processes.* New York: Holt, Rinehart, & Winston.

Visual Communication: 시각 커뮤니케이션

(COMMUNICATION: 커뮤니케이션, GRAPHICS: 그래픽 참조)

Visual Competency: 시각 역량

(GRAPHICS: 그래픽, LITERACY: 리터러시, PERCEPTUAL MODALITY: 지각 양식, VISUAL AND PICTORIAL LEARNING: 시각 및 이미지 활용 학습 참조)

시각 역량은 개개인이 시각 리터러시라는 개념을 작동화하기 위한 과정에 해당된다. 시각 리터러시는 영상적 사고(iconic thinking) 및 형상화(imagery)를 위한 문법에 대한 접근으로서, Debes(1968), Arnheim(1969) 그리고 Dondis(1973)의 전통을 계승한다. 시각 리터러시는 Randhawa(1978)가 언급한 바와 같이 시각 학습, 시각적 사고, 시각 커뮤니케이션과 관련하여 자주 기술된다. 시각 학습, 사고, 커뮤니케이션 간의 관계는 내적 처리 및 사고로부터 외적 행동 및 커뮤니케이션을 아우르는 연속선상에 존재하는 것으로 설명되곤 한다(Seels, 1994).

시각 메시지는 문자 기반 메시지 이전, 선사시대의 그림 기반 커뮤니케이션 및 기타 상징체계의 형태로 이미 존재했으며, 시각 리터러시 관련 연구자들에 의한 합의된 정의는 여전히 진화하는 중이다. 그러나 시각 리터러시에 대한 정의는 모두 시각 메시지를 해석하고 창출하는 능력에 대해 공통적으로 언급하고 있다(Smaldino, Lowther, & Russell, 2011). 따라서 시각 역량에도 이러한 시각 리터러시의 개념이 적용된다.

시각 역량은 다음의 일곱 가지 능력을 활용하는 과정에서 발생한다.

- 시각 이미지 관련 요구를 분석한다.
- 이러한 요구에 기반하여 시각 이미지를 효율적으로 검색한다.
- 시각 이미지의 의미를 해석한다.
- 시각 이미지의 출처를 평가한다.
- 시각 이미지를 효과적으로 사용한다.
- 시각 이미지를 설계하고 창출한다.
- 시각 이미지의 사용과 관련된 윤리적, 법적, 사회적, 경제적 이슈를 이해한다(Visual Literacy Standards Task Force, 2012).

시각 이미지의 의미에 대한 해석은 맥락, 목적, 지식수준, 흥미, 상황에 따라 달라진다(Choi, 2010). 그러나 이러한 맥락, 목적, 지식수준, 흥미, 상황이 서로 어긋나면 의미의 갭이 발생한다. 시각 역량이 있는 사람은 과정 지식(how to find), 영역 지식(what to fine), 세계 지식(other issues)을 활용하여 이러한 갭을 줄일 수 있다(Enser, 2000).

Hug(2011, p. 6)는 시각 역량을 "주관적이고, 내재적이고, 의도된 의미의 구조 및 지각자료의 품질(타당성, 이해가능성, 일관성 등)을 탐색하는 데 있어 필요한 능력과 스킬"이라고 정의하였다. Müller(2008, p. 103)는 "시각자료의 제작, 배포, 지각, 해석, 수용에 대한 기초 연구와 관련된 패러다임으로 현대의 다양한 사회적, 문화적, 정치적 맥락에서 시각 커뮤니케이션 과정을 이해하는 것을 목적으로 한다."고 시각 역량을 정의하였다. 역량은 네 가지의 시각 차원으로 구성된다.

- 제작(Production) 역량
- 지각(Perception) 역량
- 해석(Interpretation) 역량
- 수용(Reception) 역량

이상의 네 가지 차원은 시각 역량 사이클을 구성하기도 한다. 지각은 의미에 영향을 미치고 의미는 해석으로 변환된다. 해석은 감정적, 인지적 반응을 불러일으키는데, 이러한 반응은 수용에 영향을 미친다. 수용은 신체적인 행동 및 반응을 촉발하고, 결과적으로 제작에 영향을 준다. 제작은 배포로 이어져, 또 다른 개인에 의해 인지된다. 시각 역량에 대한 다양한 정의들은 literate하다는 것의 의미가 변화하는 현 추세에서 이미지 및 시각 매체의 중요성이 이동하는 양상을 반영하고 있다(Visual Literacy Standards Task Force, 2012). 따라서 어떠한 정의를 적용할 것인지 결정할 때는 시각 역량이라는 용어가 사용되는 맥락을 고려하는 것이 중요하다.

Tonia A. Dousay
Robert Maribe Branch

참고문헌

Arnheim, R. (1969). *Visual thinking.* Berkeley, CA: University of California Press.

Choi, Y. (2010). Effects of contextual factors on image searching on the Web. *Journal of the American Society for Information Science and Technology, 61*(10), 2011–2028.

Debes, J. L. (1968). Some foundations for visual literacy. *Audiovisual Instruction, 13,* 961–964.

Dondis, D. A. (1973). *A prima of visual literacy.* Cambridge, MA: The MIT Press.

Enser, P. (2000). Visual image retrieval: Seeking the alliance of concept-based and content-based paradigms. *Journal of Information Science, 26*(4), 199–210.

Hug, T. (2011). Visual competence, media literacy and "new literacies"—Conceptual considerations in a plural discursive landscape. *Seminar. Net: Media, Technology & Life-Long Learning, 7*(1), 1–17.

Müller, M. G. (2008). Visual competence: A new paradigm for studying visuals in the social sciences? *Visual Studies, 23*(2), 101–112.

Randhawa, B. S. (1978). Visual trinity: An overview. In B. S. Randhawa & W. E. Coffman (Eds.), *Visual learning, thinking, and communication* (pp. 191–211). New York: Academic Press.

Seels, B. A. (1994). Visual literacy: The definition problem. In D. M. Moore & F. M. Dwyer (Eds.), *Visual literacy* (pp. 97–112). Englewood Cliffs, NJ: Educational Technology Publications.

Smaldino, S. E., Lowther, D. L., & Russell, J. D. (2011). *Instructional technology and media for learning* (10th ed.). Boston, MA: Allyn & Bacon.

Visual Literacy Standards Task Force. (2012). Visual literacy competency standards for higher education. *College & Research Libraries News, 73*(2), 97–104.

Visual Literacy: 시각 리터러시

(LITERACY: 리터러시, VISUAL COMPETENCY: 시각 역량 참조)

Visual Message Design: 시각적 메시지 설계

(MESSAGE DESIGN: 메시지 설계, VISUAL AND PICTORIAL LEARNING: 시각 및 이미지 활용 학습, VISUAL COMPETENCY: 시각 역량 참조)

시각자료에 대한 해석과 관련된 초기 연구는 지각 심리학(perceptual psychology)을 기반으로 한다(Anglin, Towers, & Levie, 1996). 학습자들은 시각자료에 내포된 메시지를 이해할 수 있는 스킬을 필요로 하며, 이는 동기 및 비판적 사고력의 향상으로 이어진다(Bazeli & Robinson, 1997). 초기 연구로부터의 시사점을 활용하여 Fleming과 Levie는 메시지 설계 원리를 고안하였다(Molenda, 2008). 비록 과거 및 현재의 관련 연구들이 시각자료의 효과를 분석하고 있기는 하나, 시각적 메시지 설계는 언제나 학습자에게 어떤 도움을 줄 수 있는가에 대해 관심을 가져왔다.

시각적 메시지는 여러 요인을 고려해야만 효과적으로 설계할 수 있다(Anglin, Towers, & Levie, 1996). "교육에서 시각자료를 활용하기 위해서는, 물론 시각자료들이 학습에 도움을 준다는 연구 결과가 대부분이긴 하지만, 주의 깊게 계획을 세워야 한다(Stokes, 2002, p. 16)." 최근 시각적 메시지 설계에서 고려해야 하는 주요 요소로는 '언어(words), 시각자료(visuals) 그리고 형태(form)'(Pettersson, 2007, p. 70)가 있다. Anglin, Towers와 Levie(1996)에 의하면 학습자들은 텍스트보다 하나의 그림으로부터 더 많은 것을 기억할 수 있다.

Park과 Lim(2004)은 멀티미디어 학습에 대한 연구를 통해 교수자료에서 시각 요소를 활용하는 것이 학습자들이 자료에 대해 가지는 흥미에 긍정적인 영향을 미친다는 점을 확인하였다. 시각자료는 학습자의 흥미를 높일 뿐 아니라 '그림으로 설명한 텍스트의 맥락(context of the illustrated text)'을 기억하도록 도와준다(Gagné, Briggs, & Wager, 1988, p. 147). 따라서 시각자료를 활용하여 설계된 메시지는 학습자의 흥미를 유발하는 데 도움을 준다.

텍스트와 함께 사용될 경우, 시각자료는 학습자의 기대를 촉진하기도 한다(Anglin, Vaez, & Cunningham, 2004). 텍스트 요소는 시각 요소에 곁들여 제시되며, 시각적 메시지를 설계할 때 함께 고려해야 한다. Bix(2002)에 따르면, 텍스트는 메시지를 창출하는 데 있어 중요한 요소이다. Levie와 Lentz(1982)는 글로 기술된 정보가 시각자료에 되풀이될 때 학습이 촉진된다고 하였다.

시각적 메시지 설계에서 고려해야 하는 또 다른 측면은 메시지를 보는 사람의 스킬 수준이다. 학습자들이 메시지에 통합된 시각 요소의 장점을 누리기 위해서는 시각적 문해력을 가지고 있어야 한다. 시각 리터러시는 "의미를 획득하기 위해 과거의 시각적 경험을 새로운 시각적 메시지로 재구성한 것"(Sinatra, 1986, p. 5)이다. 설계자는 학습자의 주의를 획득하기 위해서 시각 요소가 주는 감정적인 영향도 고려해야 한다.

"…… 미적인 형태와 내용이 효과적으로 연계된다면, 시각 리터러시를 지닌 사람은 눈에 보이는 관계와 우리 마음의 의미 생성 본질에 집중함으로써 관련 정보를 추출해낼 수 있다(Dake, 2005, p. 16)."

최근의 연구는 멀티미디어 환경에서 학습자들이 그림과 문자를 조직화할 때 인지부하가 학습에 미치는 영향에 초점을 맞추어 왔다(Mareno & Valdez, 2005). 결과적으로, 게슈탈트 및 시각자료에 대한 연구의 초기부터 메시지 설계에 초점을 두었던 1970년대 및 1980년대를 지나면서 시각적 메시지 설계의 효과 및 학습자의 인지부하에 연구 초점이 수렴된다.

Pamela A. Wicks

참고문헌

Anglin, G. J., Towers, R. L., & Levie, W. H. (1996). Visual message design and learning: The role of static and dynamic illustrations. In D. H. Jonassen (Ed.), *Handbook of research for instructional technology* (pp. 755–794). New York: Macmillan.

Anglin, G. J., Vaez, H., & Cunningham, K. L. (2004). Visual representations and learning: The role of static and animated graphics. In D. H. Jonassen (Ed.), *Handbook of research for educational communications and technology* (pp. 865–913). New York: Simon & Schuster.

Bazeli, M., & Robinson, R. (1997). Creating critical thinkers. In R. Griffin, J. Hunter, C. Schiffman & W. Gibbs (Eds.), *VisionQuest: Journeys toward visual literacy* (pp. 267–274). University Park, Pennsylvania: International Visual Literacy Association.

Bix, L. (2002). The elements of text and message design and their impact on message legibility: A literature review. *The Journal of Design Communication.* http://scholar.lib.vt.edu/ejournals/JDC/Spring-2002/bix.html.

Dake, D. (2005). Aesthetic theory. In K. Smith, S. Moriarty, K. Kenney, & G. Barbatsis (Eds.), *Handbook of visual communication: Theory, methods and media* (pp. 3–22). Mahwah, NJ: Lawrence Erlbaum Associates.

Gagné, R. M., Briggs, L. J., & Wager, W. W. (1988). *Principles of instructional design.* New York: Holt, Rinehart, & Winston.

Levie, W. H., & Lentz, R. (1982). Effects of text illustrations: A review of research. *Educational Communications and Technology Journal, 30*(4), 195–232.

Mareno, R., & Valdez, A. (2005). Cognitive load and learning effects of having students organize pictures and words in multimedia environments: The role of student interactivity and feedback. *Educational Technology Research and Development, 53*(3), 35–45.

Molenda, M. (2008). Historical foundations. In J. Spector, M. Merrill, J. van Merriënboer, & M. Driscoll (Eds.), *Handbook of research on educational communications and technology* (pp. 3–20). Mahwah, NJ: Lawrence Erlbaum Associates.

Park, S., & Lim, J. (2004). The effect of graphical representation on the learner's learning interest and achievement in multimedia learning. In M. Simonson and M. Crawford (Eds.), *27th annual proceedings: Selected papers presented at the 2004 annual convention of the Association for Educational Communication and Technology*(pp. 687–694). North Miami Beach, FL: Nova University.

Pettersson, P. (2007). Visual literacy in message design. *Journal of Visual Literacy, 27,* 61–90.

Sinatra, R. (1986). *Visual literacy connections to thinking, reading and writing.* Springfield, IL: Charles C. Thomas.

Stokes, S. (2002). Visual literacy in teaching and learning: A literature perspective. *Electronic Journal of the Integration of Technology in Education*. Retrieved from http://ejite.isu.edu/Volume1No1/Stokes.html.

Vodcast: 비디오 팟캐스트

(TECHNOLOGICAL COMMUNICATION: 테크놀로지 활용 커뮤니케이션 참조)

Web 2.0: 웹 2.0

(CLOUD COMPUTING: 클라우드 컴퓨팅, SOCIAL COMPUTING: 소셜 컴퓨팅, SOCIAL MEDIA 소셜 미디어 참조)

웹 2.0에 대한 개념적인 정의는 월드와이드웹 상에서 발생하는 상호작용적이고 참여적인 정보의 공유, 생성 그리고 사용자 간의 협력을 의미한다. 몇몇 웹 애플리케이션을 활용하여 설명하면, 웹 2.0에는 소셜 네트워킹 사이트(예: Facebook, Google+, Twitter), 블로그, 위키, 비디오 및 사진 공유 사이트(예: YouTube, Metacafe, Photobucket, Flickr), 웹 프로그램(예: 워드프로세서, 스프레드시트, 프레젠테이션 도구, 비디오 편집 도구), 매쉬업 및 폭소노미(콘텐츠를 분류하기 위해 협력적으로 태그를 생성, 관리하는 것) 등이 포함된다. 가장 널리 알려진 Tim O'Reilly(2005)의 정의에 의하면 웹 2.0이란 웹의 힘을 활용하여 집단 지성을 창출하는 것으로서, 웹 1.0과 웹 2.0의 기능 및 애플리케이션을 비교함으로써 이를 설명한다.

O'Reilly(2005)는 웹 1.0과 웹 2.0의 비교를 위해 일곱 가지의 원리를 기술하였으며, 이 두 개념 간의 차이를 나타내기 위해 속성 및 핵심 역량을 제공하였다(〈표 2〉 참조).

웹 2.0은 새로운 차원의 사용자 상호작용 및 경험을 제공하는데, Harrison과 Barthel(2009)에 의하면 이는 사용자를 소비자에서 제작자로 재개념화한 급진적인 접근이다. 웹 2.0에서는 기술적 지식이 없는 사용자들도 미디어 및 정보 산출물을 제작하고 공유할 수 있으며, 이는 클라이언트와 서버 간의 보다 역동적인 상호작용 및 매력적인 시각적 화면과 애플리케이션을 제공하는 환경이다. 궁극적으로 웹 2.0은 잠재적으로 수백만 명이 될 수 있는 사용자 간의 집단적, 협력적 노력을 통해 보다 직접적이고 상호작용적이며, 참여적인 사용자 간 상호작용을 지원한다(Harrison & Barthel, 2009). 저자들은 사용자들이 이미 만들어진 콘텐츠를 수동적으로 소비하기보다는 콘텐츠를 생성, 리믹스, 재배포, 재소비하는 데 있어 적극적인 역할을 수행함으로 인해 상당한 만족감을 느낀다고 주장한다. 블로깅 및 집단 지성과 관련하여 O'Reilly는 다음과 같은 통찰을 제시하였다. "웹 2.0의 세계는 Dan Gillmor가 'we, the media'라고 지칭했던 것과 같은 세계이다. 이는 밀실에 있는 소수가 아닌, '예전에는 청중이었던' 사람들이 무엇이 중요한지를 결정하는 곳이다(2005, p. 46)." 프로수머(prosumer)라는 용어는 producer와 consumer를 결합한 용어로서, 1980년대 Alvin Toffler에 의해 만들어졌으며, 전자 테크놀로지로 인해 소비자들이 제작자가 될 것이라는 Marshall McLuhan과 Nevitt(1972)의 아이디어와도 관련이 있다. 이 용어는 웹 2.0 기업으로부터 돈을 받지도 않으면서 가치를 창출해내는 프로수머라는 측면에서 Ritzer와 Jurgenson(2010)에 의해 'presumption'으로 리믹스되기도 하였다. Tapscott와 Williams(2006)는 새로운 웹을 수동적으로 정보를 받는 것이 아닌 적극적 참여라고 기술하였다.

D. Michele Jacobsen

〈표 2〉 웹 2.0 원리 및 속성/핵심 역량(O'Reilly, 2005)

웹 2.0 원리	속성/핵심 역량
플랫폼으로서의 웹	•넷스케이프 애플리케이션 vs 구글 플랫폼
집단 지성의 활용	•사용자가 가치를 부여함 •야후 카탈로그 vs 구글의 페이지랭크나 아마존의 사용자 참여 •블로깅과 집단 지성
차세대의 핵심으로서의 데이터	•데이터 기반 애플리케이션 •누가 데이터를 창출, 소유, 통제하는가
소프트웨어 배포 주기라는 개념의 소멸	•매일매일의 업데이트가 핵심 역량이 됨 •공동 개발자로서의 사용자 •고객의 참여를 기반으로 하는 롱테일 지렛대 효과
가벼운 프로그래밍 모델	•언제나 베타버전의 상태 •느슨히 연결된 협력 시스템 •조정이 아닌 신디케이션 •해킹과 리믹스가 가능한 설계 •조립에 있어서의 혁신
단일 디바이스의 수준을 넘어선 소프트웨어	•아이튠스/아이팟 웹 서비스와 모바일 기기의 조합 •TiVo
풍부한 사용자 경험	•리믹스가 가능한 콘텐츠 •풍부한 사용자 인터페이스 •접근성 •사회적 실재감, 참여, 네트워킹

참고문헌

Harrison, T. M., & Barthel, B. (2009). Wielding new media in Web 2.0: Exploring the history of engagement with the collaborative construction of media products. *New Media & Society, 11*(1–2), 155–178.

McLuhan, M., & Nevitt, B. (1972). *Take today: The executive as dropout.* New York: Harcourt Brace Jovanovich.

O'Reilly, T. (2005). What is Web 2.0?: Design patterns and business models for the next generation of software. O'Reilly, 30 September. Online: http://oreilly.com/web2/archive/what-is-web-20.html.

Ritzer, G., & Jurgenson, N. (2010). Production, consumption, prosumption. *Journal of Consumer Culture, 10*(1), 13–36. http://joc.sagepub.com/cgi/reprint/10/1/13?ijkey=KKTk6xYE6Vq1c&keytype=ref&siteid=spjoc&utm_source=eNewsletter&utm_medium=email&utm_campaign=1J22.

Tapscott, D., & Williams, A. (2006). *Wikinomics: How mass collaboration changes everything.* New York, NY: Penguin.

Toffler, A. (1980). *The third wave.* New York: Bantam Books.

Web-Based Training: 웹 기반 훈련

(VIRTUAL LEARNING: 가상 학습 참조)

Web Conferencing: 웹 컨퍼런싱

(TECHNOLOGICAL COMMUNICATION: 테크놀로지 활용 커뮤니케이션 참조)

Webinar: 웨비나

(TECHNOLOGY-ENABLED LEARNING: 테크놀로지 활용 학습 참조)

Weblog: 웹 블로그

(BLOG: 블로그 참조)

Well-Structured Problem: 구조화된 문제

(PROBLEM: 문제 참조)

Whole-Task Practice: 전체 과제 연습

(PRACTICE: 연습 참조)

Whole-Task Sequencing: 전체 과제 계열화

(SEQUENCING: 계열화 참조)

Wiki: 위키

(SOCIAL COMPUTING: 소셜 컴퓨팅 참조)

Working Memory: 작동기억

(COGNITIVE LOAD: 인지부하, DUAL CODING THEORY: 이중부호화이론, MEMORY: 기억 참조)

Z

Zone of Proximal Development: 근접발달영역

(AUTHENTIC ACTIVITY: 실제적 활동, COGNITIVE DISSONANCE THEORY: 인지부조화이론, SCAFFOLDING: 스캐폴딩 참조)

추가 참고문헌

Andiovisual Instruction: 시청각 교수법

Reiser, R. A. (2012). What field did you say you were in?: Defining and naming our field. In R. A. Reiser & J. V. Dempsey (Eds.), *Trends and issues in instructional design and technology* (3rd ed., pp. 1–7). Boston, MA: Pearson Education.

Reiser, R. A. (2012). History of instructional design and technology. In R. A. Reiser & J.V. Dempsey (Eds.), *Trends and issues in instructional design and technology* (3rd ed., pp. 17–34). Boston, MA: Pearson Education.

Blended Learning: 블렌디드 러닝

Bonk, C. J., & Graham, C. R. (Eds.). (2006). *The handbook of blended learning: Global perspectives, local designs*. San Francisco: Pfeiffer.

Garrison, D. R., & Kanuka, H. (2004). Blended learning: Uncovering its transformative potential in higher education. *The Internet and Higher Education*, *7*(2), 95–105.

Cognitive Apprenticeship: 인지적 도제

Collins, A., Brown, J. S., & Newman, S. (1989). Cognitive apprenticeship: Teaching the craft of reading, writing, and mathematics. In L. B. Resnick (Ed.), *Knowing, learning, and instruction: Essays in honor of Robert Glaser* (pp. 453–494). Hillsdale, NJ: Erlbaum.

Cognitive Learning Theory: 인지주의 학습이론

Ausubel, D. P. (1963). *The psychology of meaningful verbal learning*. New York: Grune & Stratton.

Bruner, J. S. (1966). *Toward a theory of instruction*. Cambridge, MA: Harvard University Press.

Gagné, R. M. (1985). *The conditions of learning and theory of instruction* (4th ed.). New York: Holt, Rinehart, & Winston.

Reigeluth, C. M. (1999). *Instructional design theories and models: A new paradigm of instructional theory (Vol. II).* Mahwah, NJ: Lawrence Erlbaum Associates.

Cognitive Strategies: 인지전략

Bruner, J. S. (1971). *The relevance of education.* New York: Norton.

Pressley, M., Borkowski, J. G., & Schneider, W. (1987). Cognitive strategies: Good strategy users coordinate metacognition and knowledge. *Annals of Child Development, 4*, 89–129.

Competency: 역량

Argüelles, A., Gonczi, A, eds. (2000). *Competency based education and training: A world perspective*. Mexico City: Grupo Noriega Editores.

Taylor, K., Marienau, C., & Fiddler, M. (2000). *Developing adult learners*. San Francisco, CA: Jossey–Bass.

Competency Modeling and Development: 역량 모델링과 개발

Mirabile, R. J. (1997). Everything you wanted to know about competency modeling. *Training and Development, 51*(8), 73–77.

Patton, W. (2005). A postmodern approach to career education: What does it look like? *Perspectives in Educational and Vocational Guidance*, *5*, 293–302.

Voorhees, P. (2001). Creating and implementing competency–based learning models. *New Directions for Institutional Research, 110*, 83–96.

Cultuial Historical Activity Theory: 문화역사적 활동이론

Cole, M. (1996). *Cultural psychology: A once and future discipline*. Cambridge, MA: Harvard University Press.

Stetsenko, A. (2005). Activity as object–related: Resolving the dichotomy of individual and collective planes of activity. *Mind, Culture, and Activity*, *12*(1), 70–88. doi: 10.1207/s15327884mca1201_6.

Stetsenko, A. (2010). Standing on the shoulders of giants a balancing act of dialectically theorizing conceptual understanding on the grounds of Vygotsky's project. In W.-M. Roth (Ed.), *Re/Structuring Science Education* (Vol. 2, pp. 69-88). Dordrecht: Springer Netherlands. Retrieved from http://www.springerlink.com/content/m871956518271w66/.

Wertsch, J. V. (1981). *The concept of activity in Soviet psychology*. New York: M. E. Sharpe.

Wertsch, J. V. (1991). *Voices of the mind: A Sociocultural approach to mediated action*. Cambridge, Massachusetts: Harvard University Press.

Wertsch, J. V. (1998). *Mind as action*. New York: Oxford University Press.

Culture-Neutral Design: 문화 중립적 설계

DeBry, D. P. (2001). Globalizing instructional materials: Guidelines for higher education. *Tech Trends, 45*(6), 41-45.

Fay, R., & Hill, M. (2003). Educating language teachers through distance learning: The need for culturally-appropriate DL methodology. *Open Learning, 18*(1), 9-27.

Culture-Specific Design: 문화 특수적 설계

Knight, E., Gunawardena, C. N., & Aydin, C. H. (2009). Cultural interpretations of the visual meaning of icons and images used in North American web design. *Educational Media International, 46*(1), 17-35.

Reiners, T., & Dreher, H. (2009). Culturally-based adaptive learning and concept analytics to guide educational website content integration. *Journal of Information Technology Education, 8*, 125-139.

Design-Based Research: 설계 기반 연구

EduTech Wiki entry at http://edutechwiki.unige.ch/en/Design-based_research.

van den Akker, J., Bannan, B., Kelly, A., Nieveen, N., & Plomp, T. (2007). *An introduction to educational design research*. 127 page workbook available at http://www.slo.nl/edr/.

van den Akker, J., Gravemeijer, K, McKenney, S., & Nieveen, N. (Eds). (2006). *Educational design research.* London: Routledge.

Digital Divide: 정보격차

The Digital Divide Institute: http://www.digitaldivide.org/.

DigitalDivide.org, DDI(Digital Divide Institute)의 웹사이트로 인터넷이 지구의 먼 지역까지 연결될 때 인터넷의 사회적 · 환경적 · 문화적으로 그리고 인간에게 미치는 영향을 향상시키기 위한 혁신을 설명하고 있다.

e-Portfolio: e-포트폴리오

e-포트폴리오 사례는 http://delicious.com/crichtos/eportfolio 참조.

Evaluation: 평가

Davidson, E. J. (2005). *Evaluation methodology basics: The nuts and bolts of sound evaluation.* Thousand Oaks, CA: Sage Publications.

Knox, A. B. (2002). *Evaluation for continuing education: A comprehensive guide to success.* San Francisco: Jossey-Bass/Wiley.

McDavid, J. C., & Hawthorn, L. R. L. (2006). *Program evaluation & performance measurement.* Thousand Oaks, CA: Sage Publications.

Van Tiem, D. M., Moseley, J. L., & Dessinger, J. C. (2004). Introduction to evaluation. In D. M. Van Tiem, J. L. Moseley & J. C. Dessinger, *Fundamentals of performance technology: A guide to improving people, process, and performance* (2nd ed.) (pp. 156-187). Silver Springs, MD: International Society for Performance Improvement.

Wholey, J. S., Hatry, H. P., & Newcomer, K. E. (Eds.). (2010). *Handbook of practical program evaluation* (3rd ed.). San Francisco: Jossey-Bass/Wiley.

Yarbrough, D. B., Shulha, L. M., Hopson, R. K., & Caruthers, F. A. (2011). *The program evaluation standards: A guide for evaluators and evaluation users* (3rd ed.). Thousand Oaks, CA: Sage Publications.

Evaluation Models: 평가 모형

Hannum, K., Martineau, J., & Reinelt, C. (Eds.). (2006). *Handbook of leadership*

development evaluation. San Francisco: Jossey-Bass.
Mathison, M. (Ed.). (2005). *Encyclopedia of evaluation*. Thousand Oaks, CA: Sage.
Moseley, J., & Dessinger, J. (Eds.). (2010). *Handbook on measurement and evaluation.* New York, NY: Wiley/ISPI.
Preskill, H., & Russ-Eft, D. (2005). *Building evaluation capacity: 72 activities for teaching and training.* Thousand Oaks, CA: Sage.
Russ-Eft, D. F., Bober, M. J., de la Teja, I., Foxon, M., & Koszalka, T. A. (2008). *Evaluator competencies: The standards.* San Francisco, CA: Jossey-Bass.

Expert Systems: 전문가 시스템

The Association for the Advancement of Artificial Intelligence (AAAI)의 웹사이트 http://aaai.org/AITopics/ExpertSystems에서 제공하는 기타 관련 자료 참조.

Information Classification: 정보 분류

Annual Review of Information Science and Technology(ARIST). Silver Spring, MD: American Society for information Science and Technology.

Information Processing Theory: 정보처리이론

Miller, G. A., Galanter, E., & Pribram, K. H. (1960). *Plans and the structure of behavior.* New York: Holt, Rinehart & Winston.
Solso, R. L., MacLin, M. K., & MacLin, O. H. (2008). *Cognitive psychology.* Boston, MA: Allyn & Bacon.

Information Retrieval: 정보 검색

Cole, C. (2011). A theory of information need for information retrieval that connects information to knowledge. *Journal of the American Society for Information Science & Technology, 62*(7), 1216-1232.
Porter, B. (2011). Millennial undergraduate research strategies in web and library information retrieval systems. *Journal of Web Librarianship, 5*(4), 267-285.
Taylor, A. (2012). User relevance criteria choices and the information search process.

Information Processing & Management, 48(1), 136–153.

Information Theory: 정보이론

Hodges, A. (2000). *Alan Turing: The enigma.* New York: Walker and Company.

Job Aid: 직무보조

Spaulding, K., & Dwyer, F. (1999). Effect of job aids in facilitating learners' cognitive development. *International Journal of Instructional Media, 26*, 87–104.

Williams, S. W. (2000). Performance support systems and job aids. In G. M. Piskurich, P. Beckschi, & B. Hall (Eds.), *ASTD handbook of training design and delivery: A comprehensive guide to creating and delivering training programs instructor–led, computer–based, or self–directed* (pp. 415–429). Blacklick, OH: McGraw–Hill Professional Publishing.

Knowledge Management: 지식경영

Nonaka, I., & Takeuchi, H. (1995). *The knowledge creating company.* New York: Oxford University Press.

Management Systems: 관리 시스템

Reigeluth, C. M., Watson, W. R., Watson, S. L., Dutta, P., Chen, Z., & Powell, N. (2008). Roles for technology in the information–age paradigm of education: Learning Management Systems. *Educational Technology, 48*(6), 32–39.

http://www.moodle.org.

http://blackboard.com.

Media Utilization: 매체 활용

Clark, R. C., & Lyons, C. (2004). *Graphics for learning: Proven guidelines for planning, designing, and evaluating visuals in training materials.* San Francisco, CA: Pfeiffer.

Memory: 기억

Ashcraft, M., & Radvansky, G. A. (2009). *Cognition*. Upper Saddle River, NJ: Prentice-Hall.

Baddeley, A., Eysenck, M. W., & Anderson, M. C. (2009). *Memory*. London, UK: Psychology Press.

Need: 요구

Kaufman, R. (1985). Needs assessment, needs analysis, objectives and evaluation. *Performance & Instruction*, *24*(6), 21.

Watkins, R., & Kaufman, R. (1996). An update on relating needs assessment and needs analysis. *Performance Improvement*, *35*(10), 10-13.

Nedd Assessment: 요구사정

Gilbert, T. F. (1978). *Human competence: Engineering worthy performance*. New York, NY: McGraw-Hill.

Rummler, G. A., & Brache, A. P. (1995). *Improving performance: How to manage the white space on the organization chart* (2nd ed.). San Francisco, CA: Jossey-Bass.

Perceptual Modality: 지각 양식

Crossmodal Research Laboratory, Experimental Psychology, University of Oxford(http://psyweb.psy.ox.ac.uk/xmodal/index.htm)에서는 매년 지각 양식과 관련된 연구 목록을 제공함.

Schema Theory: 스키마이론

Gredler, M. E. (2007). Of cabbages and kings: Concepts and inferences curiously attributed to Lev Vygotsky (Commentary on McVee, Dunsmore, and Gavelek, 2005). *Review of Educational Research*, *77*, 233-238.

Kintsch, W. (1998). *Comprehension: A paradigm for cognition*. New York: Cambridge University Press.

McVee, M. B., Gavelek, J. R., & Dunsmore, K. L. (2007). Considerations of the social, individual, and embodied: A response to comments on "Schema Theory Revisited". *Review of Educational Research*, *77*, 245–248.

Rumelhart, D. E. (1984). Schemata and the cognitive system. In R. S. Wyer & T. K. Srull (Eds.), *Handbook of social cognition* (pp. 161–188). Hillsdale, NJ: Lawrence Erlbaum.

Schank, R. C., & Abelson, R. (1977). *Scripts, plans, goals and understanding*. Hillsdale, NJ: Lawrence Erlbaum Associates.

Usability: 사용성

Nielsen, J. (n.d.). Alertbox: Current Issues in Web Usability. Online: http://www.useit.com/alertbox/.

U.S. Government. (n.d.). Usability.gov: Your Guide for Developing Usable & Useful Websites. U.S. Department of Health & Human Services에서 공식적으로 관리하는 웹 사이트임. Online: http://www.usability.gov/.

Web 2.0: 웹 2.0

Boutin, P. (2006). Web 2.0: The new internet "boom" doesn't live up to its name. *Slate,* 29 March. Online: http://www.slate.com/id/2138951.

O'Reilly, T. (2006). Levels of the game: The hierarchy of Web 2.0 applications. O'Reilly Radar. Online http://radar.oreilly.com/archives/2006/07/levels-of-the-game.html.

찾아보기

영문

국문

편저자

Amy B. Adcock
Elizabeth K. Anderson
Terry Anderson
Robert L. Appelman
Timothy C. Boileau
Robert Maribe Branch
Rovy Branon
Barbara Brown
Rebecca P. Butler
David D. Carbonara
Aline Click
Susan Crichton
Gayle Davidson–Shivers
Vanessa P. Dennen
Tonia A. Dousay
Darryl C. Draper
Marcy P. Driscoll
Jan Elen
Joann Flick
Sharon Friesen
Ruth Gannon–Cook
D. Randy Garrison
Barbara L. Grabowski
Charles R. Graham
Ingrid Guerra–López
Ileana Gutierrez
Byron Havard
Nancy B. Hastings
Evelyn J. Hickey
Denis Hlynka
Wen–Hao David Huang
Yeol Huh
Wei–Chen Hung
D. Michele Jacobsen
Brad Johnson
Tristan E. Johnson
Wendell Johnson
David H. Jonassen
James D. Klein
Gail Kopp
Dabae Lee
Kimberly Lenters
Kathryn Ley
Lin Lin
Jennifer V. Lock
Michael Molenda
Gary R. Morrison
Jennifer R. Morrison
James L. Moseley
John Mueller
Delia Neuman
Randall G. Nichols
Charles M. Reigeluth
Robert A. Reiser
Rita C. Richey
Michael M. Rook
Darlene F. Russ–Eft
Xinmin Sang
Richard A. Schwier
Karen E. Smith
William L. Solomonson
J. Michael Spector
Jason Underwood
Jeroen J. G. van Merriënboer
Diane R. Voss
Pamela A. Wicks
Lynn Wietecha
Lisa C. Yamagata–Lynch
Sun Joo Yoo
Cindy S. York
Patricia A. Young
Xudong Zheng

공헌자

Amy B. Adcock Associate Professor, Instructional Design and Technology, Old Dominion University, Norfolk, VA, USA

Elizabeth K. Anderson Visiting Professor, DeVry University, USA

Terry Anderson Professor, Centre for Distance Education, Athabasca University, Edmonton, AB, Canada

Robert L. Appelman Clinical Professor Emeritus, Instructional Systems Technology, Indiana University, Bloomington, IN, USA

Timothy C. Boileau Instructional Faculty, Curriculum, Instruction and Media Technology Department, Indiana State University, Terre Haute, IN, USA

Robert Maribe Branch Professor, Educational Psychology and Instructional Technology, The University of Georgia, Athens, GA, USA

Rovy Branon Associate Dean for Online Learning, and Executive Director, Academic Advanced Distributed Learning, Co-Lab, University of Wisconsin-Extension, Madison, WI, USA

Barbara Brown PhD Candidate, Educational Technology, University of Calgary Educational Technology Supervisor, Calgary Catholic School District, Calgary, AB, Canada

Rebecca P. Butler Presidential Teaching Professor, Educational Technology, Research and Assessment, Northern Illinois University, DeKalb, IL, USA

David D. Carbonara Assistant Professor and Director, Program in Instructional Technology, Duquesne University, Pittsburgh, PA, USA

Aline Click Director, eLearning Services, and Co-Director, Digital Convergence Lab, Northern Illinois University, Dekalb, IL, USA

Susan Crichton Associate Professor and Director of Graduate Programs, Faculty of Education, University of British Columbia, Kelowna, BC, Canada

Gayle Davidson-Shivers Professor, Instructional Design and Development Program, Department of Professional Studies, University of South Alabama, Mobile, AL, USA

Vanessa P. Dennen Associate Professor, Educational Psychology and Learning Systems, Florida State University, Tallahassee, FL, USA

Tonia A. Dousay Doctoral Student, Educational Psychology and Instructional Technology, The University of Georgia, Athens, GA, USA

Darryl C. Draper Assistant Professor, Educational Technology, Research and Assessment, Northern Illinois University, DeKalb, IL, USA

Marcy P. Driscoll Leslie J. Briggs Professor of Educational Research, and Dean, College of Education, Florida State University, Tallahassee, FL, USA

Jan Elen Professor, Department of Educational Sciences, Katholieke Universiteit Leuven, Leuven, Belgium

Joann Flick Continuing Education Coordinator, The Montana State Library, Helena, MT, USA

Sharon Friesen Associate Professor, Faculty of Education, University of Calgary, Calgary, AB, Canada

Ruth Gannon-Cook Associate Professor, DePaul University School for New Learning, Chicago, IL, USA

D. Randy Garrison Professor, Faculty of Education, University of Calgary, Calgary, AB, Canada

Barbara L. Grabowski Professor, Instructional Systems, Pennsylvania State University, University Park, PA, USA

Charles R. Graham Associate Dean, David O. McKay School of Education, Brigham Young University, Provo, UT, USA

Ingrid Guerra-López Associate Professor, Instructional Technology, and Director, Institute for Learning & Performance Improvement, Wayne State University, Detroit, MI, USA

Ileana Gutierrez Media Specialist, Miami-Dade County Public Schools, Miami, FL, USA

Byron Havard Associate Professor, Instructional and Performance Technology, University of West Florida, Pensacola, FL, USA

Nancy B. Hastings Assistant Professor, Instructional and Performance Technology, University of West Florida, Pensacola, FL, USA

Evelyn J. Hickey Doctoral Candidate, Faculty of Education, Educational Technology, University of Calgary, Calgary, AB, Canada

Denis Hlynka Professor, Department of Curriculum, Teaching and Learning, University of Manitoba, Winnipeg, MB, Canada

Wen-Hao David Huang Assistant Professor, Human Resource Development Division, Department of Education Policy, Organization and Leadership, University of Illinois at Urbana-Champaign, Urbana-Champaign, IL, USA

Yeol Huh Doctoral Student, Instructional Systems Technology, Indiana University, Bloomington, IN, USA

Wei-Chen Hung Associate Professor, Educational Technology, Research, and Assessment, Northern Illinois University, DeKalb, IL, USA

D. Michele Jacobsen Associate Professor, Faculty of Education, and Chair, Educational Studies in Technology, University of Calgary, Calgary, AB, Canada

Brad Johnson Director, Faculty Development Centre, University of Calgary—Qatar, Doha, Qatar

Tristan E. Johnson Director, Online Education, Graduate School of Engineering, Northeastern University, Boston, MA, USA

Wendell Johnson Library Faculty, Social Science and Humanities, Northern Illinois University, DeKalb, IL, USA

David H. Jonassen Curators' Professor, Educational Psychology and Learning Technologies, University of Missouri, Columbia, MO, USA

James D. Klein Walter Dick Professor of Instructional Systems Design, Educational Psychology and Learning Systems, Florida State University, Tallahassee, FL, USA

Gail Kopp Associate Professor, Educational Technology, Faculty of Education, University of Calgary, Calgary, AB, Canada

Dabae Lee Doctoral Student, Instructional Systems Technology, Indiana University, Bloomington, IN, USA

Kimberly Lenters Assistant Professor, Faculty of Education, University of Calgary, Calgary, AB, Canada

Kathryn Ley Associate Professor, Instructional Technology, University of Houston—Clear Lake, Houston, TX, USA

Lin Lin Assistant Professor, Department of Learning Technologies, University of North Texas, Denton, TX, USA

Jennifer V. Lock Associate Professor, Faculty of Education, University of Calgary, Calgary, AB, Canada

Michael Molenda Associate Professor Emeritus, Instructional Systems Technology, Indiana University, Bloomington, IN, USA

Gary R. Morrison Professor, Instructional Design & Technology Program, Old Dominion University, Norfolk, VA, USA

Jennifer R. Morrison Doctoral Student, Instructional Design & Technology Program, Old Dominion University, Norfolk, VA, USA

James L. Moseley Associate Professor, Instructional Technology, Wayne State University, Detroit, MI, USA

John Mueller Professor Emeritus, Faculty of Education, University of Calgary, Calgary, AB, Canada

Delia Neuman Professor and Director of the School Library Media Program, College of Information Science and Technology, Drexel University, Philadelphia, PA, USA

Randall G. Nichols Associate Professor, Retired.

Charles M. Reigeluth Professor, Instructional Systems Technology, Indiana University, Bloomington, IN, USA

Robert A. Reiser Associate Dean for Research and Distinguished Teaching Professor, and Robert M. Morgan Professor of Instructional Systems, Florida State University, Tallahassee, FL, USA

Rita C. Richey Professor Emeritus, Instructional Technology, Wayne State University, Detroit, MI, USA

Michael M. Rook Research Technologist, Krause Innovation Studio, The Pennsylvania State University, University Park, PA, USA

Darlene F. Russ-Eft Professor and Chair, Adult Education and Higher Education Leadership, Oregon State University, Corvallis, OR, USA

Xinmin Sang Instructional Technology, Institute of Educational Research, Nanjing University, Nanjing, P.R. China

Richard A. Schwier Educational Technology and Design, University of Saskatchewan, Saskatoon, SK, Canada

Karen E. Smith Associate Professor, Department of Curriculum, Teaching and Learning, University of Manitoba, Winnipeg, MB, Canada

William L. Solomonson Assistant Professor, Department of Human Resource Development, Oakland University, Rochester, MI, USA

J. Michael Spector Professor and Chair, Learning Technologies, College of Information, University of North Texas, Denton, TX, USA

Jason Underwood Senior Instructional Designer, Digital Convergence Lab, Northern Illinois University, DeKalb, IL, USA

Jeroen J. G. van Merriënboer Full Professor, Learning and Instruction, Maastricht University, Maastricht, The Netherlands

Diane R. Voss Professor, Retired, College for Creative Studies, Detroit, MI, USA

Pamela A. Wicks Assistant Professor, Department of Communications, Aurora University, Aurora, IL, USA

Lynn Wietecha e-Learning Architect and Program Designer, eLearning Services, Lawrence Technological University, Southfield, MI, USA

Lisa C. Yamagata-Lynch Associate Professor, Instructional Technology, Learning Environments and Educational Studies, University of Tennessee, Knoxville, TN, USA

Sun Joo Yoo Senior Human Resource Consultant, Samsung Group, Seoul, South Korea

Cindy S. York Assistant Professor, Educational Technology, Research and Assessment, Northern Illinois University, DeKalb, IL, USA

Patricia A. Young Associate Professor, Department of Education, University of Maryland at Baltimore County, Baltimore, MD, USA

Xudong Zheng Assistant Professor of Instructional Technology, Department of Information Technology, Central China Normal University, Hongshan District, Wuhan, Hubei Province, P.R. China

역자 소개

이현우(Lee, Hyeon Woo)
미국 Pennsylvania State University, Ph.D. (Instructional Systems)
현) 상명대학교 사범대학 교육학과 교수
hwl@smu.ac.kr

임규연(Lim, Kyu Yon)
미국 Pennsylvania State University, Ph.D. (Instructional Systems)
현) 이화여자대학교 교육공학과 교수
klim@ewha.ac.kr

정재삼(Chung, Jae sam)
미국 Indiana University, Ph.D. (Instructional Systems Technology)
현) 이화여자대학교 교육공학과 교수
chungj@ewha.ac.kr

허희옥(Heo, Hee ok)
미국 Florida State University, Ph.D. (Instructional Systems & Learning Technologies)
현) 순천대학교 컴퓨터교육과 교수
hohee@scnu.ac.kr

교육공학 용어해설

Encyclopedia of Terminology for Educational Communications and Technology

2020년 5월 15일 1판 1쇄 인쇄
2020년 5월 20일 1판 1쇄 발행

엮은이 • Rita C. Richey
옮긴이 • 이현우 · 임규연 · 정재삼 · 허희옥
펴낸이 • 김진환
펴낸곳 • (주) 학지사
04031 서울특별시 마포구 양화로 15길 20 마인드월드빌딩
대표전화 • 02)330-5114 팩스 • 02)324-2345
등록번호 • 제313-2006-000265호

홈페이지 • http://www.hakjisa.co.kr
페이스북 • https://www.facebook.com/hakjisabook

ISBN 978-89-997-2102-1 93370

정가 22,000원

역자와의 협약으로 인지는 생략합니다.
파본은 구입처에서 교환해 드립니다.

이 도서의 국립중앙도서관 출판시도서목록(CIP)은 서지정보유통지원시스템 홈페이지(http://seoji.nl.go.kr)와 국가자료공동목록시스템(http://www.nl.go.kr/kolisnet)에서 이용하실 수 있습니다.
(CIP 제어번호: CIP2020014582)